HANS ERHARD LAUER · DIE ZWÖLF SINNE DES MENSCHEN

HANS ERHARD LAUER

Die zwölf Sinne des Menschen

Umrisse einer neuen,
vollständigen und systematischen Sinneslehre
auf Grundlage der Geistesforschung Rudolf Steiners

Novalis Verlag

Zweite, wesentlich erweiterte Auflage

© 1977 Novalis Verlag AG, Schaffhausen
Alle Rechte vorbehalten, insbesondere auch des photomechanischen
Nachdrucks und der Photokopie jeder Art
Gestaltung des Umschlags: Katharina Fröhlicher
Schrift: 11/12 Punkt Bembo
Printed in Switzerland by Meier + Cie AG Schaffhausen
Offset Buchdruck
ISBN 3 7214 0044.5

Inhalt

Aus dem Vorwort zur ersten Auflage (1952)   9

Vorwort zur zweiten Auflage   13

Einleitung
1. Die Auseinandersetzung mit der Sinneswelt als Hauptproblem der modernen Erkenntnisentwicklung   15
2. Die Erkenntnistheorie Rudolf Steiners, die Geisteswissenschaft und deren Sinneslehre   29

ERSTES KAPITEL:
Der Mensch als Sinneswesen   47

ZWEITES KAPITEL:
Die Zwölfheit der Sinne

  A. Die Sinne und ihre Gegenstände   61

  B. Die Sinne und die menschliche Seele   87

  C. Sinneswahrnehmung und Erkenntnisprozeß   97

DRITTES KAPITEL:
Die unteren Sinne

  A. Die Entwicklung der unteren Sinne im einzelnen Menschenleben   111
    1. Die unteren Sinne und das vorgeburtliche Dasein   111
    2. Die unteren Sinne und das mystische Erleben   123
    3. Beziehungen der unteren Sinne zu Geometrie, Mathematik, Logik, Metaphysik   136

  B. Die Entwicklung der unteren Sinne in der Menschheitsgeschichte   146
    1. Die Hauptstufen der Entwicklung   146
    2. Rekapitulationen in kleineren Zeiträumen   156
    3. Neuzeit und Gegenwart   175

VIERTES KAPITEL:
Die mittleren Sinne
- A. Die moderne Sinneslehre — 209
- B. Goethes Erkenntnispraxis und Rudolf Steiners Erkenntnistheorie — 225
- C. Die mittleren Sinne in der Lehre Rudolf Steiners — 236
    1. Der leibliche Aspekt — 236
    2. Der seelisch-geistige Aspekt — 264
- D. Erkenntnisprobleme im Bereiche der mittleren Sinne — 283
- E. Spezielle Verhältnisse — 294

FÜNFTES KAPITEL:
Die oberen Sinne
- A. Das Problem der oberen Sinne — 309
- B. Die Organe und Funktionen der oberen Sinne — 320
- C. Die Entwicklung der oberen Sinne in der Menschheitsgeschichte — 338
    1. Vergangenheit — 338
    2. Gegenwart — 359
    3. Zukunftsperspektiven — 370

Literaturverzeichnis — 382

«In der deutschen Philosophie wären noch zwei große Dinge zu tun. Kant hat die Kritik der reinen Vernunft geschrieben, womit unendlich viel geschehen, aber der Kreis noch nicht geschlossen ist. Jetzt müßte ein Fähiger, ein Bedeutender die Kritik der Sinne und des Menschenverstandes schreiben, und wir würden, wenn dieses gleich vortrefflich geschehen, in der deutschen Philosophie nicht mehr viel zu wünschen übrig haben.»

Goethe zu Eckermann
am 17. Februar 1829

Aus dem Vorwort zur ersten Auflage (1952)

In diesem Buche wird zum erstenmal der Versuch unternommen, eine Gesamtdarstellung der von Rudolf Steiner entwickelten Lehre von den zwölf Sinnen des Menschen zu geben. Ihr Begründer selbst hat dieser Lehre eine solche zusammenfassende Darstellung nicht gegeben. Höchstens als Skizze *eines* Aspektes einer solchen kann jene Darstellung gelten, die er als die erste und zugleich eingehendste unter seinen zahlreichen Ausführungen über die menschlichen Sinne in den vier Vorträgen entworfen hat, die er unter dem Titel «Anthroposophie» im Jahre 1909 hielt. Kurz darauf versuchte er in einem Buche, das denselben Titel tragen sollte, eine ausführliche Darstellung seiner Sinneslehre niederzuschreiben. Dieser Versuch ist jedoch Fragment geblieben und zu Rudolf Steiners Lebzeiten niemals im Druck erschienen. Erst 1951, sechsundzwanzig Jahre nach dem Tode des Verfassers, wurde er, in dessen Nachlaß wiederaufgefunden, veröffentlicht. Im Jahre 1917 hat Rudolf Steiner dann in seiner Schrift «Von Seelenrätseln» in Anknüpfung an eine Darstellung der Psychologie Franz Brentanos eine ganz kurze, jedoch bezüglich gewisser Probleme grundlegend wichtige Skizze seiner Sinneslehre zum erstenmal der Öffentlichkeit übergeben. Innerhalb seiner Vortragstätigkeit aber hat er sich schon vorher, insbesondere jedoch in den folgenden vier bis fünf Jahren, an zahlreichen Stellen, bald mehr, bald weniger ausführlich, von den mannigfaltigsten Gesichtspunkten aus über das Wesen, die Funktionen und die Systematik der Sinnesorganisation ausgesprochen. Aus diesen Äußerungen wurde immer deutlicher und plastischer eine bestimmte, umfassende und durchgearbeitete Anschauung vom Sinneswesen des Menschen erkennbar – eine Anschauung, durch welche die Erkenntnis der menschlichen Sinne auf einen ganz neuen Boden gestellt und allererst als eine eigene Wissenschaft aufgebaut wurde. Zugleich enthielten diese Äußerungen eine Unsumme von Anregungen zu ganz neuartigen und unabsehbaren

Forschungsaufgaben und -möglichkeiten in bezug auf die Sinne und deren Zusammenhänge mit den verschiedensten Gebieten des natürlichen und geistigen Lebens.

Alle diese Ausblicke konnten in dem vorliegenden Buche natürlich nicht erschöpfend wiedergegeben oder gar durchgeführt werden. Es handelt sich dabei ja um Arbeitsperspektiven, die für ganze Generationen von Forschern gegeben und überhaupt grundsätzlich unerschöpfbar sind. Hier wurde lediglich versucht, einen ersten Überblick über die hauptsächlichsten Inhalte und Problemgebiete dieser Sinneslehre zu zeichnen und die von verschiedensten Gesichtspunkten gegebenen Äußerungen Rudolf Steiners zu einem einheitlichen Gesamtbilde zusammenzufügen. Da nun diese Sinneslehre nicht zu trennen ist von den erkenntnistheoretischen Grundanschauungen, die Rudolf Steiner in seinen philosophischen Schriften über die Bedeutung der Sinneswahrnehmung und das Wesen des Erkenntnisprozesses entwickelt hat, so mußte auch auf diese eingegangen werden. Schließlich bildet die Lehre von den zwölf Sinnen einen integrierenden Bestandteil des geisteswissenschaftlichen Gesamtbildes vom Menschenwesen. Und so wurde auch aus dessen Inhalt, soviel zum vollen Verständnis der Sinne erforderlich erschien, herangezogen.

Man wird freilich bei all dem die Wahrnehmung machen, daß – dem philosophisch-historischen Fachgebiete des Verfassers entsprechend – diejenigen Teile eingehender behandelt sind, die in dieses Feld einschlagen, dagegen die physiologisch-anatomische Seite der Sinnesorganisation weniger berücksichtigt wird. Vielleicht ist es aber trotzdem berechtigt, diese Darstellung zu wagen. Denn das Gebiet der Sinne – zumal in der Auffassung Rudolf Steiners – ist ein so umfassendes, daß es wohl kaum von einem einzelnen Forscher in seinem ganzen Umfang gleichmäßig bearbeitet, sondern nur durch die Zusammenarbeit vieler verschiedenster Fachleute gefördert werden kann – erstreckt es sich doch von der reinen Geisteswissenschaft in dem hier gemeinten Sinne über die Philosophie, Psychologie, Ästhetik, Physiologie und Anatomie bis zu Mathematik und Physik hinüber. Diese Sachlage mag es wohl rechtfertigen, einmal vornehmlich den erkenntniswissenschaftlichen Aspekt dieses Problemgebietes in der Art zu entwerfen, wie es in diesem Buche geschehen ist. Mögen sich die Bearbeiter anderer Fachgebiete dadurch anregen lassen, ein Entsprechendes von ihrem Felde aus zu tun!

Zum Schlusse soll schon hier nicht unerwähnt bleiben – was an den betreffenden Stellen dieses Buches an einzelnen Beispielen genauer gezeigt werden wird –, daß, so groß auch in der Zeit ihres Auftretens der Widerspruch zwischen der Sinneslehre Rudolf Steiners und den damals geltenden Auffassungen erschien, in den bald drei Jahrzehnten seit Steiners Tod die moderne Sinnes- und Wahrnehmungslehre in manchen Punkten sich ihr bereits genähert hat und sich ihr weiter zu nähern die Tendenz zeigt. Befinden sich doch, auch abgesehen von den Errungenschaften Steiners, die ganzen Auffassungen über das Wesen der Sinneswahrnehmung, wie sie besonders das neunzehnte Jahrhundert ausgebildet hatte, gegenwärtig in einer tiefgreifenden Umgestaltung, deren Anfänge bereits in den Beginn unsres Jahrhunderts zurückreichen. Neben den überkommenen Theorien, die sich freilich in naturwissenschaftlichen Erkenntnisgestaltungen bis heute noch hartnäckig behaupten, sind, insbesondere in psychologischen und philosophischen Forscherkreisen, ganz neue Auffassungen zum Durchbruch gekommen. Doch klingen die verschiedenen Stimmen auf diesem Gebiete heute noch in chaotisch dissonierender Weise durcheinander. Diese Situation mag als eine weitere Rechtfertigung dafür gelten, einen Versuch wie den hier gewagten zu unternehmen. Wir hoffen, er werde etwas dazu beitragen können, die große klärende und richtungweisende Bedeutung erkennen zu lassen, die dieser Sinneslehre für alle Forschungen auf diesem Gebiete zukommt.

Vorwort zur zweiten Auflage

Seitdem dieses Buch erstmals erschien, ist nahezu ein Vierteljahrhundert verflossen. Zwar war es schon seit einer Reihe von Jahren vergriffen, doch verhinderten anderweitige Arbeitsverpflichtungen den Verfasser bisher, eine Neubearbeitung desselben zu erstellen, wie sie die inzwischen vergangene Zeit für eine Neuauflage erforderte. Für diese galt es einerseits neue Ergebnisse und Errungenschaften mit einzubeziehen, die seither auf dem von ihm behandelten Forschungsgebiete in der Richtung zutage getreten sind, in der sich seine Darstellungen bewegen. Andererseits ging es darum, es jetzt als das Ganze zu veröffentlichen, als welches es ursprünglich verfaßt worden war. Denn die Umstände, unter denen es erstmals erschien, hatten zu einer Verringerung seines Umfanges um etwa ein Drittel genötigt. Dieser waren die der Entwicklungsgeschichte der Sinne gewidmeten Kapitel zum Opfer gefallen. Sie dem Werke, wie es seinem Aufbau nach als Ganzes ursprünglich gedacht gewesen, wieder einzufügen schien dem Verfasser nicht nur berechtigt, sondern auch notwendig – tritt doch erst dadurch die umfassende Bedeutung, wenigstens von einer Seite her gesehen, voll in Erscheinung, die der von Rudolf Steiner begründeten Sinneslehre zukommt. Denn auch in seiner Ganzheit behandelt das Buch lediglich *einen* Aspekt dieser Sinneslehre: denjenigen, der sich auf die Erkenntnis und die Wandlungen des Bewußtseins bezieht. Nicht geringer aber ist die Bedeutung, die ihr im Hinblick auf die Kunst und das künstlerische Schaffen innewohnt. Sie bedürfte einer mindestens ebenso ausführlichen Darstellung. Hierfür wird sich ein kompetenter Bearbeiter erst noch finden müssen. Schließlich kommt noch der Aspekt des willensmäßigen Verhaltens zu den verschiedenen Sphären der Sinneswahrnehmung in Betracht – im Sinne seiner Selbstverwirklichung, die dem Menschen als dem essentiell unfertigen Wesen zur Aufgabe gestellt ist. Diese Sicht der Sinneslehre hat in dem 1973 erschienenen Werk «Vom Geist der

Sinne. Zur Diätetik des Wahrnehmens» durch *Ernst Lehrs* eine tiefgründige Erarbeitung erfahren.

Basel, Herbst 1977 *Dr. Hans Erhard Lauer*

Einleitung

1. Die Auseinandersetzung mit der Sinneswelt als Hauptproblem der modernen Erkenntnisentwicklung

Das wichtigste und eigentümlichste aller Merkmale des neuzeitlichen Erkenntnisstrebens, wie es sich seit dem sechzehnten Jahrhundert entfaltet hat, darf wohl ohne Zweifel darin gesehen werden, daß dieses in besonderem Maße auf die Auseinandersetzung mit der sinnlichen Erfahrungswelt hinorientiert erscheint.

Diese seine Strebensrichtung tritt insbesondere dann deutlich hervor, wenn man es mit den Erkenntnisgestaltungen früherer Epochen der Menschheitsgeschichte vergleicht. Werfen wir zu diesem Zweck einen flüchtigen Blick auf das Erkenntnisleben älterer Zeiten!

In den Jahrtausenden, da die alten vorderasiatisch-nordafrikanischen Kulturen geblüht haben, bildete die maßgebende Erkenntnisform und -quelle der Menschheit ein Erleben, das als ein mythologisierendes oder mythenbildendes gekennzeichnet werden kann. In traumartigen Bildgestaltungen stieg damals vor der menschlichen Seele auf, was ihr Antwort bedeutete auf die Fragen, die sie, allerdings noch nicht bewußt-gedanklich, sondern gefühlsmäßig, an die Welt stellte. Der Inhalt dieser Antworten aber bestand im wesentlichen in Bilderfolgen vom Wirken göttlich-geistiger Wesenheiten in Weltschöpfung und Naturdasein, aber auch im Menschheitsgeschehen und im Seelenleben.

Eine spätere Epoche: diejenige der griechisch-römischen Kultur, ließ dieses Mythologisieren allmählich in die Tiefen der Seele versinken und an seiner Stelle das Denken hervortreten. Dieses wurde jetzt die wesentlichste Quelle der Erkenntnis. Konnte jedoch aus den einstigen Mythen überhaupt noch nicht – oder nur in schwer bestimmbarer Art – ersehen werden, in welcher Beziehung zu sinnlichen Erfahrungen sie entstanden waren, so schloß sich das Denken der Griechenzeit schon in deutlicher und bestimmter Weise an solche Erfahrungen an. Freilich erhob man sich mit ihm im Erkenntnisprozeß noch in grundsätzlicher Art über die letzteren und erlebte diesen Übergang als einen solchen von dem bloß Scheinenden zu dem wahrhaft Seienden. Denn die Sinne vermitteln nach der damaligen Auffassung nur Vergänglich-Wandelbares, dem kein wahres Sein zugesprochen werden kann. Wahrheit und Wirklichkeit fand man nur in dem gedanklich Erfaßbaren. Dieses bestand jetzt aber nicht mehr in mythologischen Erzählungen von Göttern und Göttertaten, sondern in der geistigen Schau eines Zusammenhanges von Ideen. Der Charakter der Ewigkeit, den man früher den Göttern zuerkannte, wurde jetzt diesen Ideen zugeschrieben.

Abermals eine neue Epoche – es ist eben diejenige, in der wir noch mitten drinnen stehen – zog etwa mit dem fünfzehnten nachchristlichen Jahrhundert herauf und brachte neuerdings einen Umschwung im seelischen und Erkenntnisleben der Menschheit mit sich. Zur hauptsächlichsten Erkenntnisquelle wurde jetzt die äußere Sinneswahrnehmung. Für wirklich und wahr gilt seither nur, was von ihr erfaßt, was für sie aufgewiesen werden kann. Gewiß war sie zwar schon viel früher erwacht. Aber in den Mittelpunkt des seelischen Erlebens trat sie doch erst jetzt. Die gesamte neuere Geistesgeschichte steht im Zeichen ihrer Herrschaft, freilich auch im Zeichen des Ringens um das richtige Verhältnis zu ihr und ihren Inhalten. Den bedeutendsten Ausdruck findet diese neue Bewußtseinsgestaltung darin, daß die auf die Sinneserfahrung sich gründende Naturwissenschaft jetzt entsteht und die im Gedankenelemente lebende Philosophie, welche in Altertum und Mittelalter noch das gesamte Erkenntnisleben repräsentiert hatte, mehr und mehr zurückdrängt.

Zwei Hauptströmungen treten nun – wenn wir von weniger wichtigen absehen – in der Auseinandersetzung der modernen Menschheit mit der Welt der Sinneswahrnehmung, wie sie seit etwa dem sechzehnten Jahrhundert beginnt, deutlich hervor. Die eine derselben entfaltet sich hauptsächlich in England, die andere auf dem Kontinent beziehungsweise in Mitteleuropa. Die erstere wirft gewissermaßen die ganze Vergangenheit hinter sich und gibt sich rückhaltlos den Offenbarungen der jetzt zur Herrschaft gelangten Fähigkeit der

Sinneswahrnehmung hin. Sie räumt mit dem ganzen Wust von Begriffen, die aus der vorangehenden Epoche überkommen sind, auf und erklärt die Sinneserfahrung für die einzige Quelle, aus der Erkenntnis geschöpft werden kann (Bacon). Dementsprechend erblickt sie in der Sinneswelt auch die wahre und einzige Wirklichkeit. Die menschliche Seele ist ihr eine leere Tafel, die erst durch die aus der Sinneswelt in sie eindringenden Wahrnehmungen beschrieben wird (Locke). Denn auch alle Gedanken, die im Anschluß an die Sinneserfahrungen in der Seele entstehen, leitet sie aus diesen Erfahrungen her. Sie bedeuten ihr bloße Vorstellungsgewohnheiten, die durch bestimmte Eigentümlichkeiten der Sinneswelt in der Seele angeregt werden und durch die sich die letztere in ihrem Verhalten an diese Eigentümlichkeiten anpaßt (Hume). Es bringen die Gedanken aber nichts Neues zu den Sinneswahrnehmungen hinzu.

Anders liegen die Dinge in Mitteleuropa. Hier wirken die Verhältnisse der vorangehenden Epoche noch stark nach und bereiten große Schwierigkeiten, sich in die neue Bewußtseinsform hineinzufinden.

In zweifacher Hinsicht ist dies der Fall. Fürs erste bringt man hier der Welt der Sinneserfahrung noch nicht jenes unbedingte Vertrauen und ausschließliche Interesse entgegen, wie es der Westen entwickelt. Diese Welt galt ja früher als eine solche des Vergänglich-Wandelbaren, des Unwirklich-Scheinhaften. Und diese Empfindung ihr gegenüber kann man hier zunächst noch nicht ablegen. Es zeigt sich dies darin, daß man hier wirkliche Erkenntnis aus der Sinneswelt nicht schöpfen zu können vermeint. Deren Erscheinungen sind zu undeutlich und unbestimmt, als daß sie solche liefern könnten. Von wahren Erkenntnisinhalten aber fordert man hier «Deutlichkeit und Bestimmtheit» (Rationalismus). Und diese findet man lediglich in den Erzeugnissen des Denkens. Hierin zeigt sich das andere Moment dieser Haltung: das Nachwirken der einstmaligen Kraft des Denkens. Es erhält sich hier noch die Meinung, daß das Denken aus sich und durch sich, unabhängig von der Sinneserfahrung, zu Erkenntnissen führen könne. Ja, daß überhaupt *nur* auf diesem Wege wahre Erkenntnis zu erlangen sei. Und so sucht man sich hier zunächst weiterhin, wenn auch mit neuartigen Ansätzen, über die Sinneserfahrungen denkerisch zu den «ewigen Wahrheiten» zu erheben. Freilich gelingt dies jetzt nicht mehr so leicht wie früher, da die Welt der Sinne doch immer lauter zu sprechen beginnt. Und so entsteht hier nun die Frage, deren Beantwortung große Schwierigkeiten bereitet: In welchem Verhältnis steht das gedanklich Erfaßte zu dem sinnlich Wahrgenommenen (Descartes, Spinoza, Leibniz)? Im weiteren schwindet nun aber auch hier die geistige Eigenkraft des Denkens allmählich dahin: seine Erzeugungen werden immer wesenloser (Chr. Wolff). Und so kommt es hier endlich zu der gründlichen Selbstbesinnung und Abrechnung mit dem Vergangenen, die von Kant in seiner Vernunft-Kritik vollzogen wird. In dieser fließen nun die beiden Hauptströmungen der neueren Erkenntnisentwicklung zum erstenmal zusammen.

Kant läßt tief zu seiner Seele sprechen, was die englische Philosophie in den letzten Jahrhunderten geltend gemacht hatte: daß alle unsere Erkenntnis aus der Sinneserfahrung stamme und nur eine weitere Verarbeitung derselben darstelle. Er hat eingesehen, wie das moderne Denken, sowie es sich über die Sinneserfahrung erhebt, in Unsicherheiten und Widersprüche (Antinomien) gerät. So ist ihm klargeworden, daß es für sich allein keine Erkenntnisquelle mehr bedeutet. Er weist daher die Unmöglichkeit nach, durch ein von der Sinneserfahrung sich emanzipierendes Denken Erkenntnisse zu gewinnen, das bedeutet aber die Unhaltbarkeit jeder «Metaphysik», sofern unter diesem Worte solche durch bloßes Denken zustande gekommene «Erkenntnisse» verstanden werden. Auf der anderen Seite ist aber doch auch in seiner Seele – als der eines Mitteleuropäers – etwas haften geblieben von den Erbschaften der früheren Epoche: und zwar sowohl von dem Mißtrauen gegenüber der Sinneserfahrung als auch von der Höherbewertung des Gedankenelementes. Auch er kann doch nicht daran glauben, daß aus der Sinneswelt allein alle Erkenntnis, ja daß aus ihr überhaupt wirkliche Erkenntnis fließen könne. Auch ihm ist sie noch die scheinhaft-unwirkliche. Nur gibt er diesem Charakter derselben jetzt eine neue Begründung: Er erklärt nämlich, daß die Sinneswelt gar nicht die Welt der «Dinge an sich», sondern nur eine – allerdings als Reaktion auf die von den Dingen empfangenen Eindrücke – durch unsere Organisation erzeugte Erscheinung sei, indem nämlich die Formen von Raum und Zeit, in denen wir alle Sinneserfahrungen erleben, aus unserer Organisation stammen. Auf diese Weise konnte er sich sein Mißtrauen gegen den Realitätscharakter der Sinneswelt erhalten. Und ferner setzt sich, so sagten wir, in seiner Seele auch die ältere Empfindung von der Höherwertigkeit der gedanklichen Konzeptionen gegenüber den sinnlichen Perzeptionen fort. Zwar glaubt er nicht mehr daran, daß wir mit den Gedanken das ewige, unveränderliche, allein reale Ideenelement der Dinge erfassen können, aber er möchte wenigstens den Charakter des Ewigen, Unveränderlichen als solchen für die Gedankenbildung festhalten. Um nun auch diesen in neuer Weise begründen zu können, verankert er die wesentlichen Bildungen des Gedankenlebens (Kategorien) ebenfalls in der Natur der menschlichen Organisation. Damit kann er zugleich ihre Unabhängigkeit von der Sinneserfahrung dartun. Er kann zeigen, wie sie zu dieser etwas hinzubringen, was in ihr noch nicht enthalten ist. Was aber zu ihr hinzukommt, ist eben nur eine nach bestimmten Prinzipien erfolgende Ordnung. Es ist nicht ein Sich-Erheben zu einem anderen, höheren (oder innerlicheren) Bereich der Welt selbst. Vielmehr ist es nur ein Hinzufügen noch anderer aus der Menschenwesenheit stammender Erlebnisformen zu denjenigen, die – wie Raum und Zeit – schon in der Sinneswahrnehmung enthalten sind. So liegt hier eine merkwürdige Verquickung und Verknäuelung der im englischen Geistesleben wirkenden modernen und der in Mitteleuropa nachwirkenden, freilich inzwischen dekadent gewordenen mittelalterlich-scholastischen Bewußtseinsgestaltung vor. Der Mensch wird mit seinem Erkennen an die Sinneserfahrung gefesselt. Er darf sich nicht mehr von dieser emanzipieren. Zugleich wird aber die Sinneserfahrung ihres Erkenntniswertes entkleidet, indem sie versubjektiviert, das heißt zu einem Erzeugnis der menschlichen Organisation gestempelt wird. Und die zu ihr hinzukommenden Gedankenbildungen machen sie zu einem solchen nur in noch höherem Grade. So erscheint im Grunde der Mensch im Erkenntnisprozeß ganz und gar an sich selbst gefesselt, gleichsam in seine eigene Organisation eingekerkert.

Der auf Kant folgende deutsche Idealismus zog aus diesen Ergebnissen der Erkenntniskritik die Konsequenzen: Wenn nicht nur die gedankliche Ordnung der Sinneserfahrung, sondern schon die letztere selbst das Erzeugnis unserer Organisation ist, dann benötigt man zur Erklärung unserer Erkenntniswelt das «Ding an sich» überhaupt nicht mehr, zumal weder über die Beschaffenheit desselben noch über die Art seiner Einwirkung auf unsere Organisation irgend etwas gewußt werden kann. Und so leitete nun der Idealismus die ganze Welt, wie wir sie kennen, ausschließlich aus unserer eigenen Wesenheit her. Freilich wurde zugleich die Art der Erfassung der letzteren und die Vorstellung von ihrem Wesen bedeutend vertieft: in der Idee des sich selbst setzenden Ichs, in welchem der schaffende Weltgeist selber tätig ist. Aus dem Wesen dieser sich selbst schaffenden Tätigkeit heraus versuchte Fichte als eines ihrer Momente die Erzeugung der sinnlichen Wahrnehmungswelt zu begreifen. Seine Bemühungen fortsetzend, unternahm Schelling von den einzelnen Stufen dieses sich selbst und die Natur hervorbringenden Schaffens des Weltgeistes eine genauere Darstellung. Und Hegel endlich gelangte auf der Bahn dieser Bestrebungen dazu, in dem lebendigen Begriff und seiner dialektischen Bewegung das Wesen des Absoluten und den Weg seiner Entwicklung durch Natur und Geschichte aufzuweisen.

Man könnte der Meinung sein, daß damit eine Erkenntnisweise von ähnlicher Art wiederhergestellt worden wäre, wie sie einstmals in Hellas lebte, wo man sich auch mittels des Denkens zum Absoluten als dem sich selbst denkenden Begriff (Aristoteles) erhoben hatte. Der Unterschied liegt nur darin – und das ist allerdings ein ganz Wesentliches –, daß damals ein Eintauchen in den Nus pojetikos: den schöpferischen Weltverstand, noch ein wirkliches Herauskommen aus sich selbst und ein Sichhingeben an die objektive Weltgedankenwirksamkeit war, während man jetzt in Wahrheit doch in sich selbst und in seinen, wenn auch noch so sublimierten Menschengedanken verblieb, die man nur zu kosmischen oder göttlichen Gedanken umdeutete. In *einer* Hinsicht freilich stellte der Idealismus eine gewisse und sogar entschiedene Rückkehr zu älteren Bewußtseinsgestaltungen dar: insofern nämlich in ihm das Leben in und mit der Sinneserfahrung, das der neuere Mensch sich inzwischen errungen hatte, wieder weitgehend verlorenging. Die Schuld daran trug jedoch letzten Endes die Entwertung, welche die Sinneswahrnehmung durch die Kantische Erkenntnis-Kritik erlitten hatte.

Dieses Zurücksinken in eine der Vergangenheit angehörende Seelenhaltung konnte jedoch nur dazu führen, daß man, als das idealistische Zwischenspiel vorüber war, sich nun mit um so größerer Wucht von neuem auf die Sinneserfahrung warf. Und so vollzog sich jetzt, bei der Ablösung der idealistischen durch die ihr nachfolgende sensualistisch-materialistische Strömung, gleichsam in der Wiederholung und um ebensoviel intensiviert als zeitlich zusammengedrängt noch einmal der Umschwung von einer älteren, der Sinneswelt noch ferner stehenden, zu der modernen, ganz der Sinneserfahrung hingegebenen Bewußtseinsgestaltung – jener Umschwung, der sich urbildlich schon einmal im fünfzehnten Jahrhundert abgespielt hatte. Und in erneuerter und zugleich dringlicherer Weise stellte sich nun die Frage vor die moderne Menschheit hin, welche eben das Grundproblem unseres Zeitalters bildet: die Frage nach dem richtigen Verhältnis zur Sinneswelt.

Zunächst also schlug das Pendel wieder ganz nach der andern Seite aus: nach der einer hemmungslosen Geltendmachung der Sinneswelt als der einzig wirklichen und das menschliche Erkennen bestimmenden. Dem Denken wurde womöglich noch weniger Anteil an dem Zustandekommen des «Erkenntnisprozesses» zugebilligt als im achtzehnten Jahrhundert. Die Aufgabe der Wissenschaft sollte sich nun darin erschöpfen, «die Phänomene auf die einfachste Weise zu beschreiben» (Kirchhoff). Wieder war an der Vertretung dieses Standpunktes die englische Forschung führend beteiligt. Der englische Pragmatismus (J. St. Mill, F. C. Schiller u.a.) sah in den Gedanken bloße Hilfsmittel für den Menschen, die Eindrücke der Sinneswelt zu katalogisieren und damit immer leichter und rascher zu bewältigen. Sie besitzen also keinerlei Wahrheits-, sondern lediglich Zweckmäßigkeitswert. Damit wurde im Grunde die Erkenntnis als solche überhaupt verneint. In Deutschland wurde in den Kreisen, wo dieser englische Pragmatismus Eingang fand, folgerichtig das Prinzip der Denkökonomie formuliert (R. Avenarius): je einfacher und je sparsamer an Begriffsmaterial die Gedankenkartothek arbeitet, desto näher kommt sie dem anzustrebenden Ideal. Jedes Hinausgehen aber über die Sinneswahrnehmungen wurde als unberechtigte Metaphysik ausdrücklich abgelehnt (E. Mach).

Dieses Hin- und Herpendeln zwischen «wahrnehmungsfeindlichem» Denken und «denkfeindlichem» Wahrnehmen schildert in seiner 1966 erschienenen «Allgemeinen Sinnesphysiologie» *Herbert Hensel* in folgenden Sätzen (S. 4f.): «Eigenartigerweise hat die Philosophie bis heute keine gründlich ausgearbeitete Wahrnehmungslehre hervorgebracht. Wo die Sinneswahrnehmung in der Erkenntnistheorie behandelt wird, geschieht das zumeist in einer äußerst abstrakten, dem Wesen der Sinnesmannigfaltigkeit nicht angemessenen Weise – oder die Probleme werden an die positiven Wissenschaften abgeschoben, welche ihrer Methode nach niemals für eine fundamentale Behandlung der Sinneswahrnehmung zuständig sein können. Die thematische Vernachlässigung der phänomenalen Wurzel unseres Erkennens läßt sich wohl kaum hinreichend verstehen, wenn man sagt, die Philosophie habe es eben nur mit allgemeinen Prinzipien zu tun. Vielmehr spricht hier seit zwei Jahrtausenden eine merkwürdige Wahrnehmungsfeindlichkeit und Überwertigkeit des begrifflichen Denkens, angefangen bei dem abgründigen Satz des Parmenides: ‹Denn dasselbe ist Denken und Sein›, bis zu dem an den exakten Naturwissenschaften orientierten Ausspruch Kants: ‹Der Verstand schöpft seine Gesetze (a priori) nicht aus der Natur, sondern schreibt sie dieser vor.› Es ist in diesem Zusammenhang irrelevant, ob man der Ansicht ist, das begriffliche Denken gäbe die objektive Grundlage des Seins wieder, oder ob man von dem Dogma ausgeht, die Erfahrung richte sich nach unseren Begriffen a priori. Das Gemeinsame dieser Einstellungen liegt in den Vorentscheidungen und Vorurteilen gegenüber der Sinneswelt, die letztlich darauf hinauslaufen, die Bedeutung der Wahrnehmung herabzusetzen.

Demgegenüber fordern Empirismus und Positivismus, man solle von der reinen Erfahrung, vom Gegebenen, ausgehen. Aber was ist die reine Erfahrung? Diese Frage bleibt in den positivistischen Ansätzen ganz unklar, weil diese nicht konsequent auf die letzten Quellen des Realerkennens zurückgehen. Vielmehr bezieht sich der positivistische Erfahrungsbegriff auf wissenschaftliche Beobachtungs- und Meßresultate, die auf Grund gewisser operationaler Definitionen und Meßvorschriften gewonnen wurden und damit bereits in einer nicht näher überschaubaren Weise begrifflich vorgeformt sind... Die empiristische Philosophie geht von der Überzeugung aus, daß wir alles, was wir wissen, durch die Sinne wissen. Indem Empirismus und Positivismus den Begriff der Erfahrung willkürlich auf die Sinneswahrnehmung einschränken und dem Denken gegenüber das Erfahrungsprinzip verleugnen, werden sie ihren eigenen Grundsätzen untreu. Die Folge ist eine dogmatische Abwertung des begrifflichen Denkens; es kann zur Sinneserfahrung nichts mehr hinzubringen, es hat keinen Erkenntniswert und ist damit im Grunde unnütz (Prinzip der Denkökonomie: wenn man schon denkt, dann möglichst wenig).»

Dieser denkfeindlichen Strömung stellte sich aber bald wieder eine andere, hinsichtlich der Sinneswelt skeptische gegenüber, und so erneuerte sich im Grunde, nur in etwas veränderter Gestalt, jene Antinomie der Standpunkte, die sich bereits seit dem Beginne der Neuzeit herausgebildet hatte. Nur kamen sie jetzt, während sie früher mehr im Gebiete der Philosophie vertreten worden waren, mehr auf dem Felde der Spezialwissenschaften zum Vorschein.

Dies hatte auch darin seinen Grund, daß die letztere, gegen die Sinneswelt mißtrauische Auffassung jetzt abermals mit neuen Argumenten begründet wurde. Zwar blieb die Kantische Theorie für die ganze nachfolgende Wissenschaftsentwicklung maßgebend. Im einzelnen aber kamen noch neue Argumente zu ihrer, wenn auch oft nur scheinbaren Befestigung hinzu. Jetzt war es nicht mehr der Charakter des Scheinhaft-Vergänglich-Wandelbaren – wie im alten Griechenland –, auch nicht mehr der philosophische Gedanke Kants, daß schon Raum und Zeit, in denen uns alle Erfahrungen zukommen, unserer Organisation angehören, vielmehr ein ganz neues Moment, das die Sinneswelt zum Phantasma verflüchtigte. Dieses Moment war im Grunde unabhängig von philosophischen Gedanken; es lag einfach in der naturwissenschaftlichen Methodik begründet, wie sie sich seit dem Beginne der neueren Zeit gleichsam mit elementarischer Naturgewalt allmählich herausgebildet hatte, das heißt aber tiefer gesehen: es lag in der Gestaltung begründet, die das moderne Menschenbewußtsein angenommen hatte. Freilich ist man sich bis zum heutigen Tage der Triebkräfte nicht voll bewußt geworden, die in dieser Gestaltung des Erkennens eigentlich gewirkt haben, und ist sich daher auch heute noch nicht über die wahre

Bedeutung der Auffassungen im klaren, zu denen diese Methodik des Forschens geführt hat. (Wir werden im folgenden im Anschluß an die Darstellungen Rudolf Steiners in voller Klarheit aufweisen, daß die wahren Wurzeln des Dranges, diese bestimmten Erkenntnismethoden auszubilden, in der Wirksamkeit von unterbewußten, bisher unbekannten oder wenigstens unverstandenen Sinneserlebnissen liegen.) Zum Ausdruck kam diese Bewußtseinsgestaltung beziehungsweise die durch sie bestimmte Forschungsmethodik jedenfalls in dem Drange, den Sinneserscheinungen ausschließlich mathematisch geartete Beschaffenheiten zuzuerkennen, das Qualitative an ihnen dagegen für erst in der menschlichen Seele entstehende Erlebnisse zu halten. Dieses Streben, das zunächst mehr in der Methodik des Forschens als in inhaltlichen Auffassungen über die Natur sich ausgelebt hatte – obwohl bereits durch Descartes und Locke in der Unterscheidung von «primären» und «sekundären» Qualitäten der Anfang mit solchen Auffassungen gemacht worden war –, trieb doch erst in der ersten Hälfte des neunzehnten Jahrhunderts ihm entsprechende, voll durchgebildete inhaltliche Vorstellungen aus sich hervor. Und zwar in zweifacher Hinsicht. Einerseits, indem in Chemie und Physik jetzt die atomistisch-mechanistische Auffassung von der Beschaffenheit der realen Außenwelt sich völlig durchsetzte (Daltons Atomlehre, kinetische Gastheorie, mechanische Wärmelehre), andererseits indem durch die Aufstellung des «Gesetzes von den spezifischen Sinnesenergien» (J. Müller) die Subjektivität der Wahrnehmungsqualitäten in aller Form statuiert wurde. Auf dem Boden dieses Gesetzes ist dann durch Forscher wie Müller, Weber, Fechner, Helmholtz und viele andere zum erstenmal eine genaue Physiologie und Psychologie der verschiedenen menschlichen Sinnesorgane und Wahrnehmungsgebiete ausgearbeitet worden. Die Grundlage aller dieser sinneswissenschaftlichen Forschungen bildete aber eben das Dogma von der Subjektivität der Qualitäten beziehungsweise dem bloßen «Zeichen»-Charakter unserer Wahrnehmungswelt, wie Helmholtz es formulierte. Und mit dieser Sinnesphysiologie und -psychologie ging völlig parallel und übereinstimmend die fortschreitende Ausgestaltung der physikalisch-chemischen Theorie von der außersinnlichen, eigenschaftslosen, rein mathemathisch-mechanisch faßbaren Natur der sogenannten Materie. Beide: die moderne Sinneslehre, wie sie bisher entwickelt wurde, und die mechanistische Naturdeutung der modernen Physik, bilden also die zusammengehörigen Gegenstücke eines einheitlichen Ganzen. Was sich hieraus für den Wahrheitswert dieser Sinneslehre sowie für die Problematik sinneswissenschaftlicher Untersuchungen überhaupt für Folgerungen ergeben, darauf werden wir weiter unten zurückkommen. Auf physikalisch-chemischem Gebiete aber entstand durch diese Entwicklung eine neue Metaphysik, freilich nicht mehr eine spiritualistische, wie es die vorkantischen gewesen waren, sondern eine materialistische. Und auch dadurch unterschied sich diese neuere von jenen älteren Metaphysiken, daß die letzteren mit ihren begrifflichen Aufstellungen noch die wahre Wirklichkeit zu erfassen geglaubt hatten, während man jetzt, durch den Kantischen Agnostizismus hindurchgegangen, die wahre, jenseits unserer Sinneserfahrung liegende Wirklichkeit grundsätzlich für unerkennbar hielt und seinen metaphysischen Spekulationen von vornherein nur den Wert von Hypothesen zusprach. Trotzdem konnte auch diese neue Metaphysik keine volle Übereinstimmung mit der Kantischen Erkenntnistheorie für sich in Anspruch nehmen, obwohl sie es vielfach versucht, ja sogar sich öfter als eine naturwissenschaftliche Bestätigung der letzteren gebärdet hat. Denn während Kant aus dem Gedanken der absoluten Jenseitigkeit und Unerkennbarkeit des «Dinges an sich» heraus es unterlassen hat, irgendeine unserer sinnlichen Anschauungsformen oder begrifflichen Kategorien auf dasselbe anzuwenden, scheute sich diese Metaphysik keineswegs, nicht allein bestimmte Kategorien unseres Denkens (Substanz-, Kausalitätsbegriff), sondern sogar auch einzelne Elemente unserer sinnlichen Wahrnehmungswelt (Raum, Bewegung, Undurchdringlichkeit usw.) auf die an sich seiende «reale Außenwelt» zu übertragen.*

Damit aber riß sie nicht nur das Denken, anstatt es zur bloßen Ordnung der Sinneseindrücke zu verwenden, wieder von der Sinneserfahrung los, sondern spaltete auch die Welt der Erfahrung selbst in

* Kant bezog alle diese «Formen» der Anschauung und des Denkens lediglich auf die Welt der «empirischen Realität», der aber zugleich der Charakter der «transzendentalen Idealität» zukommt.

zwei Stücke. Das eine derselben erklärte sie für *bloß* subjektiv, das andere dagegen erlaubte sie sich, mit bestimmten Begriffen vermischt, für ihre metaphysisch-hypothetischen Spekulationen über die grundsätzlich doch unerkennbare, also gänzlich außerhalb unserer Erkenntnismöglichkeiten liegende reale Außenwelt zu verwenden. Nun hat allerdings die jüngste Entwicklung dieser Metaphysik, wie sie durch die elektrische Theorie der Materie, die Relativitätstheorie usw. erfolgt ist, dazu geführt, daß sowohl von den Elementen sinnlicher Erfahrung als auch denjenigen der Verstandeskategorien, die bisher für diese Spekulationen verwendet worden sind, immer weitere aus den «Vorstellungen» über die «reale Außenwelt» ausgemerzt werden mußten. Heute können weder die räumlich-geometrischen Vorstellungen, wie sie uns von der uns erfahrbaren Makrowelt her geläufig sind, noch die Begriffe der Kausalität und Substantialität, wie sie die klassische Physik noch verwendet hat, mehr für das Atomare als zureichend anerkannt werden. Nur die Mathematik bleibt noch übrig. «Mit dieser Deutung entschwindet uns somit die ganze materielle ‹Substanz› sozusagen unter den Händen. Was ist noch von der so nüchtern realen, harten, eckigen, schweren, trägen usw. *Materie* übriggeblieben? Eine gewissen formalen mathematischen Gesetzen unterliegende Wahrscheinlichkeit dafür, daß Energie bzw. Impuls an einem gewissen Weltpunkt wahrnehmbar sind!»*

Obwohl aber so dem Physiker heute die von ihm erdachte «materielle Außenwelt» für die Vorstellbarkeit immer mehr unter den Händen zerrinnt, hält er sich trotzdem für genötigt, auf diesem Wege weiterzuforschen. Obgleich ihm seine Begriffe durch diese Forschung immer mehr zerrieben werden, glaubt er, auf eine grundsätzlich unerkennbare Welt doch irgendwie mit seinen Mitteln losgehen zu sollen. Denn er ist nun einmal der Meinung, bei der bloßen Wahrnehmung nicht stehenbleiben zu können. Sonst käme man aus der Subjektivität niemals heraus in eine objektive Sphäre, ja man müßte schließlich «im Solipsismus enden» (M. Planck).

Andererseits hat gerade diese jüngste physikalische Entwicklung

* B. Bavink: Die Naturwissenschaft auf dem Wege zur Religion (1948), S. 84.

auch der positivistisch-antimetaphysischen Strömung wieder einen bedeutenden Auftrieb verliehen. Indem sie zur Zerreibung aller der begrifflichen Bestimmungen führte, mit denen man bisher die reale Außenwelt glaubte fassen zu können, hat sie der Meinung neue Nahrung geliefert, daß der Wissenschaft nichts anderes zukomme, als die in Beobachtung und Experiment zum Vorschein tretenden Tatsachen messend und beschreibend darzustellen. Begriffsbilder davon entwerfen zu wollen, was diesen Tatsachen an sich, abgesehen von ihrer Erscheinung innerhalb unserer Beobachtung, für Sachverhalte zugrunde liegen, sei überflüssig und sinnlos (Heisenberg). Freilich müssen die Forscher, die sich zu dieser Meinung bekennen, immer wieder zugeben, daß damit auf ein Verstehen oder Erklären der Naturvorgänge, das heißt aber doch auf ein Erkennen im eigentlichen Sinne, Verzicht geleistet wird.*

So steht heute die Frage ebenso ungelöst wie je, aber vielleicht brennender als je vor der geistig ringenden Menschheit – die Frage, welche das Grundproblem der neueren Wissenschaftsentwicklung bildet: Wie sollen wir uns als erkennende Menschen zur sinnlichen Erfahrungswelt verhalten? Und wir haben gesehen, wie diese Frage zugleich in sich einschließt die speziellere nach der eigentlichen Funktion unserer Sinne beziehungsweise nach der Bedeutung unserer Wahrnehmungserlebnisse. Denn die Art, wie die moderne Sinneslehre über die letzteren dachte, zeigte sich aufs engste verknüpft mit der allgemeinen erkenntnistheoretischen und erkenntnismethodischen Haltung, welche deren Bearbeiter gegenüber der sinnlichen Erfahrungswelt einnahmen.

Zweierlei darf man nun wohl als die Hauptergebnisse des modernen Erkenntnisringens bezeichnen:

Einerseits muß dem Streben des Positivismus unbedingt eine gewisse Berechtigung zuerkannt werden, bei der Sinneserfahrung stehenzubleiben und nicht über eine doch nur hypothetisch angenommene, «an sich seiende» Hinterwelt Spekulationen anzustellen. Zumal, wenn diese Hinterwelt als grundsätzlich unerkennbar gedacht wird, zu den Spekulationen über ihre Beschaffenheit aber doch nur,

---

* Siehe P. Jordan: Physikalisches Denken in der neuen Zeit (1935). S. 39.

wenn auch noch so gesiebte, Materialien aus unserer Erfahrungswelt verwendet werden. Läge nicht in diesem positivistischen Standpunkt etwas tief Berechtigtes, er würde nicht immer wieder von neuem auftreten. Es handelt sich offenbar nur darum, herauszufinden, in welchem Sinne dieses Berechtigte seiner Argumente zu verstehen ist.

Denn daß im absoluten Sinne, das heißt im Sinne einer völligen Unterdrückung jeglichen Denkens bei der bloßen Erfahrung beziehungsweise ihrer Beschreibung, nicht stehengeblieben werden kann, wenn Erkenntnis zustande kommen soll, ist auf der anderen Seite ebenso unbestreitbar. Diejenigen, die eine solche extreme Forderung erheben, müssen konsequenterweise auf jedes Erkennen, das heißt Verstehen oder Erklären der Erscheinungen, Verzicht leisten. Würden wir nur im Wahrnehmen verharren wollen, so bliebe jeder in seinem persönlich-subjektiven Erleben befangen, und von einer Verständigung über Wesen und Bedeutung des Erlebten könnte keine Rede sein. Als Erkenntnissuchende müssen wir also über die bloße Erfahrung mittels des Denkens in irgendeiner Weise hinausgehen.

Die eigentliche und Hauptfrage, auf die schließlich alles hinausläuft, ist daher offensichtlich diese: Wie soll dieses Hinausgehen über die bloße Erfahrung mittels des Denkens geartet sein? Denn wir sollen zwar nicht «hinter» die Wahrnehmung dringen, aber doch auch nicht bei ihr stehenbleiben.

Man sieht hieraus – und dies ist das eigentümliche und bedeutsame Resultat, das sich aus der vorangehenden geschichtlichen Betrachtung ergibt –, daß die Frage nach der eigentlichen Bedeutung der Sinneserfahrung, welche die Hauptfrage der modernen Erkenntnisentwicklung bildet, nur gelöst werden kann auf dem Weg über die Beantwortung der Frage nach der eigentlichen Aufgabe und Bedeutung des Denkens. Hier, beim Denken, liegt der Angelpunkt, an dem das Problem der Erfahrungswelt angepackt werden muß.

Wir werden dann das richtige, befriedigende Verhalten gegenüber der Sinneserfahrung entwickeln können, wenn wir wissen, wie wir uns als Denkende eigentlich zu verhalten haben. Denn das richtige Verhalten gegenüber der Erfahrungswelt besteht eben in dem richtigen Denken über dieselbe. Das heißt aber: Die Frage nach der

Bedeutung der Wahrnehmungswelt für unser Erkennen kann nur aus einer Gesamtanschauung beziehungsweise *Gesamttheorie des Erkenntnisprozesses* heraus beantwortet werden.

2. *Die Erkenntnistheorie Rudolf Steiners, die Geisteswissenschaft und deren Sinneslehre*

Wenn wir es im folgenden unternehmen, die von Rudolf Steiner aus seiner «Geisteswissenschaft» heraus begründete Lehre von den zwölf Sinnen des Menschen darzustellen, so tun wir dies nicht deshalb, weil diese Lehre unsere Kenntnis von den menschlichen Sinnen um einige bisher nicht als solche bekannt gewesene Wahrnehmungsgebiete bereichert hat, sondern aus dem Grunde, weil sie aus einer Gesamtauffassung des menschlichen Erkenntnisprozesses erwachsen ist, die, wie wir meinen, die Hauptfrage der neueren Erkenntnisentwicklung: die Frage nach der eigentlichen Bedeutung der Sinneserfahrung oder nach dem richtigen Verhalten zur Sinneserfahrung, zum erstenmal in befriedigender Weise gelöst hat. Damit aber scheint uns durch diese geisteswissenschaftliche Erkenntnisweise im ganzen und durch die aus ihr hervorgegangene Sinneslehre im speziellen der wichtigste Beitrag zur Fortentwicklung der modernen Wissenschaft überhaupt geleistet. Es liegt also, um das noch einmal zu betonen, die Bedeutung dieser Sinneslehre nicht darin, daß die Zahl der von ihr aufgewiesenen Sinne um einiges größer ist als die gewöhnlich angenommene oder daß sie gerade zwölf ausmacht, sondern darin, daß sie sich als die Konsequenz ergeben hat aus einer bestimmten grundsätzlichen, sowohl theoretischen wie praktischen Stellung gegenüber der Sinneserfahrung und dadurch rückwirkend wieder die Ausbildung und Ausübung dieser Haltung zu befördern geeignet ist.

Aus diesem Grunde scheint es uns notwendig, daß wir, bevor wir an die Darstellung dieser Sinneslehre selbst herantreten, in dieser Einleitung zunächst noch die grundsätzliche erkenntnistheoretische und praktisch-methodische Stellung zur Wahrnehmungswelt skizzieren, auf deren Boden sie erwachsen ist.

Rudolf Steiner hat zum erstenmal und bisher als einziger Forscher die am Ende des letzten Abschnittes aufgeworfene Frage nach der eigentlichen Bedeutung des Denkens aus der typisch modernen: empiristischen, das heißt auf Erfahrung gerichteten, Grundhaltung zu beantworten unternommen. Er wollte über diese Frage nicht, wie das bis dahin immer geschehen war, aus einem traditionell überkommenen oder vorurteilsmäßig angenommenen Standpunkt entscheiden, sondern aus der Erfahrung heraus zu einem Urteil über sie gelangen. Dazu war es notwendig, daß der Denk*akt* selbst einmal zum Gegenstand der Beobachtung gemacht, daß also versucht wurde, rein aus der Erfahrung heraus einmal festzustellen, was im Denkakt eigentlich geschieht.* Die hierzu notwendige Beobachtung konnte freilich nur eine innerliche sein. Bei diesem Versuch ergab sich als erste Erfahrung diese, daß im normalen Verlauf unseres Seelenlebens der Denkprozeß als solcher überhaupt nie in die Beobachtung eintritt, sondern immer unbeobachtet bleibt. Es muß, um ihn in die innere Wahrnehmung hereinzubekommen, erst gewissermaßen ein «Ausnahmezustand» des Erlebens hergestellt werden. Dieser läßt sich freilich erst durch wiederholte Übung allmählich erreichen. Es ist wichtig, dies zu betonen; denn sonst wird leicht die Besinnung auf gewisse Begriffe oder logische Funktionen mit der hier gemeinten *Beobachtung* der Begriffe-erzeugenden *Tätigkeit* verwechselt. Man entdeckt alsbald auch den Grund, warum das Erringen dieser Beobachtung Schwierigkeiten bietet. Er liegt darin, daß die Denktätigkeit bis in ihre letzten Verzweigungen hinein *unsere ureigenste* ist; Aktion und Kontemplation aber gleichzeitig auszuführen ist nicht ohne weiteres möglich.

In dem Maße, als man sich nun aber an die innere Wahrnehmung seiner Denktätigkeit heranarbeitet, macht man eine zweite, noch bedeutsamere Entdeckung: nämlich diese, daß man hier *bei der unmittelbaren Beobachtung stehenbleiben kann*. Wenn wir dies gegenüber *allen* anderen Wahrnehmungen nicht können, wenn wir uns getrieben fühlen, vom bloßen Wahrnehmen zum Denken über das Wahr-

---

* Zum Folgenden vgl. seine Schriften «Grundlinien einer Erkenntnistheorie der Goetheschen Weltanschauung», «Wahrheit und Wissenschaft» und «Die Philosophie der Freiheit».

genommene überzugehen, so hat dies darin seinen Grund, daß die Wahrnehmung *allein* unser Erkenntnisbedürfnis nicht befriedigt. Wir suchen, indem wir zum Denken übergehen, diesem Bedürfnis Befriedigung zu verschaffen, wir hoffen, durch das Denken diese Befriedigung zu erlangen. Freilich besteht die zunächst ungelöste Frage: In welcher *Art* sollen wir durch das Denken über die Erfahrung hinausgehen? Was ist es, was wir durch das Denken zur Erfahrung hinzugewinnen sollen?

Bei der Beobachtung des Denkens selbst macht sich nun eben dieser Drang nicht geltend, vielmehr tritt schon durch die Beobachtung selbst volle Befriedigung des Erkenntnisbedürfnisses auf. Warum ist das so? Wir antworten mit der Gegenfrage: Warum ist es bei allen anderen Beobachtungen *nicht* der Fall? Weil sie uns «von außen» gegeben werden. Weil wir ihren Inhalt nicht selbst hervorbringen. Wir wissen deshalb zunächst nicht, woraus sie hervorgehen, was hinter ihnen steht, welche Gesetze sie beherrschen. Dies gilt selbst auch für alle jene Innenbeobachtungen, die nicht das Denken zum Inhalt haben: also solche unserer Gefühle, Empfindungen, Willensantriebe. Denn auch diese bringen wir nicht «selbst» hervor in dem Sinne, wie wir unsere Begriffe erzeugen. Sie steigen vielmehr mit naturhafter Unwillkür aus den dunklen Tiefen unseres Wesens auf, ohne daß wir zunächst die in ihnen wirkenden Verursachungen kennen. Oftmals überwältigen sie uns geradezu. Als das «Selbst», als das wir uns im Denken betätigen, empfangen wir auch *sie* «von außen», stehen wir auch *ihnen* gegenüber. Beim Beobachten des Denkens allein stehen wir in dem Beobachteten mitten drinnen. Wir bringen es ja selber hervor. Ja, wir entdecken in der Beobachtung des Denkens überhaupt erst dasjenige in uns, dem wir mit vollem Rechte die Bezeichnung unseres «Selbst» zuerkennen dürfen. Und wir finden, daß dieses unser «Selbst» zunächst nur im Denken sich betätigt. Indem wir aber in der Beobachtung des Denkens diese unsere Tätigkeit anschauen, haben wir in dieser Anschauung schon dessen Totalität. Es ist nichts außer dem, als das es uns erscheint.

Und als was stellt es sich denn nun seiner Beobachtung dar? Es offenbart sich als der schöpferische Quell einer Welt von Begriffen und Ideen. Die Glieder dieser Welt haben alle aufeinander mannigfaltigste Bezüge und bilden eine in sich zusammenhängende Einheit. Ihre Bezüge und Zusammenhänge sind unmittelbar durch ihre Inhalte bestimmt und der Anschauung zugleich mit den letzteren gegeben. Erweist sich so die Begriffswelt als die Hervorbringung des Denkens, so zeigt sich dieses in seiner Betätigung zugleich wieder durch jene bestimmt und erklärt. Für die Anschauung des Denkens kann die Frage nach den Gesetzen, die es bestimmen, nicht auftreten; denn diese ist mit der Wahrnehmung der dem Denken entquellenden Begriffswelt bereits beantwortet. Nichts anderes als der Inhalt und der Zusammenhang der Begriffe, die es hervorbringt, bestimmen das Denken in seinem Vollzug. Es hat kein anderes Korrektiv als den Inhalt der Begriffswelt. Freilich hat diese zugleich wieder kein anderes Regulativ als das Denken. So ist also die durch das Denken erscheinende Begriffswelt beziehungsweise das durch seine Begriffsschöpfungen sich bestimmende Denken eine *völlig auf sich selbst begründete, sich durch sich selbst bestimmende und erklärende Wirklichkeit.*

Das bedeutet mit anderen Worten, daß wir das Merkmal des «Subjektiven» mit dem Denken in keiner Weise in Verbindung bringen dürfen. Weder ist es in dem Sinne subjektiv, daß unsere Auffassung von ihm als eine bloße subjektive Meinung zu gelten hätte und das Denken an sich, objektiv vielleicht, etwas ganz anderes wäre. Denn wir stehen ja nicht als Subjekt ihm als einem Objekt gegenüber, sondern als sein Erzeuger mitten in ihm drinnen. Aber auch nicht in dem Sinne, daß das Denken selbst eben deshalb eine bloß subjektive Bedeutung hätte, weil wir es selbst hervorbringen. Denn das ist ja eben das Eigentümliche, daß wir es zwar durch unsere Tätigkeit zur Erscheinung bringen, aber nach Gesetzen, die ganz in ihm liegen. Wir müssen uns, um richtig denken zu können, der höchsten Selbstlosigkeit befleißigen und aller subjektiven Willkür enthalten. Gewiß: wir können uns in unserem Denken auch von unseren Wünschen oder Trieben leiten lassen; aber wir sind uns bewußt, daß es dann sein Eigenwesen nicht entfalten und uns darum nicht zur Wahrheit führen kann.

Das Denken bestimmt sich also durch sich selbst, auch wenn es nur durch unsere Tätigkeit in Erscheinung treten kann. Darf es darum nicht als «subjektiv» bezeichnet werden, so kann es aus eben demselben Grund aber auch nicht «objektiv» genannt werden; denn es steht uns ja nicht als etwas gegenüber, was uns gegeben wird, sondern kommt nur durch uns zum Dasein. Man könnte das in ihm Tätige daher – wie es der deutsche Idealismus getan hat – als das «Subjekt-Objekt» bezeichnen oder – vielleicht noch besser – als etwas, das über den Gegensatz des Subjektiven und des Objektiven erhaben ist. Wichtig ist freilich, festzuhalten, daß es sich bei dieser Kennzeichnung des Denkens nicht um eine bloße Behauptung handelt, sondern um die Beschreibung einer *Erfahrung* – einer Erfahrung freilich, mit der eine ganz neue Erfahrungswelt erobert wird.

Daß wir durch diese Erfahrung im Denken eine ganz durch sich selbst bestimmte und sich selbst erklärende Wirklichkeit finden, ist für die Erkenntnistheorie von fundamentaler Bedeutung. Denn vermöchten wir dies nicht, müßten wir auch beim Denken, um es in seiner Gesetzmäßigkeit zu begreifen, über das hinausgehen, was seine unmittelbare Beobachtung ergibt, so kämen wir aus der Problematik des Erkenntnisprozesses nie heraus. Wir fänden keinen Anfang für die Beantwortung des Erkenntnisproblems. Hier aber, wo die sonst überall auftretende Problematik schweigt, wo schon die Beobachtung alles gibt, wonach unser Erkenntnisbedürfnis verlangt, können wir festen Fuß fassen und von da weitere Schritte tun.

Nun zeigt uns diese Beobachtung noch ein weiteres: Wir deuteten schon an, daß uns *alle* übrigen Beobachtungen nicht in derselben Weise befriedigen wie die des Denkens. Denn ihr Inhalt ist nicht ein von uns selbst Hervorgebrachtes, in dem wir *drinnenstehen,* sondern ein uns schlechthin Gegebenes, das wir «von außen» empfangen, dem wir *gegenüber*stehen. Diese Tatsache enthüllt sich der erkenntnistheoretischen Forschung gerade dadurch erst in voller Klarheit und Entschiedenheit, daß zunächst der Denkakt zum Gegenstand der Beobachtung gemacht wurde. Von dem restlos aus der eigenen Tätigkeit fließenden Denken hebt sich als sein voller Gegensatz das *ohne* jede eigene Tätigkeit erfolgende Auftreten aller anderen Wahrnehmungsinhalte im Bewußtseinsfelde ab. Es zeigt sich also hier, daß die Bedeutung, welche der Beobachtung des Denkens für die erkenntnistheoretische Forschung zukommt, nicht bloß darin liegt, daß sie erst zu einer wirklichen Erfassung des *Denkens* führt, sondern auch noch darin, daß man erst von ihr her zu einem reinen Erleben auch dessen gelangt, was man im Gegensatz zum Denken als *Wahrnehmung* überhaupt bezeichnen kann und worunter hier der Inhalt *aller anderen* Wahrnehmungen außer der des Denkens verstanden wird. Dieses Erleben erweist aber eindeutig, daß diese Wahrnehmungen so, wie sie unmittelbar am Horizont unseres Bewußtseins auftauchen, ebenfalls *nicht* als *subjektiv* bezeichnet werden dürfen. Für sie bietet sich vielmehr die Bezeichnung des *Objektiven,* das heißt uns «Entgegengeworfenen», als die richtige dar. Wären sie subjektiv, das heißt durch das bestimmt, was wir in der Beobachtung des Denkens als unser Selbst kennenlernen, so wäre ihr Rätsel mit der Anschauung dieses unseres Selbst gelöst und träte uns nicht als jene Frage gegenüber, als die wir es tatsächlich erleben. Es ist also durchaus unstatthaft, dasjenige, was rein erkenntnistheoretisch als Wahrnehmungsinhalt bezeichnet werden muß, als subjektiv zu charakterisieren. Gerade weil es objektiv, das heißt uns von außen gegeben, ist, darum empfinden wir es als so rätselhaft – als etwas, was uns zunächst nur seine Vorderseite zukehrt, seine Hintergründe, seine Entstehung, seine Zusammenhänge uns aber verbirgt. Gerade weil es nicht subjektiv ist, darum fühlen wir uns gedrängt, beim bloßen Wahrnehmen nicht stehenzubleiben, sondern vom bloßen Empfangen zum Tätigsein ihm gegenüber fortzuschreiten. Tun wir das nun aber in der Weise, daß wir zu den Wahrnehmungsinhalten die Begriffe hinzufügen, zu deren denkerischer Erzeugung sie uns anregen, so empfangen auch diese Inhalte dadurch Bestimmung und Bedeutung. Sie ordnen sich in Zusammenhänge ein. Ihre Beziehungen zueinander enthüllen sich uns. Die Begriffe erweisen sich somit als dasjenige, was den Wahrnehmungen fehlte, um eine vollständige Wirklichkeit darzustellen. Sie verschmelzen sich daher mit ihnen, aber nicht in der Weise, daß zu einem in sich abgeschlossenen Ganzen ein Anderes, ihm Fremdes, hinzukäme, sondern so, wie – im Bilde gesprochen – zu einer Hälfte eines Kreises die zu ihr hinzugehörige, sie erst zum vollen Kreise ergänzende hinzukommt. Unser Erkenntnisbedürfnis gegenüber der Wahrnehmungswelt gelangt dadurch zur Befriedigung.

Was ist nun eigentlich am Erkenntnisprozeß subjektiv? Die Wahrnehmungen an sich sind es nicht, die Begriffe auch nicht. *Subjektiv,* das heißt ausschließlich durch uns selber bewirkt, ist lediglich das *Herstellen der Beziehungen* zwischen beiden. Dieses findet in der Bildung unserer *Vorstellungen* seinen Niederschlag, die wir dann als die Repräsentanten der vollen Wirklichkeit mit uns in der Erinnerung weitertragen. Hier, im Gebiete der Vorstellungsbildung, liegt daher auch das weite Reich der Irrtumsmöglichkeiten. Wie wir diese vermeiden können, ist eine Frage für sich, auf die an späterer Stelle dieses Buches eingegangen werden soll. An diesem Punkte jedoch handelt es sich zunächst darum, darauf hinzuweisen, daß wir in dem Maße, als es uns gelingt, die Irrtumsmöglichkeiten zu überwinden, durch die denkerische Erzeugung der Begriffe und deren Verbindung mit den Wahrnehmungsinhalten voll mit der Wirklichkeit zusammenwachsen, von der uns in den letzteren zunächst bloß ein Stück, gewissermaßen die Außenseite, gegeben ist.

Ist nun damit über die Welt der Dinge etwas ausgesagt, daß von ihnen für den Menschen in der Wahrnehmung erst ihr Beobachtungsinhalt und dann im Denken ihr Begriffs- oder Wesensinhalt zur Erscheinung kommt? Keineswegs: wohl aber ist damit etwas über den *Menschen* als Erkenntnissubjekt gesagt. Den Dingen ist es völlig gleichgültig, wie der Mensch sich zu ihnen verhält. Er aber ist so organisiert, daß er im sinnlichen Wahrnehmen derselben ihren Wesensgehalt für sein Erleben zunächst unterdrückt und diesen dann durch die Entfaltung seines Denkens erst wieder mit ihrem Wahrnehmungsinhalt verbinden muß. Nicht also die erste Gestalt, in der die Welt in der Beobachtung an den Menschen herantritt, ist ihre vollständige, sondern die letzte, die sie durch den Erkenntnisprozeß für ihn annimmt. Die erste ist *insofern* ein bloßer Schein; mit der letzten arbeitet er sich zu ihrer wahren Wirklichkeit durch. Man könnte auch sagen: die *Wahrnehmung* gibt nur die *eine Hälfte* der *Wirklichkeit,* das *Denken* fügt deren *andere* hinzu.

Man wird zur Wahrnehmungswelt so lange kein rechtes Verhältnis finden und auch den Erkenntnisprozeß so lange nicht verstehen können, als man die erstere entweder schon für sich allein als die *ganze* Wirklichkeit oder aber als *gar keine* Wirklichkeit, sondern als ein aus dem Menschen erzeugtes subjektives Scheingebilde betrachtet. Im ersteren Falle bleibt es ewig unverständlich, warum der Mensch sich nicht mit der bloßen Wahrnehmung begnügt, sondern sein Denken ihr gegenüber in Tätigkeit bringt und zu ihr allerlei Begriffe hinzufügt. Die dadurch entstehende Veränderung der reinen Wahrnehmungswelt muß dann als ein Sichentfernen des Menschen von der Wirklichkeit erscheinen. Im letzteren Falle ist nicht einzusehen, wie der Mensch, wenn er sich schon durch das Wahrnehmen in eine bloß subjektive Scheinwelt einspinnt, durch das Denken aus dieser heraus und an die objektive Wirklichkeit sollte herangelangen können.

Ganz anders wird die Sache, sobald man erkennt, daß das, was dem Menschen in der Wahrnehmung sich darbietet, zwar ein Stück der Wirklichkeit selbst, aber eben nur ein Stück derselben ist. Daß diesem etwas fehlt, was der Mensch, indem er ihr wahrnehmend gegenübertritt, für sein Erleben zunächst auslöscht. Dann wird es verständlich, warum er von ihr nicht befriedigt ist, warum er sich gedrängt fühlt, über sie hinauszugehen und denkend die Welt der Begriffe hinzuzufügen. Er gibt ihr eben dadurch zurück, was er erst von ihr weggenommen hat.

Man könnte nun die Frage aufwerfen: Warum stellt sich der Mensch in dieser eigentümlichen Weise der Welt als Erkennender gegenüber? Man wird dies verstehen, wenn man bedenkt, was es für ihn bedeutete, wenn ihm zugleich mit der Wahrnehmung auch die Begriffe der Dinge gegeben wären. Er würde sich dann bloß als ein Glied der einheitlichen Welt fühlen. Er vermöchte sich nicht von ihr zu unterscheiden. Er würde in der ungeschiedenen Welteneinheit enthalten sein. Nur dadurch, daß er sich im bloßen Wahrnehmen das innere Wesen der Dinge zunächst verhüllt, sieht er sich gleichsam *aus der Welt heraus* und ihrer bloßen Außenseite gegenübergestellt. Dadurch erlebt er den *Gegensatz zwischen Ich und Welt* (oder Nicht-Ich). Dadurch gelangt er zum *Bewußtsein seiner selbst*. Und indem er nun durch seine *eigene tätige Hervorbringung* der Begriffe das zunächst verborgene Wesen der Dinge enthüllt, stellt er zwar die Verbindung zwischen sich und der Welt wieder her, aber doch so, daß er innerhalb des Ganzen, das er so erschafft, seiner selbst als eines eigenen Wesens bewußt bleibt. «Darauf beruht die Doppelnatur des Menschen; er denkt und umschließt damit sich selbst und die übrige

Welt; aber er muß sich mittels des Denkens zugleich als ein den Dingen gegenüberstehendes Individuum bestimmen» (R. Steiner, Philosophie der Freiheit).

Dies alles und insbesondere das zuletzt Ausgeführte gilt nun vor allem für den *modernen Menschen*. Wir begreifen jetzt, warum er sich seit dem sechzehnten Jahrhundert so stark in die Welt der *bloßen Wahrnehmung* hineingelebt hat, wie wir dies eingangs festgestellt haben. Es bildet das die *Kehrseite* zu der Tatsache, daß erst der *moderne* Mensch im vollen Sinne sich zur Selbstheit, zum *Ich-Wesen,* gebildet hat. Diese Geburt der in sich abgeschlossenen Persönlichkeit während der neueren Zeit wäre nicht möglich gewesen, wenn die Menschheit nicht so stark, wie sie es getan hat, in das Element der reinen Wahrnehmung eingetaucht wäre. Denn nur in dieser Sphäre kann der Gegensatz zwischen Ich und Nicht-Ich voll erlebt werden.

In der griechischen Antike lagen die Dinge noch nicht ganz so. Zwar konnte man auch damals schon Wahrnehmen und Denken voneinander unterscheiden, aber sie bildeten noch nicht einen so radikalen Gegensatz wie heute. Das Denken war noch dem Wahrnehmen ähnlicher als in unserer Zeit. Es hatte noch nicht im selben Maße den Charakter der Aktivität und damit der Innerlichkeit, sondern war noch mehr ein passives und damit ein äußerliches Erleben. Dementsprechend verhüllte die Sinneswelt dem Menschen noch nicht so völlig ihr ideelles Gegenstück, sondern offenbarte dieses verhältnismäßig leicht dem Denken, das wie ein höheres, geistiges Wahrnehmen zu dem niedrigeren, sinnlichen Wahrnehmen sich hinzugesellte. Der Mensch hatte damals die Empfindung, daß er beim Übergang vom Wahrnehmen zum Denken sich von einem niederen zu einem höheren Anschauen erhob, wobei letzterem sich das in der Welt offenbarte, was zunächst für das erstere «hinter» den Dingen verborgen geblieben war. Aus dieser Sachlage heraus ist dann, insbesondere in späterer Zeit, die Meinung entstanden, daß die Sinneswelt überhaupt ein bloßer Schein sei, «hinter» dem im *Äußeren* das wahre, reale Wesen gesucht werden müsse.

Und so begreifen wir nun die Entstehung der beiden in der obigen geschichtlichen Betrachtung hervorgehobenen gegensätzlichen Standpunkte im Verhältnis zur sinnlichen Erfahrungswelt. In *demjenigen,* welcher in der Sinneswelt *nur* einen unwirklichen *Schein* sieht, «hinter» dem die wahre Außenwelt erst gesucht werden müsse – gleichgültig, mit welchen Argumenten im einzelnen nun die Scheinhaftigkeit der Sinneswelt begründet wird –, wirkt die für die Bewußtseinslage der klassischen *Antike* einmal vorhanden gewesene Tatsache *nach,* daß das wahre Wesen der Welt *«hinter»* der Sinneserscheinung der Dinge durch ein noch wahrnehmungshaft geartetes Denken geschaut wurde. Die solche Meinung heute noch vertreten, haben versäumt, zu berücksichtigen, daß inzwischen die Wesenheit des Menschen in dem Sinne sich verändert hat, daß dasjenige, was der Wahrnehmung der Sinne noch zur vollen Wirklichkeit fehlt, heute im *Innern* des Menschen durch das *tätige* Denken zur Erscheinung gebracht werden muß. Das beeinträchtigt nicht im geringsten die Tatsache, daß das, was so im Innern des Menschen erscheint, doch zu den Dingen draußen hinzugehört beziehungsweise das Wesen der äußeren Dinge ausmacht. Wer die im Innern zur Offenbarung kommende Ideenwelt erlebt, der erlebt sich mit ihr unmittelbar in das Wesen der Dinge hineinversetzt. In der erwähnten Meinung aber hat sich, was einmal Erlebnissituation einer älteren Menschheit war, zu dem Dogma verhärtet, daß draußen *an sich* eine Trennung vorhanden sei zwischen erscheinender und wesenhaft seiender Welt, daß diese beiden objektiv voneinander geschieden und die eine hinter der anderen verborgen sei. Man verkennt dabei, daß eine Trennung von Wesen und Erscheinung in den Dingen selbst überhaupt gar nicht vorhanden, sondern die Verborgenheit des Wesens zunächst nur durch und für die menschliche Wahrnehmung – und namentlich eben für die so rein gewordene Wahrnehmung des modernen Menschen – da ist, jedoch durch das Hervorbringen des Begriffs im Denkakt überwunden wird. Das immer wieder draußen vermutete «Ding an sich», das heißt das Wesen des Dinges, kommt in Wahrheit heute als Erzeugnis des aktiven Denkens im Menscheninnern zur Erscheinung. Daß man dies in der neueren Erkenntnistheorie nicht bemerkt, hat seinen Grund in dem Verfall der Denkbetätigung, der gleichzeitig mit dem fortschreitenden Sicheinleben in die Wahrnehmungswelt in der neueren Zeit eingetreten ist. Und diese Degeneration des Denkens, die in dem Unglauben zum Ausdrucke kommt, mit dem Denken die Wirklichkeit ergreifen zu können, sie wirkt sich, wie das Beispiel Kants zeigt, heute durchaus auch bei denjenigen aus, die nach der anderen Seite auch kein Vertrauen zur Sinneswahrnehmung haben.

Wir sagen: *auch* bei diesen. Denn das hauptsächlichste Argument bildet dieses Mißtrauen gegen das Denken für die Begründung des *andern,* mehr im Westen vertretenen positivistischen Standpunktes. Dessen Bekenner fühlen zwar, daß es heute nicht mehr berechtigt ist, nach außen «hinter» die Wahrnehmungswelt zu dringen, um die wahre Realität zu finden. Sie empfinden, daß in der Wahrnehmungswelt selbst schon ein Element der Wirklichkeit gegeben ist, das man nicht im Durchstoßen derselben nach außen hin verlieren darf, sondern als solches festhalten muß. Sie glauben jedoch entweder, daß, was in Wahrheit erst die halbe Wirklichkeit ist, schon die ganze ausmache, oder, soweit dies nicht der Fall ist, sehen sie keinen Weg, auf dem das noch fehlende Stück der Wirklichkeit gefunden werden könnte. Denn sie haben sich so sehr und so einseitig in die Wahrnehmungswelt beziehungsweise in die sinnliche Seite des Menschenwesens hineingelebt, daß sie für das Erleben der eigentümlichen Wesenheit des Denkens gar kein Organ mehr zu entwickeln vermögen. Weil sie nicht einmal ahnen, was im Erleben des Denkaktes erfahren werden kann, suchen sie die Denktätigkeit im wissenschaftlichen Forschen so weit wie möglich zurückzudrängen. Für sie bedeutet sie nur ein Vereinfachen oder zweckmäßiges Rubrizieren der Sinneseindrücke. Alles «Erkenntnisstreben» läuft nach dieser Ansicht auf bloße praktische Nützlichkeitsleistungen hinaus. Und durchaus begreiflicherweise! Denn das Wahrnehmen allein kann uns in der Tat niemals wirkliche Erkenntnis liefern; zeigt es doch nur die Außenseite, die halbe Wirklichkeit der Dinge. Wo das Denken, das allein diese Halbheit durch die Enthüllung des inneren Wesens zur Ganzheit vervollständigen kann, verkannt und vernachlässigt wird, ist ein Erkennen nimmermehr zu erlangen.

Für Rudolf Steiner ergab sich aus seiner Erkenntnistheorie die Einsicht, daß die Triebe, die zur *Entwicklung des starken Ich-Bewußtseins im modernen Menschen* führen, identisch sind mit denjenigen, welche die einseitige *Hingabe an die Sinneswahrnehmungswelt* bewirken. Diese *einseitige Hingabe an die sinnliche Erfahrungswelt* aber ist gleichbedeutend mit dem bewußtseinsmäßigen Sichabschnüren von der Wesenswelt oder mit dem *Verzicht auf wahre Erkenntnis.* Der *Agnostizismus,* der in der neueren Zeit immer mehr zur Herrschaft gekommen ist, stellt die *Kehrseite der modernen Persönlichkeitsentwicklung* dar.

Will man zu wirklicher Erkenntnis gelangen, dann kann man sich also nicht an die Triebkräfte wenden, die nur zur einseitigen Entfaltung eines isolierten Ich-Bewußtseins führen, sondern muß sich an solche halten, die zwar dieses Ich-Bewußtsein nicht wieder aufheben, aber es verbinden mit dem Weltwesen. Eine solche Triebkraft aber hatte Rudolf Steiner gefunden in dem Erleben des wahren Wesens des menschlichen Denkens. Das Erleben dieser Betätigung, in welcher die Verbindung mit der Wirklichkeit, die Eingliederung in das Weltganze wiedergefunden wird, nur immer stärker und stärker zu machen, konnte der einzige Weg sein, zu wahrer Erkenntnis vorzudringen.* Der Weg aber einer solchen fortschreitenden Verstärkung des Sicherlebens im Elemente der Denktätigkeit führte zur Ausbildung der «Geisteswissenschaft», wie sie als «Anthroposophie» von ihm später begründet worden ist.

Wird nämlich die Intensität der Denktätigkeit durch entsprechende systematische Übung immer weiter gesteigert, so nimmt die Art, wie der ideelle Teil der Wirklichkeit erfaßt wird, immer reichere, entwickeltere Gestalt an. Wie aus einem sich entwickelnden Pflanzenkeim die verschiedenen Gestaltungen der Pflanzenbildung, als da sind Stengel, Blätter und Blüte, hervorgehen, so kommen aus der gedanklichen Erkenntnis im Verlaufe einer solchen Entwicklung höhere, gestaltungsreichere Formen der Wesenserfassung in der Seele zur Ausbildung. Es zeigt sich, daß, was man zunächst als Begriff, erfaßt hat, nur die erste, anfängliche Gestalt ist, in der man seinen Inhalt ergreifen kann. Diese erste Gestalt: der unanschauliche Begriff wandelt sich auf dem Wege seelischer Entwicklung, der sich durch übende Verstärkung der Denktätigkeit eröffnet, zum übersinnlichen Bild (Imagination). Das Denken selbst erhöht sich entsprechend zu einem in-

---

* Siehe R. Steiner: Die Rätsel der Philosophie. Bd. 2. Schlußkapitel.

nerlichen geistigen Anschauen. Auf einer weiteren Stufe der Entwicklung, die auch das Fühlen in die Umgestaltung einbezieht, tritt zu der Offenbarung durch geistiges «Schauen» eine solche durch geistiges «Hören» hinzu (Inspiration). Was Begriff war, enthüllt sich diesem als «Wesenheit». Auf einer dritten Stufe endlich, die auch das Wollen umbildet, vermag der Mensch mit dem geistig Wesenhaften, das sich zunächst seinem Geistgehör wie durch eine übersinnliche Sprache offenbarte, im Erkennen völlig eins zu werden (Intuition). Es findet also auf diesem Wege, wie man sieht, ein tieferes Hineindringen des Menschen in das «Wesen» der Dinge statt. Zugleich wird aber mit jeder dieser Stufen der seelisch-geistigen Erweckung auch ein Fortschritt in der Vertiefung der Erkenntnis des eigenen Menschenwesens erreicht. Mit jeder neuen von den genannten Fähigkeiten geistigen Erlebens, die errungen wird, erweitert, bereichert, vertieft sich auch der Inhalt desjenigen, was zunächst im Anschauen des Denkens noch wie punktförmig als das eigene Ich erlebt wurde, zu einer immer umfassenderen Welt des menschlichen Innenwesens. Daher der «anthroposophische» Charakter dieser Geistesforschung.

Das methodisch Entscheidende derselben liegt nun aber darin, daß die *geistige Welt*, von der sie spricht, nicht eine im Sinne irgendeiner Metaphysik erschlossene, erspekulierte, hypostasierte, sondern eine solche der *Erfahrung* ist, allerdings einer rein geistigen Erfahrung, die als Fähigkeit erworben wird auf dem Wege einer Steigerung der denkerischen und im weiteren auch der übrigen Seelenbetätigungen. Es bleibt also die in der oben skizzierten Erkenntnistheorie geschilderte Haltung gegenüber der Sinneserfahrung in vollem Umfang gewahrt. Auch diese Geisteswissenschaft bleibt in dem Sinne durchaus bei den Sinneswahrnehmungen stehen, daß sie nicht zu einer «hinter» diesen liegenden «Außenwelt» spekulativ durchstößt. Sie schreitet nur von der sinnlichen zu einer höheren, geistigen Erfahrung fort, zu der hier eben das Denken um- und fortgebildet wird. Ja, es kann ein solches Fortschreiten oder Aufsteigen zu «übersinnlichen» Erfahrungen in ihrem Sinne überhaupt nur gelingen, wenn zu seinem Ausgangspunkte nicht irgendeine spekulative naturwissenschaftliche Theorie über das Wesen der Materie, sondern das reine Erleben der sinnlichen Wahrnehmungswelt genommen wird – wie es innerhalb der modernen Wissenschaftsentwicklung in vorbildlicher Weise zum Beispiel *Goethe* geübt hat. So bleiben die Sinneserscheinungen also auch dieser Geisteswissenschaft «die eine Hälfte der Wirklichkeit». Und die ganze geistige Welt, die sie durch ihre übersinnliche Erfahrung schaut, ist nicht «hinter», sondern *in* den sinnlichen Erscheinungen als jene andere Hälfte, die mit diesen zusammen erst die volle Wirklichkeit ausmacht. So bedeutet also diese Geisteswissenschaft nichts anderes als die volle, bis zu ihren letzten Möglichkeiten getriebene Entfaltung desjenigen Wesens- beziehungsweise Tätigkeitselementes im Menschen, das die von Steiner entwickelte Erkenntnistheorie als das eigentlich Erkenntnis-Erzeugende dargestellt hatte.

Hier interessiert uns nun besonders, daß aus ihrer Forschung neben vielen anderen Resultaten auch eine bestimmte spezielle Darstellung vom Wesen und von den Funktionen der menschlichen Sinne sich ergeben hat. Im Grundsätzlichen ist das nicht verwunderlich, denn die Bemerkungen, die innerhalb der einleitenden historischen Betrachtung über die bisherige moderne Sinneslehre fielen, haben ja gezeigt, wie sehr die Gestalt, die ihr gegeben wurde, bedingt war durch die prinzipielle erkenntnistheoretische Stellung, welche ihre Bearbeiter zu der Sinneserfahrung einnahmen. Es muß daher begreiflich erscheinen, daß aus einer so ganz anderen erkenntnistheoretischen und erkenntnispraktischen Stellung zur Wahrnehmung, wie sie im vorangehenden als die von Rudolf Steiner entwickelte skizziert wurde, auch eine ganz andere Auffassung der Sinnestätigkeit im einzelnen sich ergibt als die bisher übliche.

Verwunderlich könnte höchstens erscheinen, daß gerade aus der «Geisteswissenschaft», deren eigentliches Forschungsgebiet doch die «übersinnliche» Welt ist, eine Einsicht in die Funktion der physischen Sinne des Menschen gewonnen werden kann. In Wahrheit ist aber gerade einzig und allein durch diesen Umstand die Möglichkeit errungen worden, die Natur des Sinnesprozesses wirklich zu durchschauen. Denn es leuchtet wohl ein, daß man nur dann beurteilen könnte, was uns von der Außenwelt eigentlich durch die Sinne zukommt, wenn man noch einen anderen, nicht-sinnlichen Zugang zu dieser Welt hätte oder von einem außersinnlichen Standpunkt aus den

Wahrnehmungsprozeß beobachten könnte. Daß dem so ist, zeigt ja auch die Art, wie man innerhalb der heutigen Forschung durchweg den Vorgang der Sinneswahrnehmung beschreibt. Man tut hier wenigstens immer so, als gäbe man diese Beschreibung von einem außerhalb des Wahrnehmungsvorgangs gelegenen Blickpunkte aus. Das Fatale dabei ist nur, daß man in dieser Forschung außer demjenigen der Sinneswahrnehmung keinen anderen Zugang zur Wirklichkeit hat und auch nicht gelten läßt. Daher sind die Vorstellungen von der Welt, die man der Darstellung des Sinnesprozesses als sozusagen nicht-sinnliche zugrunde legt, bloße Spekulationen und Hypothesen, die doch nur von den Sinneswahrnehmungen abstrahiert wurden. Im Gegensatz zu dieser Forschung hat nun eben die Geisteswissenschaft Steiners durch die von ihr ausgebildeten Methoden übersinnlicher Erfahrung sich einen gegenüber der Sinnlichkeit selbständigen und unabhängigen Zugang zur Welt eröffnet und damit die Möglichkeit errungen, den sinnlichen Wahrnehmungsprozeß von einem außerhalb desselben liegenden Standpunkt aus zu verfolgen. Und dadurch vermochte erst sie ein erfahrungsmäßiges Urteil darüber zu gewinnen, was eigentlich im Wahrnehmungsprozeß sich abspielt. Im genaueren ist zu sagen, daß von den verschiedenen übersinnlichen Erkenntnisarten, die sie entwickelt, sogleich die erste, oben als Imagination bezeichnete es ist, welche diesen Einblick in den Sinnesprozeß und die Sinnesorganisation liefert. Um den Zusammenhang dieser Organisation mit anderen, tiefer im Innern der menschlichen Leiblichkeit gelegenen Funktionssystemen zu erfassen, sind dann noch höhere Stufen der Geist-Erkenntnis, namentlich diejenige der Inspiration, notwendig. Für die Sinne unmittelbar als solche aber bildet zunächst die Imagination die hauptsächlichste geisteswissenschaftliche Erkenntnisquelle.

Hieraus ergibt sich für das Verständnis der geisteswissenschaftlichen Sinneslehre ein wichtiger Gesichtspunkt. Wenn auch von Steiner immer wieder betont wird, daß die Ergebnisse der übersinnlichen Forschung, sobald sie einmal in die Sprache der Begriffe gekleidet sind, dem gesunden menschlichen Denken verständlich sind, so darf doch gesagt werden, daß dieses Verständnis in dem Maße sich vertieft, als das normale Denken nach den hauptsächlichen Merkmalen derjenigen höheren Erkenntnisform hin sich nuanciert, der irgendeine Erkenntnis entstammt. Im Falle des Sinneswesens bedeutet dies, daß das Verständnis desselben ein um so lebendigeres wird, je mehr das Denken von den charakteristischen Merkmalen der Imagination in sich aufnimmt. Zu diesen Merkmalen gehört einerseits, wie oben schon angedeutet, die Bildhaftigkeit des Vorstellens, andererseits die Fähigkeit, Metamorphosen solcher bildhafter Gedankeninhalte gesetzmäßig zu vollziehen. Beides wenigstens bis zu einem gewissen Grade sich zu erringen ist in der Tat notwendig, wenn das Wesen der menschlichen Sinne, wie die Geisteswissenschaft es darstellen muß, völlig verstanden werden soll. Daß diese Fähigkeiten dem Denken der herrschenden naturwissenschaftlichen Forschung nicht eignen, bildet *einen* der Gründe, warum diese zu einem Einblick in das Sinneswesen nicht zu gelangen vermochte.

Um nun noch ein Wort über das Inhaltliche zu sagen, so war das Überraschende und Bedeutsame, das sich der übersinnlichen Durchforschung des menschlichen Sinneslebens darbot, ein Dreifaches: Fürs erste dieses, daß der Wahrnehmungsprozeß in ganz anderer Weise verläuft, als wenigstens die Schulwissenschaft es bis dahin noch durchweg sich vorstellte. Diese sieht nur die eine Hälfte desselben: dasjenige, was in ihm von außen nach innen geht. Wäre aber nur dieses vorhanden, so käme keine Wahrnehmung zustande. Diese entsteht nur dadurch, daß dem von außen nach innen gehenden ein zweiter, von innen nach außen verlaufender Prozeß begegnet und sich mit ihm auseinandersetzt. Freilich wandelt sich dieses Ineinanderschlagen zweier entgegengesetzt gerichteter Prozesse in den verschiedenen Sinnesgebieten zu verschiedenen Gestaltungen ab.

Zum zweiten zeigte sich, daß die Zahl der menschlichen Wahrnehmungsgebiete eine wesentlich größere ist als die gewöhnlich angenommene und im gesamten zwölf ausmacht. Und zwar verhält es sich so, daß die von Rudolf Steiner neu entdeckten Sinne sich wiederum in zwei Gruppen gliedern, welche sich an das Gebiet der sogenannten «fünf Sinne» als an eine mittlere Zone nach zwei Seiten in ähnlicher Weise anschließen, wie im Farbenspektrum an den sichtbaren Teil nach der einen Seite hin die ultravioletten, nach der anderen sich die infraroten Strahlen anschließen. Wie aber zum gesamten Lichtspektrum auch die dem Auge nicht sichtbaren Teile desselben hinzugehören, so bilden auch die beiden von Steiner neu entdeckten Gruppen von Sinnen ebenso vollwertige physische Wahrnehmungsbezirke wie die bekannten Sinne. Nur kommen eben ihre Wahrnehmungen aus bestimmten Gründen dem Menschen nicht in derselben Art zum Bewußtsein wie diejenigen der letzteren. Die nachfolgenden Ausführungen werden diese Verhältnisse genau auseinanderzusetzen haben.

Zum dritten ergab sich – was mit dem soeben Erwähnten ja bereits angetönt ist –, daß die Zwölfheit der menschlichen Sinne ein in bestimmter Weise in sich gegliedertes System darstellt, in welchem jedes einzelne Wahrnehmungsgebiet seinen bestimmten, nicht vertauschbaren Platz einnimmt. Zum Verständnis der Sinne gehört es daher wesentlich hinzu, die in ihrem inneren Wesen begründete Reihenfolge derselben zu erfassen.

All die hiermit angeführten Funde zusammen berechtigen zu dem Urteil, daß die Lehre von den menschlichen Sinnen erst durch Rudolf Steiner zu einer wirklichen, nach Methode und Inhalt ihrem Gegenstand adäquaten Wissenschaft geworden ist. Aus einer unvollständigen und ungeordneten Sammlung einzelner unverstandener Wahrnehmungsgebiete hat er sie allererst zu einer vollständigen und geordneten, ins Wesen derselben dringenden Darstellung erhoben. Seine Leistung auf diesem Felde ist daher eine schlechthin grundlegende.

Wir werden nun in den folgenden Kapiteln zunächst die Zwölfheit der menschlichen Sinne aufzählen und beschreiben und im Anschluß daran sowohl das eigentliche Wesen des Wahrnehmungsprozesses als auch dessen gesetzmäßige Metamorphose durch die einzelnen Sinnesgebiete hindurch zur Darstellung bringen.

ERSTES KAPITEL

Der Mensch als Sinneswesen

Betrachten wir vom Gesichtspunkte der Sinnesorganisation die verschiedenen Naturreiche, so gliedern sich diese in die zwei Gruppen derjenigen Wesen, die mit einer Sinnesorganisation ausgestattet sind: Tier und Mensch, und jener, die einer solchen ermangeln: Stein und Pflanze. Die Begabung mit einer Sinnesorganisation ist nun freilich nicht das einzige, was Tier und Mensch als gemeinsames Merkmal von den zwei niedrigeren Naturreichen unterscheidet. Zu ihr kommt noch manches andere, wovon als einiges Hauptsächlichstes genannt sei: die (nur gewissen niederen Tierformen fehlende) freie Beweglichkeit im Raume und die Bewegungsfähigkeit einzelner Teile am tierischen und menschlichen Körper, die Ausbildung eines leiblichen Innern, das sich in eine Vielfalt von verschiedenste Funktionen erfüllenden Organen und Organsystemen differenziert, schließlich die Begrenzung des Lebens durch Geburt (bzw. Ausschlüpfen aus dem Ei) und Tod, das heißt die scharfe Abgrenzung der Existenz des Einzelwesens gegenüber derjenigen seiner Gattung oder anderer Exemplare derselben.

Alle diese und noch andere Eigenschaften sind aber nur die verschiedenen Erscheinungsformen der *wesenhaften* Grundeigentümlichkeit, die Mensch und Tier von Stein und Pflanze unterscheidet. Und diese liegt in dem, was man – um ein Wort dafür zu haben – ihre *Beseeltheit* nennen kann. Dieses Prinzip des *Seelischen,* das bei Tier und Mensch zu demjenigen des bloßen *Lebens* hinzukommt, welches ja schon die Pflanze vor dem Mineral auszeichnet, kann aber nicht so aufgefaßt werden, als ob es nur ein Ergebnis, eine Wirkung der besonderen Konfiguration wäre, welche rein materielle Stoffe und Kräfte im tierischen und menschlichen Leibe angenommen haben. Denn es bliebe dann unverständlich, warum diese Stoffe und Kräfte gerade *diese* und keine andere Konfiguration und warum sie diese nur in einzelnen Wesen und nicht durchweg angenommen haben. Vielmehr muß die Sache so betrachtet werden, daß das Seelische ein durchaus selbständiges Wesens- und Weltenprinzip darstellt, das, soweit es in die lebendige Natur eintaucht, diese zu dem Tier- und Menschenreiche umbildet mit allem, was diese Reiche schon von der leiblichen Seite her kennzeichnet.

In der Tat erweisen sich ja auch alle die eingangs genannten Eigentümlichkeiten der tierischen und menschlichen Organisation und Existenz als Offenbarungen und Ausdrucksformen desjenigen, was das *Wesen* des Seelischen ausmacht. Denn worin besteht dieses? Es kann durch das Auftreten von *inneren* oder *Bewußtseinserlebnissen* gekennzeichnet werden. Seinen ursprünglichsten Ausdruck findet dieses Innenwesen in der tierischen und menschlichen Organisation darin, daß diese auch physisch-anatomisch eine Innerlichkeit ausbilden. Der Stein, das Mineral, als äußerster Gegensatz der beseelten Wesen, zeigt keinerlei Innerlichkeit. Die Pflanze, die ihnen schon nähersteht, weist in dem Gegensatz von Mark und Rinde bereits einen Ansatz von Innerlichkeit auf, wie denn überhaupt alles Lebendige sich durch Ausbildung einer Haut, Schale, Hülle kennzeichnet, die ein Inneres umschließt. Eine vollentwickelte, in verschiedene Organe differenzierte Innerlichkeit findet sich aber doch erst im tierischen und menschlichen Leibe.

Freilich bedeutet diese körperliche Innerlichkeit bei Tier und Mensch nur den äußeren Ausdruck der wesenhaften Innerlichkeit, die das Seelische darstellt. Denn als solches ist es ja selbst *nicht räumlich* in der Art, wie physische Körper dies sind. Im Raume sein, heißt nebeneinander, auseinander sein. Für die festen Körper, die das räumliche Dasein am entschiedensten repräsentieren, gilt das Gesetz der gegenseitigen *Undurchdringlichkeit*. Seelische Vorgänge jedoch spielen sich nicht im Raume ab, seelische Tatsachen können nicht räumlich lokalisiert werden. Seelische Erlebnisse (Freude und Trauer) können sich *durchdringen,* seelische Wesen gleichsam seelisch miteinander verschmelzen.

Aus diesem Gegensatz des Seelischen und des Physischen wird verständlich, warum beseelte Wesen außer einer körperlichen Innerlichkeit auch noch Organe der *Wahrnehmung* und solche der *Bewegung* ausbilden. Denn in Wahrnehmung einerseits, in Bewegung andererseits haben wir es zweifellos mit Vermittlungen zwischen den beiden Welten zu tun. In der Wahrnehmung wird ein Äußeres verinnerlicht zum Bewußtseinsinhalt, in der Bewegung äußert sich ein Inneres.

Hier erhebt sich nun freilich das vielerörterte *psycho-physische Problem*, die Frage, wie jene Verinnerlichung und diese Äußerung zu denken sei beziehungsweise welche Rolle hierbei die physiologischen Vorgänge in den betreffenden Organen spielen.

Was zunächst die Sinneswahrnehmung betrifft, so hat die neuere Forschung die Auffassung ausgebildet, daß die Sinnesqualitäten, die beim Wahrnehmen im Bewußtsein auftreten, als *Wirkungen* zu betrachten seien, die durch die im Sinnesnervenapparat sich abspielenden Vorgänge beziehungsweise durch die von der Außenwelt her auf diesen Apparat wirkenden «Reize» als durch ihre *Ursachen* hervorgerufen werden. Sie erscheinen ihr daher als Neubildungen, die als solche lediglich der Bewußtseinswelt angehören, jedoch mit dem, was die physiologischen Vorgänge und schon gar die sie auslösenden Außenweltsreize an sich sind, nichts zu tun haben, sondern nur wie «Zeichen» auf diese hinweisen. Denn in der räumlichen Welt findet sich nach dieser Auffassung lediglich qualitätslose, in den verschiedensten Bewegungen schwingende Materie. Die Folge dieser Auffassung ist, daß im Wahrnehmungsvorgang zwischen Mensch (bzw. Tier) und Welt eine Kluft aufgerissen wird, über die eine Brücke zwischen «Außen» und «Innen» nicht mehr geschlagen werden kann. Das Wahrnehmen hört dadurch auf, das zu sein, was für eine unbefangene Empfindung sein Wesen ausmacht: eine Verinnerlichung eines Äußern. Die Annahme einer solchen unüberwindlichen Schranke zwischen Mensch und Welt im Wahrnehmen beherrscht fast die gesamte moderne Sinneslehre wie ein unumstößliches Dogma und wird in deren Darstellungen in tausendfältigen, immer wieder neuen Wendungen zum Ausdrucke gebracht. Hier sei aus *vielen* nur *ein* Beispiel herausgegriffen: «Die wirklichen Eigenschaften der Dinge» – so schreibt *W. v. Buddenbrock* in «Die Welt der Sinne. Eine gemeinverständliche Einführung in die Sinnesphysiologie» (1932) – «können wir mit unseren Sinnen überhaupt nicht erfassen. Wir sitzen im unentrinnbaren Gefängnis unsres Gehirns und unsrer Empfindungszentren. Diese Lehre ist ... keine Hypothese, sondern eine nicht weiter zu bestreitende Tatsache.» Zwar muß er schon im folgenden Satz das Geständnis machen, das man auch bei den meisten seiner Gesinnungsgenossen finden kann: «Aber unser gesunder Menschenverstand bäumt sich dagegen auf, sie erscheint ihm als eine blutlose Doktrin weltfremder Gelehrsamkeit» (S. 15). Eine solche ist sie in der Tat! Daß aber jener «Menschenverstand», den der Verfasser immerhin noch als «gesund» gelten läßt, sich trotzdem nicht gegenüber dieser Theorie durchsetzen kann, kommt davon her, daß das bloße gesunde Wahrheitsgefühl – denn das ist eigentlich dieser «gesunde Menschenverstand» – nicht dazu hinreicht, gewisse naturwissenschaftliche Denkgewohnheiten, die die moderne Forschung mit tyrannischer Gewalt beherrschen, zu überwinden.

Daß man die Sinnesempfindungen, die beim Wahrnehmen im Bewußtsein auftreten, als Wirkungen der physiologischen Vorgänge im Sinnesnervenapparat oder der diese hervorrufenden Außenweltsreize auffaßt, hat seinen Grund von der einen Seite her darin, daß die moderne Naturwissenschaft, wie in der Einleitung schon angedeutet, durch ihre Forschungsmethode seit dem sechzehnten Jahrhundert immer entschiedener dazu geführt hat, als der Außenwelt angehörig nur gelten zu lassen, was sich messen, zählen, wägen läßt. Von der anderen Seite her aber liegt der Grund darin, daß die Psychologie im Laufe des neunzehnten Jahrhunderts dahin kam, das Seelische überhaupt nurmehr als Wirkung, als Ergebnis von leiblichen Prozessen, nicht mehr aber als etwas in sich selbst Wirkliches und Wirkendes anzuerkennen. Beide Auffassungen müssen überwunden werden, wenn man dem Wahrnehmungsvorgang mit dem Verständnis beikommen will. Wie die Ersetzung der mechanistischen Naturauffassung durch eine andere, welche auch den Sinnesqualitäten objektive Geltung zuerkennt, zunächst erkenntnistheoretisch begründet werden kann, wurde in der Einleitung ebenfalls bereits skizziert. Hier seien noch einige Bemerkungen zur Auseinandersetzung mit der modernen *Seelenlehre* gemacht, soweit *sie* die neuere Sinneslehre bestimmt hat. Ihre Entwirklichung des Seelischen überhaupt bedeutete für die Sinneslehre nichts Geringeres als den *Verlust des Wahrnehmungsbegriffes als solchen:* denn dieser involviert denjenigen eines Subjekts, welches wahrnimmt. Von einem solchen konnte jedoch auf ihrem Boden nicht mehr gesprochen werden. Vom Wahrnehmen blieb daher in ihrer Betrachtung nur die Wortbezeichnung übrig. Das Geschehen aber, auf welches diese Bezeichnung deutete, erschien als ein rein physiologischer Prozeß. Und so wurde die Sinnes- und Wahrnehmungslehre im neunzehnten Jahrhundert immer mehr zur bloßen Sinnesphysiologie.

In Wahrheit ist es aber ein sinnloser Satz, zu sagen: das Auge nimmt wahr, oder das Gehirn empfindet. Wahrnehmen und empfinden kann nur ein als Realität verstandenes Seelisches. Gleichwohl sieht die Seele nicht ohne Auge. Die Frage erhebt sich also nach wie vor: Was geschieht eigentlich im Wahrnehmen, und welche Rolle spielen dabei die physiologischen Prozesse im Sinnes-Nerven-Apparat? Ausführliche Antwort auf diese Frage zu geben wird die Aufgabe der nachfolgenden Kapitel dieses Buches sein. Hier sei vorläufig nur die Richtung angedeutet, in der diese Antwort liegt.

Wir bezeichneten oben das Seelische als eine wesenhaft innerliche oder unräumliche Welt, insoferne es eine solche des *Bewußtseins* ist. Nun unterscheiden wir aber *Grade* des Bewußtseins: ein Wachbewußtsein, ein Traumbewußtsein und sogar ein Schlafbewußtsein. Denn auch das letztere ist nicht ein grundsätzliches Nicht-Bewußtsein, sondern nur ein sehr tief herabgedämpftes Bewußtsein. Zur Bewußtseinswelt überhaupt gehören aber Aufhellung, Steigerung des Bewußtseins *und* Verdunkelung, Verminderung desselben als gegenpolige Prozesse ebenso, wie die Welt des Lebens Werden und Vergehen, Geburt und Tod umfaßt. Wie nun das Licht dort die größte Leuchtkraft entfaltet, wo es (durch Linse oder Hohlspiegel) in einen Punkt gesammelt wird, dagegen an Kraft abnimmt in dem Maße, als es sich im Raume verbreitet, so erreicht auch das Licht des Bewußtseins seine größte Helligkeit, wo es sich gleichsam zum Punkte des «Ich» zusammenzieht; dagegen erweitert sich sein Umfang in dem Maße, als es sich zur Dunkelheit des Schlafes abdämpft. Und so wäre denn dem Seelischen doch auch eine Art *Räumlichkeit* zugesprochen? In der Tat muß auch ihm eine solche zuerkannt werden, freilich nicht von der Art, wie sie den physischen Körpern eignet: als ein lokalisiertes, begrenztes «im Raume sein», sondern als ein unbegrenztes, gewissermaßen überräumliches Durchdringen und Durchwalten des Raumes. Während physische Körper «im Raume» sind, könnte man vielleicht sagen, daß der Raum selber «in der Seele» ist, von ihr umgriffen wird. Sie ist gleichsam durch den Raum ergossen. Freilich nur im Zustand ihres unbewußt-schlafhaften «Außersichseins», ihres Hingegebenseins an die Welt. Da ist sie mit den Sinnesqualitäten als objektiven Qualitäten verbunden, welche als solche ebenfalls eine räumlich-überräumliche Welt im Sinne einer objektiven Seelenwelt bilden – die in den folgenden Kapiteln genauer geschildert werden wird. In dem Maße nun, als sie «aufwacht», das heißt zu höheren Graden des Bewußtseins übergeht, kommt sie im Sinne eines Sichzusammenziehens in den Ich-Punkt zu sich selbst. Das Hin- und Herschwingen zwischen diesen zwei Polen ihres Erlebens bildet den Lebensrhythmus ihres Daseins, einen Rhythmus, der nicht nur in den Wechselzuständen des Schlafens und Wachens überhaupt zum Ausdrucke kommt, sondern in abgewandelter Weise auch im Gegensatz der Willensentfaltung, die zum Tätigsein in der Körperbewegung führt, und des Wahrnehmens, das in der Vorstellungsbildung sich fortsetzt. Wie jedem Erwachen das Schlafen, jedem Einschlafen das Wachen vorangeht, so steht am Anfange jedes Wahrnehmens ein Ausgegossensein in die Welt, jeder zum Handeln führenden Willensentfaltung ein Insichselbstsein. Ja, das ursprünglichste Sichäußern und Heraustreten des Seelischen in die Welt bildet bereits seine Inkarnation, die Geburt – wie sein letztes und höchstes Erwachen und Zusichselbstkommen im Tode geschieht. Von daher wird verständlich, warum die seelische Betätigung in der Willensentfaltung, im Handeln mit Stoffwechselvorgängen in den Gliedmaßen, im Wahrnehmen und Vorstellen dagegen mit Sinnesnervenprozessen verbunden ist. Denn jene sind – wie in den folgenden Kapiteln gezeigt werden wird – ebenso mit denjenigen der Inkarnation, des Leibesaufbaus wesensverwandt, wie die Nervenprozesse partielle Abbau- beziehungsweise Sterbeprozesse darstellen.

Was ist nun aber die eigentliche Bedeutung dieser Prozesse für die betreffenden Seelenbetätigungen? Bei jedem Sichdistanzieren der Seele von der Welt, bei jedem Sichzurückziehen derselben in sich selbst wird das in Realität mit der Welt zusammen Erlebte in ein *Bild* verwandelt, so wie bei jedem Tun umgekehrt ein in der Seele gestaltetes Bild in äußere *Realität* umgesetzt wird. Jenes Sichabstoßen der Seele von der Welt, das im Wahrnehmen und Vorstellen erfolgt, bewirkt den physiologischen Abbau des Nervensystems und gestaltet dieses zugleich damit zu etwas, das einem Spiegelbelag verglichen werden kann, auf dessen Untergrund die Bildgestaltung zustande kommt. Der Leib wird in der Nervenorganisation durch den hier erfolgenden Abbau zum Spiegel, welcher der Seele als Bild zurückwirft, was sie zunächst unbewußt als Qualität in der Welt erlebt hat. Man wird dem Wahrnehmen nur gerecht werden können, wenn man auf diese in ihm stattfindende Bild-Gestaltung hinblickt. Dies setzt aber jene Nuancierung auch des Denkens nach dem Bildhaften, Imaginativen hin voraus, die in der Einleitung als Vorbedingung für das Verständnis des Sinnesprozesses bezeichnet wurde.

Von der Psychologie her machte sich eine Empfindung für diese Natur des Wahrnehmungsvorgangs erstmals wieder bei *Franz Brentano* geltend, insofern dieser, anknüpfend an mittelalterlich-scholastische, ja aristotelische Begriffsbildungen, das Wahrnehmen und Vorstellen als *«intentionales Innesein»* charakterisierte; wie er denn das Kennzeichnende aller psychischen Phänomene überhaupt in der intentionalen Beziehung zu irgendeinem innerlich-gegenständlich Gegebenen erblickte, die sie in sich enthalten. In dieser Idee der intentionalen Beziehung liegt der Hinweis auf die eine Wirklichkeit repräsentierende Bildgestaltung im Wahrnehmen, durch deren Erfassung allein die Verbindung zwischen Mensch und Welt im Sinnesprozeß, die für die moderne Sinneslehre verlorenging, wiedergefunden werden kann. Freilich ist diese Idee bei Brentano selbst ein bloßer Ansatz geblieben. Zwar hat sie dann innerhalb der durch *Husserl* begründeten «Phänomenologie» eine gewisse Fortbildung erfahren. Jedoch wurde dort der eidetisch-bildhafte Charakter der Wahrnehmung selbst zu weitgehend mit einer «Ideenschau», das heißt einem wahrnehmungsartigen Erleben, von Ideell-Logischem von der Art in Verbindung gebracht, wie es (im Sinne unserer Bemerkungen in der Einleitung) zwar noch dem Menschen der Antike eigentümlich war, für den modernen Menschen aber – jedenfalls gegenüber der Natur – nicht mehr zutrifft. Notwendig wäre jedoch, den Bildcharakter bereits in der Wahrnehmung selbst als deren ureigenes Wesensmerkmal zu erfassen. In diesem Sinne sagt Rudolf Steiner einmal von dem bei Brentano auftretenden Begriff der Intentionalität: «Dieser Begriff, der muß formuliert werden. Dann wird man von da aus eine Annäherung an dasjenige erhalten, was ich eben angedeutet habe: zu untersuchen, inwiefern das menschliche Sinnesorgan ein Sich-selbst-Auslöschendes ist, dem man also gar nicht zuschreiben darf, daß es der Produzent der Sinnesqualitäten sein könne. Und dieser Begriff – nun nicht des realen Inneseins irgendeines Prozesses, sondern des intentionalen Inneseins – enthält in sich das Leben des Hin-Weisens, das dann für das imaginative Vorstellen beobachtbar wird. Und dieses Leben des Hin-Weisens ... bringt dann die Möglichkeit, das zu erfassen, was man seit Johannes Müller in so unzulänglicher Weise mit der Lehre der ‹spezifischen Sinnesenergien› erfassen wollte.»*

Ein Analoges wie für die Sinneswahrnehmung gilt übrigens auch für deren Gegenerscheinung: die Gliederbewegung bei Tier und Mensch, insofern durch sie die Welt des Seelischen oder der Innerlichkeit sich äußert, veräußerlicht. Auch sie kann – beim Tier freilich nur in beschränkten Grenzen wegen der Primitivität seines Seelenlebens – in umfassendster und differenziertester Art jedoch beim Menschen (in Mimik und Gebärde) nur als *bildhafter Ausdruck* seiner seelischen Innererlebnisse, niemals aber rein physikalisch-mechanisch verstanden werden. Sie verlangt daher in ebenso gebieterischer, nur vielleicht noch unmittelbarer einleuchtender Weise, vom Seelischen als von einer *Wirklichkeit* auszugehen, die sich in der Bewegungsgeste zugleich ausdrückt und abbildet. Es würde daher vielleicht die heute noch immer geltende mechanistische und zugleich subjektivistisch-agnostische Auffassung der Sinneswahrnehmung nicht zu so schrankenloser Herrschaft gelangt sein, wenn deren Erforscher nicht in solchem Maße, wie es die Spezialisierung des modernen Wissenschaftsbetriebes nun einmal mit sich bringt, auf das Studium der Sinnesprozesse spezialisiert, sondern sich zugleich auch mit deren Gegenstück, den Bewegungsvorgängen bei Mensch und Tier, beschäftigt, kurz: das tierische oder menschliche Seelenwesen in seiner *Ganzheit* ins Auge gefaßt hätten. In der Tat ist ja auch eine allmäh-

* Zweiter Anthroposophischer Hochschulkurs. Bern 1948. Siehe ferner auch: Von Seelenrätseln. 3. Kapitel (Franz Brentano, ein Nachruf).

liche Rektifikation dieser modernen Sinneslehre heute dadurch in Gang gekommen, daß man das Wahrnehmungsleben in seiner Beziehung zum Bewegungsleben zu betrachten unternommen hat, wie dies zum Beispiel in den Untersuchungen geschehen ist, die ihren Niederschlag gefunden haben in dem bedeutsamen Werke «Der Gestaltkreis. Theorie der Einheit von Wahrnehmen und Bewegen» (1940) von *Victor von Weizsäcker*. Die Wiederaufnahme des «Subjektes» (das heißt des Seelischen) als der Wirklichkeit, von welcher her Wahrnehmen wie Bewegen verstanden werden muß, bildet einen der Kerngedanken dieser Darstellung, wenn auch der Unterschied zwischen bloß belebten und beseelten Wesen in ihr noch nicht scharf genug herausgearbeitet ist. Noch mehr wäre in dieser Richtung zu gewinnen von dem Studium solcher Ausdrucksbewegungen wie der mimischen Geste oder gar der Sprache, die ja geradezu der Übermittlung innerer Erlebnisse von Seele zu Seele dienen. Eine solche Übermittlung wäre schlechterdings unmöglich, wenn nicht schon die der «Außenwelt» angehörige Bewegung selbst ein – sichtbares oder hörbares – «Bild» innerer Erlebnisse wäre und als solches von der aufnehmenden Seele im Wahrnehmen innerhalb «nachgebildet» würde. Das Übergehen eines Sinngehaltes von einer Seele zur anderen durch Bewegung der ersteren und Wahrnehmen der letzteren wird überhaupt nur möglich, indem der ganze Vorgang im Elemente des Bildlichen verläuft. Freilich wäre zum Studium solcher Vorgänge die Berücksichtigung von Wahrnehmungsbezirken notwendig, die heute erst im Beginne sind, als solche überhaupt anerkannt zu werden.

Mit den letzten Bemerkungen ist bereits der Übergang gemacht zu einem letzten Thema, das hier noch angeschlagen sei. Wenn wir eingangs Mensch und Tier als sinnesbegabte Wesen dem mineralischen und pflanzlichen Reiche gegenübergestellt haben, so ist jetzt noch der *Unterschied zwischen Tier und Mensch* selbst zu bezeichnen. Pflanze, Tier und Mensch grenzen sich als *belebte* Wesen, als Organismen, vom Mineralreiche ab, was sich in den Vorgängen der Fortpflanzung, des Wachsens, Blühens und Welkens beziehungsweise Alterns zeigt, die ihnen allein zukommen; Tier und Mensch sodann unterscheiden sich wiederum als *beseelte* Wesen von Pflanze und Stein. Der Mensch jedoch erhebt sich zuletzt auch noch über das Tier als ein eigenes, höchstes Wesensreich durch ein weiteres Wesensprinzip, das ihm allein eigentümlich ist und unverkennbar sein Gepräge gibt. Wenn wir dieses Prinzip, daß ihn erst zum Menschen macht, als *Geist* bezeichnen, so kommt es wieder nicht auf das Wort als solches an, sondern auf dasjenige, was darunter verstanden wird.

Geist waltet selbstverständlich nicht nur im Menschen, sondern im ganzen Universum, sofern wir unter ihm die schöpferischen, gestaltenden, ordnenden Kräfte verstehen, die in allen Wesen und Vorgängen der Natur wirken. Während aber in der Natur der Geist unseren Sinnen verborgen ist, nimmt er im Menschen die Form der *Persönlichkeit* an und tritt als solche unmittelbar in die *Sichtbarkeit*. Denn der Mensch ist als Persönlichkeit ein schöpferisches, gestaltendes, ordnendes Wesen. Es offenbart sich als solches in den Betätigungen, welche die spezifisch menschlichen sind: in Erkenntnis, Kunst, Moral, Technik usw. Insofern er als Erkennender den in der Natur waltenden Geist erfaßt, der seinen Sinnen verborgen ist, und insofern er sich in der Selbsterfassung seiner eigenen geistigen Wesenheit bewußt wird, kann auch gesagt werden, daß der Geist überhaupt als Geist im Menschen erwacht, während er in der Natur schläft. Denn das Bewußtsein des Tieres ist, als ein bloß seelisches, vom Gesichtspunkte des Geistes aus gesehen nur ein Träumen. Im Menschen allein, insofern er den Geist in der Welt und in sich selbst erkennend ergreift, erhebt sich der Geist zum Wachen beziehungsweise wird das Wachen ein geistiges.

Indem nun im Menschen der Geist als Persönlichkeit in der Sichtbarkeit erscheint, zeigt er sich umkleidet von einem Seelenwesen und einer lebendigen Leiblichkeit, das heißt im Natürlichen verkörpert. Dadurch überkreuzen sich im Menschen überhaupt die zwei Welten des Schöpferischen (des Geistig-Göttlichen) und des Geschaffenen (der Natur). Beide haben an ihm teil. Er ist einerseits an natürliche Kräfte und Triebe gebunden, andererseits begabt mit schöpferischer Kraft. Durch diese Zwei-Einheit seines Wesens ist er ein *Kulturwesen*, im Unterschied von den bloßen Naturwesen, welche Stein, Pflanze und Tier darstellen, und ein *sittliches, zur Freiheit und Selbstbestimmung veranlagtes Wesen*, im Unterschied von den der Naturgesetzmäßigkeit unterworfenen Geschöpfen, die unter ihm stehen; ferner ist er ein *geschichtlich sich entwickelndes Wesen*, im Unterschied von den ungeschichtlichen Naturreichen, deren Lebensgesetz die stetige Wiederholung des Gleichen bildet.

Der Mensch ist in seinem innersten Wesen Geist, der sich in sich selbst als solcher zu erfassen vermag, ist *«Ich»*. Diese seine Ich-Natur aber gibt seiner gesamten, auch leiblichen Organisation ebenso durchgreifend das Gepräge wie das bloß Seelische der tierischen Organisation. Dadurch, daß sie in den Dienst des «Ich» gestellt sind, nehmen bei ihm alle seelischen und leiblichen Organe und Funktionen eine andere Bedeutung, einen anderen Charakter an, als sie sie beim Tiere haben. Schon immer ist in dieser Beziehung als auf drei hervorstechendste Eigentümlichkeiten auf seinen aufrechten Gang, auf seine Sprachbegabung und seine Denkfähigkeit hingewiesen worden. Aber auch seine Sinnesorganisation und seine Sinneswahrnehmung unterscheiden sich grundlegend von denjenigen des Tieres. Das menschliche Auge oder das Ohr ist etwas von dem tierischen wesenhaft Verschiedenes, auch wenn diese Organe hier und dort anatomisch nur geringe Unterschiede zeigen: Man vergleiche den Blick des Menschen mit dem eines Tieres! Aus dem menschlichen Auge blickt einem unmittelbar des Menschen Persönlichkeit entgegen. Das Physische des Auges löscht sich als solches im Blicke völlig aus. Man schaut nicht eigentlich das Auge, man schaut den «Menschen» selber in allen unendlich mannigfaltigen Nuancierungen seiner Seelenverfassung. Der tierische Blick ist im Vergleich mit dem menschlichen leer und unbestimmt, und viel stärker drängen sich einem daher beim Blick in das tierische Auge die anatomisch-physiologischen Verhältnisse desselben auf.

Aber auch umgekehrt: Was bedeutet das Sehen, das Wahrnehmen überhaupt für den Menschen selbst? Es ist einerseits Grundlage und Ausgangspunkt für die Erkenntnisbildung: zum Beispiel im wissenschaftlichen Beobachten, im Anhören eines Vortrags oder Lesen eines Buches. Es ist im Betrachten eines Gemäldes, im Anhören eines Musikstückes, im Verfolgen einer dramatischen Aufführung zugleich Medium des künstlerischen Erlebens. Und zu welcher Sensibilität bringt es in dieser Hinsicht das Auge des Malers, das Ohr des Musikers! Es erregt die Wahrnehmung schließlich aber auch unmittelbar moralische Erlebnisse – im positiven und negativen Sinne. Man denke an die Empfindungen, die in der Seele wach werden beim Fernblick von einem Gipfel inmitten der Erhabenheit der Hochgebirgswelt oder etwa beim Blick von einer Steilküste über die Unendlichkeit des Meeres! Es darf hier aber auch erinnert werden an die ausgezeichnete Darstellung, die Goethe von der «sinnlich-sittlichen Wirkung» der verschiedenen Farben in seiner Farbenlehre gegeben hat, von jener Wirkung, von der ja vor allem Gebrauch gemacht wird bei der Verwendung der Farben für kultische Zwecke, aber auch in vielen anderen Zusammenhängen des menschlichen Lebens. Dagegen vergegenwärtige man sich auch, wie eine gewisse Art von Musik, wie bestimmte Parfüms, wie obszöne Bilder und Szenen oder Worte unmittelbar niedere sinnliche Triebe im Menschen erregen können.

Es steht also beim Menschen die Sinneswahrnehmung in unmittelbarer Verbindung mit dem ganzen geistigen Leben, das er als geistiges Wesen entfaltet. Sie ist in der Bedeutung, die sie bei ihm annimmt, ein integrierender Bestandteil dieses geistigen Lebens. Freilich ist sie nach der anderen Seite hin, zum Beispiel in Geruch und Geschmack, zugleich auch wesentlich mit den Prozessen seines leiblichen Lebens verbunden. In ähnlicher Weise kann die tierische Sinneswahrnehmung nicht gekennzeichnet werden. Sie steht ausschließlich im Dienste des natürlichen Lebens, welches das Tier als beseeltes Lebewesen, von Naturgesetzen beherrscht und durch Naturtriebe (Instinkte) geleitet, führt. Sie vermittelt dem Tiere nicht, wie dem Menschen, die Welt schlechthin, das Universum, soweit es eben sinnlich sich offenbart, sondern lediglich einen ganz bestimmten Ausschnitt aus demselben: die spezielle Umwelt, in die das betreffende Tier hineinorganisiert ist. Und sie führt das Tier nicht, wie den Menschen, zur Erkenntnis von «Gegenständen», das heißt dessen, was die Dinge an sich selbst sind, sondern sie kündet ihm nur von dem, was für sein Leben eine Bedeutung hat: von Nahrung, Beute, Geschlechtspartner, Freund, Feind usw. Das Tier *bildet* nicht, wie der Mensch, auf Grund einer reinen Sinneserfahrung die Begriffe, die zu bilden diese Erfahrung selbst anregt, sondern es trägt bereits, gleichsam angeboren, eine bestimmte Anzahl von «Begriffen», die durch seine Lebensbedürfnisse bestimmt sind, in sich und nimmt überhaupt nur wahr, was und insoweit etwas diesen Begriffen entspricht.

Dieselben Unterschiede wie für die Sinnesorganisation könnten auch für die Gliedmaßen-Bewegungsorganisation aufgewiesen werden. Die Gliedmaßen des Tieres sind nach Bau und Funktion aufs äußerste spezialisiert und ganz und gar der besonderen Lebensweise desselben angepaßt. Ihre Funktion dient ausschließlich dem durch Instinkte geleiteten Leben des Tieres. Ihre Bewegungen bringen mit Eindeutigkeit und Notwendigkeit zum Ausdruck, was an Trieben oder Empfindungen das Tier im jeweiligen Augenblick seelisch erfüllt. Die menschlichen Gliedmaßen, zumal die menschliche Hand zeigt eine solche Spezialisierung nicht. Sie ist, besonders in Verbindung mit den verschiedenen Werkzeugen, die der menschliche Geist ersinnt, zu dem Allerverschiedensten tauglich. Sie dient auch nicht unmittelbar dem «Leben», sondern der «Arbeit». Denn der Mensch bedarf, um zu leben, der Arbeit. Sie ist damit Werkzeug seines «Handelns», seines – moralischen und unmoralischen – Tuns. Und sie wird darin unterstützt durch die menschlichen Beine, die den Menschen zu seinen Lebenszielen, aber auch zu seinen Schicksalen hinführen, durch die er den Pfad der Tugend oder der Sünde wandelt. Es ist die Hand aber vor allem das Werkzeug des künstlerischen Gestaltens: im Bilden, Malen, Musizieren, in der mimischen Kunst. Und sie ist schließlich, insofern sie als tastende zugleich Sinnesorgan bedeutet, in Verbindung mit anderen beweglichen Sinnesorganen (Augen) Instrument der menschlichen Erkenntnisbildung.

Alle diese Unterschiede zwischen Mensch und Tier, besonders in bezug auf Funktion und Bedeutung der Sinnesorganisation, werden heute in der allgemeinen Sinneslehre noch immer viel zuwenig berücksichtigt – wenn auch durch spezielle tierpsychologische Untersuchungen in der neuesten Zeit das Besondere und von den Verhältnissen beim Menschen so sehr Abweichende des tierischen Wahrnehmens schon vielfach herausgearbeitet wurde. Die nachfolgende Darstellung wird sich im wesentlichen mit der Gestaltung und der Funktionsweise der Sinnesorganisation befassen, die das *menschliche* Wesen kennzeichnet. Wir werden zunächst zeigen, wie diese Sinnesorganisation im Ganzen der menschlichen Wesenheit drinnensteht und wie sie sich in eine Mannigfaltigkeit verschiedener Wahrnehmungsbezirke gliedert.

Zuvor aber sei hier wenigstens kurz auf ein Buch hingewiesen, das innerhalb der zeitgenössischen Sinneslehre eine singuläre Erscheinung insofern darstellt, als es in schärfster Entschiedenheit nicht nur die Wirklichkeit des Seelischen, sondern zugleich auch den durch den Geist geprägten Charakter speziell des Menschlich-Seelischen begründet und damit auch das wahre Wesen der menschlichen Sinneswahrnehmung wieder zur Geltung gebracht hat. Es ist dies das erstmals im Jahre 1935 und dann in zweiter, vermehrter Auflage im Jahre 1956 (im Springer-Verlag) erschienene Buch von *Erwin Straus,* das bezeichnenderweise den Titel «Vom Sinn der Sinne» trägt, im Untertitel aber als «ein Beitrag zur Grundlegung der Psychologie» gekennzeichnet wird. Dem Verfasser geht es darin also geradezu um eine Lehre vom Wesen der *Seele.* Die Begründung erfolgt durch eine Untersuchung über die Funktion der Sinne und die Bedeutung der sinnlichen Wahrnehmung. Diese Untersuchung gestaltet sich zu einer umfassenden Auseinandersetzung mit der schon durch Descartes und Locke begründeten und dann im neunzehnten Jahrhundert allbeherrschend gewordenen Auffassung vom bloß subjektiven Charakter der Sinnesempfindungen, einer Auffassung, die dem «Subjekt», der Seele beziehungsweise dem Bewußtsein, keine eigene Wirklichkeit, sondern bloß die Bedeutung eines «Epiphänomens» der Leiblichkeit zugesteht und als die Verursacherin der Empfindung eine qualitätslose, rein mathematisch-mechanisch geartete, aber nur hypothetisch vorstellbare Welt von Reizen betrachtet. An einer Überfülle verschiedenster Phänomene und Tatsachen, die mit dem Wahrnehmen in irgendeiner Art verbunden sind, weist Straus die Unhaltbarkeit dieser Theorie vor allem daran nach, daß sie sich nicht auf sich selbst, das heißt auf ihre eigene Entstehung, auf die wissenschaftliche Forschung, der sie entstammt, anwenden läßt; denn bestünde sie zu Recht, so könnte es eine solche Forschung gar nicht geben. Sie hängt also sozusagen in der Luft, sie hebt sich selber auf. Für das, was im folgenden dargestellt werden wird als die von Steiner begründete Lehre von den Sinnen und der Wahrnehmung, bedeuten die Strausschen Untersuchungen wenigstens hinsichtlich der bisher bekannten Zahl der Sinne eine zusätzliche Erhärtung.

ZWEITES KAPITEL

Die Zwölfheit der Sinne

A. Die Sinne und ihre Gegenstände

Von der menschlichen Sinnesorganisation und Sinneswahrnehmung darf man behaupten, daß ihre Betätigung innerhalb der Gesamtheit der dem Menschen möglichen Tätigkeiten denselben Platz einnimmt, der dem Menschen selbst innerhalb der Gesamtheit der Wesensreiche zukommt, welche das Weltendasein überhaupt ausmachen. Er repräsentiert, wie wir sahen, ein *mittleres Wesensreich,* das zwischen dem natürlichen und dem geistigen Kosmos seine Stelle hat. Seiner leiblichen Hülle nach bildet er das oberste der Naturreiche, seinem geistigen Kerne nach aber – das lehrt ihn die Geisteswissenschaft – das unterste in der Stufenordnung geistiger Wesensreiche. So gehört er zwei Welten an, die sich in ihm übergreifen. In ähnlicher Art bildet seine sinnliche Wahrnehmung innerhalb seines eigenen Wesens einen *mittleren Bereich.* Sie ist, von der einen Seite gesehen, der höchste, vergeistigteste der in ihm wirkenden leiblich-natürlichen Prozesse; von der anderen Seite betrachtet aber zugleich die unterste seiner geistig-seelischen Betätigungen. Wir müssen von anderen, tiefer liegenden leiblichen Vorgängen heraufsteigen, um zu ihr zu gelangen; und wir müssen von anderen, höheren geistigen Tätigkeiten herabsteigen, um ihr Gebiet zu erreichen. So bewegen wir uns in ihr in einer Mitte der menschlichen Betätigungen, in welcher sich das leiblich-natürliche und das geistig-schöpferische Element des Menschenwesens überkreuzen. Hierin liegt die große Bedeutung begründet, die ihr im Leben und in der Entwicklung des Menschen und der Menschheit zukommt. Hierauf beruht es aber auch, daß sich eine nach Tiefe und Umfang zureichende Darstellung seiner Sinne, als welche wir im folgenden diejenige Rudolf Steiners kennenlernen werden, zugleich zu einer ganz besonders charakteristischen Schilderung des Wesens und der Weltstellung des Menschen überhaupt, das heißt zu einer wahren «Anthropo-Sophie», zu gestalten vermag.

Der Anfang mit unseren Darlegungen sei nun damit gemacht, daß wir die zwölf Sinne des Menschen, wie sie Rudolf Steiner darstellt, zunächst einmal der Reihe nach aufzählen und sie in der allereinfachsten Weise, nur ganz vorläufig, soweit dies zu ihrer Bestimmung überhaupt notwendig ist, kennzeichnen. Genauere Charakteristiken ihres Wesens, ihrer Organe und ihrer Funktionsweisen werden dann die weiteren Kapitel bringen.

Da ist an erster Stelle zu nennen der *Tastsinn*. Seine Bedeutung ist zwar in der Sinneslehre Rudolf Steiners eine etwas andere als in der üblichen Auffassung. Wir werden diese alsbald näher zu bezeichnen Gelegenheit haben.

An zweiter Stelle erwähnen wir den *Lebenssinn*. Er fällt bis zu einem gewissen Grade mit dem zusammen, was die heutige Sinneslehre als Gemeingefühle, als Empfindung von Schmerz, Hunger und Durst, als Organerlebnisse usw. bezeichnet.* Durch ihn nehmen wir die innere Lebensverfassung unseres Organismus wahr. Ob wir frisch oder müde, erquickt oder erschöpft, nüchtern oder gesättigt sind, verspüren wir durch ihn. Aber auch krankhafte Störungen unserer leiblichen Prozesse werden durch ihn gemeldet.

Ein dritter Sinn ist der *Bewegungs-* oder, genauer gesagt, *Eigenbewegungssinn*. Er gibt uns Kunde von allen Bewegungen, die in und an unserem Leibe stattfinden. Er ist weitgehend identisch mit dem, was die moderne Physiologie als Tiefensensibilität, als Muskelsinn oder auch geradezu als Bewegungssinn schildert.

Als vierten nennen wir den *statischen* oder *Gleichgewichtssinn*. Er vermittelt uns die Kenntnis von der Lage unseres Körpers innerhalb des dreidimensionalen Raumes. Die drei nach den drei Raumesrichtungen orientierten Bogengänge mit ihren Ampullen im inneren Ohr, die früher als die Empfänger eines Teiles unserer Gehörseindrücke angesehen wurden, sind seit bereits geraumer Zeit als das Organ eines eigenen, eben dieses statischen Sinnes erkannt worden.

Als weitere Sinne folgen der *Geruchs-*, der *Geschmacks-* und der

* Siehe zum Beispiel Ernst Mangold: Unsere Sinnesorgane und ihre Funktion. 1909.

Sehsinn, über die an dieser Stelle zunächst nichts weiter zu bemerken ist.

Sodann reiht sich der *Wärmesinn* an, den die neuere Forschung als Temperatursinn ebenfalls in gewisser Weise bereits kennt und vom Tastsinn als eigenes Empfindungsgebiet unterscheidet.

Wiederum nur zu erwähnen ist ferner der *Gehörsinn*.

An diesen schließen sich jedoch noch drei weitere Sinne an, welche der modernen Sinneslehre bis zu Rudolf Steiner so gut wie unbekannt geblieben sind. Zunächst der *Wort-* oder *Sprachsinn*. Durch ihn nehmen wir die an uns herantönende menschliche Sprache als *Sprache*, das heißt als das selbständige Erscheinungsgebiet, das sie darstellt, wahr, auch wenn wir, wie im Falle des Erklingens einer Fremdsprache, die wir nicht kennen, das in ihr Ausgedrückte nicht verstehen.

Ein weiterer Sinn ist der *Begriffs-* oder *Gedankensinn*. Er liegt nicht etwa unserer eigenen Denktätigkeit zugrunde, sondern vermittelt uns als unmittelbare Wahrnehmung die Gedanken, die ein anderer Mensch uns durch Worte oder durch die Schrift mitteilt. Unter gewissen Umständen genügt für die Wahrnehmung dieses Sinnes auch die Äußerung der Gedanken durch bloße Gesten.

An letzter Stelle endlich steht der *Ich-* oder *Ichwahrnehmungssinn*. Auch er vermittelt uns nicht etwa die Erfahrung unseres eigenen Ich; denn diese ist nicht eine sinnliche Wahrnehmung, sondern ein inneres Erlebnis. Vielmehr nehmen wir durch ihn, wiederum als unmittelbare Erfahrung, das Ich des anderen Menschen wahr, und zwar durch die Gesamtheit seiner physischen Offenbarungen hindurch, als da sind seine körperliche Erscheinung, seine Gestik, seine Sprache usw. Bis zu einem gewissen Grade hat *Max Scheler* als der einzige neuere Forscher außer Rudolf Steiner die Betätigung dieses Sinnes entdeckt.

Es geht aus dem Gesagten unmittelbar hervor, daß die drei letztgenannten Sinne der Wort-, Gedanken- und Ich-Wahrnehmung in der Regel nur in Verbindung mit den Sinnen des Gesichts beziehungsweise des Gehörs sich betätigen. Doch ändert dies nichts an der Tatsache, daß die ihnen entsprechenden Inhalte nicht durch Auge oder Ohr, sondern durch sie als selbständige Sinne wahrgenommen werden.

Die Gesamtheit der Sinne in der hier angegebenen Folge ist also diese:

> Tastsinn
> Lebenssinn
> Bewegungssinn
> Gleichgewichtssinn
> Geruchssinn
> Geschmackssinn
> Gesichtssinn
> Wärmesinn
> Gehörsinn
> Sprachsinn
> Gedankensinn
> Ich-Sinn.

Wenn Rudolf Steiner sie in dieser Ordnung aneinanderreiht, so geschieht dies deshalb, weil sich diese aus der Art ergibt, wie das allgemeine Wesen der Sinnesorganisation sich in den einzelnen Sinnen abwandelt. Diese *Metamorphose des Sinneswesens* durch die zwölf Sinnesbezirke hindurch zeigt vor allem eine Gliederung derselben in *drei Hauptgruppen*. Und der nächste Schritt unserer Betrachtung soll nun darin bestehen, diese Gliederung ins Auge zu fassen. Sie enthüllt sich sowohl dann, wenn man nach den *Inhalten* oder *Gegenständen*, wie auch, wenn man nach der *Form* oder *Art* der Wahrnehmung der einzelnen Sinne fragt.

*

Die vier «unteren» Sinne, Tastsinn, Lebenssinn, Bewegungssinn, Gleichgewichtssinn, können nach ihren Inhalten als solche bezeichnet werden, durch die wir zunächst *unsere eigene Leiblichkeit* in verschiedener Art wahrnehmen.

Durch den Tastsinn allein nehmen wir nicht eigentlich das wahr, was ihm als Empfindungen gewöhnlich zugeschrieben wird: Glätte, Rauhigkeit, Weichheit, Härte, Kanten, Ecken usw. der von uns berührten Gegenstände. Diese Erfahrungen ergeben sich vielmehr erst durch verschiedenartige Bewegungen im Verhältnis zu den betreffenden Gegenständen, das heißt durch ein Zusammenwirken des Bewegungs- und des Lebenssinnes mit dem eigentlichen Tastsinn. «Glätte und Rauhigkeit sind tatsächlich nur bei Bewegung des Tastorgans zur Tastfläche vorhanden, nicht aber bei Ruhe. Ruht das Tastorgan wirklich bewegungslos auf einem Körper, so ist jedes sichere Urteil darüber, ob er hart oder weich sei, ausgeschlossen» *(David Katz:* «Der Aufbau der Tastwelt», Leipzig 1925, S. 62/63). Was dagegen der Tastempfindung allein als wichtigstes Merkmal eignet, das ist die Wahrnehmung derjenigen Stelle der Körperoberfläche, an welcher die Berührung mit einem Gegenstand stattfindet. «Zu jedem Tasterleben» – so schreibt *H. Schmalenbach* in seinem Werke «Geist und Sein», welches eine Fülle treffender Charakteristiken der Eigenart und der Unterschiedlichkeit der verschiedenen Sinnesgebiete, namentlich des Tastens und des Sehens, enthält – «gehören notwendig innere Leiberlebnisse... Ich taste die Gegenstände durch die Leiberlebnisse hindurch ... Das Miterleben der Leibstellen ist beim Tasten nicht erfahrungsbegründet, sondern für dieses konstitutiv» (S. 20f.). Wir nehmen durch den Tastsinn also in Wahrheit unsere *Körperoberfläche* wahr, über welche er ja in unzähligen Verästelungen, wenngleich nicht gleichmäßig, ausgebreitet ist – freilich immer nur dann, wenn sie und insoweit als sie von außen durch irgend etwas berührt wird.

Im Gegensatze dazu vermittelt uns der Lebenssinn als Wahrnehmung alles das, was innerhalb unserer Haut, deren Verlauf ja unsere Körpergrenze bildet, eingeschlossen ist, und zwar insofern dieses unsere Haut Ausfüllende ein *Organismus* mit den verschiedenartigsten Lebensfunktionen, mit Aufbau- und Abbauprozessen, im gesunden und kranken Zustande ist.

Durch den Bewegungssinn erfahren wir sodann, wie schon erwähnt, unmittelbar, das heißt auch abgesehen von den Gesichts- und Gehörswahrnehmungen, die sie uns zum Teil ebenfalls vermitteln, alle die verschiedenartigen *Bewegungen,* die in und an unserem Leibe sich vollziehen, als da sind zum Beispiel die Bewegungen der Beine beim Gehen, diejenigen der Hände beim Arbeiten und Gestikulieren, aber auch die Bewegungen unserer Sprachorgane beim Sprechen oder jene unserer Augäpfel beim Sehen usw.

Und durch den Gleichgewichtssinn endlich nehmen wir die verschiedenen *Lagen* wahr, in die unser Leib innerhalb des dreidimensionalen Raumes gelangt durch Gehen, Sitzen, Liegen, Springen, Beugen usw. Vor allen Dingen aber ermöglicht er uns, wie später genauer zu zeigen sein wird, im Stehen und Gehen die Aufrechtheit zu erwerben und einzuhalten. Vermittelt uns dieser Sinn hierdurch ebenfalls noch ein bestimmtes Erleben unseres eigenen Leibes, so erfahren wir durch ihn, indem er uns eben über die Beziehung desselben zum äußeren Raume unterrichtet, auf der anderen Seite zugleich schon etwas über die uns umgebende Welt. Dadurch bildet er den Übergang zur nächsten, *«mittleren»* Gruppe der Sinne.

Diese, aus Geruch-, Geschmack-, Seh-, Wärme- und Hörsinn sich zusammensetzend, liefert uns auf verschiedene Weise die Erfahrung der uns umgebenden *Natur*. Nach ihrer alleräußerlichsten, allgemeinsten, abstraktesten Bestimmtheit, als nach drei Richtungen ausgebreitete räumliche Welt erleben wir sie bereits mittels des Gleichgewichtssinnes. In bezug auf einzelne bestimmte ihrer Qualitäten, wie Geruch, Geschmack, Farbe, Wärme, Ton, gibt sie sich uns dagegen durch die eben genannten Sinne kund.

Wir bestimmten soeben als den Gegenstand dieser mittleren Sinnesgruppe die verschiedenen Qualitäten der uns umgebenden Natur – nicht etwa der uns umgebenden Außenwelt. Denn die Natur ist nur ein Teil der ganzen Außen- oder Umwelt, in die wir als Menschen hineingestellt sind. Und nur die Qualitäten, die der «Natur» im eigentlichen, engeren Sinne dieses Wortes zukommen, werden durch diese mittlere Sinnesgruppe wahrgenommen. Zu ihnen treten aber noch andere Phänomene hinzu, welche nicht der Natur angehören – indem sie nämlich nur durch den Menschen in unserer Umgebung da sind, genauer gesagt: durch dasjenige Element im Menschen, das ihn erst zum Menschen macht. Und dies ist, wie schon erwähnt, dasjenige, was als ein Glied der Welt des *Geistigen, Schöpferischen* in ihm innerhalb der Welt des Natürlichen, Geschaffenen anwesend ist. Der Mensch ist also durch das, was sein Menschentum begründet, mehr als ein bloßes Naturwesen. Er ist ein Angehöriger der Geist-Welt. Und eben dies, was in ihm als geistige, schöpferische Wesenheit lebt, offenbart sich innerhalb der Sinneswelt durch eine Reihe von Erscheinungen, die eben deshalb nicht als

Naturerscheinungen angesprochen werden können, sondern als in die Sinneswelt hereinscheinendes Licht der Geistwelt bezeichnet werden müssen.

Eine erste dieser durch den Menschen in die Sinneswelt eintretenden Offenbarungen der Geistwelt ist die *Musik*. Sie wäre ohne den Menschen nicht im Sinnenbereich vorhanden, ist daher keine Naturerscheinung. Denn Wasserrauschen, Windeswehen, Vogelgezwitscher, Tiergebrüll sind keine Musik, sondern in ihren verfeinertsten Gestaltungen bestenfalls Annäherungen an das Musikalische. Eigentliche Musik tritt erst durch den Menschen in die Sinneswelt ein. Er ist das einzige Wesen, dessen Organismus dazu befähigt ist, im Gesang wirkliche Musik hervorzubringen. Außerhalb seiner aber kann nur durch von ihm erst künstlich verfertigte Instrumente Musik zum Erklingen gebracht werden. Im menschlichen Ohr haben wir nun das Sinnesorgan, das den Übergang bildet von der zweiten, mittleren zu der dritten, *«oberen»* Sinnesgruppe, welcher noch der Sprach-, der Begriffs- und der Ich-Sinn zugehören. Denn mit ihm nehmen wir einerseits die verschiedenartigen *Geräusche* wahr, welche wir zu den Naturerscheinungen zu zählen haben, andererseits vermittelt es uns das Erleben des *Musikalischen,* welches nur durch den Menschen in die sinnliche Erscheinung tritt.

Als zweite, nicht natürliche und doch sinnliche Erscheinung, welche die Außenwelt an uns heranträgt, ist die menschliche *Sprache* zu nennen. Sie wird *als solche* durch den Sprachsinn wahrgenommen. Soweit sie rein akustisches Phänomen ist, wird sie durch den Gehörsinn erfaßt. Dasjenige aber, was sie erst zur Sprache macht und was – wie an späterer Stelle genauer geschildert werden wird – seinen Ursprung in der menschlichen Geistwesenheit hat, nimmt nur der Sprachsinn auf.

Das dritte, was in dieser Reihe als durch den Menschen erzeugtes Phänomen der Außenwelt genannt werden muß, ist der von ihm in irgendeiner Form geäußerte *Gedanke*. Er ist aber sinnliches Phänomen eben nur für das ihm entsprechende Organ, welches wir, wie schon erwähnt, in dem Begriffs- oder Gedankensinn zu erblicken haben. Wie das innere Erleben des eigenen Ichs von dem sinnlichen Wahrnehmen des fremden Ichs streng zu unterscheiden ist, so muß auch das hier gemeinte Wahrnehmen eines von einem anderen Menschen uns mitgeteilten Gedankens mittels des Begriffssinns scharf auseinandergehalten werden von dem Hervorbringen eigener Gedanken, welches ebenfalls eine rein seelisch-innere Betätigung darstellt.

Das letzte Phänomen endlich, das wir nach dieser Richtung zu nennen haben und das wir als zwar sinnliche, aber nicht natürliche Erscheinung in unserer Umgebung antreffen, ist *das menschliche Ich* selbst, insofern es als die Individualität unseres Mitmenschen zwischen Geburt und Tod in der Sinneswelt anwesend ist und sich durch die Gesamtheit seiner äußeren Erscheinungsformen offenbart. Es erschließt sich, wie schon bemerkt, dem Ichwahrnehmungssinn.

Von der ganzen Gruppe der oberen Sinne gilt, daß ihre Wahrnehmungen auch zustande kommen, wenn die entsprechenden Äußerungen oder Produktionen durch technische Apparaturen (Telephon, Tonband, Radio, Television) übermittelt werden, wie ja auch für den Sehsinn malerische Kunstwerke oder Landschaften nicht nur im Original, sondern auch durch entsprechend getreue Reproduktionen zum Erlebnisinhalt werden können. Allerdings findet bei den Objekten der oberen Sinne im Falle ihrer Vermittlung durch technische Apparaturen eine verschiedengradige Abschwächung und Ablähmung des Wahrgenommenen statt, da das Element der lebendigen Bewegung, in welchem diese Objekte weben, durch diese Apparaturen mechanisiert wird.

Die Betrachtung der *Gegenstände* der verschiedenen Gruppen unserer Sinne ergibt somit, daß die gesamte Erfahrungswelt, der wir als wahrnehmende Wesen gegenübergestellt sind, sich aus drei Gebieten zusammensetzt, als welche wir zu bezeichnen haben erstens *unsere eigene Leiblichkeit,* zweitens *die äußere Natur* und drittens *die uns umgebende Mitmenschheit* in ihren spezifisch menschlichen Wesensoffenbarungen. Und die Wahrnehmung dieser drei Glieder unserer gesamten Erfahrungswelt verteilt sich auf die Gruppen unserer Sinne dergestalt, daß das erste den unteren, das zweite den mittleren, das dritte den oberen Sinnen zugeordnet ist, wobei zwischen den ersten und den zweiten der Gleichgewichtssinn, zwischen den zweiten und den dritten der Gehörsinn die Verbindung herstellt. Alle drei Bezirke unseres Wahrnehmens bilden zusammen erst das wirkliche Ganze unserer Umwelt; das uns am nächsten stehende Stück derselben ist unser eigener Leib, als weitere Sphäre folgt die Natur, und gewissermaßen den äußersten Umkreis repräsentiert unsere Mitmenschheit. Damit erschließt sich uns hier schon eine erste Einsicht in die Gründe und in die Bedeutung, die es hatte, daß in der neueren Wissenschaftsentwicklung eine lange Zeit hindurch nur die sogenannten fünf Sinne als Wahrnehmungsbezirke des Menschen bekannt waren. Diese «fünf Sinne» fallen ja, wenn wir den Wärme- und den Tastsinn, die eben in jener Zeit nicht unterschieden wurden, in eins setzen, ungefähr mit der Gruppe der mittleren Sinne zusammen. Daß sie allein als Wahrnehmungsorgane galten, bedeutete, daß *nur die äußere Natur als Umwelt des Menschen anerkannt* wurde. Warum aber wurde dem eigenen Leib und der Mitmenschheit die Anerkennung als selbständige Umweltsgebiete versagt? Das erstere geschah deshalb, weil in der neueren Zeit das Seelisch-Geistige des Menschen immer weniger als ein selbständiges Wesen neben dem Leiblichen anerkannt wurde. Und selbst da, wo dies noch der Fall war, vermochte man keinen eigenen Inhalt mehr für ein solches selbständig gedachtes Seelisches anzugeben. So verfiel man erst in der Praxis und schließlich auch in der Theorie darauf, das Seelische nurmehr als eine Wirkung, als ein «Epiphänomen» der leiblichen Kräfte und Prozesse, gelten zu lassen. Damit aber verrammelte man sich den Weg, auf dem man eine Wahrnehmung des eigenen Leibes vom Seelischen her hätte entdecken können. Denn eine solche ist natürlich nur dann möglich, wenn das Seelische als ein selbständiges Wesen dem Leiblichen gegenübersteht. Hierin liegt auch der Grund dafür, warum, als man in der neuesten Zeit, an Hand anatomisch-physiologischer Tatsachen, die unteren Sinne des Menschen dann doch in einer gewissen, allerdings unvollständigen Weise entdeckte und anzuerkennen genötigt war, diese Entdeckungen nicht recht fruchtbar gemacht werden konnten. Es hatte nämlich die Leugnung eines gegenüber dem Leibe selbständigen Seelischen für die mittleren Sinne selbst zur Folge, daß auch ihre Wahrnehmungen als solche nicht mehr unmittelbar auf die Außenwelt bezogen, sondern als bloße Erlebnisse von (freilich durch

Außenweltreize hervorgerufenen) inneren Leibesvorgängen beziehungsweise als ein Sichumsetzen von solchen Leibesprozessen in Bewußtseinsinhalte gedeutet wurden. Dadurch aber verunmöglichte man sich, sie von den Wahrnehmungen der unteren Sinne richtig zu unterscheiden und so die grundsätzliche Verschiedenheit nach Form und Inhalt zu erfassen, die zwischen beiden besteht und die wir sogleich noch weiter nach verschiedenen Richtungen darlegen werden. Man vermochte lediglich mit Staunen das Unbegreifliche festzustellen, daß die Empfindungsinhalte im einen Fall in der Außenwelt, im anderen im Körperinnern «lokalisiert» werden.

Damit ist zugleich auch schon die Ursache angedeutet, die verhinderte, die Mitmenschheit als selbständigen Umweltfaktor anzuerkennen und dadurch auf das Vorhandensein der oberen Sinnesgruppe zu stoßen.

Da die Möglichkeit immer mehr dahinschwand, das Seelisch-Geistige des Menschen als ein selbständiges Element neben dem Leiblichen zu denken und mit einem eigenen Inhalt auszustatten, so verlor sich für das Erkennen alles, was den Menschen zu mehr als einem bloßen Naturwesen macht. Man sah in ihm nurmehr das letzte, höchste Glied in der Kette der Naturgeschöpfe, und die Deszendenztheorie versuchte schließlich, auch seinen genetischen Zusammenhang mit dem Ganzen dieser Kette aufzuweisen. So erschien die Menschenwelt und Menschheitsgeschichte, die sich da auf der Erde entfaltet, nur als ein Stück des allgemeinen Naturlebens, das in den Aufstieg und Zerfall desselben unabänderlich hineinverflochten ist. Und weil auf diese Weise der seelische Blick für das eigentlich Menschliche, Mehr-als-Natürliche im Menschen fortschreitend erlosch, entging dem modernen Bewußtsein völlig die Tatsache, daß, wenn wir nur die fünf Sinne hätten, wir gar nicht in der Lage wären, durch Sprache, Gedankenäußerung und unmittelbare Beziehung von Ich zu Ich eine menschliche Gemeinschaft zu entwickeln, sondern jeder Einzelne von uns als Seele vollständig isoliert wäre und von seinen Mitmenschen nur rein akustische, optische usw. Eindrücke wahrzunehmen, niemals aber seelisch-geistige Äußerungen als solche zu empfangen und aufzufassen vermöchte. In der Tat entwickelte die neueste Zeit in der sogenannten Analogieschlußlehre die Theorie, daß wir vom «Fremdseelischen» keine unmittelbare erfahrungsmäßige Kunde erhalten, sondern auf das Vorhandensein eines unserem eigenen ähnlichen Seelischen in unseren Mitmenschen lediglich schließen, indem wir auf Grund ihrer Gestik vermöge deren Ähnlichkeit mit der unsrigen annehmen, daß sie in analoger Art Ausdruck ihres Seelenlebens sei, wie wir unsere eigene unmittelbar als Äußerung unseres Seelenlebens erleben.

Haben wir so eine Dreigliederung der menschlichen Sinne in bezug auf ihre Wahrnehmungsinhalte gefunden, so liegt es auf der Hand, daß sich eine solche auch hinsichtlich ihrer Wahrnehmungs*form* und *-art* zeigen muß.

Wenn wir auch sagten, daß der eigene Leib das der Seele am nächsten liegende Stück ihrer *Umwelt* sei, so ist er doch zugleich so mit ihr verbunden, daß es berechtigt ist, die Wahrnehmungen der unteren Sinne, durch welche in verschiedener Weise die eigene Leiblichkeit erlebt wird, als *innere* Wahrnehmungen zu bezeichnen. Es liegen ja auch die Organe dieser Sinne alle, zum Teil sehr tief, im Innern des Leibes: Der Tastsinn schiebt sich bis an die Hautbegrenzung heran und verbreitet sich unterhalb derselben ihrer ganzen Ausdehnung entlang, aber auch über die Oberfläche vieler Innenorgane. Das Organ des Lebenssinnes bildet, wie später noch genauer zu zeigen sein wird, die Totalität der in unserem Inneren gelegenen, dem Gesamtlebensprozeß des Organismus dienenden Organe. Der Bewegungssinn hat seine Werkzeuge in den Nerven, deren Endigungen in die Muskeln, Gelenkflächen usw. hinein verlaufen. Und das statische Organ endlich ist tief in die Höhlung des inneren Ohres eingebettet. Und wir werden später sehen, daß auch dasjenige, was die Wahrnehmungen dieser Sinne im heutigen Menschen an seelischen Erlebnissen erregen, von «innen» her ins Bewußtsein heraufsteigt.

Gehen wir nun zu der mittleren Sinnesgruppe über, so finden wir in bezug auf ihre Wahrnehmungsform ein *Zusammenwirken von Außen* und *Innen*. Auch dies kann vorläufig nur angedeutet und erst an späterer Stelle genauer ausgeführt werden. Von außen her erfolgt eine Einwirkung, ihr antwortet von innen her eine Gegenwirkung; und erst im Ineinanderschlagen beider Wirkungen entsteht die Wahrnehmung. Vielleicht am deutlichsten offenbart dieses Geheimnis die

Gesichtsempfindung. Auf einen Farbeneindruck antwortet das Auge mit der Erzeugung der entsprechenden Gegenfarbe. Wir können diese, wenn wir das Auge unmittelbar danach schließen oder aber auf eine weiße Fläche hinwenden, noch vor uns schimmern sehen. Die Gegenfarbe entsteht aber nicht erst als Nachwirkung, sondern sogleich als Gegenwirkung zu der von außen empfangenen Farbe; nur kommt sie, solange wir der letzteren gegenüberstehen, nicht zur Wahrnehmung. Sie wird von jener gewissermaßen überleuchtet, ermöglicht uns aber nichtsdestoweniger überhaupt erst, daß wir jene wahrnehmen. Sie gibt gleichsam die Widerlage ab, mit deren Hilfe wir die äußere Farbe auffangen. In analoger, wenn auch nicht so deutlich beobachtbarer Art verhält es sich bei den übrigen Sinnen dieser Gruppe. S. *Knauer* und W. *Pelikan* haben zum Beispiel nachgewiesen,* daß unsere Geschmackserlebnisse durch eine streng gesetzmäßige Auseinandersetzung von äußeren Geschmacksqualitäten mit den ihnen komplementären Eigengeschmäcken unseres Organismus zustande kommen. Auch hier muß bemerkt werden: die moderne Forschung hat die Funktionsweise dieser mittleren Sinnesgruppe bisher nach beiden Richtungen, der empfangenden und der tätig-erzeugenden, völlig verkannt. Auf der einen Seite hat sie als Einwirkendes nicht die betreffenden Sinnesqualitäten selbst, sondern nur verschiedenartige Bewegungsvorgänge gelten lassen, die erst beim Übergang vom Leiblichen zum Seelischen, das heißt vom Gehirn ins Bewußtsein, in die verschiedenen Qualitätsempfindungen übersetzt werden sollten. Und weil sie so alles Produktive – das allerdings eine sehr merkwürdige Art von Produktivität wäre – in die «Seele» hineinverlegte, hat sie zugleich auf der anderen Seite die produktive Aktivität im Leiblichen, sofern die Sinnesorganisation in Betracht kommt, gänzlich übersehen. Die Leistung des Sinnesapparates wurde immer nur als eine einfache Weiterleitung von der Peripherie zum Zentrum vorgestellt.

Daß wir es beim Wahrnehmen durch diese mittlere Sinnesgruppe mit dem Zusammenwirken eines Äußeren und eines Inneren zu tun haben, ist auch daraus zu ersehen, daß die Organe aller dieser Sinne

* S. Knauer und W. Pelikan: Entwurf einer Lehre der Geschmacksempfindungen. Monatsschrift «Die Drei», 2. Jahrgang, S. 817ff.

sich an der Peripherie des Leibes befinden, also da, wo Äußeres und Inneres aneinandergrenzen – sind sie ja doch alle von der einen Seite her aus der menschlichen Haut durch bestimmte Differenzierungsprozesse herausgebildet. Schließlich ist zu sagen, daß diese Reihe von Sinnen, da sie eben eine mittlere darstellt, auch in bezug auf ihre Funktionsweise den Übergang bildet von der unteren zu der oberen Sinnesgruppe, daher auch in sich selbst wieder in ihren einzelnen Vertretern teils mit jener, teils mit dieser nähere Verwandtschaft zeigt. So wird bei Geruch und Geschmack, die an die untere Sinnesgruppe angrenzen, das Element des Äußeren von demjenigen des Inneren, welches ja das Merkmal der Wahrnehmung der unteren Sinne ist, überwogen. Wir müssen die Düfte, die wir riechen wollen, in unsere Nase einziehen, die Stoffe, die wir schmecken wollen, in unser Inneres aufnehmen und sie, soweit sie fest sind, auflösen. Wir müssen sie ein Stück weit in die Prozesse eintreten lassen, die zu unseren Lebensfunktionen gehören: Atmung und Ernährung. Es sind daher auch sowohl das Riechen wie das Schmecken bis zu einem gewissen Grade leibliche Innenwahrnehmungen, jedenfalls stark leiblich betonte und mit leiblichen Lokalzeichen, das heißt mit Tasteigenschaften in gewissem Maße ausgestattete Empfindungen. Im Gegensatze dazu überwiegt bei den an die obere Sinnesgruppe angrenzenden Sinnen des Gesichts und des Gehörs das Element des Äußeren, das, wie wir gleich nachher sehen werden, bei den oberen Sinnen selbst nurmehr für sich allein in Frage kommt. Das Sehen und Hören erleben wir nicht als leibliche Innenempfindungen, nicht einmal als leiblich auf die betreffenden Organe lokalisierte Wahrnehmungen, sondern wir sind mit unserer Seele in diesen Sinnesbetätigungen draußen bei den Dingen selbst, die wir sehen und hören; und wir vergessen dabei weitgehend, ja bisweilen vollständig unseren Körper. So muß selbst ein Vertreter der modernen Sinnesphysiologie die Gesichts- und Gehörserlebnisse schildern da, wo er den Versuch macht, sie einmal nicht vom Standpunkte der neueren Sinnestheorie zu deuten, sondern einfach so zu beschreiben, wie sie in Wirklichkeit unmittelbar erfahren werden. *Johannes v. Kries* schreibt in seiner «Allgemeinen Sinnesphysiologie» (S. 16ff.): «Anders liegen die Dinge beim Gehörsinn. Eine örtliche Differenzierung der Empfindungen ist hier nur insofern vorhanden, als eine gewisse Unterscheidung des rechts- und linksseitigen Eindrucks stattfindet. Doch macht sich diese Beteiligung des einen und andern Ohrs in dem, was uns zum Bewußtsein kommt, nur so bemerkbar, daß wir einen gewissen Eindruck von dem *Orte der Schallquelle* erhalten ... Mit Recht kann man sagen, daß hier eine Beziehung auf das als Bestandteil unseres Körpers vorgestellte Sinnesorgan eigentlich gar nicht vorliegt. Wir wissen freilich, daß wir mit den Ohren hören; aber es erscheint mindestens denkbar, daß jemand das nicht wüßte. Ins Bewußtsein tritt unmittelbar der Eindruck von der Lage der Schallquelle ... Für die Seheindrücke gilt in ausgesprochener Weise, was soeben von den Gehörsempfindungen angedeutet wurde. Sie werden nicht als Affizierungen eines Körperteiles aufgefaßt; zu unserem Bewußtsein gelangt lediglich der Eindruck, daß irgendwo außerhalb unsres Körpers Gegenstände von dieser oder jener Beschaffenheit, in dieser oder jener Anordnung sich befinden. Auch den Seheindrücken ist also die Beziehung auf die beteiligten Sinnesorgane, auf die Augen, von Haus aus fremd oder doch in keiner Weise wesentlich. Wir wissen freilich, daß wir mit den Augen sehen, und der Gedanke, daß jemand das nicht wüßte, kann vielleicht als ein nicht zu verwirklichender abgelehnt werden. Immerhin erscheint er nach der ganzen Natur der Seheindrücke doch denkbar; er steht mit ihr in keiner Weise in Widerspruch.» Und einige Seiten weiter unten heißt es: «Für den Gesichtssinn ist es charakteristisch, daß unmittelbar und zwingend der Eindruck irgendwelcher außerhalb unsres Körpers gelegenen Gegenstände entsteht ... Der Gedanke an das Auge oder überhaupt eine affizierte Körperstelle ist dem Seheindruck fremd ... Der Gedanke, wenn wir etwas sehen, das als einen Zustand unserer selbst oder des Auges aufzufassen, kommt uns gar nicht, und er läßt sich, auch wenn wir es versuchen, nicht verwirklichen». Mit diesem letzten Satz ist aber nichts Geringeres gesagt, als daß die Theorie, welche die neuere Forschung über den Sehakt aufgestellt hat: daß er nämlich das Bewußtwerden eines bestimmten Erregungszustandes des Sehnervenzentrums im Gehirn darstelle, von der wirklichen Erfahrung, die wir im Sehakte machen, als eine «nicht zu verwirklichende» zurückgewiesen wird! In ähnlichem Sinne äußert sich auch *H. Schma-*

lenbach (a.a.O.): «Beim Sehen eines Gegenstandes gibt es keine für das Sehen konstitutiven Leiberlebnisse. Erst recht keine, die erlitten würden. Und der gesehene Gegenstand wird nicht als auf den Sehenden wirkender gesehen» (S. 23). Und an anderer Stelle: «Der Begriff des Gegenstandes hat als der des optischen Gegenstandes mit dem Begriff einer Ursache ... nichts zu tun. Die Umdeutung des Gegenstandes als vermeinter Ursache von Erlebnissen ... setzt auch nicht einmal an einem dabei bemerkbar werdenden Phänomen an, ist eine pure Konstruktion von der Physik und der Physiologie aus» (S. 78).

Was nun von den oberen Gliedern der mittleren Sinnesgruppe bereits annähernd gilt, das ist schließlich von den Sinnen der oberen Gruppe in der strengsten Bedeutung zu sagen: daß ihre Wahrnehmungen *reine Außenerlebnisse* sind. Die im obigen Zitat enthaltenen Ausführungen Joh. v. Kries' über den Gehörsinn, der ja, wie wir sahen, in *einer* Beziehung selbst schon zu der Gruppe der oberen Sinne gehört, liefern eine volle Bestätigung dieser Charakteristik. Im Wahrnehmen des Musikalischen, der Sprache, des uns mitgeteilten Gedankens, endlich der anderen Menschen-Ichs sind wir mit unserer erlebenden Seele völlig außerhalb unserer Leiblichkeit, lassen diese gewissermaßen hinter uns zurück und werden ganz eins mit dem, was wir da eben wahrnehmen. Es stellt diese Funktionsweise der oberen Sinne also den äußersten Gegenpol dar zu derjenigen der unteren Sinnesgruppe. Und doch haben auch die oberen Sinne ihre Organe durchaus in unserer Leiblichkeit. Nur ist eben die Beziehung zu den Organen im Erleben bei den oberen Sinnen genau entgegengesetzt wie bei den unteren. Bei den letzteren leben wir mit unserer Seele im Wahrnehmen zugleich tätig schaffend in den Organen des Leibes drinnen. (Daher auch, wie später zu zeigen, der ganz unbewußte Charakter dieser unteren Sinneswahrnehmungen!) Von den oberen Sinnen dagegen werden diese leiblichen Organe lediglich als Spiegelungsapparate für dasjenige benützt, was die Seele außerhalb des Leibes erlebt. (Daher die volle Bewußtheit *dieser* Wahrnehmungen!) Es steckt also die Seele im Wahrnehmen durch die oberen Sinne nicht in den betreffenden Organen drinnen, sondern reflektiert nur ihre Erlebnisse von außen her an ihnen, wodurch sie ihr eben zum Bewußtsein kommen.

Auf Grund der bisher zunächst nach Form und Inhalt gegebenen fundamentalen Gliederung der Gesamtheit der menschlichen Sinne in die drei charakterisierten Gruppen ist es nun möglich, im folgenden eine Reihe weiterer Zuordnungen aufzuweisen, durch welche das Wesen und die Verschiedenheit dieser drei Sinnesgruppen nach mehrfachen Richtungen hin noch plastischer hervortreten werden.

Da ist an erster Stelle jene Gliederung zu nennen, welche von der geisteswissenschaftlichen Forschung Rudolf Steiners als die allergrundlegendste Einteilung nicht nur der totalen Menschenwesenheit, sondern auch des Gesamtkosmos enthüllt worden ist: die Gliederung in einen *leiblichen,* einen *seelischen* und einen *geistigen* Bereich.* Diese Gliederung kann auch innerhalb der Sinnesorganisation wiedergefunden werden, und zwar zeigt sich da, wenn wir zunächst wieder das inhaltlich-objektive Element in Betracht ziehen, das Folgende:

Zwar nehmen wir, wie schon bemerkt wurde, mittels der *unteren* Sinne zunächst und unmittelbar unsere eigene Leiblichkeit in verschiedener Weise wahr. *Mittelbar* und im weiteren Sinne nehmen wir durch sie überhaupt *alles Leiblich-Physische* wahr, also auch das, was als das leiblich-physische Element der verschiedenen Naturreiche, ja des Kosmos überhaupt um uns herum sich ausbreitet. Das Gewicht äußerer Gegenstände, soweit wir es durch Heben oder Tragen derselben erfahren können, nehmen wir wahr durch ein Zusammenwirken des Tast- und des Lebenssinnes, das heißt, wir empfinden es mittelbar durch das Maß des von ihm ausgeübten Druckes oder der von ihm geforderten Anstrengung unserer Kräfte, welches uns durch die genannten Sinne angezeigt wird. Die Form eines Gegenstandes, sei sie nun eine runde, ovale, rechteckige oder von welcher Art immer, kurz: überhaupt alles Zeichnerisch-Linear-Figurale, das uns in der Außenwelt entgegentritt, ferner aber auch die Größenmaße von Strecken und Flächen erfahren wir direkt durch die Wahrnehmung der Bewegungen (und ihrer Maße), die wir mit den Augen oder gar mit unserem ganzen Kopfe ausführen müssen, um mit unserem Blick ihnen entlangzugleiten. Bei räumlichen Formen und Verhältnissen kommen – für die Tiefenabschätzung – zu den eigentlichen Gesichts-

* Siehe zum Beispiel sein Buch «Theosophie».

und Bewegungswahrnehmungen noch die feinen Tastempfindungen hinzu, welche die beiden Augen in verschiedener Weise voneinander empfangen, je nachdem ob ihre Sehachsen sich in einem näheren oder ferneren Punkte treffen. Alle diese Tatsachen sind auch der neueren Forschung zum Teil schon bekannt. Es ist also nicht richtig, auch schon nach den Kenntnissen dieser Forschung, wenn zum Beispiel in dem Werke «Die Welt der Formen» von *Hermann Friedmann* behauptet wird, das «Sehen sei seinem Wesen nach Formensehen» (S. 84), sofern nämlich unter «Sehen» lediglich die Betätigung des Gesichtssinnes für sich allein verstanden wird. Diesem entspricht vielmehr als sein eigentliches Objekt die Welt des Lichtes, der Finsternis und der Farben, was zu wissen zum Beispiel für ein richtiges Verständnis der Aufgaben der malerischen Kunst von grundlegender Bedeutung ist. Die verschiedenen Formen dagegen, die als zwei- und dreidimensionale uns in der Welt entgegentreten, erleben wir als solche indirekt durch die in unsere Gesichtswahrnehmungen infolge der Augenbewegungen sich hineinmischenden und sich mit ihnen verschmelzenden Wahrnehmungen des Bewegungs- und des Tastsinnes. Dasselbe gilt natürlich schon gar von den Bewegungen, welche von was immer für Gegenständen in der uns wahrnehmbaren Außenwelt ausgeführt werden. Die Lage endlich, welche die Gegenstände im äußeren Raume einnehmen, sei sie eine senkrechte oder waagrechte, eine gerade oder schiefe usw., ferner die Raumesrichtung, in welcher ihre Bewegungen fortschreiten, nehmen wir auf dieselbe indirekte Weise durch Empfindungen unseres statischen Sinnes wahr, die ebenfalls durch die Seheindrücke miterregt werden. Es wird ja überhaupt durch die Wahrnehmungen der äußeren Sinne stets in der verschiedensten Art die Gesamtheit der inneren Sinne mitaffiziert; nur tritt eben, je nach der Beschaffenheit der Gegenstände, bald der eine, bald der andere der inneren Sinne mehr hervor. So sind mit Geruchs- und Geschmackserlebnissen infolge ihrer körperlichen Lokalisiertheit, wie schon erwähnt, stets auch Tastempfindungen und, da sie immer entweder erhöhend oder herabmindernd unsere Lebensverfassung beeinflussen, Empfindungen des Lebenssinnes verbunden. In gleicher Weise ist das letztere vom Wärmesinn zu sagen. Mit den Gesichts- und Gehörserlebnissen dagegen sind im allgemeinen vorwiegend Bewegungs- und Gleichgewichtsempfindungen, aber durchaus auch Tast- und Lebenssinnerfahrungen verknüpft, welche etwa, wenn Licht- oder Schallreize in großer Nähe oder Stärke ausgeübt werden, sich deutlich bemerkbar machen. Zusammenfassend kann gesagt werden: All das, was seit John Locke von der neueren Erkenntnislehre als die «primären Qualitäten» der Dinge bezeichnet wird: wie Gewicht, Größe, Gestalt, Bewegung, räumliche Lage usw., wird von uns auf *indirektem* Wege durch die *unteren* (oder inneren) Sinne des Getasts, des Lebens, der Bewegung, des Gleichgewichts wahrgenommen. Nur ist hinzuzufügen, daß – wie wir später noch genauer darlegen werden – diese «primären Qualitäten» nicht so verstanden werden dürfen, als lägen sie andersartigen Qualitätserlebnissen als Verursacher zugrunde.

Auf diese Tatsache, daß die Wahrnehmungen der mittleren Sinnesgruppe stets mit irgendwelchen Bewegungen unserer Gliedmaßen oder unseres Leibes überhaupt «verschränkt» sind, hat in neuester Zeit besonders *V. v. Weizsäcker* in seinem bereits erwähnten Werke «Der Gestaltkreis» hingewiesen. Diese Bewegungen sind nun aber, ganz abgesehen von ihrer Verschränkung mit Wahrnehmungen der mittleren Sinne, immer mit solchen der unteren Sinne, das heißt aber des eigenen Leibes verbunden. Und diese letzteren bewirken, indem sie zu den ersteren hinzukommen, das Erleben der Gestalt, der Gestaltveränderung usw. an äußeren Objekten. Daß dieses Erleben nicht ein Ergebnis von Gedankenentwicklungen ist, welche sich an Wahrnehmungen der äußeren Sinne anschließen, sondern einen selbständigen wahrnehmungsmäßigen Ursprung hat, darauf ist in neuester Zeit insbesondere die sogenannte *Gestaltpsychologie* aufmerksam geworden, wie diese denn überhaupt bemerkt und betont hat, daß im Wahrnehmungserleben nicht, wie die «atomistische Psychologie» des letzten Jahrhunderts glaubte, nur einzelne Sinneszellen affiziert werden, sondern stets die «Ganzheit» unserer Sinnesorganisation sich betätigt. Doch ist von ihr noch nicht in genügender Klarheit erkannt worden, daß die eigentliche Quelle der Gestaltwahrnehmungen in den Erlebnissen der unteren Sinne zu suchen ist.

Die Gegenstände der *mittleren* Sinnesgruppe: des Geruchs, des Geschmacks, des Gesichts, der Wärme, des Gehörs, werden von der neueren Forschung als «sekundäre Qualitäten» bezeichnet. Sie will durch diese Kennzeichnung zum Ausdruck bringen, daß diese Qualitäten als solche nicht der physischen Außenwelt als objektive Eigenschaften angehören, sondern lediglich dem Bereich des *seelischen Lebens* zuzurechnen sind. Mit dieser Behauptung hat sie noch nicht ganz unrecht. Der Irrtum, in dem sie befangen ist, beginnt erst damit, daß sie die Welt des Seelischen auf das Menscheninnere beschränkt und sie als eine rein subjektive ansieht. In Wahrheit aber gehört unser menschliches Seelisches ebenso einer objektiven Welt des Seelischen an, wie unser menschlicher Leib ein Stück der objektiven leiblich-physischen Welt ausmacht. Freilich ist unser Seelisches im Wachzustand, da es im Leibe wohnt oder mit ihm verbunden ist, von dieser äußeren Seelenwelt in gewisser Weise abgetrennt. Im Schlafe aber löst es sich immer wieder bis zu einem gewissen Grade aus der leiblichen Hülle los und vereinigt sich mit dieser seelischen Welt. Da es jedoch normalerweise zur Entfachung seines Bewußtseins der Widerlage des Leibes bedarf, so verfällt es in dem Augenblicke, da es diesen im Einschlafen verläßt, der Unbewußtheit und weiß daher nicht, was es im Schlafe innerhalb der allgemeinen seelischen Welt erfährt und verrichtet. Dem Geistesforscher dagegen wird es durch die Verstärkung seiner seelischen Kräfte, welche die geisteswissenschaftliche Schulung bewirkt, möglich, in einem höheren, leibfreien Erleben die Geschehnisse bewußt durchzumachen, welche die Seele schlafend innerhalb der seelischen Welt durchlebt. Da aber wird von ihm diese seelische, oder wie sie in der Geistesforschung auch genannt wird: elementarisch-astralische Welt als diejenige erfahren, in welcher die «sekundären Qualitäten» ihren Ursprung und ihre volle Wirklichkeit haben. Denn diese Welt wird als eine solche von bloßen Eigenschaften und Qualitäten erlebt, welche aber hier nicht bestimmten Gegenständen anhaften – denn solche gibt es in ihr nicht –, sondern in sich selbst webende und wesende Substantialitäten sind. Was in der physischen Welt bloß adjektivischen Charakter hatte, gewinnt hier substantivische Bedeutung. Zugleich erweist es sich als unvergleichlich viel dichter, lebendiger, realer, als es in der physischen Welt angetroffen wird. «Wenn der Mensch in dem Zustand zwischen Einschlafen und Aufwachen ist, ... da sind die

Dinge nach Maß, Zahl und Gewicht überhaupt nicht da... Aber was da ist, das sind – wenn ich mich so ausdrücken darf – die frei schwebenden, frei webenden Sinnesempfindungen. Nur daß der Mensch im gegenwärtigen Zustand seiner Entwicklung (ohne Geistesforscher zu sein) nicht die Fähigkeit hat, die frei schwebende Röte, die Wellen des frei webenden Tones usw. wahrzunehmen. Schematisch... könnte man sagen: Hier auf Erden haben wir wägbare feste Dinge, und an diesen haftet gewissermaßen die Röte, die Gelbe, also dasjenige, was die Sinne an den Körpern wahrnehmen. Wenn wir schlafen, dann ist die Gelbe frei schwebendes Wesen, die Röte ist frei schwebendes Wesen, nicht haftend an solchen Schwerebedingungen... Ebenso ist es mit dem Ton. Nicht die Glocke klingt, sondern das Klingen webt» (Rudolf Steiner: Vortrag vom 29. Juli 1923 in Dornach, enthalten in Bibl. Nr. 228 «Initiationswissenschaft und Sternenerkenntnis»). Was wir in der physisch-gegenständlichen Welt als Sinnesqualitätäten wie Gerüche, Geschmäcke, Farben, Temperaturen, Töne wahrnehmen, ist nur ein Abglanz der elementarisch-astralischen oder Seelenwelt, der durch gewisse Bedingungen, deren Schilderung hier zu weit führen würde,* innerhalb der physischen Sphäre zur Erscheinung kommt. Davon rührt der scheinhaft-flüchtige, unwirklich-schillernde, wandelbare Charakter dieser Qualitäten her, der die neuere Forschung mit zur Leugnung ihrer objektiven Realität und zur Behauptung ihrer rein subjektiven Bedeutung verführte. Wenn wir demgegenüber die objektive Existenz der Sinnesqualitäten auch innerhalb der physisch-gegenständlichen Welt geltend machen müssen, so ist freilich zuzugeben und zu beachten, daß sie innerhalb dieser Welt in einer anderen Art und mit einer anderen Bedeutung anwesend sind als die «primären Qualitäten» wie Gewicht, Bewegung, Lage usw.: nämlich als das bloße Schattenbild ihrer eigentlichen, der Seelenwelt angehörenden Wesenheit, während die letzteren ihr Wesen unmittelbar und lediglich in der physischen Welt selbst haben. Daher konnten eben auch nur diese in ihr von einer Wissenschaft vorgefunden werden, welche von der Außenwelt nur das gelten lassen wollte, was rein physischen Wesens ist.

* Siehe hierfür: Günther Wachsmuth: Die ätherischen Bildekräfte in Kosmos, Erde und Mensch. Bd. 1.

Nehmen wir somit durch die mittleren Sinne den Abglanz der Seelenwelt innerhalb des physischen Bereiches wahr, so vermittelt uns die obere Sinnesgruppe die Offenbarungen, welche die *geistige* Welt innerhalb der physischen *durch den Menschen* erfährt. Zu ihnen gehören Musik, Sprache, Gedankenleben und endlich die menschlichen Individualitäten selber. Wenn von diesen Phänomenen gesagt wurde, daß sie keine Naturerscheinungen seien, so muß hier ergänzend hinzugefügt werden, daß sie auch keine der Seelenwelt entstammenden Bildungen sind. Man wird in der Tat Musik und Sprache, solange man sie etwa nach Analogie tierischer Lautäußerungen oder bloß als Kundgebungen seelischer Erlebnisse zu deuten sucht, wie dies in neuester Zeit fast ausschließlich geschehen ist, niemals in ihrem eigentlichen Wesen verstehen. Dasselbe gilt natürlich auch vom menschlichen Gedankenleben, solange man es, wie man dies bei zeitgenössischen Philosophen noch lesen kann, bloß als einen «biologischen Prozeß» auffaßt, der «auf einer Ebene mit sämtlichen lebendigen Vorgängen liegt» *(H. Keyserling:* «Naturphilosophie», S. 59). Alle diese drei Erscheinungen sind vielmehr einzig und allein als verschiedenartige Manifestationen des im Menschen wirkenden – und sein Menschentum erst begründenden – schöpferischen Geistes zu begreifen, wie dies für das Gedankenleben noch die idealistische deutsche Philosophie, für die Sprache noch zum Beispiel *Wilhelm v. Humboldt* in seinem Werke «Über die Verschiedenheiten des menschlichen Sprachbaues und ihren Einfluß auf die geistige Entwicklung des Menschengeschlechts» und für die Musik, wenn auch im Zusammenhang mit einer ganz bestimmten metaphysischen Lehre, noch Schopenhauer und Wagner getan haben. Daß man schließlich den Menschen selbst seines eigentlichen Wesens entkleidet, wenn man sein Ich nicht als eine geistige Realität, sondern nur als eine «Vorstellung» oder als ein «Idealbild» gelten läßt, darüber weitere Worte zu verlieren, ist hier wohl nicht nötig.

Betrachten wir nun auch diese Verhältnisse von der subjektivformalen Seite her, so tritt uns da ein Tatbestand entgegen, durch den ein bedeutsames Rätsel der modernen Psychologie, namentlich eben der Sinnespsychologie, zum erstenmal seine Auflösung erfährt.

Wir sagten, daß wir das rein Physische der Außenwelt durch die unteren Sinne nur mittelbar wahrnehmen. Denn unmittelbar erfahren wir durch sie bloß unser eigenes Leiblich-Physisches. Einen solch mittelbaren Charakter haben die Wahrnehmungen des in der Außenwelt sich offenbarenden Seelischen und Geistigen durch die mittleren und oberen Sinne nicht. Deren Erfahrungen sind unmittelbare, wenn auch wieder unter sich verschieden geartete Außenwelterfahrungen. Das bedeutet aber, daß wir durch die zwei oberen Gruppen der Sinne uns selber nicht erleben oder miterleben. Und dies ist nun von der größten Bedeutung für den Realitätsgrad, den wir dem durch die verschiedenen Sinnesgruppen Wahrgenommenen zuschreiben. So paradox es nämlich erscheinen mag – denn von dem, was man nur mittelbar erlebt, scheint man weiter entfernt zu sein als von dem, was unmittelbar erfahren wird –, es ist doch so, daß wir nur dem *volle äußere Realität* zuerkennen, was wir als *rein Physisches* durch die *unteren Sinne* – mittelbar – wahrnehmen. Und zwar ist dies deshalb der Fall, weil wir hier die Realität unseres eigenen Seins miterleben, ja sogar in erster Linie erleben. Diese Realität, die zunächst unsere eigene ist, teilen wir im Erleben auch demjenigen mit, was wir dabei mittelbar als Äußeres erleben. Man könnte die Sache auch so ausdrücken, daß wir – was die subjektiven Gründe betrifft – deshalb lediglich dem rein Physischen volle Realität in der physischen Außenwelt zugestehen, weil wir das eigene Innere und das äußere Physische in Einheit zusammenerleben. Es darf hier daran erinnert werden, daß W. *Dilthey* in seiner bekannten Akademie-Abhandlung den «Ursprung unsres Glaubens an die Realität der Außenwelt» geradezu aus unsern Tasterlebnissen glaubte ableiten zu können, aus dem Grunde, weil wir, indem wir im Tasten zugleich den Widerstand der Gegenstände erfahren, hier die Außenwelt in und mit unsrem eigenen Wesen erleben. Ein solches Zusammenerleben des Innern und Äußern ist aber innerhalb der sinnlichen Wahrnehmungswelt eben nur für das rein Physische vorhanden. Nun sind aber in der Außenwelt die Offenbarungen des seelischen und des geistigen Kosmos überall mit rein physischen Vorgängen verbunden und an solche gebunden. Dies hat sein subjektives Gegenbild in der Tatsache, daß durch die Wahrnehmungen der mittleren und oberen

Sinne stets solche der unteren Sinne miterregt werden. Und von diesem immer mit ihnen verknüpften Erleben der unteren Sinne beziehungsweise ihrer rein physischen Seite her empfangen auch die Wahrnehmungen unserer mittleren und oberen Sinne beziehungsweise die seelischen und geistigen Offenbarungen der Außenwelt für unser Bewußtsein das Maß von *Realität,* das wir ihnen eben zuschreiben. Daß dem so ist, kann freilich von dem gewöhnlichen Bewußtsein nicht durchschaut werden; denn die Wahrnehmungen durch die unteren Sinne verlaufen, wie wir später noch genauer zeigen werden, im Unterbewußtsein aus dem Grunde, weil sie eben zugleich und in erster Linie solche des eigenen leiblichen Wesens, das heißt Innenwahrnehmungen sind. Und so bleibt für das gewöhnliche Bewußtsein die Frage eine unlösbare, was denn eigentlich uns dazu veranlaßt, in einem bestimmten Falle zum Beispiel nicht nur das Erlebnis «grüner Baum», sondern das Erlebnis «der grüne Baum ist» zu haben. Die neuere Psychologie hat sich vielfach, jedoch ohne befriedigendes Ergebnis, mit diesem Problem abgemüht. *Franz Brentano* zum Beispiel glaubte, es liege jedesmal eine Willenstätigkeit vor, wenn einer Wahrnehmung Realität zuerkannt wird. In Wahrheit beruht aber diese Anerkennung nicht auf einer psychischen Betätigung, sondern auf einem dem rein sinnlichen Erleben angehörenden Tatbestand: nämlich auf einer sinnlichen Doppelbeziehung zu dem betreffenden Objekt; einer Doppelbeziehung, von der nur die eine Hälfte bewußt, die andere aber unbewußt ist. Rudolf Steiner sagt hierüber: «Bei demjenigen Seelen-Erleben, das von Franz Brentano als Urteilen bezeichnet wird, kommt zu dem bloßen Vorstellen, das in einem innern Bildgestalten besteht, ein Anerkennen oder Verwerfen der Vorstellungsbilder hinzu. Es entsteht für den Seelenforscher die Frage: was ist im seelischen Erleben dasjenige, wodurch nicht bloß das Vorstellungsbild: ‹grüner Baum›, sondern das Urteil: ‹es ist ein grüner Baum› zustande kommt? Innerhalb des engeren Kreises des Vorstellungslebens, den man im gewöhnlichen Bewußtsein umschreibt, kann dieses ‹Etwas› nicht liegen... Es handelt sich dabei um ein Erlebnis, das außerhalb dieses Kreises liegt. Es kommt darauf an, das ‹Wo› im Bereich der seelischen Erlebnisse zu finden. Steht der Mensch in wahrnehmender Tätigkeit einem Sinnesobjekt gegenüber, so kann dieses ‹Etwas› in alledem nicht gefunden werden, was der Mensch in dem Wahrnehmungsvorgange so empfängt, daß dieses Empfangen durch die physiologischen und psychologischen Vorstellungen erfaßt wird, welche sich auf das äußere Objekt einerseits und den unmittelbar in Betracht kommenden Sinn andererseits beziehen. Hat jemand die Seh-Wahrnehmung ‹grüner Baum›, so kann der Tatbestand des Urteils ‹es ist ein grüner Baum› nicht in der physiologisch oder psychologisch unmittelbar aufzeigbaren Beziehung zwischen ‹Baum› und ‹Auge› gefunden werden. Was in der Seele als solcher innerer Tatbestand des Urteilens erlebt wird, ist eben noch eine andere Beziehung zwischen dem ‹Menschen› und dem ‹Baum›, als diejenige ist zwischen dem ‹Baum› und dem ‹Auge›. Doch wird nur die letztere Beziehung in dem gewöhnlichen Bewußtsein mit voller Schärfe erlebt. Die andere Beziehung bleibt in einem dumpfen Unterbewußtsein und tritt nur in dem *Ergebnis* zutage, das in der *Anerkennung* des ‹grünen Baumes› als eines Seienden liegt. Man hat es bei jeder Wahrnehmung, die auf ein Urteil sich zuspitzt, mit einer *Doppelbeziehung* des Menschen zu der Objektivität zu tun. Einsicht in diese Doppelbeziehung gewinnt man nur, wenn man die gegenwärtig vorhandene fragmentarische Sinnes-Lehre durch eine vollständige ersetzt. Wer alles in Betracht zieht, was zur Charakteristik eines menschlichen Sinnes in Betracht kommt, der findet, daß man noch anderes ‹Sinne› nennen muß, als was man gewöhnlich so bezeichnet.» Rudolf Steiner zählt nun die Zwölfheit der Sinne auf und fährt dann fort: «Nun liegt, wenn der Mensch einem Sinnesobjekt gegenübersteht, die Sache so, daß er niemals bloß durch *einen* Sinn einen Eindruck erhält, sondern außerdem immer noch durch *wenigstens einen anderen* aus der Reihe der oben angeführten. Die Beziehung zu *einem* Sinne tritt mit besonderer Schärfe in das gewöhnliche Bewußtsein; die andere bleibt *dumpfer*. Es besteht aber zwischen den Sinnen der Unterschied, daß eine Anzahl derselben die Beziehung zur Außenwelt mehr als eine äußerliche erleben läßt; die andere mehr als etwas, was mit dem Eigen-Sein in engster Verknüpfung ist. Sinne, die mit dem Eigensein in engster Verknüpfung sich befinden, sind zum Beispiel der Gleichgewichtssinn, der Bewegungssinn, der Lebenssinn, ja auch der Tastsinn. In den Wahrnehmungen solcher Sinne gegenüber der Außenwelt wird stets das eigene Sein dumpf mitempfunden. Ja, man kann sagen, es tritt eine Dumpfheit des bewußten Wahrnehmens eben deshalb ein, weil die Beziehung nach außen übertönt wird von dem Erleben des Eigen-Seins. Ereignet sich zum Beispiel, daß ein Gegenstand *gesehen* wird und zugleich der Gleichgewichtssinn einen Eindruck vermittelt, so wird scharf wahrgenommen das Gesehene. Dieses Gesehene führt zu der Vorstellung des Gegenstandes. Das Erlebnis durch den Gleichgewichtssinn bleibt als Wahrnehmung dumpf; jedoch es lebt auf in dem Urteile: ‹das Gesehene ist› oder ‹es ist das Gesehene›.» (Rudolf Steiner: Von Seelenrätseln, S. 222 ff.)

Vermöchte man – was tatsächlich nicht möglich ist – auf einem künstlichen Wege die mittleren Sinne im Wahrnehmen ihrer Qualitäten völlig von den unteren zu isolieren, so würde deutlich hervortreten, daß, so wie die unteren das Erlebnis der physischen Realität vermitteln, die *mittleren* für sich allein dasjenige des physischen *Scheines,* der bloßen Scheinhaftigkeit erzeugen. Wenn dieser Scheincharakter der Qualitäten der mittleren Sinne von der neueren Forschung – allerdings in anderer Bedeutung – so stark betont wird, so hat dies seinen wahren Grund doch darin, daß durch den unbewußten Charakter der unteren Wahrnehmungen wenigstens für das *Bewußtsein* des modernen Menschen annähernd ein solcher Zustand der Isolation der mittleren von den unteren Sinnen eingetreten ist. Namentlich gilt dies eben für das bloß denkende Bewußtsein. Denn im unmittelbaren, vollen Erleben spricht ja immer die ganze Seele, das heißt auch dasjenige mit, was unbewußt bleibt. Daher behandeln wir denn im praktischen Leben doch immer als eine Realität, was wir in der wissenschaftlichen Theorie für einen bloßen Schein halten. Freilich beruht das Scheinhafte der Qualitäten der mittleren Sinne nicht auf dem, was die neuere Forschung als seine Ursache angibt: daß sie erst in unserem Bewußtsein entstehen, sondern – von der objektiven Seite gesehen – darauf, daß sie in der Außenwelt zwar tatsächlich vorhanden, aber eben nur als Widerschein der Seelenwelt anwesend sind, und daß wir – von der subjektiven Seite betrachtet – in ihnen nicht unser eigenes Sein miterleben, sondern gewissermaßen im Grenzgebiet zwischen Ich und Nicht-Ich schweben.

Kommen wir also mit dem Übergang von den unteren zu den mittleren Sinnen von einer Wirklichkeit zu einem Schein, sofern wir in der physischen Welt bleiben, so ist endlich das, was wir durch die oberen Sinne wahrnehmen, auch kein Schein, sondern nurmehr eine Offenbarung der geistigen Welt durch den Menschen, das heißt etwas, das von der ihm entsprechenden Realität noch weiter entfernt ist als der Schein von dem Scheinenden. Denn was scheint, braucht nur einen Spiegel, an dem es sein Bild zurückwerfen kann. Was geoffenbart wird, bedarf jedoch eines selbstschöpferischen Wesens, welches die Offenbarung hervorbringt. Zwischen dem Geoffenbarten und der Offenbarung steht der Offenbarer als schaffendes Wesen. Und hinter ihm kann das durch ihn Geoffenbarte für den Blick völlig verschwinden. Es kann die Offenbarung als seine selbständige Neuschöpfung erscheinen, als eine Schöpfung aus dem Nichts. Und in der Tat: das heutige Bewußtsein vermeint, daß hinter den Wahrnehmungsinhalten unserer *oberen* Sinne «weiter nichts» stehe. Während es die Seelenwelt wenigstens als eine – wenn auch falsch gedeutete – Scheinwelt noch gelten läßt, spricht es der hinter Sprache, Gedanken usw. stehenden Geistwelt eine Existenz in jeder Form ab. Es betrachtet diese als eine schlechthin *nichtseiende*. Liegt der wahre Grund für diese Meinung – von der objektiven Seite her gesehen – in dem Wesen der «Offenbarung», wie wir es soeben kennzeichneten, so ist er – vom subjektiven Aspekt her betrachtet – darin zu suchen, daß wir in den Wahrnehmungen der oberen Sinne nicht nur an der Grenze zwischen Ich und Nicht-Ich stehen, sondern ganz aus uns herausgehen und mit unserem Ich in dem Nicht-Ich, das heißt in dem betreffenden Objekt, völlig aufgehen. Wir hören im Wahrnehmen desselben gewissermaßen auf, ein Selbst zu sein. Damit verlieren wir aber für unser Bewußtsein auch die Möglichkeit, irgendein Sein oder auch nur einen Schein zu erleben. Wir sind bewußtseinsmäßig in das Nicht-Ich, das heißt in das «Nichts», eingegangen. Wir sind hier am äußersten Gegenpol zu der Wahrnehmungsweise der unteren Sinne angelangt, durch welche wir, wie gezeigt wurde, unmittelbar überhaupt *nur* unser eigenes Wesen und das Fremde, Äußere bloß mittelbar erleben.

Wirklichkeit, Schein, Nichtsein sind die drei Stufen, welche unser Erleben in bezug auf die Realität des durch die drei Sinnesgruppen

Wahrgenommenen durchschreitet. Denn in der Sinneswelt bedeutet Physisches Wirklichkeit, Seelisches Schein und Geistiges Nichtsein. Man sieht aus den bisherigen Ausführungen, daß der Mensch, wenn auch auf so verschiedene Weise, wie zuletzt angedeutet, doch schon durch seine Sinnesorganisation, das heißt also schon auf dem Wege der Wahrnehmung, mit allen Bereichen des Weltendaseins verbunden ist. Man wird daher schon jetzt das Irrtümliche der Meinung empfinden können, wie sie, aus dem Geiste der bisherigen Wahrnehmungstheorie und Sinneslehre heraus, zum Beispiel in *Fritz Mauthners* «Kritik der Sprache» ausgesprochen wird: daß unsere Sinne sowohl ihrer Art wie ihrer Zahl nach «Zufallssinne» seien und daß wir, wenn wir eine andere Zahl und Art und Sinnen hätten, ein ganz anderes Weltbild besäßen. Unsere Sinne verdanken ihre Beschaffenheit und ihre Zahl in Wahrheit keineswegs einem Spiel des Zufalls, sondern der Tatsache, daß alle Weltenbereiche – wie wir später noch genauer sehen werden – der menschlichen Wesenheit entsprechende Organe eingebildet haben, damit sie sich in deren Wahrnehmungen widerspiegeln können. Damit ist aber, schon vom Wahrnehmungswesen her, auf die Stellung des Menschen im Weltzusammenhang ein bestimmtes Licht geworfen. Er erscheint wieder, als was er schon von älteren Zeiten erkannt worden war: als der «Mikrokosmos», in welchem sich der «Makrokosmos» in seiner Gesamtheit zusammenfaßt.

B. Die Sinne und die menschliche Seele

Wir haben bisher die Sinne im Zusammenhang mit ihren Wahrnehmungsobjekten betrachtet. Im folgenden wollen wir sie in ihrer Beziehung zum Menschen als dem Wahrnehmungssubjekt ins Auge fassen. Nach dem, was wir am Schlusse des letzten Abschnittes über dessen Stellung als kleine Welt innerhalb der großen andeuteten, wird es wohl einleuchten, daß die Dreiheit von leiblicher, seelischer und geistiger Sphäre, die wir im Weltendasein unterschieden haben, auch im menschlichen Wesen berücksichtigt werden muß. Aber nicht allein diese Gliederung ist vorhanden, sondern in jeder der drei Organisationen des Menschen prägt sich nun wieder die Dreiheitlichkeit seines Gesamtwesens in bestimmter Weise aus. Nehmen wir zum Beispiel das Seelische des Menschen, so stellen innerhalb desselben die Betätigungen des Vorstellens (Denkens), Fühlens und Wollens die Projektionen seines gesamten geistigen, seelischen und leiblichen Wesens dar.

Im *Wollen* haben wir diejenige Tätigkeit unseres Seelenlebens zu sehen, durch die es sich im Sinne des Sichäußerns, Sichveräußerlichens auf den *Leib* und durch diesen hindurch auf die physische Außenwelt richtet. Die Seele könnte aber im Wollen den Leib gar nicht ergreifen, wenn sie ihn nicht durch die *unteren* Sinne von innen her in vierfach verschiedener Weise wahrnähme. Denn es ist doch immer ihre *Ganzheit,* die sich betätigt. Wenn wir sagen, daß die Seele Willenstätigkeit entfalte, so bildet die letztere nicht ihre ausschließliche Betätigung, sondern steht nur im Vordergrund, ist aber immer begleitet von Gefühls- und namentlich von Vorstellungsentwicklung. Nun ist aber diejenige Beziehung, die in der willensmäßigen Äußerung der Seele durch den Leib liegt, nicht als solche auch schon diejenige, durch welche die Seele den Leib wahrnimmt. Denn durch sie ergießt sich gleichsam die Seele handelnd in die Außenwelt. Zu ihr muß vielmehr eine andere hinzukommen, die der Seele zugleich ein Verinnerlichen, ein Innewerden des eigenen Leibes ermöglicht. Es liegt also bei jeder Willenshandlung eine doppelte Beziehung der Seele zum Leibe vor: eine eigentlich willensmäßige und eine wahrnehmungsartige. Und die letztere ist eben die durch die unteren Sinne vermittelte. Wir können also in gewissem Sinne sagen, daß ohne die Wirksamkeit derselben ein willensmäßiges Ergreifen des Leibes durch die Seele nicht möglich wäre. Wenn wir es nun oben als einen Irrtum bezeichneten, zu glauben, daß in der willensmäßigen Beziehung der Seele zum Leibe auch schon das läge, was ihr das Wahrnehmen desselben vermittelte, so ist hier auf den umgekehrten Irrtum aufmerksam zu machen, der in der Meinung bestünde, daß die wahrnehmungsmäßige Beziehung der Seele zum Leibe auch schon diejenige sei, welche ihre Willensimpulse auf diesen überträgt. In diesem letzteren Irrtum befindet sich aber die gesamte moderne Physiologie. Die Nerven nämlich, die demjenigen der unteren Sinne dienen, der hier hauptsächlich in Frage kommt: dem Bewegungssinn – es sind diejenigen, die nach den Muskeln und Gelenken hingehen –, werden von ihr als *«motorische»* bezeichnet, weil sie der Meinung ist, diese vermitteln die Willensimpulse der Seele den betreffenden Bewegungsorganen.

Diese Lehre, die erst in der ersten Hälfte des vorigen Jahrhunderts (durch *Bell, Magendie* u. a.) ausgebildet wurde – in derselben Zeit, in der auch die Theorie von den «spezifischen Sinnesenergien» entstand –, hat wie diese die Annahme zur Voraussetzung, daß das Seelische seinen «Sitz» ausschließlich im Gehirn beziehungsweise im Nervensystem habe. Eine Annahme, die freilich mit der ganzen zum modernen Intellektualismus, zum heutigen «Nervenmenschen» hinführenden Entwicklung aufs engste verknüpft ist. In der neuesten Zeit wurde schließlich das Nervengeschehen aus dem «Sitz» der Seele – im Zusammenhang mit der fortschreitenden Entwirklichung, die das Seelische erlitten hat – immer mehr zum «Erzeuger» der seelischen Phänomene. Und damit kam auch immer mehr die Vorstellung auf, daß das Gehirn es sei, das – durch die sensorischen Nerven – wahrnehme und – durch die motorischen Nerven – die «Befehle» zur Bewegung an die Muskeln erteile. Kurz: eine völlige Verwirrung der Begriffe von Leiblichem und Seelischem.

Nun haben wir nicht nur schon mehrfach darauf hingewiesen, daß das Seelische als eine selbständige Wirklichkeit zu betrachten sei, sondern auch (im ersten Kapitel) schon darauf aufmerksam gemacht, daß, um die Wahrnehmung zu verstehen, von der *Ganzheit* des Seelischen ausgegangen werden müsse und daß diese Ganzheit vor allem durch die zusammengehörige Polarität von Verinnerlichungs- und Veräußerlichungsprozessen, das heißt von Wahrnehmen und Vorstellen auf der einen Seite und von Wollen und Handeln auf der anderen, gekennzeichnet sei. Schon daraus ergibt sich die Einsicht, daß, wenn nach dem «Sitz» des Seelischen gefragt wird, als dieser der Leib auch nur in seiner *Gesamtheit* angesehen werden kann, und zwar in differenzierter Art für die verschiedenen Kräfte und Betätigungen des Seelischen. Was nun das Seelische speziell des Menschen charakterisiert und von dem des Tieres unterscheidet, ist dies, daß es durch die Wirkung des beim Menschen zu ihm hinzukommenden *Geistes* zwischen den gegenpoligen Betätigungen des Verinnerlichens (Vorstellens) und Veräußerlichens (Wollens) eine selbständige *dritte* Sphäre der reinen Innerlichkeit (des Fühlens) ausbildet – wodurch eben jene für die Menschenseele charakteristische Dreigliederung in Vorstellen, Fühlen und Wollen entsteht, von der oben schon die Rede war. Entsprechend gliedert sich auch das Leibliche des Menschen physiologisch in eine Dreiheit von relativ selbständigen Funktionssystemen, die Rudolf Steiner als solche zuerst entdeckt und in seiner Lehre von der «physiologischen Dreigliederung» dargestellt hat.* Diese Dreiheit setzt sich zusammen aus dem Sinnes-Nerven-System, dem Vermittler von Wahrnehmen und Vorstellen, aus dem rhythmischen System (Atmung, Blutkreislauf), der Grundlage des Fühlens, und dem Stoffwechsel-Gliedmaßen-System, der physischen Unterlage der Willensbetätigung. Wer diesen ganzen Tatsachenkomplex studiert, wie ihn Rudolf Steiner an vielen Stellen und von verschiedensten Gesichtspunkten aus** beschrieben hat, für den wird es evident, daß die Nervenorganisation ihrer ganzen Natur nach nicht der Übermittlung des Willens, sondern nur derjenigen des Wahrnehmens und Vorstellens dienen kann. Es gibt in *dieser* Beziehung also keinen Unterschied zwischen «sensorischen» und «motorischen» Nerven; der Unterschied zwischen ihnen liegt lediglich darin, daß die ersteren in Verbindung mit den äußeren Sinnen die Wahrnehmung der äußeren Natur vermitteln, während die letzteren diejenige des eigenen Leibes durch die unteren Sinne ermöglichen. (Im übrigen können wir hier auf diese ganze Problematik nicht näher eingehen, sondern müssen für sie auf die einschlägigen Darstellungen Rudolf Steiners selbst verweisen.) Die Übertragung der Willensimpulse aber an die Bewegungsorgane erfolgt unmittelbar durch *Stoffwechsel*vorgänge, wie sie sich in Blut und Muskeln abspielen.

Im *Fühlen* webt die Seele vornehmlich in sich selbst. Mit der Welt des Seelischen, wenn auch nur in dem Widerschein, den diese in die physische Welt hineinwirft, verbindet sie sich aber auch durch die *mittlere* Gruppe der Sinne. Hieraus ergibt sich eine innige Verwandt-

---

* Siehe «Von Seelenrätseln», 1. Auflage, S. 230 ff.
** Siehe zum Beispiel auch den Pädagogischen Kurs für Basler Lehrer (1920), erschienen im Troxler-Verlag, Bern 1945, 2. Vortrag.

schaft der betreffenden Sinnesempfindungen mit dem menschlichen Gefühlsleben. Nicht in der Bedeutung zwar – um es noch einmal zu sagen –, in der die neuere Erkenntnislehre diese «Verwandtschaft» behauptet: daß diese Empfindungen überhaupt nur als Seelenerlebnisse anzusprechen wären. Vielmehr in dem Sinne, daß gerade durch diese Empfindungen unser *Gefühlsleben* in besonderem Maße erregt wird. In der Tat ruft jede dieser Empfindungen in uns Sympathie oder Antipathie, Lust oder Schmerz hervor. Man bedenke nur, wie unter normalen Umständen Wohlgerüche, das Süß-Schmeckende, das Warme, harmonisch-konsonierende Klänge, die sogenannten aktiv-warmen Farben uns sympathisch, dagegen Verwesungsgerüche, Bitter-Schmeckendes, dissonierende Töne, Kälte, die sogenannten kalten Farben uns antipathisch berühren. Der «Gefühlston» ist denn auch bereits von der neueren Forschung geradezu als ein Wesensmerkmal des Wahrnehmungserlebnisses im Bereiche dieser Sinnesgruppe hervorgehoben worden. So unterscheidet zum Beispiel *Theodor Ziehen* in seinem «Leitfaden der physiologischen Psychologie» als die drei Charakteristika der Sinnesempfindung – unter der er eben hauptsächlich die der mittleren Sinnesgruppe versteht, da ja diese bisher als das Hauptgebiet der Wahrnehmungswelt galt – Qualität, Intensität und Gefühlston: «Jede Empfindung nämlich, so lehrt die Selbstbeobachtung, ist von einem Gefühl der Lust oder Unlust begleitet» (S. 32). Am allermeisten gilt diese Kennzeichnung von den Wahrnehmungen derjenigen beiden Sinne, die von der mittleren Gruppe wiederum die Mitte bilden: des Geschmacks- und des Gesichtssinnes. Von den Wahrnehmungen des letzteren, deren ureigenen Inhalt, wie schon bemerkt, die Welt der Farben darstellt, wie sie sich zwischen Licht und Finsternis entfaltet, hat Goethe in dem Kapitel seiner Farbenlehre, das von der «sinnlich-sittlichen Wirkung der Farben» handelt, in intimster und exakt-differenziertester Schilderung gezeigt, wie sie in verschiedenen Arten und Graden unser Gefühlsleben erregen. Über die Geschmacksempfindungen findet man analoge Hinweise in dem ebenfalls schon erwähnten «Entwurf einer Lehre der Geschmacksempfindungen» von Knauer und Pelikan. Vielleicht darf hier auch darauf hingewiesen werden, daß die Verwendung des Wortes «Geschmack» für die Fähigkeit des richtigen Urteilens oder Gestaltens im Gebiete der Kunst, das heißt des eigentlichen Reiches der Seele, wohl in dem starken Gefühlscharakter gerade der Geschmacksempfindungen ihre Begründung findet. Aber auch die Bezeichnung von «warm» und «kalt» für sympathisch oder antipathisch sich verhaltendes Seelisches ist ja von der Empfindungswelt eines der mittleren Sinne: des Wärmesinns, hergenommen und weist dadurch ebenfalls auf die besondere Beziehung gerade dieser Sinnesgruppe zum Gefühlsleben hin. Der unterste der mittleren und schon an die unteren Sinne angrenzende Sinn: der Geruch, wirkt bereits viel entschiedener auf unser Willens- und Triebwesen, indem Wohlgerüche unmittelbar unser Verlangen, berauschende oder betäubende Düfte unsere Triebe erregen, Verwesungsgerüche aber unmittelbar Ekel und heftige Abwehr hervorrufen. Unser Gehörsinn dagegen, der oberste der mittleren Sinne, ist schon erheblich freier von affektiven Reaktionen und ähnelt sich dadurch der *oberen* Sinnesgruppe an, welche dem Charakter ihrer Empfindungen nach in Zusammenhang mit unserm *Vorstellungsleben* gebracht werden muß.

Auch hier ist jedoch wieder ausdrücklich vor einem Mißverständnis zu warnen: Wie bei der Besprechung der unteren Sinne betont werden mußte, daß ihre Organe selbst nicht die Vermittler der Willensimpulse sind, sondern der Willensentfaltung nur in der Weise dienen, daß sie der Seele die Organe innerlich wahrnehmbar machen, welche sie im Wollen ergreift, so muß auch hier gesagt werden, daß das Erleben von Musik, Sprache, Gedankenmitteilung und andern Menschen-Ichen noch nicht Vorstellungstätigkeit ist, sondern echtes unmittelbares Wahrnehmungserleben, aber eben ein solches durch jene Sinne, welche als Gehör-, Sprach-, Gedanken- und Ichsinn jenseits der «fünf» Sinne liegen. Nur hat eben diese Art des Wahrnehmungserlebens, da ihren Inhalt ja auch nicht rein Physisches, sondern der Abglanz des Geistigen in der Sinneswelt bildet, die Eigentümlichkeit, daß sie sich verwandt zeigt mit dem, was sonst in unserer Seele als Vorstellung, als Gedanke lebt. Wir haben eben einen Gedankeninhalt einmal als Sinneswahrnehmung – wenn er uns von einem anderen Menschen mitgeteilt wird. Und ein andermal als rein seelisches Innenerlebnis, das heißt psychologisch gesprochen: als echte Vorstellung – wenn wir ihn denkend selbst produzieren. Und es kann sogar inhaltlich derselbe sein. Damit ist gesagt, daß ein und derselbe Inhalt auf verschiedene Weise in unserer Seele anwesend sein kann. Die Verwandtschaft der Wahrnehmungen der oberen Sinne mit unserem Gedanken- oder Erkenntnisleben kommt auch darin zum Ausdruck, daß wir, was wir an Weltvorstellungen, an Erkenntnissen und Einsichten in unserer Seele tragen, wohl zu einem ebensogroßen Teile dem verdanken, was uns andere Menschen durch Wort und Schrift als Ergebnisse ihres Denkens und Forschens mitgeteilt, wie demjenigen, was wir selbst denkend an Erkenntnissen produziert haben.

Schließlich liegt es in der Verwandtschaft der Wahrnehmungen der oberen Sinne mit unseren Vorstellungen begründet, daß die ersteren am stärksten von allen Sinneswahrnehmungen überhaupt in dem Sinne *Bild-Charakter* tragen, in welchem dieser (im ersten Kapitel) der *Wahrnehmung schlechthin* als Wesensmerkmal zugeschrieben wurde; während dagegen die unteren Sinne auch darin den Gegenpol zu jenen bilden, daß das, was durch sie dem menschlichen Bewußtsein zukommt, diese Bildhaftigkeit am wenigsten zeigt, vielmehr als ein ganz abstrakter, bildloser Wissensinhalt auftritt. Jene ausgeprägte Bildhaftigkeit aber der Wahrnehmungen der oberen Sinne ist es, an der die moderne Forschung in den letzten Jahrzehnten, insbesondere unter dem Einfluß der von *Edmund Husserl* begründeten, für das «Bildhafte» in diesem Sinne überhaupt aufgeschlossenen *«phänomenologischen»* Betrachtungsweise, für das Vorhandensein dieser Sinne mehr und mehr erwacht ist. So hat ja schon bei der bereits erwähnten Entdeckung des Ich-Sinns durch *Max Scheler* die Phänomenologie Pate gestanden. Unter Bezugnahme auf Scheler vertrat sodann der bedeutendste Fortbildner der Husserlschen Phänomenologie, *Martin Heidegger,* in seinem 1926 erschienenen «Sein und Zeit» ebenfalls die unmittelbare Wahrnehmung des Fremdseelischen, das heißt also das Vorhandensein des Ichsinnes. Aber auch Gedanken- und Wortsinn werden von ihm in gewisser Weise geltend gemacht, wenn er (S. 164) darauf hinweist, daß wir, in der Sprachwelt lebend, nicht akustische Geräusche hören, sondern unmittelbar Worte als solche beziehungsweise Gedankeninhalte vernehmen. Sogar in der Musikwissenschaft hat der Einfluß der Phänomenologie bereits zu einer «neuen musikalischen Wahrnehmungslehre» geführt. In einem

Vortrag über «das Wesen des musikalischen Gegenstandes», den *Donald Brinkmann* (Zürich) im November 1944 in Basel hielt, führte er im Sinne dieser Lehre aus, daß als das eigentliche musikalische Phänomen nicht mehr der Ton angesehen werden könne. «Wir hören nicht Töne oder Tongestalten, sondern akustisch-musikalische Einheiten besonderen Gepräges... Diese Wahrnehmungseinheiten liegen jenseits aller Tonerscheinungen. Ihr substantieller Träger, an dem die Töne als akzidentielle Eigenschaften haften, ist der gehörte ‹Gegenstand›, der sich in einer Mehrzahl von Hörmomenten erschließt. Dieser musikalische Gegenstand, der nicht bloß vorgestellt, sondern gehört wird, ... entpuppt sich somit schließlich als eine Art surrealistischen Phänomens. Die Konsequenzen aus dieser Erkenntnis führen dazu, als letzten substantiellen Träger des musikalischen Phänomens, als Urphänomen – das Thema anzusehen.»

Mit der Zuordnung der drei Zonen unserer Sinneswahrnehmung zu den drei Seelentätigkeiten des Denkens, Fühlens und Wollens ist im Grunde bereits auch eine weitere gegeben, die hier noch angeführt werden soll. Sie enthüllt sich, sobald wir den Grad der Bewußtheit ins Auge fassen, mit welchem jene drei Tätigkeiten in unserer Seele anwesend sind. Rudolf Steiner hat immer wiederum von verschiedenen Seiten gezeigt, wie wir vollbewußt nur im Denken sind, halbbewußt, das heißt an der Grenze zwischen Bewußtsein und Unbewußtsein, uns dagegen im Fühlen bewegen, und das Wollen als solches gänzlich in die Unbewußtheit getaucht ist. (Nur die Vorstellung von dem Ziel unseres Wollens lebt zunächst in unserem Bewußtsein und hernach diejenige von dem Ergebnis desselben.) Oder, wie Rudolf Steiner es auch formulierte: im Denken wachen wir, im Fühlen träumen wir, im Wollen schlafen wir. Es sind die drei hiermit genannten Bewußtseinszustände also nicht nur in zeitlich aufeinanderfolgendem Wechsel in unserer Seele da, sondern auch gleichzeitig, selbst während des sogenannten Wachens; nur verteilen sie sich da auf die verschiedenen Tätigkeitssphären unserer Seele. Im Wollen setzt sich der nächtliche Schlaf, im Fühlen der Traum unter der Oberfläche des allein wachen Denkens durch unser Tagesleben hindurch fort.

Ebenso *unbewußt* aber wie die Willensbetätigung als solche, durch welche die Seele handelnd unseren Leib ergreift, ist auch, wie bereits mehrfach erwähnt, die innere Wahrnehmung des Leibes, welche durch die *unteren* Sinne erfolgt. Zwar kommen uns die Inhalte dieser Wahrnehmungen auch in einer bestimmten Art, wie wir gleich nachher sehen werden, zum Bewußtsein; aber unmittelbar in der Wahrnehmungsform tun sie es nicht. Wir wissen es innerlich zwar, wenn wir ein Glied bewegen; aber einen spezifischen Wahrnehmungsinhalt, der uns dieses Wissen liefert, haben wir nicht im Bewußtsein. Diese Unbewußtheit der unteren Sinneswahrnehmungen betont auch *Joh. v. Kries* in seiner «Allgemeinen Sinnesphysiologie» (S. 16ff.): «Selbst wenn wir annehmen, daß bei den Betätigungen des statischen Organs neben ihren uns vorzugsweise zum Bewußtsein kommenden entfernteren Folgen noch selbständige und besondere Empfindungen gegeben sind, so handelt es sich dabei doch sicher um ungemein geringfügige, kaum mit Sicherheit zu erfassende... Ähnlich wie beim statischen Organ gelingt es auch bei den relativen Lage- und Bewegungsempfindungen nicht ohne weiteres, uns besondere Empfindungen zum Bewußtsein zu bringen, die wir etwa als Grundlage jener Eindrücke bezeichnen könnten. Fragen wir uns, *woran* wir denn eigentlich erkennen, daß das rechte Knie gebeugt ist, die linke Hand im Beugesinne bewegt worden ist und dergleichen, so vermögen wir das nicht zu beantworten; wir *wissen* es eben, können aber nicht angeben, wie dieses Wissen zustande kommt oder woher es rührt.»

Die Wahrnehmungen der *mittleren* Sinnesgruppe haben wie das ihnen verwandte Gefühlsleben im normalen Zustand nur den Helligkeitsgrad des *Traumbewußtseins*. Diese Behauptung könnte befremdlich erscheinen, da wir doch Töne, Farben, Gerüche usw., sofern wir sie überhaupt wahrnehmen, mit vollem Bewußtsein zu erfassen glauben. Doch darf auf der einen Seite der scheinhaft-flüchtige Charakter in Erinnerung gebracht werden, der diesen Wahrnehmungen eignet, und der die neuere Forschung mit zu der Annahme geführt hat, daß sie als solche in der Außenwelt gar keine Realität besitzen, sondern überhaupt erst (gleich Traumbildern) in unserer Seele entstehen. Anderseits aber ist zu bedenken, daß wir alle Wahrnehmungen, welche der mittleren Sinnesgruppe entstammen, immer sogleich von innen her mit Gedanken durchsetzen, was zur Folge hat, daß wir gar nicht die betreffenden Sinnesqualitäten als solche, sondern *Gegenstände* «wahrnehmen», denen jene als Eigenschaften anhaften. Doch ist das Erleben von Gegenstandswahrnehmungen in Wahrheit die Folge des Durchdringens unserer Wahrnehmungen mit Begriffen. Die dadurch entstehenden Vorstellungen treten, besonders bei alltäglich uns umgebenden, uns bereits bekannten Erscheinungen, zugleich mit der Wahrnehmung als schon fertige aus unserer Erinnerung auf und bestimmen unser Erleben. Wenn ich das, was mich im Augenblicke umgibt, der «reinen Wahrnehmung» nach schildere als meinen Schreibtisch, dahinter ein Bücherregal, darüber ein Bild, daneben den Ofen usw., so schildere ich damit in Wahrheit keineswegs reine Wahrnehmungen, sondern durchaus mit Begriffen durchtränkte Wahrnehmungen; denn Ofen, Schreibtisch, Bücherregal gibt es in der reinen Wahrnehmungswelt nicht, sie sind schon Ergebnisse der Begriffs- beziehungsweise Vorstellungsbildung. Wollte ich wirklich nur Wahrnehmungen schildern, so könnte ich lediglich von gelben, roten, braunen usw. Farbeneindrücken sprechen. Es geht daraus hervor, daß wir im gewöhnlichen Bewußtsein niemals in reinen, sondern immer schon in mehr oder weniger stark begriffsdurchsetzten Wahrnehmungen leben, selbst dann, wenn wir eine *bewußte* Denkarbeit gegenüber einem Wahrnehmungsobjekt noch gar nicht geleistet haben. Die reine Wahrnehmung ist eine *Grenze,* der wir uns nur annähern, die wir aber im gewöhnlichen Bewußtsein niemals erreichen können. Dadurch nun, daß wir für unser Bewußtsein die Wahrnehmungsinhalte schon im Aufnehmen, durch das Entgegentragen von Begriffen, zu Gegenständen mit Eigenschaften umgestalten, werden die reinen Empfindungsqualitäten als solche zur Traumhaftigkeit abgedämpft – eben zu jener Schein- und Schattenhaftigkeit, welche sie schließlich als bloß subjektive Erlebnisse erscheinen läßt.

In voller *Bewußtseinsklarheit* erleben wir einzig und allein die Wahrnehmungen der *oberen* Sinnesgruppe. Dies muß nach dem, was oben über ihre Verwandtschaft, ja, soweit bloß ihr Inhalt als solcher in Betracht kommt, ihre Identität mit unseren Vorstellungs- und Begriffserlebnissen gesagt wurde, unmittelbar einleuchtend erscheinen.

Denn es sind unter unseren eigentlich seelischen Erlebnissen die vorstellungsmäßigen eben auch die einzigen, denen das Merkmal der vollen Bewußtheit zukommt. Wir müssen in der Tat, wenn wir zum Beispiel einen Vortrag anhören, um seinen Gedankeninhalt in uns aufnehmen zu können, diesen als solchen mit unserem vollen Bewußtsein auffassen. Merken wir nur kurze Zeit nicht auf oder nicken wir gar für einige Minuten ein, so entgeht uns absolut der Inhalt dessen, was der Redner währenddessen vorgebracht hat. Wir können einen Gedankeninhalt, also das, was für unseren Begriffssinn Wahrnehmung ist, wenn wir ihn nicht schon *als* Wahrnehmung vollbewußt auffassen, überhaupt nicht auffassen. Denn der Gedanke kann in uns keine andere Form mehr annehmen, in der er dann, falls er dies nicht schon als Wahrnehmung getan hätte, in unser Bewußtsein einträte. Da er schon als Gedanke wesenhaft mit der Natur unseres Bewußtseins verwandt ist, kann er in dieses von außen nur entweder vollbewußt oder überhaupt nicht eintreten.

C. *Sinneswahrnehmung und Erkenntnisprozeß*

Stimmt also die Behauptung von der Bewußtheit unserer oberen Sinneswahrnehmungen mit derjenigen von ihrer Verwandtschaft mit unseren Vorstellungserlebnissen zusammen, so scheinen wir durch sie dagegen in Widerspruch geraten zu sein mit einer weiter oben gegebenen Charakteristik dieses Teiles unserer Wahrnehmungswelt. Wir sagten dort, daß wir in der Betätigung der oberen Sinne so völlig aus uns selbst herausgehen und in dem Wahrgenommenen untertauchen, daß wir nicht mehr in der Lage sind, mit unserem Selbst- oder Ichbewußtsein das Sein dieses Wahrgenommenen zu erleben. Die Folge davon ist, daß die hinter Sprache, Gedankenäußerung usw. stehende Geisteswelt für das gewöhnliche Bewußtsein unseres Ichs «nicht existiert». Wie läßt sich aber, so könnte man fragen, dieses Überschreiten des selbstbewußten Erlebens in den Wahrnehmungen der oberen Sinne mit dem zuletzt behaupteten bewußten Charakter derselben in Einklang bringen? Jedoch noch ein anderer, geistesgeschichtlicher Tatbestand scheint sich zunächst mit der Bewußtheit dieser Wahrnehmungen nicht vereinbaren zu lassen: Wir erwähnten bereits, daß der neueren Forschung lange Zeit hindurch nur die sogenannten «fünf Sinne» bekannt waren, die ungefähr mit der Gruppe der mittleren Sinne zusammenfallen, dagegen die unteren Sinne erst in der allerneuesten Zeit, freilich auch noch nicht in völlig zulänglicher oder erschöpfender Weise, entdeckt worden sind. Daß die letzteren von der neueren Forschung so spät aufgefunden wurden, könnte man aus dem oben erwähnten Umstand erklären, daß ihre Wahrnehmungen als solche im Unterbewußtsein liegen und deren Inhalt uns, wie wir gleich sehen werden, nur in sehr verblaßter Gestalt zum Bewußtsein kommt. Tatsächlich sind diese Sinne auch nicht unmittelbar von ihren Wahrnehmungen her, sondern zum Teil auf Grund von anatomischen Befunden entdeckt beziehungsweise erschlossen worden. Eine ähnliche Begründung könnte jedoch für die Situation, wie sie für die oberen Sinne besteht, nicht geltend gemacht werden. Hier würde die Logik vielmehr gerade zu dem umgekehrten Schlusse führen. Da die Wahrnehmungen dieser Sinne, wie wir behaupteten, im vollen Lichte des Bewußtsein liegen, ja sogar die einzigen vollbewußten sind, so müßte diese Sinnesgruppe die am frühesten entdeckte und am besten bekannte sein. Dem steht nun aber die Tatsache gegenüber, daß die oberen Sinne – wenn wir von Max Scheler absehen – bis zu Rudolf Steiner der modernen Forschung völlig unbekannt geblieben und auch jetzt noch, trotz allmählichem Bekanntwerden, dem Verständnis am schwierigsten nahezubringen sind. Wie läßt sich, so könnte eine zweite Frage lauten, der hiermit aufgezeigte Widerspruch beheben?

Die Auflösung dieses sowie des zuerst erwähnten Paradoxons wird uns noch um einen wesentlichen Schritt tiefer in das Verständnis der verschiedenen Wahrnehmungszonen hineinführen. Sie macht jedoch notwendig, daß wir im folgenden nicht nur auf das Wahrnehmen allein, sondern auf den *gesamten Erkenntnisprozeß* hinblicken, wie er sich in bezug auf die Erfahrungen der drei Sinnesgruppen in unserer Seele gestaltet. Zu diesem Zwecke muß hier zunächst kurz an das erinnert werden, was wir in der Einleitung anläßlich der Skizzierung der Erkenntnistheorie Steiners über das Zustandekommen von Erkenntnisinhalten überhaupt ausgeführt haben. Wir sagten dort:

der Erkenntnisprozeß verlaufe in der Weise, daß der Mensch, wenn ihm durch seine Sinne eine bestimmte Wahrnehmung gegeben wird, sich gedrängt fühle, durch Entfaltung des Denkens den zu dieser Wahrnehmung gehörigen Begriff hinzuzufinden und hinzuzufügen. Erst in Wahrnehmung und Begriff zusammen hat er dann die volle Wirklichkeit der betreffenden Sache. Indem er nun in seiner Seele die von außen empfangene Wahrnehmung und den von innen hervorgetretenen Begriff verschmilzt, entsteht – als subjektive Repräsentation der vollen Wirklichkeit – die Vorstellung. Diese kann er dann dem Erinnerungsschatz seiner Seele als bleibende Erwerbung einverleiben. Wir haben im gesamten Erkenntnisprozeß somit ein Dreifaches zu unterscheiden: die Wahrnehmung, die von außen kommt und immer einen individuellen Charakter trägt; den Begriff, der aus dem Innern auftaucht und durch das Moment der Allgemeinheit gekennzeichnet ist; schließlich die Vorstellung, die durch die Verbindung der beiden ersten entsteht und dem menschlichen Seelenleben eingegliedert wird.

Untersuchen wir nun, wie der Erkenntnisprozeß bei den Wahrnehmungsinhalten der drei Gruppen der menschlichen Sinne im Verhältnis zum menschlichen Bewußtsein sich vollzieht, so finden wir folgende Verschiedenheiten:

Bei dem, was uns durch die *unteren* Sinne zukommt, bleibt die Wahrnehmung ganz im Unbewußten. Ja selbst auch noch mit der Vorstellung ist dies der Fall. Nur der *Begriff*, der zu einer solchen Wahrnehmung und Vorstellung gehört, erscheint im Bereiche des *Bewußtseins*. Tatsächlich hat ja auch das, was wir aus den Erlebnissen der unteren Sinne heraus an den Gegenständen unserer Umwelt feststellen: die «primären Qualitäten», Größe, Gestalt, Gewicht, räumliche Lage, durchaus begriffsartigen Charakter. Indem uns aber von der Wirklichkeitssphäre, der diese Sinne zugeordnet sind, nur die Begriffsseite bewußt ist, kennen wir hier also nur diejenige Komponente der Erkenntnis, die wir von innen zur Wahrnehmung als dem von außen Gegebenen tätig hinzufügen. Das bedeutet, daß wir hier immer schon einen Erkenntnisakt vollzogen haben, wenn uns aus dieser Sphäre etwas bewußt wird. Und wir leben mit unserem Bewußtsein nur in dem, was wir dabei denkend selbst produziert haben. Es ist also hier immer ein Tätigsein die Grundlage unseres Erlebens. Ein Empfangen von außen, ein Wahrnehmen kennen wir gar nicht. Hierdurch empfangen sowohl der Innerlichkeitscharakter wie die Willensverwandtschaft dieser Sinnesgruppe eine neue Beleuchtung: Innerlich sind diese Sinne auch in der Hinsicht, daß wir hier nur das von innen her denkend Erzeugte erleben; willensverwandt insofern, als dem Erleben hier immer ein Schaffen vorangeht. Da ja nun das Wirklichkeitsgebiet, um das es sich dabei handelt, unser eigener Leib ist – denn nur er wird unmittelbar durch die unteren Sinne wahrgenommen –, so kann man sagen: wir sind als Seele mit unserem Leib durch die unteren Sinne so verbunden, daß die innere Wahrnehmung desselben, die sie uns vermitteln, uns zwar als solche ganz unbewußt bleibt, uns aber gleichwohl zu den entsprechenden Begriffsbildungen anregt. In unser Bewußtsein jedoch treten dann auch nicht einmal die Vorstellungen, welche durch diese Begriffsbildungen entstehen, sondern lediglich die Begriffe selbst in ihrer ganz abstrakten Allgemeinheit, ohne irgendeinen Bezug zu ihren Wahrnehmungsgegenstücken erkennen zu lassen. Zu solchen Begriffen gehören neben dem des Raumes, der Bewegung auch, wie wir später sehen werden, diejenigen der Materie, der Kraft und andere.

Anders liegen die Verhältnisse bei den *mittleren* Sinnen. Auch hier verbleibt die Wahrnehmung als solche, wie wir im Vorangehenden schon aufgezeigt haben, noch außer- und unterhalb des vollen Bewußtseins. Erst zur *Vorstellung* umgebildet tritt ihr Inhalt in den Bereich desselben ein. Die Begriffe hingegen liegen hier bereits jenseits beziehungsweise oberhalb dieses Bereichs. Wir haben im gewöhnlichen Bewußtsein von Gerüchen, Geschmäcken, Farben, Wärmeverhältnissen zwar Vorstellungen, können aber das «Wesen» derselben nicht in reinen, sinnlichkeitsfreien Begriffen erfassen. So hat etwa Goethe in seiner Farbenlehre von der Entstehungsweise und den gegenseitigen Beziehungen der Farben zwar richtige Vorstellungen gebildet. Aber zu einem rein ideellen, wahrnehmungsfreien Erfassen des «Wesens» der Farben hat er sich, da er im gewöhnlichen Bewußtsein verblieb, nicht erhoben. Er ist allerdings in dem Kapitel über die «sinnlich-sittliche Wirkung» der Farben bis an die

Schwelle eines solchen Erfassens vorgedrungen. In dem Umstand, daß wir in dieser Sphäre, das heißt gegenüber der äußeren Natur – denn sie wird ja unmittelbar durch die mittleren Sinne wahrgenommen –, nur die Vorstellung in unserem Bewußtsein haben, das heißt das fertige Produkt der Erkenntnis, nicht aber die Komponenten, aus denen sie zusammenfließt, liegt es übrigens begründet, daß hier das Zustandekommen der Erkenntnis so außerordentlich schwer zu durchschauen ist. Wir haben diese Schwierigkeiten ja in der Einleitung geschildert. Und wir werden später noch sehen, wie die Tatsache, daß die Vorstellung aus Wahrnehmung und Begriff zusammengesetzt ist, die Schuld daran trägt, daß man sie in der modernen Philosophie bald mit der Wahrnehmung, bald mit dem Begriff zusammenwirft. Der eine empfindet eben mehr das Wahrnehmungsartige (Locke), der andere das Begriffsartige in ihr (Leibniz). So darf diese Sinnesgruppe also auch in *der* Bedeutung als «mittlere» oder «äußerlich-innerliche» gekennzeichnet werden, daß das, was von ihren Inhalten in unserem Bewußtsein lebt: die Vorstellung, ein Mittleres, aus einem Äußeren und einem Inneren Zusammengesetztes ist.

Gehen wir endlich zu den *oberen* Sinnen über, so treffen wir da Verhältnisse an, die das genaue Gegenteil derjenigen der unteren Sinne darstellen. Hier liegt schon die *Wahrnehmung* im Felde unseres *Bewußtseins,* aber auch nur sie allein. Schon die ihr entsprechende Vorstellung erfassen wir nicht mehr mit dem gewöhnlichen Bewußtsein, geschweige denn den zu ihr gehörigen Begriff. Diese liegen beide oberhalb der Grenze desselben. Das bedeutet nicht etwa, daß hier kein Erkenntnisprozeß stattfindet. Ein solcher vollzieht sich auch hier durchaus. Aber er geht eben über unser Bewußtsein hinaus. Denn die menschliche Wesenheit reicht weiter als das menschliche Bewußtsein. Und was in ihr real geschieht, hat auch seine Bedeutung für den Bereich des Bewußtseins. Nur eben zu einem bewußten Vorstellungs- und Begriffserlebnis kommt es in dieser Sphäre nicht. Wir leben hier mit unserem Bewußtsein ausschließlich in derjenigen Komponente des Erkenntnisproduktes, die von außen gegeben wird: im Wahrnehmungselement. Auch in dieser Bedeutung sind die oberen Sinne «äußere». Wir sind im musikalischen Erleben, im sprachlichen Verkehr und gedanklichen Austausch mit unseren Mitmenschen so vollkommen dem hingegeben, was die betreffenden Wahrnehmungen unmittelbar als solche beinhalten und für uns bedeuten, daß wir nicht dazu kommen, zu fragen: was ist das Wesen des Musikalischen, der Sprache usw. Und wenn wir dies tun, so fühlen wir sofort unser Unvermögen, diese Frage zu lösen. Wir stoßen sogleich an die Grenze unseres Bewußtseins. Daher sind auch die Vorstellungen, welche die moderne Forschung über diese Phänomene entwickelt hat, durchweg völlig unzulänglich. Erst aus dem höheren Bewußtsein heraus, wie es die Geistesforschung Rudolf Steiners entwickelt hat, konnten zureichende Begriffe hierüber errungen werden. Wir werden diese im fünften Kapitel darzustellen haben. Man kann also sagen: Obwohl wir im allgemeinen im Wahrnehmen durch die oberen Sinne wachend sind, befinden wir uns in bezug auf die Erkenntnis ihrer Gegenstände in einer Art von Schlafzustand. Wir sind ganz und gar dem Äußeren hingegeben, entäußern uns völlig unserer selbst im Erleben auf diesem Gebiet. Wir haben keine Vorstellungen und Begriffe von dem, was wir da wahrnehmen. Hierin liegt der Grund, warum wir uns des Wahrnehmens von Phänomenen gar nicht bewußt werden, obwohl das Wahrnehmen im Lichte des Bewußtseins sich vollzieht.

Erscheint hiermit das Rätsel gelöst: warum die oberen Sinne, obwohl ihre Wahrnehmungen das Merkmal der Bewußtheit tragen, doch von der neueren Forschung bis in unsere Zeit nicht entdeckt wurden, so ist zugleich auch die andere Frage beantwortet: warum diese Wahrnehmungen zwar bewußt genannt wurden, andererseits aber behauptet wurde, daß wir in ihnen aus unserem Selbstbewußtsein heraustreten und mit diesem daher das Sein des Wahrgenommenen nicht zu erleben vermögen. Es geht eben unser gewöhnliches Bewußtsein in den Erfahrungen der oberen Sinne von einem Selbstbewußtsein völlig in ein bloßes Gegenstandsbewußtsein über, und wir könnten das Erleben unseres Selbst, das immer nur in Verbindung mit der begriffsbildenden Tätigkeit auftreten kann, im Zusammenhang mit diesen Erfahrungen nur durch eine Erhöhung unseres Bewußtseins über sein gewöhnliches Niveau hinaus aufrechterhalten.

Schematisch können die hiermit geschilderten Beziehungen der durch die drei Sinnesgruppen uns umgebenden Wirklichkeitsgebiete zu unserem Bewußtseinsfelde durch folgende Zeichnung veranschaulicht werden:

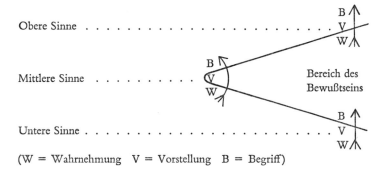

(W = Wahrnehmung   V = Vorstellung   B = Begriff)

Es ist also von dem Wirklichkeitsgebiet, mit dem uns die unteren Sinne verbinden, nur das Begriffselement, von demjenigen der mittleren Sinne nur die Vorstellung und von dem der oberen Sinne nur die Wahrnehmungsseite in unserem Bewußtsein zu finden. Dieser Tatbestand stellt ein gewisses Gegenstück dar zu dem anderen, daß die durch die oberen Sinne vermittelten Erscheinungen ihrer Natur nach Begriffs- oder Erkenntnischarakter tragen, diejenigen der mittleren Sinne das Gefühlsleben erregen und die der unteren Sinne mit der Willensentfaltung zusammenhängen. Und indem nun das, was seinem Wesen nach zum Begriffsartigen hinneigt, nur als Wahrnehmung in unserem Bewußtsein lebt, dasjenige aber, was zum Willensleben gehört, nur als reiner abstrakter Begriff, wird zwischen diesen beiden Polen unserer Erkenntniswelt ein gewisser Ausgleich hergestellt.

Durch diese letzte Betrachtung hat sich zugleich in neuer und noch konkreterer Weise die von uns in der Einleitung aufgestellte Behauptung erhärtet, daß das Problem der Sinneserfahrungswelt nur von einer Gesamtanschauung des Erkenntnisprozesses her aufgehellt werden kann. Denn wir sahen, daß die drei Elemente, die für den Erkenntnisprozeß in Betracht kommen: Wahrnehmung, Vorstellung, Begriff, schon in der Art und Weise in Erscheinung treten, wie das menschliche Bewußtsein zu den verschiedenen Gebieten des Gesamtbereiches seiner Sinneserfahrung steht. Es metamorphosiert sich der Erkenntnisprozeß durch diese verschiedenen Gebiete hindurch in der Weise, daß er in jedem derselben ein anderes seiner Momente zu besonderer und reiner Ausbildung bringt. Will man die Wahrnehmung in reiner Form erleben, so muß man sich in den Bereich der oberen Sinne begeben; sucht man das Wesen der Vorstellung zu erfassen, kann man es im Gebiete der mittleren Sinne finden; und die Sphäre der unteren Sinne endlich bringt das Begriffselement zur Erscheinung. Man könnte daher auch umgekehrt behaupten: daß schon die Welt der Sinneserfahrung, wenn sie eben nach ihrem ganzen Umfang und in ihren verschiedenen Gebieten hinsichtlich ihrer Verhältnisse zum menschlichen Bewußtsein richtig betrachtet wird, die Struktur des Gesamtprozesses der Erkenntnis hervortreten läßt.*

Aus diesen Tatbeständen ergibt sich nun eine klare Einsicht in die *Situation,* in der sich das Bewußtsein des gegenwärtigen Menschen *gegenüber den verschiedenen Problemen der Erkenntnis* befindet, sowie in die Wege, die beschritten werden müssen, wenn gewisse *Grenzen,* vor die es sich bei der Bearbeitung dieser Probleme zunächst gestellt sieht, *überwunden* werden sollen.

* Von diesen Unterschieden zwischen den drei Sinnesgruppen in ihrer Beziehung zum menschlichen Bewußtsein und zum Erkenntnisprozeß her ergibt sich ein Gesichtspunkt zum Verständnis auch für die Verschiedenheiten, welche die *physische* Organisation der drei Hauptgebiete des Sinneswesens darbietet. Die letzteren stellen sich nämlich als Abbild der ersteren dar. Denn wenn gesagt werden darf, daß das *Sinnesorgan* als solches der *Wahrnehmungsbildung,* das zu ihm gehörige *Nervenelement* aber der *Vorstellungs-* und *Begriffsbildung* dient, so müßte eigentlich im Gebiete der unteren Sinne, wo wir nicht die Wahrnehmung, sondern nur den ihr entsprechenden Begriff ins Bewußtsein bekommen, das Sinnesorgan verkümmert und nur das Nervenelement ausgebildet, umgekehrt dagegen im Bereiche der oberen Sinne, wo in unser Bewußtsein nur die Wahrnehmung, nicht mehr aber der Begriff eingeht, die Sinnesorganisation allein ausgebildet, dagegen das zu ihr gehörige Nervenelement verkümmert sein, und endlich in der Zone der mittleren Sinne, wo wir die aus Wahrnehmung und Begriff sich zusammensetzende Vorstellung erleben, beides: Sinnesorgan und Nervenelement, gleichmäßig entwickelt sein. In der Tat metamorphosieren sich auch die physisch-anatomischen Verhältnisse in dieser Art durch die drei Sinnesgruppen hindurch. Im Bereich der unteren Sinne – nament-

Wir sahen: die Wahrnehmungen der unteren Sinne liegen als solche im Gebiet des Unbewußten, in dem auch unsere Willenstätigkeit verläuft. Sie beziehen sich auf das Leibliche. Dieses wird aber unmittelbar nur innerlich erlebt als unsere eigene Leiblichkeit. Das äußere Leibliche erleben wir bloß indirekt. Im Bewußtsein haben wir außerdem nur die abstrakten Begriffe, die ihm entsprechen. Damit ist aber gesagt, daß wir im gewöhnlichen Bewußtsein das, was wir als das *Leibliche* oder das *Materielle* im eigentlichen Sinne des Wortes bezeichnen dürfen, nicht wahrnehmungsmäßig erleben können. Wir müssen den Begriff des Materiellen da, wo wir ihn in berechtigter Weise bilden: aus den Erlebnissen der unteren Sinne heraus, als einen solchen bilden, dessen wahrnehmungsmäßiges Gegenstück unserem bewußten Erleben nicht gegeben ist. Und damit ist das eine der beiden Haupträtsel, welche der modernen Forschung – wenigstens nach E. *Dubois-Reymonds* berühmter Ignorabimusrede – als grundsätzlich unlösbare Fragen entgegenstehen: das Rätsel der «*Materie*», in seiner eigentlichen, wahren Gestalt formuliert. Dieses Rätsel liegt darin, daß wir von der Materie im gewöhnlichen Bewußtsein zwar den Begriff, aber nicht die Wahrnehmung haben. Seine Auflösung würde daher darin bestehen, für unser Bewußtsein zu dem

lich des Bewegungs- und Lebenssinnes, in denen der Charakter der Innenwahrnehmung dieser Sinne sich am reinsten ausprägt – können wir überhaupt nicht von eigentlichen Sinnesorganen sprechen: wir haben – in den sogenannten motorischen Nerven und im sympathischen Nervensystem – nur die Nervenorganisation, die in die Bewegungs- und in die den eigentlichsten Lebensprozessen (Stoffwechsel) dienenden Organe hineingeht. Beim Tast- und Gleichgewichtssinn dagegen, die schon eine gewisse Beziehung zur Außenwelt herstellen, finden wir in den Tastkörperchen und in den drei Bogengängen des inneren Ohrs schon bis zu einem gewissen Grade ausgebildete Sinnesorgane. Im Gebiete der mittleren Sinne: des Gesichts, Gehörs, Geruchs und Geschmacks, treffen wir sodann in voller, gleichmäßiger Entwicklung sowohl Sinnesorgane wie Nervenbahnen an. Sie bilden auch hinsichtlich ihrer physischen Struktur die Zone der harmonischen, die Polaritäten im Gleichgewichte haltenden Gestaltung. Dagegen läßt sich schließlich für die oberen Sinne keine spezifische Nervenorganisation mehr aufweisen in ähnlicher Art, wie dies für die mittleren und unteren Sinne möglich ist. Hier bleiben nurmehr die Sinnesorgane als solche übrig. Worin diese bestehen, wird allerdings erst im fünften Kapitel bei der speziellen Behandlung der oberen Sinne dargestellt werden können.

Materiebegriff auch die Materiewahrnehmung hinzuzuerobern. Aus den vorangehenden Ausführungen konnte aber zugleich auch ersichtlich werden, auf welchem Wege dies allein geschehen könnte. In Wirklichkeit *haben* wir nämlich durchaus diese Wahrnehmung. Aber zweierlei gilt von ihr. Erstens ist sie eine innere Wahrnehmung unserer eigenen Leiblichkeit. Daraus folgt, daß die wahre Lösung des Materierätsels niemals im Äußeren gefunden werden kann, sondern nur im Innern der menschlichen Wesenheit. Das Suchen der modernen Naturwissenschaft nach dieser Lösung wird daher so lange zur Unfruchtbarkeit verurteilt bleiben, als es weiter in der äußeren Welt sich bewegt. Tatsächlich hat sich ja auch für sie in dieser Richtung die materielle «Substanz» in den letzten Jahrzehnten immer mehr verflüchtigt. Erst wenn es den Weg in das Innere des Menschen hinein findet, wird es zum Ziel gelangen können. Denn hier ist der einzige Ort, wo uns Materielles als unmittelbare Wahrnehmung gegeben ist. Aber da ist nun das zweite zu beachten: daß nämlich diese Wahrnehmung normalerweise unbewußt ist und daß es darauf ankäme, sie ins Bewußtsein hereinzubekommen. Wie könnte das geschehen? Wir haben oben auf den Zusammenhang der unteren Sinne mit der menschlichen Willensentfaltung hingewiesen. Ihre Wahrnehmungen sind in der Tat in die Willensbetätigung verschlungen. Würde es gelingen, die letztere, deren unbewußten Charakter wir ebenfalls betont haben, ins Bewußtsein zu heben, so würden mit ihr auch die Wahrnehmungen der unteren Sinne in dasselbe heraufsteigen. Warum aber ist das Wollen heute normalerweise unbewußt? Weil es zu wenig mit Erkenntnislicht durchhellt ist. Es mit der Kraft des Denkens zu durchleuchten und damit zur Bewußtheit zu erheben, bildet aber den einen Hauptweg gerade des geisteswissenschaftlichen Erkenntnisstrebens. Von diesem Wege, dessen Stufen und Ergebnisse im nächsten Kapitel genauer geschildert werden, soll an dieser Stelle nur soviel gesagt werden, daß er zu einer Umwandlung und zugleich Erweiterung des menschlichen Gedächtnisses führt nach rückwärts zunächst bis zur Geburt hin und über die Geburt hinaus in ein vorgeburtliches rein geistiges Dasein, welches das geistige Wesen des Menschen innerhalb einer geistigen Welt verlebt hat. Und damit ergibt sich eine geistige Rückschau auf die Vorgänge der Inkarnation des geistig-seelischen Menschenwesens in die Leiblichkeit und den Aufbau der letzteren aus den Kräften des ersteren während des embryonalen und allerersten Kindheits-Lebens. Es zeigt sich nämlich, daß dieselben Kräfte, die später als dem Seelenleben dienende sich betätigen, am Anfang des menschlichen Erdendaseins in der Ausgestaltung der Leiblichkeit wirken. Und damit eröffnet sich zugleich der Einblick in die leibaufbauende Tätigkeit des seelisch-geistigen Menschenwesens im Anfang seines Erdenlebens. Mit diesem Einblick ist aber auch die Anschauung der Entstehung und des Aufbaus des materiellen Wesens gegeben. So wird hier nicht aus der Zerstörung und Zertrümmerung, wie die Naturforschung es heute versucht, sondern aus dem wahren Aufbau und Gestalten der «Materie» heraus deren Wesen erschaut. Und Stück für Stück ergibt sich die Lösung des Materierätsels. Darzustellen, welches nun deren Inhalt ist, würde den Rahmen dieser Schrift überschreiten. Einige Andeutungen hierüber jedoch wird das nächste Kapitel bringen.

Gehen wir zum Gebiet der mittleren Sinne über, so haben wir es da mit verschiedenen Qualitäten zu tun, die aber, wie wir sahen, unserem bewußten Erleben nur als Vorstellungen, das heißt schon begriffsdurchtränkt, gegeben sind. Wollen wir bis zu ihrer rein wahrnehmungshaften Urgestalt vordringen, so müssen wir zwar auch die Grenze unseres gewöhnlichen Bewußtseins überschreiten, freilich nur um einen Schritt, während wir bei den unteren Sinnen die Wahrnehmung zwei Stufen unterhalb des Bewußtseins zu suchen hatten. Hier aber stoßen wir nicht auf die Materie, sondern auf eine Welt von neuen Qualitäten, die in sich selbst wesen und weben. Zugleich aber müssen wir, wenn es zu voller Erkenntnis kommen soll, nach der anderen Seite ebenfalls um einen Schritt über die Grenze unseres Bewußtseins hinaus, um den Begriff dieser Qualitäten zu finden. Durch ihn geht uns das Wesen dieser Qualitätenwelt als das einer objektiven seelischen Welt auf. Es offenbaren sich diese Qualitäten als Sprache der seelischen Welt, das heißt der Welt, aus der unser eigenes Seelisches gewoben ist und die sich immer wieder während der Zeit des Schlafes erneuert. Wie von den *unteren* Sinnen aus ins *vorgeburtliche* Leben, so kommen wir von diesen *mittleren* aus in das des *Schlafes*. Die hierher gehörenden Verhältnisse werden im vierten

Kapitel näher auseinandergesetzt und an dieser Stelle ebenfalls bloß angedeutet. Es ist diese Schlafeswelt zugleich gewissermaßen die verborgene Seite der Natur, in die wir da mit dem Lichte des Bewußtseins eindringen. Was wir hier aber nicht finden, das ist Materie. So berechtigt es ist, aus den Erlebnissen der unteren Sinne heraus den Materiebegriff in der Art zu bilden, wie es oben angedeutet wurde, so unberechtigt ist es, ihn hier als Bewirkendes oder Verursachendes zu hypostasieren. Denn wir kommen hier, wenn wir die Vorstellungswelt des gewöhnlichen Bewußtseins überschreiten – wie dies geschieht, wird ebenfalls noch genauer gezeigt werden –, einerseits zur Wahrnehmung einer reinen Qualitätenwelt, andererseits zum Begriff einer objektiven Seelenwelt. Zwar gelangen gewiß in der physischen Sphäre die Phänomene der mittleren Sinne immer mit solchen der unteren verbunden zur Erscheinung, wofür wir im Verhältnis des Tones zu den Luftschwingungen das reinste Beispiel haben. Doch müssen die beiden, auch wenn sie so verbunden sind, für die Erkenntnis voneinander unterschieden werden. Das eine: die physischen Prozesse, sind nur die Träger, welche das Erscheinen der anderen im Physischen ermöglichen. In dem auf die mittleren Sinne bezüglichen Erkenntnisprozeß haben wir es jedoch nur mit dem Inhalt der uns durch diese Vehikel zukommenden Phänomene und dessen Wesen zu tun. In der Tat erleben wir in der akustischen Wahrnehmung ja auch keineswegs, was die Luftwellen im Verhältnis zu unserem leiblichen Organismus tun, sondern wir leben unmittelbar im Wahrnehmen des durch sie vermittelten Tones. Und diesen im Verhältnis zu anderen Tönen oder anderen Sinnesqualitäten nach seinem Wesen zu bestimmen, unternehmen wir durch die diesbezüglichen Begriffe. Welches Verhältnis die Luftwellen, die ihn vermitteln, zu unserer Leiblichkeit eingehen, tritt gar nicht in unser Bewußtsein ein. Es ist eine ganz andere Frage. Und sie kann in Wahrheit auch nur durch die Bewußtmachung der unteren Sinne, in deren Gebiet sie gehört, befriedigend beantwortet werden. Wenn wir oben als den *einen* Irrtum der neueren Naturforschung bezüglich der Materie jenen zu bezeichnen hatten, daß sie deren Wahrnehmung statt im Menscheninnern in der äußeren Welt sucht, so müssen wir hier als ihren anderen *den* aufweisen, daß sie die materiellen Prozesse in ihrer Bedeutung für die Wahrnehmungsinhalte der mittleren Sinne falsch beurteilt. Während sie nur deren Vehikel und Erscheinungsbedingungen sind, werden sie von ihr als deren objektive Verursacher, als deren allein reales Wesen betrachtet. So geschah es in der Akustik, so in der Ausbildung der mechanischen Wärmetheorie, die durch *J. R. Mayers* Entdeckung einer rein größenmäßigen Beziehung zwischen der Leistung mechanischer Arbeit und dem Auftreten von Wärmeerscheinungen (des sogenannten mechanischen Wärmeäquivalents) veranlaßt wurde. Und den Licht- beziehungsweise Farbenerscheinungen gegenüber ging man sogar soweit, nach Analogie zu den die Tonerscheinungen tragenden Luftwellen niemals beobachtete und darum als grundsätzlich unwahrnehmbar erklärte mechanische Vorgänge (Ätherschwingungen) als objektive Ursache geradezu zu erfinden. Von diesen Hypostasierungen zurückzukommen und über das Verhältnis von Erscheinung, Wesen und Vehikel in diesem Tatsachengebiete zu klaren Unterscheidungen zu gelangen, wird eine der wichtigsten Aufgaben der künftigen Naturforschung bilden.

Und schließlich hat sich gezeigt: in der Sphäre der oberen Sinne sind in unserem gewöhnlichen Bewußtsein überhaupt nur Wahrnehmungen vorhanden. Die ihnen entsprechenden Vorstellungen und gar die Begriffe liegen oberhalb desselben. Das bedeutet, daß wir die Vorstellungen oder gar die Begriffe vom Wesen des Musikalischen, des Sprachlichen, der Gedanken, des menschlichen Ichs nicht in unserem normalen Bewußtsein ergreifen können. Wir können für das Wesen dieser Phänomene im gewöhnlichen Bewußtsein nicht «erwachen». Dieses ist zu schwach dazu; es erlahmt, ja es erlischt gleichsam immer wieder, wenn wir dies versuchen. Und hier ist es, wo in Wahrheit aus dem unmittelbaren Erleben heraus das andere Hauptproblem der modernen Forschung – im Sinne der Darstellung Dubois-Reymonds – sich aufwirft: das Problem des *Bewußtseins*. Und seine wahre Formulierung lautet: Wie können wir aus dem Lebensschlaf oder Lebenstraum, in dem wir uns in der Sphäre der hierher gehörenden Erscheinungen erleben, zum Wissen von der wahren Wirklichkeit erwachen? Hier ist es, wo das Problem des *Denkens* im *eigentlichsten* Sinne gestellt ist, so wie im Gebiete der unteren Sinne die Auffindung der *Wahrnehmung* sich als *das* Problem erwies. Wie können wir, so gestaltet sich im Felde der oberen Sinne die Frage, uns zu einem Denken erheben, in welchem wir das wahre Wesen der Erscheinungen ergreifen und damit zu deren voller Wirklichkeit durchdringen? Auch hier gibt die Geisteswissenschaft die Antwort. Sie zeigt, daß die Begriffe, welche sich auf die Wahrnehmungen der oberen Sinne beziehen, zunächst deshalb jenseits unseres Bewußtseins liegen, weil unser gewöhnliches Denken zu wenig von Willenskraft durchströmt ist. Es in höherem Grade, als dies im gewöhnlichen Leben geschieht, mit Willentlichkeit zu durchdringen, ist der andere Hauptweg ihres Erkenntnisstrebens – derjenige, auf den schon in der Einleitung hingedeutet wurde. Wird aber das Denken kraftvoller gemacht, so nimmt es nicht allein, wie dort schon erwähnt, allmählich bildhaften Charakter an, sondern der Mensch befreit sich in seiner Betätigung von der Unterlage der Leiblichkeit und geht zu einem leibfreien übersinnlichen Erleben über. In einem solchen erhöhten, leibunabhängigen Bewußtsein leuchten nun und leben die Begriffe auf, die den Wahrnehmungen der oberen Sinne entsprechen. Aber man dringt mit diesem Bewußtsein zugleich auch ein in die Welt, die jeder Mensch nach Ablegung des Leibes im Tode betritt: in die Welt des *nachtodlichen* rein-geistigen Daseins. Und man wird gewahr, wie das Maß von Bewußtsein für die Welt der Begriffe, das man sich im Erdenleben erwirbt, abhängt von dem Grade, in dem man sich im Denken von den Bedingungen des Leibes freigemacht hat, das heißt aber durch Todesprozesse hindurchgegangen ist. Wie das Materierätsel nach der anderen Seite hin im Zusammenhang mit dem Einblick in die Inkarnationsprozesse sich löste, so enthüllt sich hier das Bewußtseinsrätsel als verknüpft mit dem Wesen des Todes oder der Exkarnation.

So viel sei hier zunächst grundsätzlich angedeutet über die Situation, wie sie im Konkreten hinsichtlich der verschiedenen Erkenntnisprobleme vorliegt, über die Wege, auf denen deren Lösungen zu suchen sind, und über die Inhalte, in denen diese Lösungen bestehen. Das genauer auszugestalten, was so gewissermaßen leitmotivisch für die drei Gruppen der Sinne angetönt wurde, wird die Aufgabe der folgenden Kapitel sein.

DRITTES KAPITEL

Die unteren Sinne

A. *Die Entwicklung der unteren Sinne im einzelnen Menschenleben*

1. Die unteren Sinne und das vorgeburtliche Dasein

Indem wir uns in den folgenden Ausführungen nun einer genaueren Darstellung der einzelnen Sinnesgruppen zuwenden, fassen wir an erster Stelle diejenige ins Auge, welche wir im Vorangehenden als die Gruppe der «unteren Sinne» bezeichnet haben. Wir machten schon darauf aufmerksam, daß diese einen Bezug haben zu den unserem gewöhnlichen Bewußtsein verborgenen, nur durch die Geistesforschung auffindbaren Tatsachen unseres vorgeburtlichen Daseins innerhalb der geistigen Welt und unseres Inkarnationsprozesses. Für ihr genaueres Verständnis kommt in der Tat alles darauf an, die Beziehungen in richtiger Weise, das heißt sowohl im einzelnen wie nach ihrem ganzen Umfang, zu erfassen, in denen sie zu diesen Tatsachen stehen. Wir werden diese daher im folgenden aufweisen in der Art, wie dies heute auf Grund der geisteswissenschaftlichen Erforschung dieses Tatsachengebietes möglich ist.

Da ist vorbereitend zunächst auf den Zusammenhang hinzuweisen, den die unteren Sinne haben mit der Erwerbung einer Reihe von Fähigkeiten, die der Mensch in den ersten Jahren seines Erdendaseins entwickelt. Es sind dies die drei Fähigkeiten des *aufrechten Ganges,* der *Sprache* und des *Denkens,* denen sich als vierte in gewisser Weise diejenige der *äußeren Sinneswahrnehmung* (durch die sogenannten «fünf Sinne», also im wesentlichen durch die mittlere Sinnesgruppe) zugesellt. Die Erwerbung dieser Fähigkeiten wäre in der Tat nicht möglich ohne eine bestimmte Wirksamkeit der unteren Sinne. Freilich ist diese in der frühesten Kindheit noch *ganz anders geartet* als im späteren Lebensalter. Ihre Wahrnehmungen gehören beim ganz kleinen Kinde noch nicht im selben Sinne dem Bereich des Unbewußten an wie beim Erwachsenen. Denn eine Scheidung in die Sphären des Bewußten und des Unbewußten, wie sie für den letzteren gilt, hat sich ja im frühen Kindesalter noch nicht vollzogen. Wir haben es hier vielmehr mit einem im Ganzen noch sehr dumpfen Bewußtsein zu tun, welches dafür aber noch viel umfassender ist als das des Erwachsenen und auch alles das noch in sich enthält, was später in das völlig Unbewußte hinabsinkt. Im Kindesalter ist, was später sich in zwei Gebiete sondert, noch in ungeschiedener Einheit innerhalb eines traumhaften Dämmerbewußtseins vorhanden. Wenn daher in dasselbe auf der einen Seite in gleicher Lebendigkeit wie alle seine übrigen Inhalte auch die Wahrnehmungen der unteren Sinne als solche noch hereinspielen, so können wir auf der anderen Seite auch nicht von ihm behaupten, daß – wie das für das vollbewußte seelische Erlebnisgebiet des Erwachsenen gilt – nur die diesen Wahrnehmungen entsprechenden reinen Begriffe in ihm zur Erscheinung kommen. Das kleine Kind vollzieht ja noch keinen Erkenntnisprozeß in der Art des Erwachsenen. Es erbildet noch nicht in innerer Denktätigkeit reine Begriffe, die es zu den Wahrnehmungen hinzufügt. Auch das Begriffs- und das Wahrnehmungselement derjenigen Wirklichkeitssphäre, mit der die unteren Sinne den Menschen verbinden, ist in dieser Lebenszeit für ihn noch eine ungeschiedene Einheit. Das Erleben derselben ist noch ein einheitlich sinnlich-geistiges. Der Mensch stellt sich da diesem Weltgebiet noch nicht (im Sinne der in der Einleitung gemachten Ausführungen) als Erkennender, als Ichwesen von außen gegenüber, sondern er steht noch völlig in der Wirklichkeit als ein Glied derselben drinnen. Die gestaltenden Wirkungen dieser Welt fluten da noch ungehemmt durch ihn hindurch. Es findet da noch kein Erkennen statt, sondern es waltet noch ein schöpferisches Wirken. Die Sinne, die da in Betracht kommen, sind in dieser Lebensphase daher noch nicht Organe der Erkenntnisbildung, sondern vor allem Kanäle, durch die ein gestaltendes Wirken auf die menschliche Organisation stattfindet. Ein Wirken, das freilich zugleich auch dumpf erlebt wird. Und als sein Ergebnis muß die Erwerbung der obengenannten Fähigkeiten betrachtet werden.

Was in diesem Wirken sich betätigt, ist nun aber doch die menschliche Wesenheit selbst – freilich noch nicht als freie, ihrer selbst bewußte, sondern als instinktiv wirkende, als noch mit dem Weltenwesen verbundene, im Weltenwesen webende Wesenheit. Man könnte auch sagen: als noch nicht in die Leibesorganisation voll eingezogene, sondern diese gleichsam noch umschwebende, von außen ergreifende Wesenheit.

In diesem Sinne nun kann gesagt werden, daß der Mensch die erste der genannten Fähigkeiten: den *aufrechten Gang*, aus der Sphäre der Erlebnisse des *Gleichgewichtssinnes* heraus erwirbt. In den gestaltenden Kräften des Raumes selber wirkend, bringt er seine Leiblichkeit zur Aufrichtung. In dem Maße, als dies erreicht wird, zieht sein Ich in einem bestimmten Grade in seine Körperlichkeit ein. Und damit verwandelt sich das vorherige Raumes-Erleben in das spätere innere Wahrnehmen der Statik des eigenen Leibes. Der Gleichgewichtssinn bildet sich zu dem aus und um, was er von nun an ist.

In analoger Weise vollzieht sich die in einem späteren Zeitpunkte des Kindheitslebens erfolgende Erwerbung der *Sprache* aus dem Weltenelemente heraus, in dem der Mensch durch die ursprüngliche Gestalt der Erlebnisse des *Bewegungssinnes* noch drinnensteht. Auch hierbei lebt und wirkt die menschliche Wesenheit noch in der objektiven Weltensphäre, die den Menschen zum bewegungsfähigen Wesen überhaupt macht. Und wiederum zieht seine Wesenheit damit um einen Schritt weiter in seine Leiblichkeit ein. Abermals bildet sich damit ein noch andersartig gewesenes Erleben in das sich verdunkelnde innere Wahrnehmen der eigenen Bewegungsfähigkeit um. Der letztgenannte Zusammenhang liegt nun freilich nicht so deutlich zutage wie der ersterwähnte. Dies hat darin seinen Grund, daß unserem gewöhnlichen Bewußtsein sich schon weitgehend verbirgt, worin denn eigentlich die Ursache und die Befähigung dafür zu suchen ist, daß wir die tonliche Äußerung unserer Menschenstimme in die Artikulation der etwas über zwanzig verschiedenen Sprachlaute differenzieren, aus denen sich unser Alphabet zusammensetzt. Diese verschiedenen Laute entstehen in Wahrheit dadurch, daß wir die verschiedenen in unserem Organismus veranlagten Bewegungsmöglichkeiten nicht unmittelbar durch unseren ganzen Körper ausführen, sondern vermittelst unserer Sprachorgane auf den Strom der zur Ausatmung gelangenden Luft übertragen. Wir holen die Sprache aus unserem ganzen Leib heraus. Diese Übertragung von dessen gesamter Bewegungs-Veranlagung auf die Sprachorganisation (Kehlkopf, Gaumen, Zunge, Zähne, Lippen), durch welche diese in einer höheren Metamorphose und Zusammenfassung zur Erscheinung kommt, erfolgt aber aus denselben Weltenkräften heraus, denen wir diese Bewegungs-Veranlagung als solche verdanken. Übrigens geschieht diese Metamorphose von Bewegungen nicht plötzlich, sondern allmählich. Anfänglich wird das Sprechen noch von lebhaften Gebärden der hauptsächlichsten Bewegungsorgane, der Arme und Hände, begleitet. Erst auf höherer Stufe seiner Ausbildung verliert sich nach und nach diese Gestik. Jedoch bleibt ein dauerndes Zeugnis dieses ursprünglichen Zusammenhanges von Sprache und Bewegung in der anatomischen Tatsache erhalten, daß, je nachdem ein Mensch Rechts- oder Linkshänder ist, sein Sprachzentrum (die Brocasche Windung) in der entgegengesetzten Hälfte seines Gehirns sich ausbildet.

Wiederum in ähnlichem Sinne kommen in einem etwas späteren Zeitabschnitt die physiologischen Grundlagen, auf denen wir im physischen Bewußtsein ein *Gedankenleben* entwickeln, vermittelst der Weltenkräfte zustande, mit deren Wirken wir durch die ursprüngliche Funktion des *Lebenssinnes* verbunden sind. Dieser Zusammenhang ist für das moderne Bewußtsein noch um einen Grad verborgener als der vorhin beschriebene. Die neuere Physiologie hat fast völlig vergessen, wovon eine ältere, zum Beispiel aus der deutschen idealistischen Strömung hervorgegangene physiologische Forschung noch einiges wußte: daß die leibliche Grundlage unserer Vorstellungs- und Denktätigkeit in Abbauvorgängen besteht. (Wir werden auf diese Tatsache, deren erneute Aufweisung durch Rudolf Steiner einen Teil seiner oben erwähnten Darstellung der «physiologischen Dreigliederung» des menschlichen Leibeslebens bildet, an späterer Stelle noch genauer zu sprechen kommen.) Diese Abbauvorgänge werden aber den Aufbauprozessen, welche in der allerersten Lebenszeit fast ausschließlich am Werke sind, erst allmählich und in stets wachsendem Maße entgegengestellt, bis ein gewisses Gleichgewicht erreicht ist. Dieser ganze, ziemlich lange dauernde Prozeß der Ausbalancierung der auf- und abbauenden Kräfte im menschlichen Organismus gehört aber mit zu der Wirkung der Weltensphäre, aus der heraus der Mensch überhaupt zum lebendigen Wesen gebildet wird. In wie innigem Zusammenhang im heranwachsenden Menschen die Entwicklung der intellektuellen Kräfte mit seiner Vitalität steht, das zeigt ja noch im Schulalter die Tatsache, wie Art und Grad seines Wachstums, größere oder geringere Durchblutung usw. vom Maße seiner intellektuellen Beanspruchung abhängen.

An die Erwerbung dieser drei Fähigkeiten schließt sich endlich viertens die volle Ausbildung der *äußeren Sinneswahrnehmung* an. Diese erfolgt in analoger Art aus der Weltensphäre heraus, mit welcher der Mensch durch die ursprüngliche Gestalt seines *Tastsinnes* verbunden ist. Das Organ desselben ist ja, wie schon erwähnt, über die ganze Hautoberfläche des Körpers ausgebreitet. Aus der Haut sind aber, wie auch schon erwähnt, in bezug auf die eine Seite ihrer Entstehung auch die Organe der verschiedenen äußeren Sinne durch bestimmte Differenzierungsprozesse herausgebildet. In der frühesten Kindheit ist das äußere Wahrnehmen des Menschen fast ausschließlich ein Tasten, das nur in verschiedener Art mehr oder weniger nuanciert ist. Durch den Geschmack, der, am innigsten mit dem Getast verschmolzen, in der ersten Lebenszeit noch bis tief in die Verdauungsorgane hinunterreicht, erstreckt sich dieses Tasten auch in das Innere des Körpers hinein. Weniger deutliche Nuancierungen desselben bilden dann, was er noch als Empfindungen des Geruchs und von Wärme und Kälte in sich begreift. Und noch fast ganz schlummern Auge und Ohr. Erst allmählich verdämmert dieses ursprüngliche allgemein-unbestimmte Tasten und hellen sich die anderen, namentlich die letztgenannten, differenzierten Sinne auf. Es vollzieht sich gewissermaßen eine Zerstückelung des ursprünglichen einheitlichen Tastens in die Mannigfaltigkeit der äußeren «fünf Sinne». Was innerhalb der letzteren dann weiterhin als eine speziellere, vornehmlich dem Erleben des Festen zugeordnete Tastempfindung unterschieden wird, ist nur ein Rudiment des viel umfassenderen und noch andersgearteten Erlebens, welches diese Empfindung ursprünglich darstellte. Wie die Herausbildung der verschiedenen äußeren Sinne aus dem Wirken der Weltensphäre erfolgt, mit welcher den Menschen die Ursprungsgestalt seines Tastens verbindet, darauf hat Goethe speziell für den Sinn des Auges – freilich vom phylogenetischen Gesichtspunkt – in der Einleitung zu seiner Farbenlehre mit den Worten hingedeutet: «Das Auge hat sein Dasein dem Licht zu danken. Aus gleichgültigen tierischen Hilfsorganen ruft sich das Licht ein Organ hervor, das seines Gleichen werde; und so bildet sich das Auge am Lichte fürs Licht, damit das innere Licht dem äußeren entgegentrete.»

Rudolf Steiner hat nun in den verschiedensten Zusammenhängen immer wieder auf die ganz besondere Bedeutung hingewiesen, die namentlich den drei erstgenannten Fähigkeiten: dem aufrechten Gange, der Sprache und dem Denken, in dem Sinne zukomme, daß der Mensch erst durch ihre Erwerbung sich in vollem Maße zu dem mache, wodurch er *Mensch* ist und über alles hinausragt, was bloße Natur darstellt. In ähnlichem Sinne wurde hierauf übrigens bereits in eindrucksvoller Schilderung hingewiesen von *J. G. Herder* in seinen «Ideen zur Philosophie der Geschichte der Menschheit» (3. und 4. Buch). (Was die Fähigkeit der äußeren Wahrnehmung betrifft, so ist sie nicht so sehr als solche, sondern die besondere *Funktion* und *Bedeutung* zu berücksichtigen, die sie beim Menschen annimmt und die, wie wir schon andeuteten und später noch genauer zeigen werden, eine durchaus verschiedene ist von derjenigen, die sich selbst noch bei den höheren Tieren findet.) Man kann also behaupten: Der Mensch ist dadurch Mensch und von der unter ihm stehenden Natur unterschieden, daß er aufrecht geht, spricht, denkt und (in der Art, *wie* er es tut) äußere Wahrnehmungen erlebt.

Von hier aus kann nun der Übergang gefunden werden zu der rein geisteswissenschaftlichen Darstellung, die Rudolf Steiner von den Quellen gibt, aus denen die Erwerbung der genannten Fähigkeiten erfließt. Weil in diesen sein Menschentum sich manifestiert, darum kann der Mensch sie auch nur aus *dem* Element seines Wesens heraus sich erringen, welches sein Menschentum begründet. Rudolf Steiner bezeichnet dieses Element als das menschliche «Ich», weil es auch darin sich offenbart, daß der Mensch sich in sich selbst zu erfassen vermag. Weil dieses «Ich» nun aber dasjenige ist, was ihn über die Naturreiche erhebt, darum kann es selbst ihm nicht durch einen Naturprozeß zukommen. Ein solcher ist aber die physische Abstammung. Das, was den Menschen zum Menschen macht, sein «Ich», kann er nicht auf dem Wege der Vererbung von seinen leiblichen Vorfahren überkommen. Und darum können auch die Kräfte, aus denen heraus er Aufrechtheit, Sprache, Denken (und äußere Wahrnehmung in der ihm eigenen Art) erwirbt, nicht in dem liegen, was er durch die physische Vererbung in sich trägt. Dieses allein vermöchte ihn nimmermehr zum vollen Menschen werden zu lassen. Jene Kräfte und sein «Ich», aus dem sie fließen, kommen ihm vielmehr auf andere Weise zu als durch die leibliche Abstammung. Zwar weisen auch die drei ersten der genannten Fähigkeiten einen Bezug auf eine vor der Geburt liegende Vergangenheit auf. Dies ist jedoch keine auf den Wegen der leiblichen Vererbung zu findende, sondern diejenige, die das menschliche «Ich» selbst vor der Geburt erlebt hat. Diese liegt aber, wie bereits im vorigen Abschnitt angedeutet, innerhalb einer rein geistigen Welt, aus welcher «herabsteigend» das Ich des Menschen sich mit dessen Leibe durch die Geburt beziehungsweise Empfängnis verbindet. Und ein solches geistiges Dasein vor der Geburt verlebt das menschliche Ich deshalb, weil sein Gesamtdasein unter dem Gesetze der *Wiederverkörperung* (Reinkarnation) oder, anders ausgesprochen: unter dem Gesetze des rhythmischen Wechsels zwischen einem verkörperten Dasein innerhalb der physischen Welt und einem entkörperten Dasein innerhalb der geistigen Welt steht. Jedes menschliche Ich nimmt – wie dies schon *G. E. Lessing* in seiner «Erziehung des Menschengeschlechts», allerdings bloß als einen abstrakten Gedanken, ausgesprochen hat – an der gesamten Menschheitsgeschichte von ihrem Anfang an bis zu ihrem Ende handelnd und leidend, schaffend und empfangend teil, indem es von Epoche zu Epoche in immer neuen Verkörperungen auf der Erde wieder erscheint. Die Lebensphase aber, in welcher die Ausbildung der drei Fähigkeiten des aufrechten Gehens, des Sprechens und des Denkens, wie sie dann immer wieder in den ersten Jahren eines neuen Erdendaseins erfolgt, veranlagt wird, ist die dem jeweiligen Erdenleben unmittelbar vorangehende Zeit des vorgeburtlichen Daseins in der geistigen Welt. Genauer gesagt: die Zeit des Niederstiegs aus den Höhen dieser geistigen Welt zur physischen Geburt. Denn es gliedert sich das Dasein des Menschen-Ichs zwischen dem Tode und einer neuen Geburt, von einem bestimmten Gesichtspunkt aus gesehen, zunächst in eine Phase des Aufstiegs durch die verschiedenen Sphären der übersinnlichen Welt bis in deren höchste Bereiche und dann, nachdem in diesen eine angemessene Zeit verbracht worden ist, in eine solche des Niederstiegs zur nächsten Geburt auf Erden. Bei diesem Auf- und Niederstieg legt das Ich zugleich ab und bildet neu die übersinnlichen Hüllen, die es innerhalb der äußersten: des physischen Körpers, als innerlichere «Leiblichkeiten» während des Erdendaseins an sich trägt.* Diese Hüllen gehören in ähnlicher Art den verschiedenen Sphären der übersinnlichen Welt zu, wie unser physischer Leib aus den Stoffen der physischen Welt aufgebaut ist und in diese nach dem Tode sich wieder auflöst. Nun klingen jedesmal, wenn das Tor einer Geburt wieder durchschritten ist, während der allerersten Jahre des neuen Erdenlebens in dem frühesten Dämmerbewußtsein des Kindes die Erlebnisse noch eine Weile nach, die sein Ich bei dem Herunterstieg durch die verschiedenen Sphären der Geistwelt und der damit verknüpften Neubildung der ihnen entsprechenden feineren, übersinnlichen Hüllen durchgemacht hat. Ein solches Nachklingen ist dadurch möglich, daß in den ersten Lebensjahren das Ich selbst und auch die anderen übersinnlichen Wesensglieder des Menschen noch nicht in dem Maße mit dem physischen Leibe verbunden sind, wie dies dann beim Erwachsenen der Fall ist. Diese übersinnlichen Wesenselemente sind ja gewissermaßen noch nicht voll in das «Innere» des physischen Leibes eingezogen, sondern umgeben diesen noch wie eine aurische Wolke. Sie sind andererseits noch bis zu einem gewissen Grade verbunden mit den Welten, aus denen sie gewoben wurden, und lösen sich erst im Laufe des Heranwachsens des Menschen aus diesen Zusammenhängen Stück für Stück heraus. Und dieses Nachklingen der vorgeburtlichen Erlebnisse erfolgt nun in derselben Reihenfolge, in der sie vom menschlichen Ich durchlaufen worden sind. In diesem Nachwirken vorirdischen Erlebens aber haben wir nun die Quelle zu sehen, aus der die Erwerbung der genannten drei Fähigkeiten in den ersten Lebensjahren erfließt.

Nur etwa ein Jahr lang nach der irdischen Geburt tönen im dumpfen kindlichen Erleben noch die Erlebnisse nach, die das menschliche

---

* Zur Wesensgliederung des Menschen siehe Rudolf Steiners «Theosophie».

Ich am Beginne seines Niederstiegs aus den Höhen der Geistwelt, da es noch als Geistwesen unter göttlichen Geistwesen weilte, durchgemacht hat. Und in diesem Nachtönen offenbart sich die göttlich-geistige Wesenheit des menschlichen *Ichs* selber; denn allein mit diesem seinem höchsten Wesensglied beziehungsweise seinem innersten Wesenskern erreicht ja der Mensch zwischen Tod und neuer Geburt die Sphäre der göttlich-geistigen Wesenheiten. Und aus diesem Heraufdringen der «Erinnerungen» an das unter göttlich-geistigen Wesen verbrachte Dasein ist es nun, daß der Mensch in der Aufrichtung seines Leibes sich den Schwerekräften der Erde, unter deren Wirkung er durch seine physische Verkörperung geraten ist, wieder bis zu einem gewissen Grade entreißt. Es ist eigentlich die sich geltend machende göttlich-geistige Wesenheit seines Ichs selber, die ihn sein Haupt zum Himmel erheben läßt. Unsere aufrechte Haltung, so selbstverständlich sie uns zu sein scheint, ist nicht das Ergebnis von Naturwirkungen, sondern die dauernde Tat unseres Ichs. Wir verlieren sie deshalb auch in dem Augenblicke, da in Schlaf oder Ohnmacht oder auch bei sehr großer Ermüdung die Kräfte unseres Ichs uns verlassen. Es darf daher gesagt werden: durch die Tatsache seines aufrechten Ganges offenbart der Mensch in der ursprünglichsten Art, daß er ein «Ich» als seinen Wesenskern in sich trägt.

Etwas länger als die Erlebnisse der ersten Etappe des vorgeburtlichen Niederstiegs klingen diejenigen des zweiten Wegstücks desselben im kindlichen Wesen nach: es sind dies die Erlebnisse, die das menschliche Ich erfuhr, indem es die Sternenwelt beziehungsweise die dieser zugrundeliegenden astralischen Bereiche durchwanderte und aus ihnen sich zugleich eine neue *astralische* (seelische) Hülle erbildete. Nicht mehr lebt da das Ich unter den göttlich-geistigen Wesen selbst, sondern im Elemente der «Offenbarung» derselben, welche als das aus den Bewegungen der Sterne heraus erklingende Weltenwort vernommen wird. «Indem der Mensch auf der Erde steht,» – so beschreibt Rudolf Steiner in einem seiner Vorträge dieses Weltenwort («Des Menschen Äußerung durch Ton und Wort», S. 19ff.) – «sieht er die Planeten und die Fixsterne von der Erde aus in ihrem Abglanz, also sagen wir von vorne, um den Erdenmenschen zu ehren ... Indem aber der Mensch sich entfernt von der Erde nach dem Tode, gelangt er allmählich dazu, die Planeten sowohl wie die Fixsterne von hinten zu sehen. Nun sieht er da nicht diese Lichtpunkte, die von der Erde aus gesehen werden, sondern er sieht die entsprechenden geistigen Wesenheiten. Wo er da zurückschaut auf Saturn, Sonne, Mond oder auf Widder, Stier usw., er sieht von der anderen Seite her geistige Wesenheiten. Eigentlich ist dieses Sehen zugleich ein *Hören,* und ebensogut könnte man sagen: man hört die Wesen in die Weltenweiten hinaustönen, die in diesen Weltenkörpern ihre Wohnsitze haben. Nun stellen Sie sich das ganze Gefüge vor – es ist tatsächlich so, daß es aussieht, wie wenn man bildlich spräche, aber es ist nicht bildlich gesprochen, es ist durchaus eine Wirklichkeit – stellen Sie sich da draußen im Kosmos vor: die Planetenwelt weiter weg, den Tierkreis mit seinen zwölf Konfigurationen jetzt näher. Von all diesen Weltenkörpern singt es Ihnen sprechend, spricht singend, und Ihr Wahrnehmen ist eigentlich ein Hören des sprechenden Singens, des singenden Sprechens.

Indem Sie nach dem Widder hinschauen, haben Sie den Eindruck eines Seelisch-Konsonantischen. Da ist vielleicht Saturn hinter dem Widder: ein Seelisch-Vokalisches. Und in diesem Seelisch-Vokalischen, das da von dem Saturn in den Weltenraum hinaus erglänzt, da lebt das Seelisch-Geistig-Konsonantische des Widders oder des Stiers. Sie haben also die Planetensphäre, die Ihnen vokalisch in den Weltenraum hinaussingt, und Sie haben die Fixsterne, die Ihnen diesen Gesang der Planetensphäre konsonantisch durchseelen. Stellen Sie sich das lebhaft vor: die mehr ruhende Fixsternsphäre, dahinter die wandelnden Planeten. Indem ein wandelnder Planet an einem Fixsterngebilde vorbeigeht, erklingt – ich kann jetzt nicht sagen, ein Ton, sondern eine ganze Tonwelt – indem er weitergeht vom Widder zum Stier, erklingt eine andere Tonwelt ... Und Sie haben ein wunderbares kosmisches Instrument in dem Fixsternhimmel und dahinter unsere Planetengötter als die Spieler auf diesem Instrumente des Tierkreis-Fixsternhimmels.» Was so im Makrokosmos als Weltenwort erlebt worden ist, veranlagt im Menschen die Sprachorganisation, aus der dann auf Erden das Menschenwort entbunden werden kann. Die Menschensprache ist – wie später noch genauer gezeigt werden wird – eine Umwandlungsform des Weltenwortes.

Noch länger wirkt in der kindlichen Wesenheit nach, was durchlebt worden ist auf einem letzten Stück des Weges zur Geburt hin: beim Durchwandern der Welt der ätherischen Bildekräfte und Ausgestalten der *ätherischen* Menschenhülle. Diese Kräfte sind zunächst von zweifacher Art: aufbauend und abbauend und haben als solche ihren Quell in der ätherischen Beschaffenheit von Sonne und Mond; sie werden aber im Kosmos im Gleichgewichte zueinander gehalten von einer harmonisierenden Wirksamkeit her, die durch die Art und Weise zustandekommt, wie die Erde zwischen Sonne und Mond als ein Mittleres hineingestellt ist. Wiederum entsteht nun im Menschen der Drang, dieses vor der Geburt im Makrokosmos erlebte Gleichgewicht zwischen Aufbau- und Abbaukräften innerhalb des Mikrokosmos der eigenen Organisation nachzubilden, und so stellt sich allmählich jenes Kräfteverhältnis zwischen Geburts- und Todesprozessen im menschlichen Organismus her, auf dessen Grundlage sich das Vorstellungs- und Gedankenleben im physischen Bewußtsein entfalten kann.

Was schließlich die äußere Sinneswahrnehmung betrifft, so wirken an der Ausbildung der entsprechenden Sinne nun nicht mehr die Kräfte derjenigen Welten, die das Menschen-Ich vor der Geburt durchschritten hat, sondern jene Weltenelemente, in welche der Mensch als *physisches* Wesen durch die Geburt hereinversetzt wird und die er zunächst nur durch ein allgemeines Tasten erlebt. Wie aus diesem noch undifferenzierten Tasten zum Beispiel das Sehen durch die Kräfte des Lichtes selber hervorgelockt wird, haben wir oben durch Worte Goethes angedeutet. In bezug auf die gesamte äußere Sinnesorganisation weist diese bildende Wirksamkeit der äußeren Elemente Rudolf Steiner mit folgenden Worten auf («Grenzen der Naturerkenntnis», 8. Vortrag): «Eigentlich ist der Mensch immer von der Geburt an der Außenwelt hingegeben ... Indem wir umgeben sind von einer farbigen Welt, von einer tönenden Welt, von einer wärmenden Welt, kurz, indem wir umgeben sind von all dem, was Eindrücke auf unsere Sinne macht, ... indem wir alles dasjenige bewußt erleben, sehen wir, daß wir, wenn wir es unbewußt erleben seit der Kindheit, mit den Farbeneindrücken, mit den Toneindrücken etwas aufnehmen, was als Geistiges unsere Organisation durchdringt. Und wenn wir zum Beispiel zwischen dem Zahnwechsel und der Geschlechtsreife die Liebesempfindung aufnehmen, so ist das nicht etwas, was herauswächst aus unserem Leibe, sondern ist etwas, was der Kosmos uns gibt, was der Kosmos uns durch Farben, durch Töne, durch Wärmeströmungen, die an uns herankommen, gibt. Wärme ist noch etwas anderes als Wärme, Licht ist etwas anderes als Licht im physischen Sinne, Ton ist etwas anderes als Ton im physischen Sinne. Indem wir Sinneseindrücke haben, ist zwar nur dasjenige bewußt, was zunächst – ich möchte sagen – der äußere Ton, die äußere Farbe ist. Aber durch diese Hingebung wirkt nicht dasjenige, wovon eine moderne Physik träumt, Ätherbewegungen, Atombewegungen und dergleichen, sondern es wirkt Geist, es wirken die Kräfte, die uns erst hier in der physischen Welt zwischen Geburt und Tod zu dem machen, was wir als Menschen sind.»

Mit der vorangehenden Schilderung hat nun eine genauere geisteswissenschaftliche Charakteristik erfahren, was zunächst als die *ursprüngliche,* die ersten Jahre des menschlichen Erdenlebens noch ausfüllende Wirksamkeit der unteren Sinne gekennzeichnet worden war. Wir sahen, daß es sich hierbei um Nachwirkungen vorgeburtlicher Erlebnisse des menschlichen Ichs und zuletzt um die Bedeutung der frühkindlichen äußeren Sinneserlebnisse handelt. Und zwar zeigte sich, daß die ursprüngliche Wirkungsweise des Gleichgewichtssinnes auf die in der eigentlich geistigen Welt, diejenige des Bewegungssinnes auf die in der planetarischen Sphäre und die des Lebenssinnes auf die im ätherischen Bereiche empfangenen Einwirkungen zurückgeht, die ursprüngliche Bedeutung des Tastsinnes dagegen in der bildenden Wirkung der äußeren Qualitätenwelt auf die menschliche Organisation zu suchen ist. Es sind also alle diese «Wahrnehmungen» in der ersten Lebenszeit noch nicht rein innerliche wie im späteren Alter, sondern noch in Einheit äußerlich-innerliche oder geistig-leibliche. Die menschliche Leiblichkeit wird da noch in völliger Einheit mit dem Gesamtkosmos erlebt und ausgestaltet. Ein solches Erleben kann deshalb stattfinden, weil die übersinnlichen Wesensglieder des Menschen, wie wir erwähnten, in dieser Lebenszeit das Leibliche gewissermaßen noch von außen her umgeben und umweben – worin übrigens auch die Ursache des dämmerhaft-schlafhaften Bewußtseinszustandes dieses Alters liegt.

Erst mit der Erwerbung der geschilderten Fähigkeiten nehmen die unteren Sinne ihren späteren Charakter an, werden zu rein inneren, allerdings ganz ins Unbewußte versinkenden Wahrnehmungsbereichen, während dagegen die ihnen entsprechenden Begriffselemente im Zusammenhang mit der *Betätigung* der erworbenen Fähigkeiten in das dann erwachte Vollbewußtsein heraufdringen. Was hierbei noch an weiteren Umwandlungsprozessen im menschlichen Wahrnehmungsleben sich vollzieht, soll im folgenden Abschnitte dargelegt werden.

2. Die unteren Sinne und das mystische Erleben

Betrachten wir die vier Erwerbnisse des Aufrechtgehens, des Sprechens, des Denkens und des äußeren Wahrnehmens nun einmal von einer anderen Seite her. Da können wir sagen: Der *aufrechte Gang* ist eine Eigenschaft, die dem *physischen Leibe* unmittelbar als solchem zukommt. Dieser wird ja durch seine Aufrichtung erst in vollem Maße das, was er als physischer Menschenleib in der physischen Welt sein soll. Daher prägt sich seine Aufrechtheit auch in dem aus und wird weiterhin durch das gewährleistet, was das Physischeste, das Materiellste ist: die Gestaltung des Knochengerüstes.

Anders ist es mit der *Sprache*. Schon ihre Gebundenheit an den Atem, welcher ja das wenigstens äußerlich am deutlichsten sichtbare Zeichen des Lebens ist, bezeugt, daß sie dem zugehört, was den Leib zu einem organisch-lebendigen Wesen macht: dem *ätherischen Prinzip*. Ein innerlicheres Zeichen seiner Lebendigkeit haben wir in seiner Flüssigkeitswirksamkeit zu erblicken, wie sie im Blutkreislauf (der ja im innigsten Zusammenhange mit dem Atmungsprozesse steht) und in der Säfteentwicklung der verschiedenen Drüsen sich vollzieht.

Auf einen noch höheren Plan erheben wir uns mit der *Vorstellungs- und Denktätigkeit*. Diese gehört schon unserem Seelenleben an, das uns durch unsere *astralische* Organisation einverleibt wird. Mit dem Seelenleben betreten wir unser eigentliches Innenleben, da es aus Prozessen und Inhalten besteht, die wir, wenn wir wollen, völlig in uns selbst verschließen können, so daß keinerlei Offenbarung derselben nach außen dringt.

Gehen wir endlich zum *Wahrnehmen* unserer Umwelt über, wie es die äußeren Sinne uns vermitteln, so werden wir, wenn wir das in ihm Tätige aufsuchen, zum innersten Kern unseres Wesens: zu unserem *Ich* selber geführt. Denn in allem Wahrnehmen, soweit sein Inhalt uns zum Bewußtsein kommt, ist (wie später noch genauer zu zeigen sein wird) eine Willenstätigkeit wirksam, die sich in der Aufmerksamkeit, in der Hingabe an das Wahrgenommene manifestiert. Der Wille aber ist die unmittelbarste Offenbarung unseres Ichs. Ohne eine solche Willensentfaltung kommt es zu keinem bewußten Wahrnehmen. Unsere Sinne empfangen im Verlaufe eines Tages unendlich viele Eindrücke, die uns nicht zum Bewußtsein kommen, weil wir unsere Aufmerksamkeit nicht auf sie richten. Und in der Nacht während des Schlafes steht zum Beispiel unser Gehörorgan als rein physischer Sinnesapparat der Außenwelt ebenso offen wie am Tage. Rein physisch spielen sich in ihm da dieselben Prozesse ab wie während des Wachens. Daß wir während dieser Zeit die Außenwelt trotzdem nicht wahrnehmen, hat darin seinen Grund, daß unser Ich mit seiner Willensentwicklung im Schlafe von der physischen Welt gänzlich abgezogen und einer anderen, seelisch-geistigen Welt hingegeben ist.

Die hiermit angedeuteten Beziehungen können im folgenden Schema zusammengefaßt werden:

<pre>
        aufrechter Gang: Physisches
        Sprache: Ätherisches
        Denken: Astralisches
        äußere Wahrnehmung: Ich
</pre>

Dieses Schema kann jedoch, wenn wir noch dazufügen, was wir im Vorangehenden über die Grundlagen ausgeführt haben, auf denen diese vier Fähigkeiten in der ersten Kindheit des Menschen erwachsen, in der folgenden Art erweitert werden:

So haben wir ja vom aufrechten Gang gezeigt, daß er erworben wird aus Erlebnissen des Gleichgewichtssinnes beziehungsweise aus dem Nachklingen derjenigen vorgeburtlichen Erlebnisse heraus, welche das Ich als Geistwesen unter göttlichen Geistwesen gehabt hat, und in welchem die eigentliche Wesenheit dieses Ichs selbst zur Geltung kommt.

Von der Sprache zeigten wir, daß sie errungen wird mit Hilfe der Wahrnehmungen des Bewegungssinnes oder, was dasselbe ist: aus dem Nachklingen der Offenbarungen heraus, die das Ich empfangen hat, indem es die astralische Welt durchschritt und aus ihren Kräften seine astralische Hülle erbildete. Vom Denken schilderten wir, wie seine leiblichen Grundlagen geschaffen werden mittels der ursprünglichen Funktion des Lebenssinnes, indem in den physiologischen Funktionen nachgebildet wird jenes Gleichgewicht der auf- und der abbauenden Kräfte, welches als eine kosmische Harmonie von Sonne, Mond und Erde erlebt wurde beim vorgeburtlichen Durchwandern der ätherischen Welt und beim Zusammenziehen der eigenen ätherischen Organisation aus deren Bildekräften.

Und hinsichtlich der Organe für die äußere Wahrnehmung wiesen wir endlich darauf hin, wie sie – von der einen Seite her – aus dem allgemeinen Tastorgan der Haut herausgebildet sind, durch welches nicht vorgeburtliche Geisterlebnisse nachklingend sich offenbaren, sondern die physische Welt vom neugeborenen Kinde in der ursprünglichsten, allgemeinsten Art erlebt wird.

Diese Beziehungen, in das oben aufgestellte Schema mit aufgenommen, erweitern dasselbe also zu dem folgenden Bild:

| Aufrichtung | Physisches | Gleichgewichtssinn | Ich |
Sprache	Ätherisches	Bewegungssinn	Astralisches
Denken	Astralisches	Lebenssinn	Ätherisches
äußere Wahrnehmung	Ich	Tastsinn	Physisches

Wie man sieht, erscheint in diesem vervollständigten Schema jedes der vier Wesensglieder des Menschen zweimal. Es kommt nun für ein weiteres Eindringen in diese Verhältnisse alles darauf an, zu erfassen, in welch verschiedener Art die Wirksamkeit derselben auf der rechten und auf der linken Seite dieses Schemas gemeint ist, ja in welchem Verhältnis überhaupt die durch den Mittelstrich getrennten Hälften dieses Schemas zueinander stehen.

Zunächst können wir die gegensätzliche Bedeutung, welche den menschlichen Wesensgliedern auf der linken und auf der rechten Seite des Schemas zukommt, dahin kennzeichnen, daß sie auf der linken Seite als ein Inneres, Innerleibliches, Menschliches erscheinen, auf der rechten dagegen als ein Äußeres, Außerleibliches, Kosmisches.

So kommt zum Beispiel die in dem ursprünglichen Wirken des Gleichgewichtssinnes nachhallende «Erinnerung» an höchste vorgeburtliche Geistererlebnisse während der frühesten irdischen Lebenszeit dadurch zustande, daß, wie wir oben schon bemerkten, das Ich in dieser Zeit die physische Leiblichkeit noch wie eine Wolke umschwebt; und nur erst bis zu einem gewissen Grade in sie einziehend hebt es sie im Akte der Aufrichtung in die Höhe. In ähnlicher Art können die Erlebnisse, die in der astralischen Sphäre durchgemacht wurden, dadurch in den Ursprungserlebnissen des Bewegungssinnes weitervibrieren, daß die astralische Organisation noch nicht voll in die physisch-ätherische Hülle eingetaucht ist, sondern diese noch von außen her umschwebt. Allmählich erst sie durchdringend, überträgt sie auf diese die in ihr lebenden Bewegungsantriebe, welche dann in der Artikulation der Sprachlaute auf den Atmungsluftstrom übergeleitet werden.

Umgekehrt hat zum Beispiel das menschliche Denken seine objektiv reale Grundlage in dem Imaginationselemente der ätherischen Welt beziehungsweise der menschlichen Ätherorganisation. Es wird aber zum menschlichen Seeleninhalt und -erlebnis doch erst in vollem Maße, wenn um die Pubertätszeit das Seelisch-Astralische des Menschen ganz in dieses menschlich-kosmische Ätherelement eintaucht. Und daß in den äußeren Sinneswahrnehmungen, soweit sie uns zum Bewußtsein kommen, die physische Welt das Äußere, unser Ich aber das in unserem Innern lebende Empfangende ist, bedarf ja keines weiteren Nachweises – wenn auch der eigentliche Sinn dieses Tatbestandes anders verstanden werden muß, als es in der heutigen Sinnespsychologie geschieht.

Wir könnten daher auch sagen: auf der rechten Seite des Schemas erscheinen die menschlichen Wesensglieder so, wie sie in den ersten

Lebensjahren wirken; nämlich noch in Verbindung mit den zu ihnen gehörigen Weltbereichen und von außen her an den entsprechenden anderen Wesensgliedern wirkend. Namentlich gilt dies von den beiden oberen: dem Ich und dem Astralleib. Daher auch mit den Ausdrücken: Ich, Astralisches auf dieser Seite ebenso das kosmische wie das menschliche Ichelement und Astralelement gemeint ist. Auf der linken Seite des Schemas dagegen ist die Wirksamkeit der menschlichen Wesensglieder so verstanden, wie sie im Laufe des Heranwachsens sich allmählich gestaltet und beim Erwachsenen dann geartet ist. Wiederum gilt dies ganz besonders von dem Ich und der astralischen Organisation: hier also der unteren Zweiheit der Wesenselemente. Denn die Fähigkeiten des Denkens und der äußeren Wahrnehmung sind diejenigen, die als die letzten erworben werden und zu voller Klarheit und Schärfe sich überhaupt erst verhältnismäßig spät ausbilden. Sie haben zu ihrer Voraussetzung, daß Ich und Astralisches ganz ins Innere der physisch-ätherischen Organisation eingezogen sind und sich von dem äußeren geistig-astralischen Kosmos völlig abgetrennt haben.

Noch anders könnte man den Gegensatz der rechten und der linken Seite des Schemas als denjenigen von Schlafen und Wachen kennzeichnen. Denn der Schlafzustand beruht darauf, daß die astralisch-ichhafte Wesenheit des Menschen ihre physisch-ätherische Hülle verläßt und sich mit den astralisch-geistigen Bereichen des Kosmos wieder vereinigt, zugleich aber von ihnen her und in Gemeinsamkeit mit ihren Wesenheiten regenerierend an der verlassenen Hülle arbeitet. Es wird also im Schlaf immer wieder für eine Weile der Zustand hergestellt, der in den allerersten Lebensjahren der dauernde war. Denn das Bewußtsein des Säuglings ist im Ganzen ein schlafartiges; nur daß eben dieser «Schlaf» des Kindes noch nicht ein so unbewußter ist wie der des Erwachsenen. Es haben sich eben, wie wir auch sagten, im «Bewußtsein» des Kleinkindes Schlafen und Wachen noch nicht deutlich voneinander gesondert. Der Wachzustand des Erwachsenen dagegen ist durch die linke Seite des Schemas symbolisiert. Denn er beruht darauf, daß Ich und Astralisches ganz von der physisch-ätherischen Hülle umschlossen sind, wobei das Ich eine Verbindung besonders mit dem physischen Leibe eingeht (die sich in der

Sinneswahrnehmung manifestiert), das Astralische dagegen vornehmlich mit dem ätherischen Leibe (was im Vorstellen beziehungsweise Denken zum Ausdrucke kommt). Wie ja auch umgekehrt, solange die beiden höheren Wesensglieder – in der frühen Kindheit – die beiden niederen noch von außen umgeben und gestaltend an ihnen wirken, das Ich mehr am physischen Leibe arbeitet (was die Aufrichtung desselben bewirkt), das Astralische jedoch mehr im ätherischen Leibe sich betätigt (wodurch die Sprachfähigkeit sich entwickelt). Vervollständigend ist nochmals hervorzuheben, daß die Veränderungen, welche auf dem Wege vom Kinde zum Erwachsenen vor sich gehen, eben darin bestehen, daß jenes undifferenzierte schlafende Wachen oder wachende Schlafen des kleinen Kindes sich sondert in das ganz helle Wachen, das heißt den Zustand des Darinnensteckens der höheren in den niederen Wesensgliedern, und in das (sofern es traumlos ist) ganz dunkle Schlafen, das heißt den Zustand des Außerhalbseins der höheren Wesensglieder. Und diese fortschreitende Bewußtseinsverfinsterung des letzteren Zustandes verhüllt eben für unsere Erinnerung als Erwachsene unser vorgeburtliches und auch unser frühestes nachgeburtliches Leben. Sie erfolgt gewissermaßen an der Stelle des senkrechten Mittelstriches in unserem Schema, und sie verdunkelt unserem Bewußtsein alles das, was auf der rechten Hälfte desselben steht. Man könnte diesen Vorgang auch so charakterisieren, daß, während in der ersten Kindheit der Gesamtinhalt dieses Schemas bewußtseinsmäßig noch eine einheitliche Ganzheit von ineinanderwirkenden Tätigkeiten bildet, er im Verlaufe des Heranwachsens in die beiden Hälften der rechten und der linken Seite auseinanderfällt. Was aber bedeutet das?

Es bedeutet, daß wir zwar die aufrechte Haltung und das durch sie bedingte Hineingegliedertsein auch in die anderen Raumesdimensionen als eine Haupteigenschaft unseres physischen Leibes wahrnehmen, aber in unserem gewöhnlichen Bewußtsein die Kräfte und die Erlebnisse nicht auffinden können, aus denen heraus wir in der frühesten Kindheit unserem Körper diese Eigenschaft verliehen haben. Es bedeutet zweitens, daß wir zwar unser Sprechen als eine spezifisch menschliche Lebensäußerung empfinden, aber nichts wissen von den Kräften und Erfahrungen, mittels deren wir die Sprache ausgebildet haben. Es bedeutet drittens, daß wir zwar das Denken als vornehmlichsten Inhalt unseres Seelenlebens erfahren, aber keine Kenntnis haben von den Elementen und Tatsachen, durch welche die Entwicklung unseres Vorstellungs- und Gedankenlebens zustande kommt. Und es bedeutet endlich viertens, daß unsere äußeren Wahrnehmungen zwar den hauptsächlichsten Inhalt unseres vollwachen Ichbewußtseins ausmachen, aber uns rätselhaft bleiben hinsichtlich der Art, wie sie uns zukommen. Mit all dem verhält es sich tatsächlich so, wie es soeben ausgesprochen worden ist. Auch die neuere wissenschaftliche Forschung muß gegenüber den Untergründen, aus denen diese Fähigkeiten sich eigentlich erbilden, ihr Ignoramus bekennen. Keine der von ihr aufgestellten Theorien hat bisher noch in zulänglicher Weise die Ursachen unseres aufrechten Ganges oder die Entstehung der Sprache oder etwa das Zustandekommen der Sinneswahrnehmungen erklären können. Dieser Gesamttatbestand könnte auch so formuliert werden: Wir erleben in unserem gewöhnlichen Bewußtsein unsere menschliche Organisation in ihren verschiedenen Eigenschaften und Betätigungsweisen nur nach ihrer irdischen Vordergründigkeit, nicht aber nach ihrer kosmischen Hintergründigkeit.

Dieses bloß irdisch vorderseitige Erleben derselben kommt nun noch auf eine besondere Weise zum Ausdruck. Wir haben schon erwähnt, daß das reinste Physische an unserem physischen Leibe, in welchem ja auch dessen aufrechter Stand verankert wird, sein Knochengerüst darstellt. Ebenso wurde als das, was die Lebensprozesse in unserem Leibe besorgt, unser Flüssigkeitswesen bezeichnet: die Säftebereitung unserer verschiedenen Drüsen, vor allem aber unsere Blutzirkulation. Denn durch diese besonders wird ja verbrauchte Stofflichkeit ausgeschieden und neue gebildet. In ähnlicher Art kommt unsere Beseelung zum physischen Ausdruck in unserem Luftorganismus, wie er besonders im Atmungsprozeß sich betätigt. Es ist das Atmen (wie später noch genauer gezeigt werden wird) kein bloß physischer, sondern auch ein seelischer Prozeß. Die mosaische Genesis spricht mit Recht davon, daß die Gottheit mit dem Odem dem Menschen die Seele eingehaucht habe. Mit dem letzten Atemzug, den wir sterbend tun, hauchen wir zugleich auch unsere Seele aus.

Hier muß nun etwas teilweise vorweggenommen werden, was

erst in dem Kapitel über die mittleren Sinne eine ausführlichere Darstellung finden kann: daß nämlich die Gruppe dieser mittleren Sinne (die ja in gewisser Weise mit den sogenannten «fünf Sinnen» identisch sind) demjenigen zugeordnet ist, was in sehr unvollständiger Weise die neuere Physik als die Aggregatzustände aufzählt, was man in einer gewissen Totalität in älteren Zeiten als die «vier Elemente» schilderte und was in noch umfassenderer Darstellung die Geisteswissenschaft heute als die verschiedenen Zustände und Formen der physisch-ätherischen Welt kennzeichnet. Innerhalb dieser Beziehungen ist das Erleben des Luftelementes dem Geruchssinn, dasjenige des wässerigen Elementes dem Geschmackssinn und dasjenige des Erdenelementes dem Tastsinn zuzuordnen – wobei unter Tastsinn das verstanden ist, was sich bei der «Zerstückelung» des ursprünglichen allgemeinen Tastens in die verschiedenen äußeren Sinne als ein spezieller gearteter Tastgefühl herausdifferenziert. Durch die drei Sinne des Tastens, des Schmeckens und des Riechens erleben wir zunächst die Elemente des Festen, des Flüssigen und des Luftigen der uns umgebenden Natur in ihren qualitativen Beschaffenheiten. Insofern nun im Erleben unserer eigenen Leiblichkeit während unseres Heranwachsens deren kosmisch-geistige Hintergründigkeit immer mehr entschwindet und an deren Stelle sich immer entschiedener ihre irdisch-materielle Vordergründigkeit hinschiebt, erleben wir in zunehmendem Maße anstatt des Formhaften das Stoffhafte, anstatt des Funktionellen das Substantielle an ihr. Mit anderen Worten: Was der Träger unserer Aufrechtheit ist, wird jetzt in erster Linie als das Feste, was die Sprache ermöglicht, wird mehr in seinem Flüssigkeitscharakter, und was dem Vorstellungsleben zugrundeliegt, vornehmlich nach seinem luftförmigen Zustand erlebt. Das bedeutet, daß die Sinne des Gleichgewichts, der Bewegung und des Lebens, durch die wir anfänglich unsere Körperlichkeit in Einheit mit den sie gestaltenden Kräften des Geist-Kosmos erleben, sich aus unserem sich aufhellenden Bewußtsein zurückziehen beziehungsweise in den unterbewußten Teil unserer Seele versinken, dagegen die Sinne des Geruchs, des Geschmacks und des Getasts, die zunächst äußere Sinne sind, bis zu einem gewissen Grade auch innere Sinne, das heißt diejenigen Organe werden, durch die wir auch unsere eigene Leiblichkeit erleben. Man bedenke, wie wir in den Geruchsempfindungen der verschiedensten leiblichen Absonderungen unsere eigene Körperlichkeit durch ein äußerlich-innerliches Erleben wahrnehmen, wie wir in den Geschmacksempfindungen, die mit Essen und Trinken verbunden sind, unser Leibesleben innerlich lustvoll genießend oder, im Falle von krankhaften Störungen, von Schmerzen gequält wahrnehmen, wie wir ferner in allem, was etwa in der Sphäre des erotischen und sexuellen Lebens leibliche «Berührungen» sind, unsere Leiblichkeit durch äußerlich-innerliche Tasterlebnisse genießend empfinden; und welche Rolle alle solchen Wahrnehmungen spielen für das Erleben unsrer selbst als irdisch-physischer Persönlichkeit. Freilich sind alle diese Wahrnehmungen, sofern sie sich auf die also dreifach differenzierte eigene Leiblichkeit beziehen, dumpfer, als sofern sie die Qualitäten der äußeren Welt zum Inhalte haben. Trotzdem aber kann man behaupten: im Laufe unseres Heranwachsens atmen wir gewissermaßen aus unserem bewußten Erleben die Sinne des Gleichgewichts, der Bewegung und des Lebens aus und ziehen an ihrer Stelle diejenigen des Geruchs, des Geschmacks und des Getasts ein. So schildert es Rudolf Steiner («Grenzen der Naturerkenntnis», 8. Vortrag): «Das Kind ist intensiv mit seinem Innern, mit dem menschlichen Gleichgewicht, mit der menschlichen Bewegung, mit dem menschlichen Leben verbunden. Aber es entwickelt sich gleichzeitig mit dem Sichemanzipieren von Gleichgewicht, Bewegung, Leben etwas anderes. Es entwickelt sich eine gewisse Einstellung von drei anderen Sinnen, den Sinnen des Geruchs, des Geschmacks und des Tastens. Es ist außerordentlich interessant, in allen Einzelheiten zu beobachten, wie sich das Kind – das geschieht allerdings in einem früheren Lebensalter deutlich, aber es ist später auch noch für den, der sich dafür schult, deutlich genug wahrzunehmen – allmählich hineinfindet in das Leben, orientiert durch den Geruchssinn, den Geschmackssinn, den Tastsinn, und wie in einer gewissen Weise, während der Mensch aus sich herausschiebt Gleichgewicht, Bewegung, Leben, er aber mehr in sich hineinzieht all das, was die Qualitäten des Geruchssinnes, des Tastsinnes sind. Das eine wird gewissermaßen ausgeatmet, das andere wird eingeatmet in einer längeren Lebensepoche, so daß sich begegnen in unserem Organisieren die von innen nach außen dringenden

Kräfte des Gleichgewichts, der Bewegung, des Lebens, und die von außen nach innen drängenden Qualitätsorientierungen des Riechens, des Schmeckens, des Tastens ... Dadurch entsteht ein festes Selbstbewußtsein im Menschen, dadurch erfühlt sich der Mensch gewissermaßen erst als ein rechtes Selbst ... Es lagern sich gewissermaßen die Erfahrungen des Geruchssinnes, des Geschmackssinnes, des Tastsinnes vor dasjenige, was wir erfahren würden durch Gleichgewichtssinn, Bewegungssinn, Lebenssinn.»

Nehmen wir nun an: ein Mensch würde versuchen, von der Sphäre seines Ichbewußtseins aus, wie es durch die äußeren Wahrnehmungen in uns entzündet wird, erlebend hinunterzudringen in das Innere seiner Organisation, insofern diese von astralischen, ätherischen und physischen Kräften durchdrungen ist. Was würde er erfahren? Er würde sein eigenes Wesen innerlich riechen, schmecken und tasten. Doch wären die betreffenden Empfindungen, da es sich ja um rein innerliche Wahrnehmungen handelt, nicht, wie sonst, mit dem Erleben äußerer Gegenstände oder Prozesse verbunden. Da sie aber sonst eben stets mit der Wahrnehmung äußerer Vorgänge verknüpft sind, so würden sie jetzt auf dem Wege der Assoziation in dem Erlebenden doch Vorstellungen von äußeren Erscheinungen und Geschehnissen aus dem Schatze seiner Erinnerungen hervorrufen. Um so mehr, als gerade Geruchs- und Geschmacksempfindungen eine besonders starke Fähigkeit haben, assoziativ andere Vorstellungen zu erregen. Da aber der Erlebende sich doch bewußt ist, daß es sich bei seinen Wahrnehmungen nicht um Erlebnisse im Zusammenhang mit der äußeren physischen Welt handeln kann – denn solche geruchs-, geschmacks- und tastartigen Wahrnehmungen des eigenen Innenwesens können ja nur in dem Maße ins Bewußtsein gehoben werden, als die Aufmerksamkeit von der Außenwelt abgezogen und dem eigenen Innern zugewendet wird –, so wird sich in ihm leicht die Meinung bilden können, daß es nicht physische, sondern geistige, nicht sinnliche, sondern übersinnliche Wesenheiten und Vorgänge sind, mit denen er durch diese Empfindungen in Berührung kommt. Vorstellungen und Bilder werden da vor ihm auftauchen, die zwar ihren Elementen nach aus dem Schatze seiner von der physischen Welt empfangenen Erinnerungen stammen, ihrem Inhalt nach aber sich ihm als solche von geistigen Wesenheiten und Geschehnissen darstellen. Kurz: es werden Vorstellungen von Erlebnissen solcher Art entstehen, wie wir sie in der Tat von *Mystikern* zu allen Zeiten und in großer Zahl geschildert finden. Da wird meistens von geistig-mystischen Begegnungen mit Christus, der Jungfrau Maria, Heiligengestalten erzählt – Begegnungen, die sich oftmals zu Zärtlichkeiten, Umarmungen, ja bis zu geschlechtlicher Hingabe steigern. Untersucht man aber diese Schilderungen in bezug auf die in ihnen enthaltenen und beschriebenen Wahrnehmungserlebnisse, so stößt man immer wieder vor allem auf Geruchs-, Geschmacks- und Tastempfindungen. Aus der großen Zahl von Beispielen, die hierfür als Belege angeführt werden könnten, seien hier nur zwei erwähnt. Von der heiligen Theresa da Jesus (1515-1582), der größten Mystikerin Spaniens, schreibt *Emil Lucka* in seinem dem alten Spanien gewidmeten Werke «Inbrunst und Düsternis» in dem Kapitel «Verzückte» S. 125 ff.: «Theresa wandelt unersättlich ihr einziges Leitmotiv der Liebe ab ... Inbrünstig bittet sie Gott, daß er sie in seine Arme nehme und mit der Süßigkeit seines Blutes ernähre. ‹Ach, wie bereitet eine Seele, die Gott solche Sorgfalt einflößt, seiner Majestät ein Bett von Rosen und Blumen. Es ist ihm unmöglich, daß er, wenn auch noch so spät, unterlasse, sie heimzusuchen und sich mit ihr zu vergnügen› ... In der Schrift von den ‹sieben Wohnungen der Seelenburg› wird ausführlich die Brautschaft der Seele mit Gott dargestellt. Wenn Christus sich ihr vermählt, muß die Seele zuweilen Schreie der Liebe ausstoßen, aus der göttlichen Brust fließen zwei Strahlen von Milch, sie zu ernähren. Theresa erzählt, daß ihr Christus erscheint, ihre Hand in seine nimmt, ihr seine Wunden zeigt und sie zu seiner Braut macht. Ein glühender Pfeil fährt in ihre Seele ein, daß sie unter Verzückungen des Schmerzes hinstürzt und alles Irdische schwindet.» Und von Johann vom Kreuz (1542-1593), dem Schüler der Theresa, heißt es in derselben Darstellung: «Er hat das Ergebnis seines Lebens in einem inbrünstigen Gedicht zusammengefaßt, das ‹von der Vereinigung mit dem Geliebten› handelt, und das sich Strophe für Strophe durch sein Hauptwerk ‹Der Aufstieg zum Berge Karmel› zieht: ‹O Nacht, du hast mich geführt! O Nacht, liebeglühender als die Morgenröte! O Nacht, die du vereinst den Liebenden mit dem Geliebten! Die Geliebte verwandelst in den Liebenden! An meinem blühenden Busen, den ich unberührt für ihn allein bewahrt habe, lag er schlafend. Und ich liebkoste ihn und wehte ihm Kühlung zu mit dem Zweig der Zeder. Und als die kühle Morgenluft sein Haar bewegte, da umfaßte seine süße Hand meinen Hals, und alle meine Sinne schwanden dahin. In tiefer Selbstvergessenheit neigte sich mein Gesicht über den Geliebten. Mir versank alles Sehnen und Sein, ich verging unter Lilien ... Er reichte mir seine Brust dar, unterwies mich im süßesten Wissen, und ich gab mich ohne jeden Rückhalt hin, versprach ihm, seine Braut zu sein.‹»

Was der Phantasie des Mystikers als Begegnungen und Umarmungen mit dem Christuswesen sich darstellt, ist also in Wirklichkeit ein inneres Beriechen, Beschmecken und Betasten seiner eigenen Leiblichkeit. Und in dem Umstand, daß durch diese Art des Erlebens eine stärkere Hingabe an das Leibliche betätigt wird, als sie im gewöhnlichen Bewußtsein vorhanden ist, liegt der Grund für den sinnlich-erotischen Charakter, den solche Phantasien in der Regel annehmen. Auch der Mystiker dringt also nicht durch den irdisch-vordergründigen Aspekt der menschlichen Leiblichkeit hindurch. So hoch er sich in seinen mystischen Träumen ins Reich des Übersinnlichen aufzuschwingen glaubt, so tief erweist er sich in Wahrheit in den Untergründen seiner Leiblichkeit verfangen. Daher ist auch die geistige Welt, die er schildert, lediglich ein Abklatsch, eine Doublette der Sinneswelt, durch die nichts Neues zu der letzteren hinzugefügt wird. Und von einem vorgeburtlichen Dasein ist nirgends die Rede.

Auf diesem Gebiete wird der ganze, große Unterschied zwischen der geisteswissenschaftlichen Forschung und bloßer Mystik sichtbar. Während diese eine Geistwelt sich nach dem Muster der sinnlichen nur ausmalt und dabei in die letztere in Wahrheit noch tiefer versinkt als das gewöhnliche Bewußtsein, führt jene in die wahre übersinnliche Welt hinauf. Sie zieht, allerdings nicht unmittelbar für das gewöhnliche, sondern für ein von ihr entwickeltes höheres, übersinnliches Bewußtsein den Schleier vor dem vorgeburtlichen Leben hinweg und enthüllt in einem erhaben-grandiosen Gemälde, wie aus den verschiedenen Sphären des Gesamtkosmos heraus der menschliche Leib auferbaut und mit seinen mannigfaltigen Fähigkeiten begabt wird. So macht sie wenigstens mittelbar auch für das gewöhnliche Bewußtsein den Leib in seinen verschiedenen Betätigungssphären durchsichtig und zeigt dahinter den schaffenden, gestaltenden Kosmos. Und während der asketische, weltflüchtige Mystiker einer nur verborgeneren und tieferen Sinnlichkeit verfällt, lehrt sie durch ihre Darstellungen den Menschenleib als Götter- und Kosmoskunstwerk schätzen und in seinem weisheitsvollen Aufbau bewundern. Und doch oder eben deshalb sind ihre Schilderungen von aller Erotik frei. Wodurch aber erreicht, vom Gesichtspunkte der Sinneslehre aus betrachtet, die Geisteswissenschaft dieses Ziel? Dadurch, daß sie durch Getast, Geschmack, Geruch als innere Selbstwahrnehmungen durchstößt und zu den Elementen des Gleichgewichts im Physischen, der Bewegung im Ätherischen und des Lebens im Seelischen vordringt. So schildert wiederum Rudolf Steiner den Weg des Geistesforschers in dem schon zitierten Vortrag: «Der zur Geistesforschung Strebende windet sich durch Geruch, Geschmack und Tastwahrnehmung hindurch, er dringt in das Innere hinein, so daß ihm dann, indem er unbehelligt bleibt von Geruch-, Geschmack- und Tastwahrnehmung, entgegentritt dasjenige, was zu erleben ist mit Gleichgewicht, Bewegung und Leben. Das ist ein großer Moment, wenn man durch all das durchdringt, was ich charakterisiert habe als die Sinnesdreiheit des Geschmacks-, Geruchs- und Tastsinns, wenn man durch alles das durchdringt und gewissermaßen nackt vor sich hat, was in Gleichgewicht, in Bewegung und in Leben da ist ... Wenn man zu dem vorgedrungen ist, dann ist man zu dem gekommen, was man zunächst wegen seiner Durchsichtigkeit als die wahre innere Wesenheit des Menschen erlebt. Man weiß aus der Beschaffenheit der Sache selbst: Jetzt kann man nicht mehr tiefer hineinkommen. Aber man hat dann auch zunächst reichlich genug. Denn dasjenige, was die nebulosen Mystiker träumen, das findet man nicht. Aber man findet eine wirkliche Organologie, und man findet vor allen Dingen in seinem Innern das wahre Wesen desjenigen, was im Gleichgewichte ist, was in Bewegung ist, was vom Leben durchströmt ist.»

3. Beziehungen der unteren Sinne
zu Geometrie, Mathematik, Logik, Metaphysik

Kehren wir nun dazu zurück, die Entwicklung weiterzuverfolgen, welche die unteren Sinne während des menschlichen Heranwachsens für sich selbst durchmachen.

Wir haben gesehen, wie ihre Wahrnehmungen anfänglich noch in das ungeschiedene unbewußt-bewußte Erleben des kleinen Kindes hineinspielen. Wie sie dann später mit der Scheidung in ein bewußt-wachendes und ein unbewußt-schlafendes Gebiet des Seelenerlebens in das letztere hinuntersinken.

Wir sahen aber auch, wie sie in ihrer ursprünglichen Gestalt zugleich die Quelle bildeten, aus welcher die Erwerbung jener vier Fähigkeiten der Aufrechtheit, der Sprache, des Denkens und des äußeren Wahrnehmens floß, jener Fähigkeiten, deren allmähliche Entfaltung ja die Differenzierung in ein bewußtes und ein unbewußtes Seelenleben mitbewirkt. Indem nun die unteren Sinne während derselben Zeit in das Unbewußte versinken, werden gerade diese Eigenschaften der Leiblichkeit, die da erworben worden sind: die spezifisch menschliche Beziehung zum Raume, die Bewegungsfähigkeit (im allgemeinen und speziell im Sprechen), ein bestimmter Gleichgewichtszustand in den Lebensprozessen usw., die Gegenstände ihres Wahrnehmens. Denn anfänglich sind sie noch mehr ein geistig-übersinnliches Erleben ohne ausgebildete leibliche Organe. Im Laufe des Heranwachsens aber verwandeln sie sich von äußerlich-innerlichen, geistig-leiblichen Sinnen in rein innerliche, leibliche Wahrnehmungsbezirke.

Es vollzieht sich hierin eine vollkommene Richtungsänderung in der Betätigung der menschlichen Wesenheit selber. Sie war es ja eigentlich, die zunächst in der frühen Kindheit – freilich noch verbunden mit den Wesenheiten und Wirkungen der geistigen Welt – den Leib gestaltete und mit den genannten Fähigkeiten ausstattete. Jetzt, nachdem sie den Leib zum geeigneten Werkzeug und Wohnhaus für sich gebildet hat, zieht sie in diese Hülle ein, nimmt sie von diesem Instrumente Besitz. Jetzt treten ihre Kräfte im Innern des Leibes als seelisch wirkende, als wollende, fühlende, vorstellungsbildende auf. Als jene Kräfte, an die sich nun zum Beispiel der Erzieher wendet, wenn er die Unterrichtsgegenstände an den heranwachsenden Menschen heranbringt.

Da ist nun das Folgende zu beachten: der Mensch entwickelt jetzt eine Welt von Vorstellungen und Begriffen. Diese sind aber nicht alle durch äußere Sinneswahrnehmungen angeregt, sondern steigen zum Teil ohne eine solche Anregung im Inneren seiner Seele auf. Sie entstehen gewissermaßen als freie, rein innerliche Schöpfungen. Zwar wendet sie der Mensch dann auf äußere Gegenstände an, und sie erweisen sich als passend auf dieselben. Warum das so ist, kann er aber, aus dem gewöhnlichen Bewußtsein heraus, nicht erklären. Er kann diese Tatsache höchstens mit Erstaunen feststellen.

Diese Begriffe sind solche, zu deren Erzeugung der Mensch angeregt wird durch die Wahrnehmungen der unteren oder inneren Sinne, obwohl diese als solche in das Unbewußte hinuntergesunken sind. Ja, wir sahen im letzten Kapitel, daß sogar die Vorstellungen, in welche diese Wahrnehmungen durch die zugehörigen Begriffsbildungen verwandelt werden, noch unterhalb der Schwelle des Bewußtseins verbleiben. Nur die Begriffe als solche treten, ohne ihren Bezug zu Wahrnehmungen erkennen zu lassen, in ihrer abstrakten Allgemeinheit ins Bewußtsein ein.

Eine erste Reihe von solchen Begriffen sind diejenigen der *Geometrie*, der *Raumlehre*. Sie sind angeregt durch Erlebnisse des *Gleichgewichtssinnes,* wie sie mit der Erwerbung des aufrechten Ganges und der entsprechenden Formung der menschlichen Gestalt, des Skeletts usw. zustande kommen. Das heißt durch die Art, wie der Mensch durch die Aufrichtung in den räumlichen Tatsachen und Geschehnissen – freilich unbewußt erlebend – drinnensteht. Die Idee des Raumes und die übrigen Begriffe der Geometrie könnte der Mensch als Erwachsener in der Art, wie er es tut, also nicht konzipieren, wenn er sich nicht in der frühen Kindheit in der ganz bestimmten, für den Menschen charakteristischen Weise leiblich in den realen Raum hineinorganisiert und damit durchgeometrisiert hätte. Das so geartete Drinnenstehen im Raume bildet die wahre Unterlage und Anregung zu seinen geometrischen Begriffsbildungen.

Es verhält sich demnach mit dem Raume nicht so, wie *Kant* geglaubt hat: daß er eine unserem Bewußtsein anhaftende apriorische

Anschauungsform sei, die wir den «Dingen an sich» gleichsam wie ein Netz erst überwerfen, um sie in unsere Anschauung einzufangen. Vielmehr geben wir schon, bevor unser Bewußtsein voll erwacht ist, aus einem dumpf-erlebenden Verbundensein mit der vollen Raumeswirklichkeit unserem Leib eine bestimmte räumliche Konfiguration und gliedern ihn in einer bestimmten Weise in die Raumeswelt ein. Was wir dann später, bei entwickeltem Bewußtsein, als die Idee des dreidimensionalen Raumes ausbilden, ist nur das abstrakte Begriffsgegenstück zu dem, was wir dann durch die unteren Sinne rein wahrnehmungsmäßig - allerdings unbewußt - als räumliche Beschaffenheiten in unserm Leibe erleben. In der Tatsache jedoch, daß es ein und dieselbe Raumeswelt ist, in der die äußeren Dinge drinnenstehen und in die wir in frühester Kindheit unseren eigenen Leib in bestimmter Weise hineinorganisiert haben, liegt der Grund dafür, warum die Raumesgesetze, die wir in der Geometrie als Begriffe aus dem Erleben unseres Leibes herausschöpfen, sich als bestimmend auch für die äußeren Gegenstände erweisen. Nicht etwa - wie Kant meinte - in dem Umstand, daß wir den Dingen durch unsere Anschauung erst den Charakter der Räumlichkeit aufstülpen! Zu dieser Meinung hätte Kant nicht kommen können, wenn ihm eine zureichende Sinneslehre zur Verfügung gestanden hätte. Daß eine solche damals nicht vorhanden war, hatte darin seinen Grund, daß die unteren Sinne in den letzten Jahrhunderten für die Menschheit als ganze ebenso in die Unbewußtheit versunken waren, wie sie es für den einzelnen Menschen während seines Heranwachsens tun.

Aus älterer Zeit ist uns ein Wissen um diese Herkunft der räumlich-geometrischen Vorstellungen überliefert in einem Worte Platos. Dieses deutet darauf hin, daß das Durchgeometrisieren des Leibes in den ersten Jahren, das zunächst den Anstoß zu den geometrischen Begriffsbildungen gibt, aus den im Gleichgewichtssinn nachklingenden vorgeburtlichen Erlebnissen unter göttlichen Geistwesen heraus erfolgt. Es ist der Ausspruch, daß «die Gottheit geometrisiere». Noch aus dem Beginne der neueren Zeit stammt der nicht weniger schöne und richtige Satz Keplers: «Die Geometrie ist vor Erschaffung der Dinge, gleich ewig wie der Geist Gottes, ist Gott selbst (was ist in Gott, was nicht Gott selbst ist?) und hat ihm die Urbilder für die

Erschaffung der Welt geliefert; und sie ist mit dem Ebenbilde Gottes in den Menschen übergegangen, nicht erst durch die Augen in das Innere aufgenommen worden.»* Und wenn Spinoza seine Ethik «more geometrico» abfaßte, so tat er es, weil auch er noch empfand den Zusammenhang der Geometrie mit den innersten, tiefsten Wesenskräften des Menschen, ja mehr: das unmittelbare Einssein des Menschen mit den göttlichen Schöpfermächten, das in der Geometrie erlebt werden kann.

Was nun die allmähliche Verabstrahierung des ursprünglichen, frühkindlichen Raum-*Erlebens* während des Heranreifens des Menschen bis zum Raum-Begriff des heutigen Erwachsenen betrifft, so verläuft diese im Ganzen durch drei Stufen hindurch, die von der geisteswissenschaftlichen Forschung im genaueren charakterisiert werden können.** Wenn nämlich durch das ursprüngliche Wirken des *Gleichgewichtssinnes* der Mensch seine spezifisch menschliche Raumesorientierung erlangt, so ist mit ihr, da sie sich ja (im Unterschied von den Verhältnissen im Tierreich) durch seine Aufrechtheit kennzeichnet, zunächst ein vornehmliches Erleben der Dimension des *Oben-Unten* verknüpft. Für das Kind in den allerersten Lebensjahren ist diese noch nicht ein ihm unmittelbar Gegebenes, sondern etwas, das es sich für sein Erleben durch sein eigenes Tun (in seinem Sichaufrichten) erschafft. Freilich verläuft dieses Erleben in dem diesem Lebensalter noch eigentümlichen dumpfen Bewußtsein. Etwas später, in Verbindung mit der *Sprachentwicklung,* die ja wesentlich an die durch die Aufrichtung erlangte freie *Beweglichkeit* der Arme geknüpft ist, lebt es sich in analoger Art in die Dimensionen des *Rechts-Links* hinein. (Wir wiesen bereits auf den Zusammenhang zwischen Rechts- und Linkshändigkeit mit der Ausbildung des Sprachzentrums auf der je gegenüberliegenden Seite des Gehirns hin.) Genauer müßte man sagen: während es sich die erstgenannte Dimension in einer noch ganz dumpfen *Willens*betätigung erringt, erobert es etwas später diese zweite für sein *Erfühlen.* Darum vollzieht sich auch dieses Erleben wenigstens noch in traumartiger Dämmerhaftigkeit. Die Aufhellung

* Zitiert in «Der hörende Mensch» von Hans Kayser, S. 115.
** Siehe Rudolf Steiner: Zweiter anthroposophischer Hochschulkurs. Bern 1948

des Bewußtseins zu voller Wachheit erfolgt erst in dem Maße, als an und aus der Sprache heraus das *Denken* sich entfaltet. Damit aber entwickelt sich auch erst allmählich das Sichhineinleben in die Richtung des *Vorne-Hinten,* das heißt das Erleben der räumlichen Tiefe. Es zeigt sich dies zum Beispiel an dem Übergang, den der heranwachsende Mensch etwa im Zeichnen und Malen in einem gewissen Alter macht von der bloß flächenhaften Darstellung, wie sie für das Kind charakteristisch ist, zu einer perspektivischen. Da das Erfassen der Raumestiefe jedoch wesentlich zusammenhängt mit dem binokularen Sehen, so kann der erwähnte Übergang als ein Zeichen dafür betrachtet werden, daß das Erleben des Raumes aus dem Brustorganismus überhaupt erst jetzt voll an den Sinnes-Nerven-Organismus übergeht, das heißt, daß der Mensch erst in diesem Zeitpunkt eigentlich beginnt, den Raum mit den *Augen,* ja vom Auge her zu erleben. Durch dieses Hinaufsteigen des Raum-Erlebens aus dem «mittleren» in den «oberen» Menschen ist es eigentlich, daß das flächenhafte in ein Tiefen-Sehen sich verwandelt. Denn diejenige Raumesdimension, die in spezifischer Weise vom Kopf, vom Sehen, vom Sinnesorganismus her erlebt werden kann, ist eben die Tiefe. Darum wird das Tiefensehen gerade auch im Zusammenhang damit errungen, daß jetzt die Verstandesentwicklung in den Vordergrund tritt. Und es ist auch, indem es sich an «Tiefenzeichen» innerhalb der flächenhaft wahrgenommenen Erscheinungen (Verkürzungen, Schattenwirkungen usw.) entzündet und sich auf solche stützt, der Gedankenbildung verwandt. Obwohl wir es im Laufe der Entwicklung mit Geläufigkeit und Sicherheit betätigen lernen, müssen wir es doch immer wieder als solches vollziehen. Wir werden uns dessen insbesondere dann bewußt, wenn mangels entschiedener oder eindeutiger Tiefenzeichen für Momente ein Schwanken oder Irren in der Auffassung der Tiefenverhältnisse eintritt. Doch sinkt es aber, im Ganzen genommen, im Verlaufe des Lebens wenigstens ins Halbbewußte hinunter. Wir sind uns daher in der Regel nicht bewußt, daß wir als erwachsene Menschen *erlebend* zu der Tiefendimension des Raumes in einer andern Beziehung stehen als zu denjenigen der Breite und der Höhe. Wir haben als heutige Menschen im allgemeinen jene – eben von *allem* Erleben abgezogene – Vorstellung vom Raum, für welche dessen drei Dimensionen völlig gleichartig und vertauschbar erscheinen. Es bedarf schon eines aufmerksamen «Befragens» der reinen Erfahrungstatsachen, um des Unterschiedes der erlebnismäßigen Gegebenheit zwischen der Tiefendimension einerseits und denjenigen der Höhe und der Breite andrerseits innezuwerden. Ein solches ergibt aber eben, daß, wenn wir heranwachsend zu dem vollwachen Bewußtsein gelangen, wie wir es dann etwa in der wissenschaftlichen Forschung betätigen, die Dimensionen der Höhe und Breite unserm Erleben bereits als fertig Gegebene gegenübertreten, während wir das Erleben der Tiefe immerfort durch eine wenn auch nur halbbewußte Betätigung herstellen. In seinem Werke «Geist und Sein» weist zum Beispiel *H. Schmalenbach* – unter Bezugnahme auf die im neunzehnten Jahrhundert aufgetretenen Gegensätze der «nativistischen» und der «empiristischen» Auffassung von der Entstehung unsres Raum-Erlebens – treffend darauf hin, daß mindestens vom Gesichtspunkte der «Geburt» unsres vollwachen Bewußtseins aus das flächenhafte Sehen nativistisch, das Tiefensehen dagegen empiristisch erklärt werden müsse (S. 54 ff.).

Aus der Enthüllung der wahren Herkunft unsrer Raumesbegriffe hat übrigens Rudolf Steiner auch erstmals die Konsequenzen gezogen, die sich aus ihr für eine wahrhaft pädagogische Methodik des Geometrie-Unterrichts ergeben. Er wies nämlich darauf hin, daß die Kinder in der Schule dadurch am wesensgemäßesten in das Erleben und Verstehen geometrischer Gebilde hineinwachsen, daß sie diese zuerst, soweit dies möglich ist, mit ihren Gliedern, das heißt durch Abschreiten im Raum oder durch Darstellung derselben in Form bestimmter Körperhaltungen oder -bewegungen ausführen und dann erst allmählich in das rein Begriffsmäßige übergehen lassen.* Dadurch nämlich wird der Prozeß nachgebildet, durch den die geometrischen Begriffe im Menschen wirklich entstehen, und auf diese Weise dem Bewußtsein des heranwachsenden Menschen etwas von dem wahrnehmungsmäßigen Erleben mitgegeben, das der Ausbildung der geometrischen Begriffe in Wahrheit zugrunde liegt. Wenn sie so etwas von dem ihnen entsprechenden Wahrnehmungselemente mitbekommen,

* Siehe Hermann v. Baravalle: Geometrie und Körperbewegung. Stuttgart 1928.

dann leben diese Begriffe selber im Menschen lebendiger weiter, als dies sonst der Fall ist.

Ein Ähnliches ist zu sagen von dem zweiten Gebiet, das hier zu nennen ist: von den *mathematisch-zahlenmäßigen* Begriffsbildungen. Diese weisen in analoger Art auf das unbewußte Wahrnehmen desjenigen hin, was die menschliche Wesenheit in der frühen Kindheit aus den Erlebnissen des *Bewegungssinnes* (in ihrer ursprünglichen Gestalt) in ihren Leib hineingearbeitet hat. Die Bewegungen, um die es sich da handelt, haben größtenteils den Charakter des rhythmisch sich Wiederholenden oder des polarisch Spiegelbildlichen; werden sie ja doch im Menschen veranlagt aus der (nachklingenden) Welt des Planetarischen heraus, die ebenfalls eine Welt von mannigfaltigsten rhythmisch sich wiederholenden, symmetrisch gegenbildlichen Bewegungsformen ist. Das Moment der regelmäßigen Wiederholung, der rhythmisch hin- und herpendelnden Bewegung durchzieht aber auch durch und durch die Zahlenwelt. Einerseits ist die Zahlenreihe – man denke nur an ihre Ordnung nach Zehnern, Hundertern, Tausendern usw. – rhythmisch gegliedert; andererseits entwickeln sich die Rechnungsoperationen der Addition, Multiplikation, Potenzierung und ebenso die der Subtraktion, Division und Radizierung auseinander auf dem Wege sich steigernder Zusammenfassungen von rhythmischen Vergrößerungen und Verkleinerungen. Wiederum zieht die Pädagogik Rudolf Steiners aus diesen Erkenntnissen heute die praktischen Folgerungen, indem sie in den ersten Schuljahren das Rechnen den Kindern nicht in verstandesmäßiger Art beibringt, sondern es ganz aus der Bewegungstätigkeit, insbesondere aus dem rhythmischen Erleben, herauswachsen läßt, wie es etwa im Einmaleins und den mannigfaltigen Abwandlungen seiner auf- und absteigenden Bewegung geübt werden kann.* Kommen doch in solchen Operationen die verschiedensten symmetrischen, spiegelbildlichen, regelmäßig auf- und abflutenden Bewegungen zum Vorschein! In der gemeinsamen Herkunft aus Erlebnissen des Bewegungssinnes, aus denen heraus, wie wir gesehen haben, im speziellen auch

---

* Siehe Ernst Bindel: Das Rechnen im Lichte der Anthroposophie. Stuttgart 1927. S. 104 ff. Ferner: R. Saurer und E. Bühler: Das Rechnen mit reinen Zahlen. Bern 1946.

die im Sprechen erfolgenden Bewegungen entwickelt werden, liegt übrigens auch die Verwandtschaft zwischen Zahlbildung und Wortbildung begründet, welche sich aus den Ergebnissen der sprachwissenschaftlichen Forschung erhellt.*

An dritter Stelle ist zu sagen, daß alle Begriffsbildungen der *Logik* – diese Wissenschaft im engeren Sinne als formale Logik verstanden – abstrahiert sind aus dem unbewußten Erleben dessen, was aus dem ursprünglichen Wirken des *Lebenssinnes* heraus zur physiologischen Voraussetzung der Gedankenentfaltung gebildet wird: einer bestimmten Gliederung und Ausbalancierung der verschiedenen Lebensprozesse des menschlichen Organismus. Diese besteht, wie schon angedeutet, in der Herstellung eines Gleichgewichts zwischen aufbauenden und abbauenden Funktionen, dessen Aufrechterhaltung dadurch gewährleistet wird, daß zwischen diesen beiden zugleich eine dritte, ausgleichende Art von Funktionen sich während des Heranwachsens zu einem relativ selbständigen System entwickelt. Es ist dies jene Dreiheit von organischen Funktionssystemen, deren Aufweisung als «physiologischer Dreigliederung» des Menschen bereits an früherer Stelle als fundamentale Erkenntniserrungenschaft Rudolf Steiners erwähnt wurde. Im Zusammenhang mit ihrer Erwähnung wurde auch schon darauf hingedeutet, wie dieser physiologischen Dreigliederung im Seelischen diejenige in die denkende, fühlende und wollende Betätigung zugeordnet ist. Nun schattet sich diese Dreigliederung des Gesamtseelischen wieder in jeder seiner einzelnen Funktionen ab. Wir haben es nie mit einem isolierten Denken, Fühlen oder Wollen zu tun. In jedem Denken ist vielmehr auch ein Fühlen und Wollen, in jedem Fühlen ein Denken und Wollen und in jedem Wollen auch ein Denken und Fühlen enthalten. Wenn wir sagen, daß wir denken, fühlen oder wollen, so ist unsere Seele immer als ganze tätig; nur das Schwergewicht ihrer Betätigung liegt jeweils in der einen oder andern dieser Funktionen. Entsprechend liegen die Verhältnisse auch im physiologischen Gebiete. Was nun im speziellen das *Denken* betrifft, so gliedert sich seine Betätigung im Sinne dieser Abspiegelung des Gesamtseelischen in die von der Logik unterschiedene Drei-

* Siehe C. Abel: Über den Gegensinn der Urworte (Sprachwissenschaftliche Abhandlungen 1885).

heit des Begriffebildens, des Urteilens und des Schließens. Ganz in seinem eigenen Elemente webt das Denken nur in der letzten dieser Funktionen – daher denn auch die Lehre von den Schlüssen schon bei Aristoteles und insbesondere in der Blütezeit der «Denkkunst», während der Scholastik, das Hauptkapitel der Logik bildete. In allen Urteilen schwingt das an die rhythmische Organisation gebundene Gefühlsleben mit: Jedes bejahende Urteil ist mit einer leisen Sympathie-, jedes verneinende mit einer ebensolchen Antipathie-Empfindung verknüpft. Auch verschmilzt das Urteilen am innigsten mit der ebenfalls aus dem «mittleren» System sich entbindenden sprachlichen Äußerung des Menschen: Jedes Urteil schlägt sich gleichsam in der Bildung eines Satzes nieder. Zu einer eigentlichen Begriffsbildung schließlich kommt es immer nur durch die Entfaltung einer gewissen – freilich in der Erkenntnissphäre sich auslebenden – Willensaktivität, die ihre physiologische Grundlage in den Stoffwechselprozessen hat. In den Darstellungen der Logik, wie sie sich seit Aristoteles entwickelt hat, erscheint von diesen Verhältnissen nur ein verabstrahiertes Bild, wie es sich eben in den Begriffen gestaltet, die aus dem unbewußten Erleben derselben in das Bewußtsein aufsteigen. Dieses Bild erweckt den Anschein, als handle es sich bei den genannten Funktionen um drei im Elemente eines «bloßen» Denkens verlaufende Betätigungen und um eine Sukzession von Begriffebilden, Urteilen und Schließen im Sinne eines Fortschreitens von der Bildung der Elemente zu ihrer Verknüpfung. In der Wirklichkeit des Erkenntnislebens aber weben alle drei Betätigungen als gleichzeitige fortwährend ineinander. Und wir betätigen unser Denken auf diese dreifache Weise, weil auch im Erkennen unsere Seele immer als die dreigliedrige Gesamtwesenheit wirkt, als welche sie in der funktionell dreifach gegliederten Leiblichkeit lebt. Auch aus diesen Tatsachen hat Rudolf Steiner zum ersten Mal die Konsequenzen für die Gestaltung der Pädagogik gezogen. Diese zu schildern würde jedoch zu weit führen. Es muß hierfür auf seine eigenen diesbezüglichen Darstellungen verwiesen werden.*

An letzter Stelle ist darauf hinzuweisen, daß jede Art von *Meta-*

---

* Siehe Rudolf Steiner: Allgemeine Menschenkunde als Grundlage der Pädagogik.

physik, die über eine jenseits unserer Erfahrung liegende reale Welt in spekulativer oder hypothetischer Weise Vorstellungen entwickelt, ihre Erlebnisgrundlage hat in den unbewußten Wahrnehmungen jenes ursprünglichen allgemeinen *Tastens,* aus dem sich, wie geschildert, die äußeren Sinne herausdifferenzieren, und das auch weiterhin immer in feiner Weise in deren Betätigung mit enthalten ist. Denn das reine Tasterlebnis kennzeichnet sich dadurch, daß es zwar durch Außenwelteindrücke hervorgerufen wird, aber unmittelbar nicht äußere, sondern Wahrnehmungen des eigenen Leibes (der Hautoberfläche) vermittelt, wobei die Außenwelt in bezug auf ihre verschiedenartigen Eigenschaften jenseits der Erfahrung verbleibt und deshalb nur erschlossen werden kann. Es ist nun ein Grundmerkmal der Erkenntnishaltung gerade des modernen Menschen, daß für ihn die Welt in die Zweiheit der «Dinge an sich», der «realen Außenwelt», und der bloßen «Erscheinung» oder «Erfahrung» auseinanderfällt. In der Erkenntnistheorie Kants hat diese Haltung ihren prägnantesten und wirkungsreichsten philosophischen Ausdruck gefunden. Ihren hauptsächlichsten naturwissenschaftlichen Repräsentanten fand sie, wie im nächsten Kapitel genauer ausgeführt werden wird, in der atomistischen Theorie der Materie, wie sie in Chemie und Physik (seit Dalton) im 19. Jahrhundert zur Herrschaft gelangt ist.

Daß diese Haltung gerade in unserer Zeit – wenn auch in verschiedenen Varianten – tonangebend wurde, deutet darauf hin, daß zwischen der Wandlung des Bewußtseins, wie sie sich *im Einzelleben* während des Heranwachsens bis zur Mündigkeit hin vollzieht, und derjenigen, die sich *im Verlauf der Geschichte* vollzogen hat, eine *Parallele* besteht. Dies gibt Veranlassung, im nächsten Abschnitt als Ergänzung zur vorangehenden Darstellung des Wandels der unteren Sinne in den ersten Phasen des Einzellebens etwas ausführlicher die analogen Metamorphosen zu schildern, welche diese Gruppe der Sinne im Laufe der Menschheitsentwicklung erfahren hat.

B. Die Entwicklung der unteren Sinne in der Menschheitsgeschichte

1. Die Hauptstufen der Entwicklung

Bevor wir im folgenden die Wandlungen ins Auge fassen, welche die unteren Sinne im Gange der Menschheitsentwicklung erfahren haben, seien zunächst einige Bemerkungen prinzipieller Art über das Grundgesetz dieser Entwicklung vorausgeschickt.

Zu den für das Verständnis des Menschenwesens unerschöpflich fruchtbaren Errungenschaften der Geisteswissenschaft gehört die Aufdeckung der Tatsache, daß jener Zusammenhang zwischen Ontogenese und Phylogenese, den *Ernst Haeckel* zuerst für das Tierreich als das «biogenetische Grundgesetz» nachgewiesen hat, nicht nur für das Tier, sondern in einer noch viel umfassenderen Bedeutung für den Menschen Gültigkeit hat. Ja, es ist sogar so, daß die Gesetzmäßigkeit, um die es sich hierbei handelt, beim Tiere bloß in fragmentarischer Gestalt, in Reinheit und Vollständigkeit dagegen nur beim Menschen in Erscheinung tritt; ist ja doch auch – zufolge den Ergebnissen dieser Forschung – das Tier selbst bloß ein aus der menschlichen Entwicklung abgesplittertes Fragment derselben. Denn der Mensch enthüllt sich ihr, sowohl nach der Zusammensetzung wie nach der Entwicklung seiner Organisation, als der *Mikrokosmos*, die «Welt im Kleinen». Er vereinigt in sich alle Kräfte und Sphären der «Welt im Großen», des Makrokosmos, und daher laufen auch die Entwicklung *seines* Wesens und diejenige des *Weltenwesens* parallel. Die Evolution der Menschheit und diejenige des Kosmos sind nur die beiden Seiten einer und derselben Tatsachenreihe. Wenn daher das einzelne Menschenleben in seiner Genesis diejenige der Menschheit wiederholt, so wiederholt es damit zugleich die Entwicklungsgeschichte der ganzen Welt. Weil so der Mensch eigentlich nichts anderes ist als eine andere: nämlich die zu einem Kompendium zusammengefaßte Erscheinungsform der Welt selbst, so besagt auch das Gesetz, das in dieser Entwicklungsbeziehung waltet, nicht bloß etwas über die Bio- oder Anthropogenese, sondern über die Art und Weise, nach welcher die Kosmogenese verläuft, und darf deshalb als *«kosmo-*

genetisches Grundgesetz» bezeichnet werden. Sein Inhalt aber geht dahin, daß die Stufenordnung, nach welcher das kosmische Werden im Ganzen (d. h. vom Anfang bis zum Ende) sich vollzieht, in jeder einzelnen seiner kleineren und kleinsten Phaseneinheiten als das Gesetz ihres Ablaufs sich abbildet. Es verlaufen in der Tat, wie wir im folgenden werden zu zeigen haben, nicht nur die größte und die kleinste Entwicklungseinheit: die kosmische Evolution und das einzelne Menschenleben, sondern auch zwischen beiden liegende mittlere Entwicklungszyklen, wie zum Beispiel der im engeren Sinne geschichtlich zu nennende Abschnitt des Menschheitswerdens und selbst wiederum einzelne Epochen desselben nach der gleichen urbildlichen Stufenordnung. Das Tier ist als solches aus der allgemeinen, das heißt kosmisch-menschlichen Evolution an einer bestimmten Stelle ausgeschieden worden.* Darum reißt bei ihm die Offenbarung dieser Gesetzmäßigkeit an einem bestimmten Punkte ab. Sie bezieht sich bei ihm lediglich auf seine leibliche Gestaltung. Der Mensch dagegen hat den Fortgang der kosmischen Evolution bis zur Gegenwart mitgemacht. In seiner Entwicklung setzt sich diejenige des Kosmos bis in die Gegenwart herein fort. Und zwar erfolgt diese Fortsetzung im gegenwärtigen Weltalter in Form der *Geschichte,* die ja allein dem Menschen eigentümlich ist. Freilich ist sie dies nicht in *dem* Sinne, daß sie nur *seine* Sache wäre, sondern in dem *anderen,* daß er eben den Ort, das Organ bildet, in und an welchem das *kosmische* Werden stattfindet. Daher bezieht sich die genannte Gesetzmäßigkeit in ihm nicht nur auf das Leibliche, sondern auch auf das seelisch-geistige Leben und dessen Entwicklung.

Im genaueren ist nun zu sagen, daß alles, was der Mensch im vorgeburtlichen Leben, also vom Beginn seines Niederstiegs aus dem Bereiche göttlich-geistiger Wesenhaftigkeit bis etwa gegen die physische Geburt hin, an Entwicklung durchläuft, eine Rekapitulation derjenigen Stadien des menschheitlichen und kosmischen Werdens darstellt, welche als die vorirdischen von der geisteswissenschaftlichen Forschung bezeichnet werden. Es hat nämlich auch die Menschheit als

---

* Siehe Rudolf Steiner: Die Geheimwissenschaft, und Hermann Poppelbaum: Mensch und Tier.

ganze, bevor sie ihr irdisches Dasein antrat, bereits eine Reihe von Entwicklungsetappen durchlaufen, die noch in der außerirdisch-übersinnlichen Welt von ihr absolviert worden sind. Und zugleich hat die Erde selbst, bevor sie «Erde» im heutigen Sinne, das heißt der gegenwärtige materielle Weltkörper wurde, Entwicklungsphasen durchschritten, während welcher sie noch in übersinnlichem Zustand im Schoße des Kosmos geborgen, gleichsam noch in den Weiten desselben aufgelöst war – in Weiten, aus denen sie sich erst allmählich zur heutigen verdichteten Stofflichkeit zusammengeballt hat. Und gleichzeitig, in dem Maße, als sie selbst sich zur festen Erde verdichtete, trat auf ihr, allmählich sich zu einer physischen Organisation verfestigend, auch der Mensch auf. Dasjenige dagegen, was der einzelne Mensch nach seiner physischen Geburt an leiblicher und insbesondere an seelischer Entfaltung erfährt, bildet wiederholend ab, was die Menschheit seit dem Beginne ihres Erdendaseins an leiblichen und dann namentlich an seelisch-geschichtlich-bewußtseinsmäßigen Wandlungen durchlaufen hat. Und zwar setzt sich diese wiederholende Abbildung bis in das Verhältnis des Einzelmenschen zum unmittelbar gegenwärtigen geschichtlichen Entwicklungszustande der Menschheit hinein fort. Nur werden die letzten Etappen dieses Abbildungsprozesses, die erst gegen die Lebensmitte hin erreicht werden, immer undeutlicher und darum schwerer faßbar, weil es sich schließlich nurmehr um feinste Veränderungen der Bewußtseinsgestaltung handelt.

Nun darf ja vermutet werden, daß gegenüber dem, was der Einzelmensch in der frühesten Kindheit wiederholend nachbildet, indem er aus den Erfahrungen seiner unteren Sinne beziehungsweise aus dem Nachklingen vorgeburtlicher Erlebnisse heraus die Fähigkeiten des aufrechten Ganges, der Sprache, des Denkens und des differenzierten äußeren Wahrnehmens sich erringt, die entsprechenden menschheitlichen Entwicklungsprozesse uns in viel größeren Maßen und auch in der Zeit viel weiter auseinandergezogen entgegentreten und daher auch manche Einzelheiten, die wir in der Entwicklung des Einzelmenschen nur ungenau und sehr zusammengedrängt verfolgen können, in wesentlich deutlicherer Ausprägung offenbaren. Und so dürfen wir auch erwarten, daß, indem wir diese Prozesse im Großen, in der ganzen Menschheit betrachten, uns dadurch noch tiefere und exaktere Einblicke in diese ganzen Verhältnisse zuteil werden.

*

Da ist denn zunächst zu sagen, daß diejenige Epoche des Weltenmenschenwerdens, in welcher die Erde zuerst zur physisch-festen Materialität sich zu verdichten und damit gleichzeitig auch der Mensch in sinnlich-leiblicher Gestaltung auf ihr zu erscheinen begonnen hat, jene ist, die von der Geistesforschung als die *lemurische* bezeichnet und beschrieben wird. Sie bedeutet also gewissermaßen das Datum der Erden- und Menschengeburt im kosmischen Werden. Und so wie noch heute der einzelne Mensch sich bald, etwa ein Jahr nach seiner irdischen Geburt aufrichtet, so erwarb sich auch bald nach ihrem ersten Auftreten auf der Erde die Menschheit als ganze, gleichsam als ihre erste Erdenerrungenschaft, etwa gegen das Ende der lemurischen Zeit die Fähigkeit des *aufrechten Ganges*. Und wenn wir vom einzelnen Menschen sagten, daß er diese Fähigkeit erringe aus der anfänglichen Funktion seines *Gleichgewichtssinnes* heraus, in welcher die Erlebnisse nachklingen, die er vor seinem Abstieg zur Erde im Reiche göttlich-geistiger Wesenheiten gehabt hat, so gilt dasselbe durchaus auch von der ganzen Menschheit. Auch sie lebte mit ihrem Bewußtsein in jener ersten Erdenzeit noch ganz in den Erinnerungen dessen, was sie in einem frühesten vorirdischen Entwicklungsstadium als Geistwesen unter göttlichen Geistwesen – wenn auch noch wie ungeboren in deren Schoße ruhend – in übersinnlichen Welten erlebt hatte. Diese Fähigkeit, die ihr am Beginne ihres Erdenseins wie eine Erbschaft aus vorirdischen Entwicklungszeiten noch eigen war: mit göttlichen Wesen gewissermaßen von Angesicht zu Angesicht verkehren zu können, hat in der mythologischen Erinnerung der Menschheit ihre Spur hinterlassen in dem Bilde des paradiesischen Ursprungszustandes, in welchem der Mensch – wie die mosaische Genesis es schildert – mit der Gottheit noch unmittelbaren Umgang pflegte. Und in viel späterer Zeit noch hat in einer grandiosen künstlerischen Imagination das Sichaufrichten beziehungsweise Aufgerichtetwerden des ersten Erdenmenschen aus der Berührung durch die unmittelbar als solche sich ihm nahende und offenbarende Gottheit der Genius Michelangelos in einem seiner sixtinischen Deckengemälde dargestellt.

An zweiter Stelle erwarb sich auch die Menschheit als ganze die Fähigkeit der *Sprache*. Und zwar geschah dies in der nächsten großen Epoche ihrer Entwicklung, welche die Geisteswissenschaft als die *atlantische* schildert. Die Ausbildung der Sprache war allerdings ein langdauernder und durch viele Stufen hindurchgehender Prozeß, dessen einzelne Etappen wir im genaueren hier nicht schildern können. Es muß genügen, auf die beiden Hauptphasen hinzuweisen, welche innerhalb desselben unterschieden werden können. In der ersten Hälfte der atlantischen Epoche kam zunächst das vokalische Element der Sprache zur Ausbildung: es wurde herausgestaltet aus einem ursprünglich wortlosen Singen – dem *«Urgesang»*, welcher schon in der lemurischen Zeit entstanden war und überhaupt die erste Form der Äußerung innerer Seelenerlebnisse der Menschheit darstellte. Während aber im Urgesang mehr durch den geistigen Kosmos in der menschlichen Seele erregte Erlebnisse sich ausdrückten, vermochte der Mensch durch die Erwerbung der vokalischen Sprachlaute auch von der sinnlichen Erdenwelt her in ihm bewirkte Empfindungen zu äußern. In der zweiten Hälfte der Atlantis kam dann die Ausbildung des konsonantischen Elementes hinzu und mit ihm die Möglichkeit, auch äußere Gegenstände und Vorgänge als solche zu benennen und zu beschreiben. Nun vollzog sich aber dieser ganze Prozeß der Sprachentwicklung unter dem nachwirkenden Einfluß von Erlebnissen, welche die Menschheit innerhalb der astralisch-planetarischen Welt durchgemacht hatte und auch weiterhin im Zusammenhang mit dieser empfing. Es waren nämlich, wie Rudolf Steiner in seiner «Geheimwissenschaft» schildert, weitaus die meisten Menschenseelen am Ende der lemurischen Zeit wieder von der Erde hinweg und in die planetarische Welt hinaufgezogen und kamen von dieser erst im Laufe der atlantischen Zeit allmählich zur Erde herunter. Nur ganz wenige Menschen hatten auf der Erde selbst das Ende der lemurischen Zeit überdauert, welches durch gewisse Verhältnisse gekennzeichnet ist, die sich damals herausbildeten und die das irdische Menschendasein aufs höchste gefährdeten. Jene aber, die eine vorübergehende Zuflucht vor diesen Gefahren auf den verschiedenen

Planeten gesucht hatten und von diesen im Laufe der Atlantis wieder zur Erde niederstiegen, bewahrten die in der Sternenwelt empfangenen Erlebnisse lange und stark in der Erinnerung, ja suchten sie auch von der Erde her fortzusetzen, indem sie «Orakelstätten» gründeten, von denen aus der Zusammenhang mit den Planetenwesen weiter aufrechterhalten und gepflegt wurde. So entstanden Saturn-, Jupiter-, Mars-, Venus- und andere Orakel, um welche sich diejenigen Menschen auf Erden wiederversammelten, die früher miteinander als Seelen auf den betreffenden Planeten geweilt hatten. Dadurch gliederte sich auch das nun wieder zur Erdenmenschheit gewordene Menschengeschlecht in eine Reihe von Gemeinschaften, die als Mars-, als Venusmenschen usw. bezeichnet werden konnten. In diesen Gemeinschaften haben wir die Urgestalt desjenigen zu erblicken, was später die verschiedenen Menschenrassen geworden sind. Den Unterschieden zwischen den letzteren liegt ursprünglich zugrunde ein verschiedenartiges Ein- beziehungsweise Nachwirken der Planetenkräfte in dem charakterisierten Sinne nicht nur ins Seelische, sondern bis ins Leiblich-Organische der betreffenden Bevölkerungen. Ein solches Hereinkraften war dadurch möglich, daß die einzelnen physiologischen Funktionssysteme, wie Drüsen-, Blut-, Atmungs-, Sinnessystem, besondere Beziehungen zu den verschiedenen Planetenwirkungen haben. Je nachdem nun dieser oder jener Planet durch bestimmte Vorkehrungen stärkeren Einfluß auf den menschlichen Organismus erlangt, wird das eine oder andere der genannten Systeme zu einer hypertrophischen Ausbildung gebracht. Und was ursprünglich durch einen immer von neuem ermöglichten Planeteneinfluß bewirkt wurde, ist dann später, als diese Verbundenheit mit den Sternenkräften verlorenging, in die Vererbung übergegangen und zu Merkmalen der Blutszugehörigkeit geworden. Aus denselben Erlebnissen und Wirkungen aber, welche die Entstehung der Planetenorakel und der zu den späteren Rassen gewordenen Planetengemeinschaften der atlantischen Menschheit verursacht haben, ist damals auch die menschliche Sprache erbildet worden. Es dürfen diese Erlebnisse als die ursprünglichen des *Bewegungssinnes* bezeichnet werden. Das allmähliche Verklingen des übersinnlichen Weltenwortes, das in den Bewegungen der Planeten vernommen worden war und dessen

Nachhall in den Planetenorakeln noch erlauscht werden konnte, ging nach und nach in das Ertönen des sinnlichen Menschenwortes über.

Verfolgen wir nun die Menschheitsentwicklung weiter, in die nachatlantische Epoche hinein, so kommen wir in die Zeit, während der in analoger Art die Fähigkeit des *Denkens* auf dem physischen Plan ausgebildet worden ist. Im genaueren kommt für diesen Vorgang die *erste Hälfte der nachatlantischen Epoche* in Betracht, also die Zeit, die von der ersten, urindischen durch die zweite, urpersische und dritte, ägyptisch-chaldäische hindurch bis zur vierten, griechisch-römischen Periode sich erstreckt. Am Beginne der nachatlantischen Entwicklung besitzt die Menschheit noch keineswegs die Fähigkeit des Denkens. Sie lebt da vielmehr noch in einer instinktiven Imagination. Erst im Laufe der griechisch-römischen Zeit ist die Umgestaltung der organischen Prozesse im Menschen so weit gediehen, daß auf ihrer Grundlage das Denken im physischen Bewußtsein sich entfalten kann. Deshalb erblüht auch in Griechenland die Philosophie erstmals in reiner Gestalt. Und wir können selbst dort noch deutlich verfolgen, wie sie sich bei den vorsokratischen Denkern Schritt für Schritt aus dem älteren imaginativ-mythologischen Erleben herausarbeitet. Nun wurde schon bemerkt, daß im einzelnen Menschenleben die Veränderungen in den organischen Funktionen, welche die Entwicklung des Denkens ermöglichen, mittels der Ursprungsgestalt der *Lebenssinnes*-Empfindungen herbeigeführt werden, das heißt aus der dumpfen Erinnerung an die Erlebnisse, die vor der Geburt beim Durchwandern der Welt der ätherischen Bildekräfte absolviert wurden. Und den Inhalt dieser Erlebnisse haben wir charakterisiert als die Wahrnehmung der Ausgeglichenheit zwischen aufbauenden und abbauenden Kräften, welche im Kosmos hergestellt ist durch das Verhältnis, in welchem Sonne, Mond und Erde als ätherische Potenzen zueinander stehen. Das erinnernde Wahrnehmen dieser kosmischen Verhältnisse tritt bei der ganzen Menschheit in der Zeit, da sie die leiblich-organischen Grundlagen für die Denkfähigkeit schafft, naturgemäß deutlicher zutage als beim einzelnen Menschen in der Kindheit. Die geisteswissenschaftliche Forschung* zeigt, daß die von der Sonne

---

* Siehe Günther Wachsmuth: Die ätherischen Bildekräfte in Kosmos, Erde und Mensch.

ausstrahlenden aufbauenden Bildekräfte, welche aber zugleich auch erweichende, formauflösende sind, in der Richtung von Osten nach Westen über die Erde hin wirken, gemäß der scheinbaren Tagesbewegung der Sonne, die von Osten nach Westen am Himmel verläuft. Umgekehrt strahlen die vom Mond ausgehenden Kräfte des Abbaus, welche aber auch diejenigen der Formgebung, der Verhärtung sind, in der Richtung von Westen nach Osten hin über die Erde, gemäß der in diesem Sinne erfolgenden monatlichen Bewegung des Mondes um die Erde. Auf- und abbauende Prozesse innerhalb ihrer leiblichen Organisation in jenes Verhältnis zueinander zu bringen, welches die Entfaltung des Denkens ermöglicht, bedeutet daher für die Menschheit in der genannten Epoche ihrer Entwicklung die Aufgabe, sich in entsprechender Art in die ostwestlich und westöstlich über die Erde hinstrahlenden kosmischen Bildekräfte einzuschalten.

Nun hatte sich die atlantische Entwicklung in der Hauptsache auf einem Kontinent abgespielt, der ungefähr an der Stelle des heutigen Atlantischen Ozeans gelegen war, und hatte ihr Ende gefunden durch verschiedene langdauernde Naturkatastrophen, zu denen das Versinken des größten Teiles dieses Erdteils, vor allem aber auch eine weitgehende Vereisung und Vergletscherung ehemaliger Siedlungsgebiete gehörte (Eiszeit). Mit dieser Vereisung war auch eine Verfestigung der menschlichen Organisation Hand in Hand gegangen, die schließlich eine weitere Entwicklung derselben auf diesem Boden unmöglich machte. Die menschliche Wesenheit bedurfte einer Erweichung und Auflockerung, um neue Entwicklungsimpulse in sich aufnehmen zu können. Diese wurde dadurch erreicht, daß der noch fortschrittsfähige Teil der atlantischen Bevölkerung auf verschiedenen Wegen um mehr als die Hälfte der Erdkugel nach Osten, den erweichenden Sonnenkräften entgegen wanderte, und dann vom östlichen Asien, von Indien aus eine neue Epoche der Menschheitsentwicklung inaugurierte. Dann aber mußte dem Übergewicht der sprießendwuchernden Lebenskräfte, in das man dadurch hineingeraten war, wieder ein allmählich wachsendes Maß von Todeskräften entgegengestellt werden, um die Grundlagen für die jetzt auszubildende Fähigkeit des Denkens zu schaffen. Und dies wurde dadurch bewerkstelligt, daß nun wieder nach Westen, den Mondenwirkungen entgegen geschritten wurde. So sehen wir, wie jeder folgende der an den indischen sich anschließenden Kulturkreise ein Stück weiter westlich liegt: der persische, der babylonisch-ägyptische, schließlich der griechisch-römische. Es erfolgt also eine im umgekehrten Sinne gerichtete Wanderung der Kulturen, und ihr geht innerlich parallel ein erneutes, immer stärkeres Sichdurchdringen der menschlichen Organisation mit abbauenden, verhärtenden Prozessen. Ja, es sind die beiden Entwicklungen eigentlich nur zwei verschiedene Aspekte: der räumlich-geographische und der organisch-physiologische eines und desselben Vorganges. Und beim Übergang der Kultur von der kleinasiatischen auf die griechisch-europäische Küste ist endlich jenes Verhältnis zwischen verfestigenden und auflösenden Kräften in der menschlichen Organisation erreicht, welches die Entfaltung des Denkens möglich macht. Diese ganzen, gerade die erste Hälfte der nachatlantischen Zeit erfüllenden Wanderungserscheinungen zeigen, in welchem Maße die Menschheit damals noch durch ein naturhaftes Sprechen ihres *Lebenssinnes* die in der kosmisch-ätherischen Bildekräftewelt wirkenden Prozesse erlebte. Es stellt sich dieses west-östliche und dann ost-westliche Wandern wie ein Hin- und Herpendeln des Menschheitsorganismus im Vorwaltenlassen der einen und der anderen der gekennzeichneten ätherischen Wirkungen dar.

Mit der griechisch-römischen, der vierten und in der Mitte der ganzen nachatlantischen Entwicklung stehenden Kulturperiode beginnt nun andererseits auch schon die Ausbildung der letzten der von uns aufgezählten Fähigkeiten durch die Menschheit als ganze: *der äußeren Sinneswahrnehmung.* Allerdings erreicht dieser Prozeß seine volle Höhe erst im Laufe der *zweiten Hälfte der nachatlantischen Epoche,* also zunächst in unserer Zeit, der fünften unter den nachatlantischen Kulturen. Die verschiedenen äußeren Sinne differenzieren sich ja, wie erwähnt, aus einer zunächst unbestimmt gearteten *Tastwahrnehmung* heraus, durch welche die irdisch-sinnliche Welt ursprünglich in ihrem allgemeinsten Charakter erlebt und ergriffen wird. Diese Entwicklungstatsachen spiegeln sich deutlich in den entsprechenden historischen Vorgängen wider, wie wir sie im Großen bei der Menschheit verfolgen können. Schon von der griechisch-römischen Zeit an, besonders aber seit dem 15. und 16. Jahrhundert bemächtigt sich die Menschheit erst voll und ganz der Erde. Das Bild einer gewaltigen, nach allen Seiten unersättlich ausgreifenden Tastgebärde bietet sich dabei dem Blicke des geschichtlichen Betrachters dar. Seinen Ausdruck findet dieses Ertasten der Erde vor allem in der Entstehung der *Naturwissenschaft,* deren erste Anfänge schon in Griechenland liegen, deren volle Entfaltung aber erst die neuere Zeit gebracht hat. Diese Naturwissenschaft fußt ja ganz und gar auf den Erfahrungen der äußeren Sinne. Sie nennt sich mit Emphase die «empirische», das heißt die auf Sinnesbeobachtung beruhende, und sie hat durch Mikroskop und Teleskop die Welt der sinnlichen Wahrnehmung sowohl nach dem Kleinsten wie nach dem Größten hin unermeßlich erweitert und mit einer ungeheuren Genauigkeit beobachten gelehrt. Hand in Hand mit ihrem Aufschwung gingen die geographischen Entdeckungen, wie sie namentlich seit dem 15. Jahrhundert erfolgt sind, und die bis heute zu einer beinahe lückenlosen Kenntnis der Oberfläche der Erde geführt haben. Als bedeutendste Frucht dieser Erforschung der Erdennatur erwuchs die moderne Technik, die uns heute in einem für frühere Zeiten unvorstellbaren Maße gestattet, die Kräfte und Stoffe der Erde in den Dienst des Menschen zu stellen. Und diese technischen Errungenschaften haben vor allen Dingen das Wirtschaftsleben so umgestaltet, intensiviert und erweitert, daß es heute einen einheitlichen (wenn auch durch menschliche Unvernunft und Selbstsucht in seinem Funktionieren vielfach gestörten) Organismus über die ganze Erde hin bildet. Ja, unsere moderne Zivilisation ist überhaupt die erste, welche die gesamte Erde umfaßt. An ihren Schicksalen, wo immer sie sich zutragen, nehmen wir durch die modernen Nachrichten- und Verkehrsmittel in unmittelbarer Gegenwärtigkeit und mit dem gleichen Interesse teil. Man möchte sagen: der Tatsache, die bereits während der lemurischen Epoche geschaffen worden war: daß nämlich der Mensch auf die Erde herabgestiegen und zu ihrem beherrschenden Wesen geworden ist – die aber während der ganzen folgenden Zeit bis gegen das 15. nachchristliche Jahrhundert hin im menschlichen Bewußtsein immer von Erinnerungen an verschiedenartigste vorirdische Erlebnisse überleuchtet worden war –, ihrer ist sich die Menschheit erst seit dem Aufgange der neueren Zeit so recht bewußt geworden. Mit ihr und ihren Konsequenzen hat erst die moderne Menschheit völlig ernst gemacht. Noch anders gesagt: den Auftrag, den – zufolge der mosaischen Genesis – die Gottheit den Stammeltern der Menschheit im Paradiese erteilt hatte: «Seid fruchtbar und mehret euch und füllet die Erde und machet sie euch untertan und herrschet über die Fische im Meer und über die Vögel unter dem Himmel und über alles Getier, das auf Erden kriecht», hat sie erst in unserer Zeit voll erfüllt.

2. Rekapitulationen in kleineren Zeiträumen

Bevor wir nun diese letzte, seit dem 15. Jahrhundert angebrochene Epoche der Menschheitsentwicklung genauer betrachten, müssen wir auf die ihr vorangegangenen Zeiträume nochmals einen Blick werfen. Denn diese ganze durch vier Stufen hindurchschreitende Entwicklung, wie wir sie im vorangehenden skizziert haben, erfährt eine gewisse Komplikation dadurch, daß – im Sinne des oben angedeuteten anthropo- und kosmogenetischen Grundgesetzes – die ganze Folge ihrer Schritte sich in einzelnen kleineren ihrer Abschnitte wiederholend abbildet. Einigermaßen vollständig wird das Bild dieser Entwicklung daher erst dann, wenn man auch diese Wiederholung – wie wir es im folgenden tun werden – noch in dasselbe einträgt. Es werden dadurch bei einzelnen dieser Epochen gewissermaßen zu ihren «Grundfarben», die durch die Fähigkeiten repräsentiert sind, welche sie innerhalb der geschilderten Gesamtentwicklung auszubilden haben, bestimmte «Deckfarben» hinzugefügt, welche die Wiederholung früherer Stufen symbolisieren, die in ihnen gleichzeitig stattfindet und ihre ureigene Entwicklungsaufgabe in gewisser Weise modifiziert.

In diesem Sinne bringt der *ägyptisch-chaldäische* Zeitraum, abgesehen von der Entwicklungsaufgabe (der Denkfähigkeit), die er als ein Stück der ersten Hälfte der nachatlantischen Zeit zu erfüllen hat, zugleich – und eben auf diesem Untergrund – eine Wiederholung der Entwicklungsprozesse der alten *lemurischen* Zeit mit sich. Im Menschheitsbewußtsein taucht sozusagen während der altägyptischen Zeit die *Erinnerung* an dasjenige wieder auf, was in der lemurischen Epoche durchlebt worden ist. Man muß sich dieses Auftauchen als einen realen Prozeß der Seelengestaltung vorstellen, durch den, wenn auch in etwas anderer Art, gleichsam auf höherer Ebene, jene Bewußtseinsverfassung noch einmal bis zu einem gewissen Grade hergestellt wird, die einstmals in der lemurischen Zeit bestanden hat. Aus dieser also real auftauchenden Erinnerung an jene Menschheitsvorzeit werden jetzt den Wirksamkeiten, die damals die Menschengestalt aufgerichtet haben, Denkmäler gesetzt in den *Obelisken* und *Pyramiden,* welche in Ägypten erstehen. Kommen in den Obelisken mehr die Kräfte zur Versinnlichung, welche die *Aufrichtung des Menschenleibes* einst bewirkt haben, so offenbart die Gestaltung der Pyramiden mehr die Tatsache, daß noch einmal bis zu einem gewissen Grade das Erleben durch den *Gleichgewichtssinn* in der Art sich herstellt, wie es in der lemurischen Zeit beschaffen war. Durch diesen wird ja, wenn er noch in ein auf naturhafte Art vorirdisch-vorgeburtliche Erlebnisse bewahrendes Bewußtsein hineinspricht, das innere, geistige Wesen des *Raumes* in übersinnlicher Schau erlebt. Denn es wird durch ihn erfahren, daß der Raum das, was er ist, dadurch ist, daß er ein Abbild gerade der *höchsten Sphäre* der geistigen Welten darstellt: der Sphäre göttlichgeistiger Wesenheiten. In seinen drei Dimensionen bildet sich auf konkrete Weise (wie wir später noch sehen werden) die trinitarische Gliederung ab, welche die Gesamtheit der göttlichen Wesen aufweist.* Man könnte seine Beschaffenheit auch als den Ausdruck der Gesamtgestaltung des Kosmos bezeichnen, wie sie durch das Wirken der Gesamtheit der göttlich-geistigen Wesen im Laufe des Weltenwerdens sich herausgebildet hat. Dieses göttlich-geistige Wirken und damit diese Gesamtgestaltung des Kosmos, wie sie heute noch besteht, sie waren ja zu einem gewissen Abschluß gekommen gerade während der lemurischen Zeit. Das letzte der kosmogonischen Ereignisse, das stattgefunden hatte, war die Abspaltung des heutigen Mondes von der Erde. Durch diesen Prozeß erst bildete sich jene Stellung der Erde einerseits zur Fixsternwelt, andererseits zur Reihe der Planeten, zu Sonnen- und Mondenkräften heraus, deren Ausdruck die Bahnen sind, in denen sich diese verschiedenen Weltkörper seither

---

* Vgl. Rudolf Steiner: Die Polarität von Dauer und Entwickelung im Menschenleben. Bibl. Nr. 184. 7.–9. Vortrag.

bewegen, oder anders ausgesprochen: deren Ausdruck die Gestaltung ist, welche der Weltenraum heute hat. Diesen Raum, dessen Richtungen, wie wir später sehen werden, in der Realität durchaus nicht vertauschbar, sondern von ganz verschiedener Qualität sind, gibt es erst seit der lemurischen Zeit. Es hätte daher *vor* diesem Zeitpunkt auch die menschliche Leiblichkeit gar nicht in jene Orientierung nach den drei Raumesrichtungen hineingebracht werden können, die ihr durch ihre Aufrichtung verliehen wurde. Bedeutsam ist nun, daß ihr diese Orientierung aber sogleich in jenem Weltenzeitalter gegeben worden ist, da der dreidimensionale Raum selber – als Kräfteraum – fertiggebildet worden war. Die innere Dynamik des Raumes, das heißt das, was an geistigen Wirkungen ihm zugrunde liegt, floß alsbald in der Ausbildung des Gleichgewichts- oder Raumsinnes als Wahrnehmung und gestaltende Kraft in den Menschen hinein. Daß dieser seine Leiblichkeit jetzt aufrichtete (und damit auch in entsprechender Art in das Rechts-Links und das Vorne-Hinten hineinorganisierte), hieß eben nichts anderes, als daß er sich bis in Physische in diejenige göttlichgeistige Wirksamkeit hineingliederte, die nach diesem Abschlusse der Kosmogenie sich herausgebildet hatte und in der Gestaltung sich bezeugte, welche der Kosmos nun erhalten hatte. Etwas von diesem geistigen Erleben des Raumes steigt nun wieder auf in der Seele des alten Ägypters. Es entsteht so ein geometrisches Wissen, das man eine in geistigem Schauen empfangene *Raumesweisheit* nennen kann. Man möchte zur Charakteristik derselben wieder das erwähnte Wort Keplers zitieren, das wie aus altägyptischem Erleben heraus gesprochen ist: «Die Geometrie ist vor Erschaffung der Dinge, ... ist Gott selbst ... und ist mit dem Ebenbilde Gottes in den Menschen übergegangen, nicht erst durch die Augen in das Innere aufgenommen worden.»

Aus diesem Wissen nun sind die vielfältigen geometrischen Beziehungen in die Pyramidenbauten hineingeheimnißt worden, welche die moderne Forschung mit wachsendem Staunen aus diesen wieder herausgefunden hat. Diese Funde verursachten allerdings zunächst einen zweifachen Irrtum. Da nämlich die uns erhaltenen ägyptischen Papyri beweisen, daß die mathematisch-geometrische Wissenschaft der Ägypter, sofern sie verstandesmäßig-rechnerischen Charakter trägt, über verhältnismäßig primitive Stufen nicht hinausgekommen ist, so behauptet die eine Partei der Pyramidenforscher (wie zum Beispiel *L. Borchardt*): die geometrischen Beziehungen an den Pyramiden seien reine Zufälligkeiten. Denn so außerordentlich schwierige mathematisch-geometrische Probleme wie etwa die Teilung nach dem goldenen Schnitt oder die Quadratur des Kreises beziehungsweise die *Arcufikation* des Quadrates – wie sie zum Beispiel in der Gestaltung der Cheopspyramide dadurch gelöst sind, daß ihre Grundfläche sich zu ihrer Mantelfläche ebenso verhält wie die letztere zu ihrer Gesamtoberfläche und daß gleichzeitig ihre Höhe dem Radius eines Kreises gleichkommt, welcher denselben Inhalt wie das Quadrat ihrer Grundfläche hat – konnten tatsächlich mit den Mitteln der geometrisch-arithmetischen Kenntnisse, wie die Papyri sie erweisen, nicht bewältigt werden. Die andere Partei dagegen, wie sie zum Beispiel durch *Fr. Noetling* repräsentiert ist, vertritt die Meinung, daß gerade die Vielfältigkeit und Gleichzeitigkeit dieser Beziehungen die Annahme eines Zufallsspiels verbiete, vielmehr zu der Vermutung zwinge, daß die Ägypter ein viel höheres mathematisches Wissen, das unserm heutigen in keiner Weise nachstehe, bereits besessen, nur eben die höheren Stufen desselben in den Mysterienstätten zurückgehalten und lediglich denjenigen überliefert hätten, welche die nötigen Vorstudien hiefür absolviert hatten. Beide Annahmen gehen, wie gesagt, an der Wahrheit vorbei: weder sind die Zahlengeheimnisse an den Pyramiden ein Zufall, noch sind sie aus einem unserer heutigen Mathematik ähnlichen denkerisch-verstandesmäßigen Wissen in sie hineingelegt worden. Denn ein solches konnte es nach der damaligen Konstitution der Menschheit, in der sich ja, wie wir gesehen haben, die physiologischen Grundlagen für die Gedankenentfaltung erst allmählich heranbildeten, noch gar nicht geben. Es war vielmehr so, daß die Eingeweihten der damaligen Mysterien in der Rückschau auf ihr vorgeburtliches Geistdasein, oder was dasselbe ist: in den Wahrnehmungen des Gleichgewichtssinnes, wie sie bei ihnen in besonderem Maße wiederbelebt wurden, Formen und Figuren unmittelbar vor ihren übersinnlichen Blick bekamen, in deren geometrischer Gestaltung bedeutsame und namentlich für die damaligen Menschheitsaufgaben wichtige Impulse zum Ausdruck gelangten. Es ist bezeichnend, daß in den Formen der Pyramidenbauten in der

Hauptsache solche geometrisch-mathematische Probleme gelöst sind, die, abgesehen von ihrer quantitativ-rechnerischen Bedeutung, einen ganz bestimmten geistig-symbolischen Sinn haben. So sprechen sich ja eben in bestimmten Dreiecksgestaltungen, in der Quadratur des Kreises und manchen anderen geometrischen Problemen (selbst etwa in dem des Pythagoräischen Lehrsatzes) bestimmte geistige Tatsachen und Entwicklungsimpulse aus. In diesem Sinne hat *Ernst Bindel* in einem bedeutsamen Werke die Pyramiden als «Zeugen einer vergangenen Mysterienweisheit» bezeichnet.* Er schreibt darin über die Art und Herkunft des ihnen zugrunde liegenden geometrischen Wissens (S. 133 ff.): «Allerdings steht die Mathematik, welche uns aus dem Ahmesschen Papyrus entgegentritt, noch nicht auf hoher Stufe, wenn auch schon diese Stufe durchaus bewundernswert erscheint. Dennoch kann die Mathematik zur Zeit der Pyramidenerbauer auf hoher Stufe gestanden haben, weil sie *von ganz anderer Art* gewesen sein kann als die im Papyrus gehandhabte. Wir stehen da vor einem Gegensatz, welcher sich in der menschlichen Bewußtseinsentwicklung auch auf allen möglichen anderen Lebensgebieten offenbart, vor dem Gegensatz zwischen *Weisheit* und *Klugheit*. Einst gab es eine alte Weisheitsströmung, welche noch jenseits aller Klugheit verlief. Aber schon seit dem Beginne der ägyptischen Kulturperiode, seit der Erbauung der ersten Pyramiden, begann sie zu versiegen, um einer neuen Strömung, die jenseits aller Weisheit verlief und zur Klugheit führte, Platz zu machen...

Wie haben wir uns nun aber jene Mathematik vorzustellen, welche nicht aus der menschlichen Klugheit, sondern aus der menschlichen Weisheit ihren Ursprung nahm? Wie sie zur Zeit der Pharaonen der 4. Dynastie noch bestanden haben muß? Das war noch keine begründende, in beweisendem Erkennen durchschaubare Mathematik, wenigstens, soweit sie zu so erstaunlichen Ergebnissen führte, sondern es war noch mehr eine geoffenbarte Mathematik. Ja, man müßte sich eigentlich überlegen, ob man für eine auf so ungewöhnlichen Wegen einhergehende Weisheit schon das Wort Mathematik verwenden dürfte. Der Weise alter Zeiten empfing in der Entrük-

* Ernst Bindel: Die ägyptischen Pyramiden als Zeugen vergangener Mysterienweisheit. Stuttgart 1932.

kung Offenbarungen, welche heute nicht mehr ohne ganz persönliche Denkbemühung zuwege gebracht werden könnten. Vor seinem geistigen Auge erglänzten, vor seinem geistigen Ohre ertönten geistige Tatbestände, die zum Beispiel einfach ein solches Dreieck wie das der Snofru-Pyramide zugrundeliegende erstehen ließen. Man kann sagen, daß da in einem gesteigerten Bewußtseinszustande mathematische Einfälle zustande kamen, welche heute nur mit einem langen Denkwege verknüpft sein könnten. Die alte Weisheit schaute sozusagen direkt in eine Welt der Resultate hinein, fand aber noch keinen Weg, um dieselben in heutiger Art zu begründen. Diese Ausflüsse alter Weisheit liegen heute in solchen Zahlenbeziehungen, wie sie sich an den Pyramiden finden, offen vor uns; aber wir sehen nicht den Weg, welcher zu ihnen geführt hat, ja, wir sehen sogar, daß die 1100 Jahre später beschrittenen Wege auf keinen Fall hätten zu jenen relativ hohen Einsichten führen können. Darum tauchte die Meinung auf, daß die mathematischen Beziehungen den Pyramiden nur angedichtet seien und auf nichts anderem als Zufall beruhen. Man kann es sich heute nicht vorstellen, daß Ergebnisse auf einem total anderen Wege als dem heutigen gewonnen worden sein könnten.» – So tritt uns also aus den verschiedenen altägyptischen Baudenkmälern eine historische Bestätigung des von uns im letzten Abschnitt behaupteten Zusammenhanges zwischen den Wurzeln der Geometrie und den aus den Erfahrungen des Gleichgewichtssinnes heraus wirkenden Aufrichtekräften des menschlichen Leibes entgegen.

Gehen wir nun von Ägypten nach *Griechenland* hinüber, so kommen wir von der Wiederholung der lemurischen zu derjenigen der *atlantischen* Entwicklungsvorgänge, das heißt zur Rekapitulation der *Sprachschöpfung,* aus dem nachwirkenden Erleben der planetarischen Sphäre, oder, was dasselbe ist: aus den ursprünglichen Offenbarungen des *Bewegungssinnes* heraus. Diese seine Wiederholungsaufgabe breitet sich aus über dasjenige, was wir oben als die eigentliche, neuschöpferische Aufgabe des Griechentums kennzeichneten: das Gedankenleben zur vollen Reife zu bringen. Und hierdurch wird nun erst der tiefste Grund verständlich für das so eigentümliche und so bezeichnende Gepräge, welches im alten Griechenland das dort zuerst aufblühende Gedankenleben getragen hat. Es ist dieses Gepräge bestimmt durch den Sprach-Charakter, mit dem das Denken dort aufgetreten ist – man könnte auch sagen: durch die vollkommene Einheit, die damals zwischen der Sprache und dem Gedanken geherrscht hat. Sie manifestierte sich in dem die ganze griechische Geisteskultur beherrschenden Begriff des *«Logos»,* welcher sowohl «Wort» wie «Gedanke» bedeutet. Denken war für den Griechen ein inneres Sprechen und Sprechen ein sich offenbarendes Denken. Daher wurden auch die Ergebnisse der Gedankentätigkeit noch nicht in dem Maße in das tote Buch eingesargt oder in wortlosen, rechnerischen Formeln festgehalten wie heute, sondern vornehmlich in lebendiger, freier Rede überliefert. Die Philosophen waren in älterer Zeit zugleich Dichter, später wenigstens noch Redner (die Sophisten), und die philosophischen Dialoge Platos gehören zugleich zu den herrlichsten literarischen Kunstwerken des Altertums. Und außerordentlich bezeichnend ist es für das so geartete philosophische Leben des Griechentums, daß sich durch seine ganze Entwicklung als eines seiner Hauptprobleme gerade die Frage nach der Entstehung der menschlichen Sprache hindurchzieht.* Es erscheint hierin, seelisch verinnerlicht und zum Erkenntnisproblem umgewandelt wieder, was in der Atlantis einstmals in der äußeren Realität sich vollziehendes Geschehen war.

Vor allem aber liegt in der also metamorphosierten Wiederholung der Sprachschöpfung die hohe, ja einzigartige Ausbildung begründet, welche die menschliche *Sprache* als solche im Griechentum erfahren, und im weiteren die grandiose künstlerische und rhetorische Gestaltung, welche sie in den verschiedenen Formen der griechischen Dichtkunst und Redekunst erlangt hat. Völlig würde man aber diese hohe Kultur der Sprache nicht verstehen können, wenn man nicht auch die Beziehung ins Auge faßte, welche die Sprache in Griechenland noch nach einer anderen Seite, zu einem anderen Gebiete hin hatte: nämlich zu demjenigen der *Gymnastik.* Diese war ja noch etwas ganz anderes als etwa der heutige Sport. Sie war herausgeholt aus den im damaligen Bewußtsein noch nachklingenden Ur-Erlebnissen des

---

* Siehe A. Wadler: Der Turm von Babel. 1936. S. 29 ff.

Gleichgewichts-, des Bewegungs- und des Lebenssinnes, namentlich aber aus den damals wieder stärker hervortretenden Erlebnissen des mittleren derselben: des Bewegungssinnes. Dies ist deutlich zu ersehen aus der Gestaltung der fünf hauptsächlichen Übungen, aus denen sie sich zusammensetzte: dem Laufen, Springen, Ringen, Speerwerfen, Diskuswerfen. Und eine ihrer bewußt angestrebten Wirkungen wurde darin erblickt, durch die Betätigung dieser verschiedenen Arten der Bewegung tiefer hineinzukommen in das innere Erleben jener Bewegungsimpulse, welche in der Artikulation der einzelnen Sprachlaute, das heißt in jener verschiedenartigen Formung der Atmungsluft wirksam sind, die in der Vielfalt der Laute in die hörbare Erscheinung tritt. So schildert es Rudolf Steiner in seinem Kurs über «Sprachgestaltung und dramatische Kunst»: «Woraus bestand denn die griechische Gymnastik, diese wunderbare Gymnastik, die eigentlich eine Totalsprache innerhalb des Griechentums war? Sie bestand darin, daß man zuerst gewahr wurde: der menschliche Wille liegt in den Gliedmaßen. Er beginnt, indem er den Menschen in Beziehung zur Erde stellt, indem die Gliedmaßen und die Erde ein Kraftverhältnis entwickeln: laufen. Im Laufen ist der Mensch in Beziehung zur Erde. Geht er jetzt etwas in sich hinein, fügt er zu der Dynamik, in die er kommt, und zu der Mechanik, die ein Gleichgewicht bildet zwischen ihm und der Anziehungskraft der Erde im Laufen, eine innere Dynamik hinzu, dann geht er über zu dem Springen. Da muß man schon in den Beinen selber eine Mechanik entwickeln. Fügt man hinzu zu der Mechanik, die man in den Beinen selber entwickelt, eine Mechanik, die dadurch hervorgerufen wird, daß man nun nicht nur die Erde tätig sein läßt, mit ihr ein Gleichgewicht braucht, sondern etwas hinzufügt, wobei man ein Gleichgewicht in der Horizontale braucht, während es sonst ein Gleichgewicht ist in der Vertikale, dann entsteht das Ringen. Da haben Sie: Laufen = Mensch und Erde; Springen = modifizierter Mensch und Erde; Ringen = Erde und das andere Objekt. Bringen Sie das Objekt noch mehr an den Menschen heran als beim Ringen, geben Sie's ihm in die Hand, entsteht das Diskuswerfen. Und fügen Sie zum Diskus, in dem Sie bloß die Dynamik des schweren Körpers haben, auch noch hinzu die Dynamik der Richtung, dann haben Sie das Speerwerfen. Und nun bedenken Sie, das waren die fünf Glieder der griechischen Gymnastik, so gut, als es nur irgend geht, den Verhältnissen des Kosmos angepaßt. Solch ein Gefühl entwickelte man für das Gymnastische, das den Menschen ganz offenbart. Solch ein Gefühl entwickelte man aber auch, wenn es sich um die Offenbarung des Menschen in die Sprache hinein handelte.»

Aber nicht nur die hohe Vollendung der Sprache und die mit ihr in geheimnisvoller Verwandtschaft stehende Kunst der Gymnastik erblühten aus den sich erneuernden Offenbarungen des Bewegungssinnes, sondern noch ein anderes Gebiet des geistigen Lebens, das allerdings in der Gestalt, die es im alten Griechentum hatte, heute nurmehr wenig verstanden und gewürdigt wird: die griechische *Mathematik*. Was in Ägypten noch mehr eine räumlich-geometrische, in Bildern sich offenbarende Weisheit war, verwandelte sich im Griechentum in eine im Elemente der Bewegung und damit mehr in der Sphäre des Zeitlichen und in Rhythmen lebende Arithmetik. Zwar hat auch der Bewegungssinn seine Beziehungen zur Raumeswelt. Insofern seine wichtigsten Wahrnehmungen durch die Bewegungen unserer Arme zustande kommen, hängt er in besonderem Maße zusammen mit der Dimension der Breite beziehungsweise des Rechts-Links – so wie der Gleichgewichtssinn, mit dessen Hilfe wir uns aufrichten, eine besondere Beziehung zur Dimension der Höhe, das heißt des Oben-Unten hat. Die verschiedenen Dimensionen, wenigstens soweit sie als bildende Kräfte in der Gestaltung des menschlichen Körpers wirken, sind aber keineswegs vertauschbar, sondern von ganz verschiedener Natur. Bezüglich der Verschiedenheit der beiden genannten Dimensionen sei hier nur darauf hingewiesen, daß die obere und die untere Partie des menschlichen Leibes einen ganz andersartigen Gegensatz darstellen als seine rechte und seine linke Seite. Einzig in der letzteren Dimension ist der Menschenleib seiner äußeren Form nach symmetrisch gestaltet, das heißt so, daß er sich aus zwei zwar spiegelbildlich verschiedenen, sonst aber gleichen, wirklichen «Hälften» zusammensetzt. Aus dem Erlebnis der genauen Halbierbarkeit unseres Körperganzen, wie es innerhalb dieser Dimension durch die symmetrischen Bewegungen der Arme immer wieder hervorgerufen werden kann, darf aber, von der leiblich-räumlichen

Seite her betrachtet, der wahre Ursprung des Zahlenerlebens hergeleitet werden, namentlich auch desjenigen Zahlenerlebens, auf dem die griechische Mathematik beruhte. Denn am Anfange der griechischen Zahlenreihe steht noch nicht, wie in der neueren Mathematik, die Null, sondern die *Eins,* welche ebensoviel wie die ursprüngliche, einheitliche *Ganzheit* bedeutet. Und die Entwicklung der Zahlenreihe erfolgt durch eine fortschreitende Teilung dieser Einheit – eine Teilung, von der aber der Blick des Griechen immer wieder zur ursprünglichen Einheit zurückkehrt. Es ist ein stetes Vergleichen des Teiles mit dem Ganzen und der Teile untereinander, was dieses Zahlenerleben charakterisiert. Es bedeuten daher die einzelnen Zahlen nicht nur – wie für den modernen Menschen – bestimmte Größen, sondern auch bestimmte verschiedenartige Verhältnisse von Teilen zu einer Ganzheit. Und das Abschreiten der Zahlenreihe ist identisch mit einer durch die fortschreitende Änderung dieses Verhältnisses bestimmten Bewegung. Diese Bewegung ist eine verschiedene, je nachdem die Teile oder die Ganzheit zum Ausgangs- und Bezugspunkte genommen werden. Im ersteren Falle entsteht eine Zahlenreihe von dieser Art.:

1 2 3 4 5 usw.

Sie müßte, wenn der für die griechische Auffassung ihr innewohnende Sinn voll zum Ausdruck gebracht werden sollte, in folgender Art geschrieben werden:

1:1 2:1 3:1 4:1 5:1 usw.

Denn die Zahlenreihe, die im umgekehrten Fall entsteht, schrieb der Grieche nicht etwa, wie wir sie heute schreiben würden:

1 $\frac{1}{2}$ $\frac{1}{3}$ $\frac{1}{4}$ $\frac{1}{5}$

Er kannte und verwendete nur die ganzen Zahlen. «Besonders vor dem Bruch hatte der Grieche einen wahren Horror. Er umging alles durch Anwendung von Verhältnissen und Proportionen» (E. Bindel: Die Pyramiden als Zeugen vergangener Mysterienweisheit, S. 154). Er würde daher die letztere Zahlenreihe als eine solche von Verhältnissen geschrieben haben.

1   1:2   1:3   1:4   1:5   usw.

Führt man nun aber diese Reihe in entsprechender Art in die erstgenannte über, so entstünde eine Gesamtreihe, die in heutiger Schreibweise so aussähe:

... $1/5$ $1/4$ $1/3$ $1/2$ 1   2   3   4   5 ...

die im Sinne der altgriechischen Mathematik aber so geschrieben werden müßte:

... 1:5   1:4   1:3   1:2   1:1   2:1   3:1   4:1   5:1 ...

Hierdurch tritt hervor, daß in der Tat die Zahlen, und namentlich eben auch diejenigen, die wir heute als ganze im Gegensatze zu den gebrochenen bezeichnen, für den Griechen Verhältnisse bedeuteten. Und solche Verhältnisse, oder wie er sie, wiederum in sehr charakteristischer Weise, nannte: solche «logoi» zu untersuchen und im weiteren wiederum Verhältnisse zwischen Verhältnissen, die wir heute «Proportionen» nennen würden und die er als «Analogien» bezeichnete: das bildete den eigentlichen Inhalt der griechischen Mathematik. Man könnte sagen: der alte Grieche lebte noch nicht *in* den Zahlen, sondern *zwischen* den Zahlen. Und in diesem «Dazwischenleben» betätigte er ein schwingendes und im besonderen zur Rhythmik tendierendes Sichbewegen. Es konnte dieses Sichbewegen durch die Zahlenreihe hindurch ja in verschiedener Weise erfolgen. Aus diesen verschiedenen Möglichkeiten hob der Grieche ganz besonders drei hervor. Die erste, welche – innerhalb der oben aufgestellten Gesamtzahlenreihe – der von der Einheit nach rechts fortschreitenden Folge (also derjenigen der ganzen Zahlen) entspricht:

1   2   3   4   5   usw.

oder

1:1   2:1   3:1   4:1   5:1   usw.

nannte er das *arithmetische* Fortschreiten. Die zweite, welche der nach links von der Einheit ausgehenden Zahlenentwicklung (also der Bruchzahlenreihe) folgt:

1   $^1/_2$ $^1/_3$ $^1/_4$ $^1/_5$ usw.

oder

1:1   1:2   1:3   1:4   1:5   usw.,

bezeichnete er als die *harmonische* Progression. Und die dritte, welche in symmetrischen Folgen die rechte und die linke Seite umfaßt, also etwa:

$^1/_8$ $^1/_4$ $^1/_2$ 1 $^2/_1$ $^4/_1$ $^8/_1$ usw.

oder

$^1/_9$ $^1/_3$ 1 $^3/_1$ $^9/_1$ usw.

war die *geometrische* Reihe. Nun brauchen wir aber nur auf einen bestimmten Zusammenhang dieser drei Progressionen hinzuweisen, um völlig sichtbar werden zu lassen, was durch die Hervorhebung derselben als der innerlich-seelische Aspekt, ja als der eigentliche und tiefste Grundzug des griechischen Zahlenerlebens sich offenbart. Es ist ja durch die arithmetische, das heißt die Reihe der ganzen Zahlen, die Folge der Verhältnisse bezeichnet, in welchen in der *Musik* die Schwingungszahlen der Obertöne zu derjenigen eines Grundtones stehen. Dasselbe gilt von der Reihe der Stammbruchzahlen, das heißt der harmonischen Progression bezüglich der Verhältnisse der Untertöne (die allerdings nicht beim Anschlagen eines einzelnen Tones, sondern erst beim Erklingen mehrerer Töne als «Kombinationstöne» erscheinen) zu dem entsprechenden Grundton. Und die geometrischen Progressionen geben das Bild der Schwingungszahlenverhältnisse der verschiedenen Intervalle. So symbolisiert zum Beispiel die Folge:

$^1/_4$ $^1/_2$ 1   2   4   usw.

das Intervall der Oktave in seinen Wiederholungen durch die Tonreihe hindurch; die durch die Zahl 3 bestimmte Folge:

$^1/_9$ $^1/_3$ 1   3   9   usw.

enthält die Schwingungszahlenverhältnisse der Quintenreihe; die durch die Zahl 5 bestimmte Reihe:

$^1/_{25}$ $^1/_5$ 1 5 25 usw.

stellt das mathematische Symbol der Terzreihe dar. (Zwar wurden in Griechenland die Verhältnisse der Töne noch nicht durch diejenigen ihrer Schwingungszahlen ausgedrückt, sondern durch diejenigen der entsprechenden Saitenlängen; in rein zahlenmäßiger Hinsicht kommen aber in beiden Fällen dieselben Reihen, wenn auch in umgekehrter Folge, heraus.)

Es erlebte der Grieche die Mathematik in Wahrheit, wie *Albert Thimus* in seinem Werke «Die harmonikale Symbolik des Altertums» in ebenso umfassender wie tiefgründiger Art nachgewiesen hat, auf musikalische Weise. Seine Mathematik war noch eine «harmonikale» – wodurch auch von der inneren Seite her auf den Beziehungs- und Proportionscharakter seiner Zahlenbildungen gedeutet wird. Und umgekehrt erlebte er das Musikalische auf mathematische Weise. Nicht war für ihn die praktisch-künstlerische Ausübung der Musik die höchste Art der Beschäftigung mit ihr, sondern das erkenntnismäßige Erfassen und Erleben der in den Tonbeziehungen sich offenbarenden mathematischen Verhältnisse. So erklärt zum Beispiel *Boethius* in seinen «Fünf Büchern über Musik», in denen er uns ein Kompendium der griechischen Musiktheorie überliefert hat, welches aber ein fast ausschließlich von Zahlenbeziehungen teils kompliziertester Art handelndes Werk ist, daß das Verständnis der Musikgesetze höher und wertvoller zu betrachten sei als die praktische Ausübung der Musik. Die Wissenschaft der Musik verhalte sich zu deren Ausübung wie der Geist zum Körper. Und er unterscheidet drei Klassen unter den Musiktreibenden: Als die unterste bezeichnet er die Instrumentenspieler, als die mittlere die Komponisten und als die höchste die Musiktheoretiker; in den letzteren allein erblickt er die eigentlichen Musiker – eine Wertung, die den äußersten Gegensatz zu der heute herrschenden darstellt.

Hingewiesen werden darf auch auf die Tatsache, daß *Pythagoras*, der zuerst die genaue Festsetzung der musikalischen Intervalle vorgenommen und die griechische Tonleiter als diatonische bis zur Oktave erweitert hat, diese Festsetzungen durch verschiedene Teilung einer schwingenden Saite (des Monochords) gefunden, also als auf dem

Verhältnis zwischen dem Ganzen und verschiedenen Teilstücken der schwingenden Saite beruhend erkannt hat. So schwingt zum Beispiel die halbe Länge einer Saite in der Oktave zu dem durch ihre ganze Länge erzeugten Grundton, die $^2/_3$-Länge in der Quinte, die $^3/_4$-Länge in der Quarte, die $^4/_5$-Länge in der Terz usw. Pythagoras war es aber auch zugleich, welcher lehrte, daß durch die Zahlen alles in der Welt geordnet, ja in den Zahlen das eigentliche Wesen der Dinge gelegen sei und daher auch durch sie erkannt werden könne. Und er war es auch, der die in ihrem Verhältnis zueinander durch harmonische Zahlenbeziehungen ausdrückbaren Bewegungen der Sterne als eine «Sphärenmusik» zu hören behauptete. So wird auch hier wieder der Zusammenhang zwischen Bewegung, Zahl, Sternenwelt und Musik sichtbar, der sich in den Erlebnissen des Bewegungssinnes während der griechischen Kulturepoche erneut offenbarte.

Auch daran darf noch erinnert werden, daß die göttlich-geistigen Wesenheiten und Wirksamkeiten, welchen religiöse Verehrung in der griechisch-römischen Kultur dargebracht wurde, ihrer ursprünglichen Auffassung nach solche der *planetarischen* Welt und der kosmisch-planetarischen Evolutionsstufen waren, wofür die noch heute gebräuchliche Zuordnung ihrer Namen (wenigstens in der lateinischen Gestalt) zu den einzelnen Wandelsternen: wie Merkur, Venus, Mars, Jupiter, Saturn Zeugnis ablegt. Freilich wurden einzelne von ihnen später in den Bereich des meteorologisch-elementarischen Wirkens versetzt und andere Wesenheiten wiederum, welche diesem Bereich ursprünglich zugehörten, unter ihre Zahl aufgenommen.

Was schließlich den geschilderten Sinn für Proportionen und Verhältnisse betrifft, so hat er übrigens nicht nur die griechische Zahlenauffassung und Musiklehre bestimmt, sondern in weiterer Bedeutung auch der ganzen *bildenden Kunst* der Antike, der Plastik und Architektur das Gepräge verliehen. Was den künstlerischen Schöpfungen der Griechen auf diesen Gebieten ihren Stempel aufdrückt, ist in erster Linie die einzigartige, wunderbare Harmonie der Verhältnisse, in denen die Teile zum Ganzen und auch die verschiedenen Teile unter sich stehen. Und das künstlerisch-handwerkliche Wissen, das der Bildhauer oder Architekt sich anzueignen hatte, war vor allem ein solches von den richtigen Proportionen, welche innerhalb eines architektonischen oder plastischen Gebildes herrschen müssen.* Die Aneignung dieses Wissens aber bedeutete eigentlich die Übung in einem inneren Bewegungserleben, das im künstlerischen Schauen und Schaffen betätigt werden mußte.

Eine letzte Wiederholung früherer Entwicklungsvorgänge findet endlich im *Mittelalter* statt, das heißt während der Epoche, die sich vom Eintritt der germanischen Völker in die Geschichte bis zum Beginne der neueren Zeit, also etwa bis ins 15. nachchristliche Jahrhundert erstreckt. Was jetzt rekapituliert wird, ist jene das *Denken* ermöglichende Veränderung der organischen Prozesse des Leibes, die zuerst während der *ersten Hälfte der nachatlantischen Entwicklung,* das heißt in den vier ersten Epochen derselben bis ins griechische Zeitalter hinein, stattgefunden hatte. Denn in der Zeit, da die Germanen auf der Bühne der Geschichte erscheinen, stecken sie noch tief in einem vorgedanklichen, mythisch-imaginativen Erleben darinnen, in welches, wie die Bilder von Nivelheim und Muspelheim zeigen,** noch stark die Erinnerungen an atlantische Erfahrungen hineinspielen. Sie stehen noch auf einer Bewußtseinsstufe, die ähnlich derjenigen ist, welche die südlichen und östlichen Völker im Beginne der nachatlantischen Zeit erreicht hatten. Wärend aber diese letzteren etwa vier Jahrtausende brauchten, um sich aus diesem naturhaft imaginativen Erleben zum erstenmal zu scharf umrissenen, logisch verlaufenden Gedanken heraufzuarbeiten, legen die Germanen denselben Entwicklungsweg, freilich in der Wiederholung, in etwa einem Jahrtausend zurück, um dann erst ihre ureigene, neuschöpferische Aufgabe anzutreten, welche zunächst in der Ausbildung der äußeren Sinnesbeobachtung liegt.*** Dieses rasche Vorwärtskommen wird ihnen auch dadurch ermöglicht, daß sie die Früchte der griechischrömischen Gedankenentwicklung zu Hilfe nehmen können, wie sie

* Siehe z. B. *Vitruv*: Über die Baukunst (3. und 4. Buch).
** Siehe Ernst Uehli: Die nordisch-germanische Mythologie als Mysteriengeschichte.
*** Siehe H. E. Lauer: Die Volksseelen Europas, und: Die Wiedergeburt der Erkenntnis.

ihnen in den Schriften der antiken Philosophen und christlichen Kirchenväter namentlich durch die Kirche übermittelt werden. Zu diesen mehr äußerlichen Tatsachen, deren Bedeutung keineswegs unterschätzt werden soll, kommt jedoch die innerliche hinzu, daß jetzt noch einmal die einstmaligen Offenbarungen des *Lebenssinnes* im menschlichen Bewußtsein sich geltend machen und für die Entwicklungsaufgaben verwertet werden können. In ihrer ursprünglichen Gestalt lassen diese ja, wie wir sahen, die auf- und abbauenden Prozesse der ätherischen Welt ins menschliche Erleben hineinleuchten. Und wir schilderten, wie sich die Menschheit in den ersten Epochen der nachatlantischen Zeit in die abbauenden Prozesse, die sie in sich aufnehmen mußte, dadurch einschaltete, daß sie von Epoche zu Epoche ihre Kulturbetätigung weiter nach Westen verlegte, das heißt nach der Richtung, von woher, dem westöstlichen Umlauf des Mondes entsprechend, die von diesem Gestirn ausgehenden Verhärtungswirkungen über die Erde hinstrahlen. Wie eine kurze Wiederholung dieser die ganze erste Hälfte der nachatlantischen Zeit erfüllenden ost-westlichen Kulturwanderung nehmen sich die *Völkerwanderungszüge* aus, welche, die germanische Geschichte einleitend, vom 3. bis gegen das 10. Jahrhundert andauern und zum Beispiel in den Wikingerfahrten nicht nur bis an die Westränder Europas, sondern über den Atlantischen Ozean hinüber bis an die nordamerikanische Küste (Winland) sich ergießen. Auch diese Wanderungen erfolgen unter der Führung der, wenn auch dumpf-empfundenen, Erfahrungen des Lebenssinnes.

Noch deutlicher aber als in ihnen kommt die Wahrnehmung und Handhabung der auf- und abbauenden Bildekräfte der ätherischen Welt in einer Betätigung zum Ausdruck, die charakteristischerweise auch schon im alten Ägypten gepflegt, ja eigentlich dort begründet wurde – worauf noch ihr Name zurückweist –, aber erst jetzt im Mittelalter ihre intensivste Ausbildung erlangt: in der *Alchimie*. Denn der echte mittelalterliche Alchimist – freilich nicht mehr der sich als in die Geheimnisse der Goldmacherkunst eingeweiht gebende Scharlatan späterer Zeit – hatte noch die Anschauung der verschiedenartigen ätherischen Bildekräfte und damit der Naturgeister, die gewissermaßen als die Diener der höheren, göttlich-geistigen Hierarchien in diesem Reiche formender und auflösender Prozesse sich betätigen: der Gnomen, Undinen, Sylphen und Salamander. Und die alchimistische Kunst bestand im Verkehr mit diesen Wesen und in der Handhabung ihrer Kräfte. Von ihnen konnte das Geheimnis erfahren werden, Stoffe zu verwandeln und Lebenselixiere herzustellen. Doch war die Erzeugung solcher äußeren Produkte für den älteren, echten Alchimisten keineswegs Selbstzweck, sondern lediglich das Mittel, die Ausbildung gerade jener Kräfte des Seelenlebens zu fördern, deren Entfaltung eben die Aufgabe dieses Zeitalters bildete: des Denkens auf der einen Seite, aber auch, wenngleich mehr in verborgener Weise, des Wollens. Indem er sich nämlich mit ganzer erlebender Seele dem Prozeß der Kristallisation, der Salzbildung hingab, den er gerade durch seine alchimistische Kunst in besonders eindrucksvollen Gestalten herbeizuführen vermochte, entwickelte er an ihm die Kraft des feingeschliffenen, kristallklaren Denkens. Denn diese beruht ja, wie wir gesehen haben, auf inneren, organischen Ablagerungsvorgängen, die verwandt sind der Kristallbildung in der äußeren Natur. Vertiefte er sich dagegen in Prozesse der Verbrennung, der Verdunstung, der Sublimierung, welche ein äußeres Spiegelbild der in unserem Stoffwechselsystem wirkenden Aufbauprozesse sind, so entfaltete er daran ein reines, selbstloses Wollen. Denn dieses hat eben diese Erwärmungsvorgänge zu seiner physiologischen Grundlage. Und wenn er dann zwischen die Prozesse des Sal und des Sulphur – der Verfestigung und der Verflüchtigung – die ausgleichenden des Mercur hineinstellte, so konnte er an deren Studium das Gefühlsleben schulen. So war also die Alchimie ursprünglich durchaus ein Mittel zur Entwicklung des seelischen Lebens, das von der äußeren Darstellung der den verschiedenen Seelenkräften entsprechenden physiologischen Prozesse ausging. Indem sie das, was während der Ausbildung der einzelnen Seelenkräfte an organischen Prozessen und Veränderungen im menschlichen Leibe vor sich geht, in ihren alchimistischen Prozeduren vor die äußere Anschauung hinstellte, wollte sie dadurch unterstützend auf die seelische Entwicklung des Menschen zurückwirken. Da es ihnen letztlich also auf die Ausbildung seelischer Fähigkeiten ankam, so empfanden es gerade die älteren wahrhaften Alchimisten als eine Erkenntnistragik, daß sie eben nurmehr den Verkehr mit den in ihren Prozeduren wirkenden Naturgeistern, nicht mehr aber mit den in der planetarischen Welt wohnenden göttlich-geistigen Wesen pflegen konnten, in deren Bereich doch das Seelische des Menschen als solches seinen Ursprung hat und auf welche andererseits auch die Naturgeister als auf ihre Inspiratoren immer hinwiesen. Aber diese höhere Sphäre der übersinnlichen Welt war eben der damaligen Bewußtseinsgestaltung der Menschheit nicht mehr erreichbar. «All das», so schildert Rudolf Steiner diesen Tatbestand in seinem Vortragszyklus «Mysteriengestaltungen» (13. Vortrag), «führte eben zu nichts anderem als zu dem Verkehr mit den Naturgeistern. Der mittelalterliche Forscher hatte also diese Empfindung: Ich verkehre mit den Naturgeistern. Da gab es aber alte Zeiten, da verkehrten die Menschen mit den kosmischen Intelligenzen. Die sind mir verschlossen. Ja, seitdem auch die Naturgeister sich vor der menschlichen Erkenntnis zurückgezogen haben, seit Naturdinge und Naturvorgänge jene Abstraktionen geworden sind, als die sie dem heutigen Physiker und Chemiker erscheinen, seit jener Zeit entsteht jene Tragik nicht mehr, die im Mittelalter da war. Denn die Naturgeister, mit denen jene Menschen noch verkehrten, die reichten gerade noch hin, um die Sehnsucht nach den kosmischen Intelligenzen, zu denen die alten Menschen gekommen sind, zu erwecken. Aber man konnte den Weg nicht mehr finden mit den Erkenntnismitteln, die damals aufgewendet werden konnten.» Es begann damals eben für die ganze Menschheit jene Bewußtseinsverengung, von der wir im vorangehenden Abschnitte bei der Entwicklung des einzelnen Menschen gesprochen haben.

Im weiteren schildert nun Rudolf Steiner, wie ein Nachklang dieser mittelalterlichen Alchimistentragik noch lebt in der Erkenntnistragik *Fausts*, wie Goethe sie in der ersten Szene seiner Dichtung darstellt. In dieser sehen wir, wie das Symbolum des Makrokosmos den Adepten der «Magie» nicht mehr in die Realität dieser Welt hineinzuversetzen vermag, sondern ihn ihre Wirksamkeit nurmehr als Bild, als bloßes «Schauspiel» empfinden läßt, wie dagegen Faust wohl noch die Kraft hat, durch Meditation des Zeichens des Erdgeistes: der Personifikation der elementarisch-ätherischen Welt, diesen herbeizurufen und sich in Verkehr mit ihm zu setzen. Und mit wunderbar treffenden Worten wird ja vom Erdgeist das Wesen dieser durch ihn repräsentierten Bildekräfte in den Versen ausgesprochen:

> «In Lebensfluten, im Tatensturm
> Wall ich auf und ab,
> Webe hin und her.
> Geburt und Grab,
> Ein ewiges Meer,
> Ein wechselnd Weben,
> Ein glühend Leben,
> So schaff ich am sausenden Webstuhl der Zeit
> Und wirke der Gottheit lebendiges Kleid!»

Aber noch ein anderes ist hier zu erwähnen, das aus dem einstmaligen Wirken des Lebenssinnes heraus im Mittelalter als ein Hilfsmittel für die Entfaltung des Denkens ausgebildet worden ist in ganz analoger Art, wie im Griechentum einst aus den Wahrnehmungen des Bewegungssinnes heraus die Gymnastik als unterstützendes Moment für die Entwicklung der Sprache betätigt wurde: es ist das asketische Lebensideal. Die Träger des mittelalterlichen Gedankenlebens, die Meister der scholastischen Begriffskunst, vielleicht der höchsten und vollendetsten, die es je gegeben hat, waren ja fast ausnahmslos Angehörige des christlichen Klerus oder Mönchswesens, welche schon durch das Zölibat, aber auch durch ihre ganze übrige Lebensgestaltung ihr leibliches Dasein in das Zeichen der *Askese,* der Abtötung der sinnlich-vitalen Triebe gestellt hatten. Und man kann der Meinung sein, daß, wären die vital-generativen Kräfte, auf deren ungehemmtem Leben das alte naturhafte Imaginieren des Germanentums beruht hatte, nicht so stark abgedämpft worden, wie es eben durch den das gesamte Mittelalter beherrschenden Asketismus geschah, so hätte niemals jene strenge Zucht des Gedankenlebens und damit jener weltgeschichtlich so rasche Übergang von der alten geistigen Bildschau durch das gedankliche Erleben hindurch zu der Sinnesbeobachtung der neueren Zeit hin erreicht werden können, wie es eben über die Entwicklung der scholastischen Philosophie hin von den germanischen Völkern bewerkstelligt worden ist. Es war die in den Wahrnehmungen des

Lebenssinnes waltende Weisheit, welche hier die bis zu dem entsprechenden Grade getriebene asketische Lebensgestaltung als Ideal auftreten ließ. Und so rechtfertigt sich die zumal der modernen Auffassung vielfach problematisch gewordene «Sinnenfeindschaft» und «Weltflucht» des Mittelalters als eine gerade für *jene* Zeit und ihre geschichtlichen Aufgaben geltende Notwendigkeit.

3. Neuzeit und Gegenwart

Überschreiten wir schließlich nochmals die Schwelle in die neuere Zeit herein, bis zu der wir in dieser historischen Betrachtung schon einmal vorgerückt waren, so können wir jetzt, nachdem wir auch die Wiederholungsaufgaben berücksichtigt haben, welche die vorangehenden Zeiten zu erfüllen hatten, noch tiefer die besondere Prägung verstehen, welche die Erfüllung der jetzt neu entstehenden Entwicklungsaufgaben annimmt. Wir hatten oben diese neuen Aufgaben dahin charakterisiert, daß nun die *volle Ausbildung der äußeren Sinneswahrnehmung* aus einem noch allgemeiner und unbestimmter gearteten inneren Tasterlebnis, das heißt einem allgemeinen Erleben der irdisch-physischen Welt heraus in Angriff genommen werden mußte. Jetzt zeigt sich, daß das Eigenartige dieser Aufgabe darin lag, daß sie nicht mehr wie diejenigen früherer Epochen überschattet und modifiziert zu werden brauchte durch eine gleichzeitig stattfindende Wiederholung von Aufgaben vergangener Zeitalter. Mit dem Ende des Mittelalters sind zugleich auch die im Vorangehenden betrachteten Wiederholungsaufgaben abgeschlossen. Denn das Nächste, was für die Wiederholung jetzt an die Reihe käme: die Ausbildung der äußeren Sinneswahrnehmung, wird ja in der neueren Zeit selbst erstmalig voll verwirklicht. Man könnte daher auch sagen: in unserer Epoche fallen Neuschöpfung und Wiederholung, Urbild und Abbild in eins zusammen. Und erst dadurch, daß in dieser Zeit gar nichts Vergangenes wiederholt werden muß, wird völlig die außerordentliche, einzigartige Wucht verständlich, mit der sich die Menschheit seit dem 15. Jahrhundert auf die Bewältigung der ihr jetzt erwachsenden Aufgaben, das heißt auf die Entfaltung der äußeren Sinneswahrnehmung, wirft. Es wird diese Wucht eben durch nichts gehemmt, was ein irgendwie geartetes Wiederauftauchen von Erinnerungen an vergangene Zeiten und Bewußtseinszustände wäre. Zum erstenmal lebt die Menschheit mit allen ihren Kräften ausschließlich den Forderungen ihrer eigenen, unmittelbar gegenwärtigen Zeit.

Nun ist aber mit dem vollen Erwachen der äußeren Sinneswahrnehmung und der Hinwendung des ganzen Interesses auf sie, wie sie dann im Aufblühen der modernen «empirischen» Naturwissenschaft, in den Entdeckungen und Erfindungen der beginnenden Neuzeit sich manifestieren, doch nur die *eine* Seite des Gesamtprozesses gekennzeichnet, der sich in bezug auf die Veränderung des menschlichen Seelenlebens vollzieht. Die *andere* Seite besteht darin, daß, wie wir dies auch schon für die Zeit des Heranwachsens beim einzelnen Menschen angedeutet haben, so jetzt für die ganze Menschheit die Wahrnehmungen der *unteren Sinne* als solche völlig in die *Unbewußtheit* versinken. Was damit zugleich in die Vergessenheit versinkt, sind die verschiedenen Regionen der übersinnlichen Welt; denn sie bildeten ja den Inhalt, den früher die noch naturhaft-instinktiv sprechenden Wahrnehmungen der unteren Sinne offenbarten. So kommt nun jenes Abgeschnürtsein des menschlichen Bewußtseins von der geistigen Welt zustande, welches die moderne Menschheit charakterisiert und welches sich in wachsendem Maße in der Form auslebt, daß das Dasein einer übersinnlichen Welt schlechthin geleugnet wird. Und doch ist der Mensch auch jetzt noch mit seinem inneren Wesen in dieser Welt darinnen und sie in ihm; nur liegt dieses Zusammensein mit der geistigen Welt jetzt eben unterhalb der Schwelle seines Bewußtseins.

Noch anders kann bezeichnet werden, was damit dem Bewußtsein entgleitet. Da nämlich jene Welten, die durch die unteren Sinne wahrgenommen wurden, vom Menschen in der vorirdischen Zeit seiner Entwicklung durchschritten worden sind und daher gewissermaßen die verschiedenen Etappen seines vorirdischen und zuletzt noch die erste Etappe seines irdischen Entwicklungsweges repräsentieren, so kann auch gesagt werden: es erlischt jetzt für das Bewußtsein der Menschheit die Erinnerung an die Entwicklung, die sie in einem vorirdischen und in der ersten Zeit ihres irdischen Daseins durchlaufen hat. Diese Erinnerung war von ihr bis dahin in verschiedensten Ausgestaltungen in ihren Weltschöpfungs-, Götter- und Heldensagen (mosaische Genesis, griechische, germanische usw. Mythologie) bewahrt worden. Jetzt aber verdunkelt sich ihrem Verständnis der Sinn der Mythenbilder, die von den Anfängen ihres Erdendaseins erzählen, und ihr Wissen von ihrer Erdenvergangenheit reißt nun da ab, wo äußere Denkmäler und Dokumente aufhören zu reden. Es ergeht damit der Menschheit ebenso wie dem einzelnen Menschen, der als Erwachsener heute ja ebenfalls nicht nur von seinem vorgeburtlichen, sondern auch von der ersten Zeit seines irdischen Daseins nichts mehr weiß. Der Unterschied zwischen beiden besteht nur darin, daß der einzelne Mensch durch seinen Lebenszusammenhang mit anderen Menschen davon abgehalten wird, allerlei Vermutungen über seine physische Entstehung auszudenken, während dagegen die Menschheit im Ganzen nach kurzer Zeit darauf verfällt, über die Entstehung des physischen Daseins ihrer selbst und der Welt in der Kant-Laplaceschen Nebularhypothese und der Darwin-Haeckelschen Deszendenztheorie nun rein materialistisch-mechanische und damit dem wahren Hergang und auch aller wirklichen Erfahrung völlig widersprechende Annahmen zu ersinnen.

Indem aber so im Bewußtsein der modernen Menschheit nurmehr die durch die äußeren Sinne von der physischen Welt empfangenen Eindrücke leben, in ihr Unterbewußtsein dagegen die Welten des Geistes und die Epochen ihrer Vergangenheit versinken, bildet sich überhaupt erst jene *Dualität* von *bewußtem* und *unbewußtem* Seelenleben heraus, welche ein weiteres spezifisches Merkmal gerade des modernen Menschen darstellt. Zunächst wird zwar nur der bewußte Teil des Seelenlebens als seelisches Leben überhaupt anerkannt und Seele geradezu mit Bewußtsein gleichgesetzt. Erst später (im 19. Jahrhundert) wird dann der Begriff des Seelischen erweitert und von ihrem bewußten Gebiet ein unbewußtes unterschieden. Und heute, im Zeitalter der Tiefenpsychologie, ist man ja bereits so weit gekommen, als den wichtigeren, eigentlich bestimmenden Teil des Seelenlebens den unbewußten anzusehen. Gleichgültig aber, ob auch das Unbewußte schon als ein Teil des Seelenlebens anerkannt wird oder nicht: die Tatsache, daß das *Bewußtseinsproblem* mit dem *Seelen-*

problem überhaupt in Zusammenhang gebracht und diese Beziehung als eine für das Verständnis des Seelischen wesentliche betrachtet wird, ist von Anfang an für die moderne Zeit charakteristisch. Noch bei Plato und Aristoteles werden die verschiedenen Teile und Formen des Seelenlebens (mutartige, begierdenartige, denkende beziehungsweise ernährende, empfindende, denkende Seele) geschildert, ohne daß die Frage der entsprechenden Bewußtseinsgrade überhaupt nur berührt wird. Die Seele erscheint infolgedessen als eine gleichmäßig erleuchtete innere Räumlichkeit. Zum erstenmal betont – wie ein Vorverkünder späterer Entwicklung – Augustinus das Moment der Bewußtheit der Seele; in voller Entschiedenheit aber dokumentiert das Sichhineinziehen des modernen Menschen in sein hellbewußt gewordenes Seelenleben erst *Descartes* in seinem «Cogito ergo sum». Indem er unter dem Worte «cogito» das Leben in dem im vollen Bewußtsein anwesenden Denkinhalte versteht, bekundet er hierdurch, daß der neuere Mensch seine Existenz als seelisch-geistiges Wesen in dem Bewußtsein gegründet und beschlossen empfindet. Diese Differenzierung des Seelenlebens in ein ganz hell bewußtes und ein ganz dunkel unbewußtes Gebiet bildet auch den eigentlichen Grund dafür, daß seit dem Beginne der neueren Zeit für die menschliche Erkenntnis Geist und Materie immer weiter und unüberbrückbarer auseinanderklaffen – wie wir es ja bereits bei Descartes und Spinoza in ihren scharfen Unterscheidungen von denkender und ausgedehnter Substanz sehen.

Nun aber haben wir ja schon in den beiden vorangehenden Kapiteln bei der Darstellung der entsprechenden Verhältnisse beim einzelnen Menschen darauf hingewiesen, daß dasjenige, was wir durch die unteren Sinne wahrnehmen, uns als modernen erwachsenen Menschen, wenn auch nicht unmittelbar in der Form der Wahrnehmung selbst, so doch mittelbar, in einer anderen, weiterentwickelten Gestalt zum Bewußtsein kommt. Dies gilt nun auch für die Menschheit im Ganzen. Von dem geschichtlichen Augenblicke an, da die Wahrnehmungen ihrer unteren Sinne vollständig in das Dunkel ihres Unterbewußtseins versunken sind, beginnen deren Inhalte in derselben Reihenfolge, in der sie hinabgestiegen sind, in anderer, *begrifflich verabstrahierter Form wieder aufzutauchen.* Allerdings ist die Verabstrahierung, die sie auf diesem Wege vom Unterbewußtsein ins Bewußtsein hinauf erleiden, eine so weitgehende, daß sie, indem sie in dem letzteren ankommen, alles abgestreift haben, was daran erinnern könnte, daß sie ursprünglich durch die unteren Sinne erfahren und mit deren Hilfe dem eigenen Menschenleibe eingebildet worden sind. Denn wir haben ja geschildert, wie diese Inhalte durch die unteren Sinne anfänglich als solche der verschiedenen Weltensphären erlebt und dem eigenen Organismus in Aufrichtung, Sprache, Denken, äußerem Wahrnehmen einverleibt werden, so daß sie dann Eigenschaften der menschlichen Organisation darstellen und demgemäß die Wahrnehmungen der unteren Sinne aus äußerlich-innerlichen in rein innere sich umwandeln. Es sind also Inhalte von Wahrnehmungen des eigenen Wesens und am eigenen Wesen, die jetzt zu Begriffen verarbeitet, verallgemeinert und verblaßt ins Bewußtsein aufsteigen. Aber dieser Prozeß ihrer Sublimierung ist eben ein so großer, daß ihnen die eigentliche Art und Sphäre ihrer Herkunft gar nicht mehr angesehen wird. Und so entsteht nun das Paradoxe, daß die neuere Menschheit diese Begriffe, die als ganz abstrakt-allgemeine Ideen in ihr aufsteigen, in völliger Verkennung ihrer Entstehungsweise nach ihrem Inhalte gänzlich von ihrer eigenen Wesenheit loslöst, in die Außenwelt hinausprojiziert und ausschließlich auf diese bezieht.

Die erste der Ideen, die im modernen Bewußtsein aufsteigen, ist diejenige des *Raumes,* wie sie der modernen Geometrie und auch der Naturwissenschaft zugrunde liegt. Es ist dies jener Raum, dessen drei Dimensionen einander völlig gleichwertig, das heißt miteinander vertauschbar sind, und der sich nach jeder dieser Richtungen in die Unendlichkeit ausdehnt. Dieser Raum bildet gewissermaßen das grenzenlose Gefäß, innerhalb dessen sich das ganze Weltgeschehen abspielt. Nun ist aber dieser Begriff des Raumes eben nur ein völlig verabstrahiertes Bild von dem, was als die Wirklichkeit des Raumes durch den Gleichgewichtssinn zunächst in bezug auf den Kosmos erlebt und der Gestaltung des Menschenleibes, wie sie sich durch dessen Aufrichtung vollendet, eingeprägt wird. Man könnte auch sagen, es sei jene Raumidee nur ein toter Schatten von dem, was durch den Gleichgewichtssinn als eine lebendige, seelisch-geistige Realität erfahren wird. Es hat diese Idee daher eine gewisse Gültigkeit auch nur für das, was selber tot ist, wie der menschliche Leichnam und das Anorganisch-Mineralische in der äußeren Welt, nicht aber für alles, was wie Pflanze, Tier und Mensch belebt, beseelt, durchgeistigt ist. Daß er für das Verständnis des Menschen (um hier Pflanze und Tier zu übergehen) nicht ausreicht, das erhellt sich aus der Tatsache, daß zwar der menschliche Leib in seiner Gestaltung nach den drei Raumesrichtungen hin orientiert ist, aber, wie schon angedeutet wurde, nach jeder derselben auf andere Weise. Das Oben-Unten, das Rechts-Links und das Vorne-Hinten am Menschen können nicht miteinander vertauscht werden; denn jeder dieser Gegensätze ist von anderer Qualität.

Was aber offenbart die Leibesgestaltung des Menschen über die Beschaffenheit der drei verschiedenen Richtungen des in *ihr* wirkenden Raumes? Betrachten wir das Obere und Untere am Menschen nach seinen Formprinzipien, so sehen wir das Haupt, namentlich nach seiner Oberseite sphärisch-kugelig gebildet; dagegen die Beine – und auch die Arme – strahlenförmig-radial geartet. Und wir gewahren in der Mitte des Menschen: im Rumpf, soweit das Skelett in Betracht kommt – offenbar ja gerade das Knochengerüst die Formprinzipien am deutlichsten –, einen Ausgleich dieser beiden Tendenzen, indem der Brustkorb, nach oben geschlossen, eine Art zweiter Schädel zu werden strebt, während er nach unten vorne aufgerissen ist und die letzten Rippenpaare mehr und mehr in die Vertikale gezogen werden. Der Mittelpunkt der Erde mit den von ihm strahlenartig ausgehenden Kräftewirkungen ist der eine Bezugspol: ihm müssen wir die Gestaltung des unteren Menschen zuordnen. Der andere Pol der gestaltenden Wirkungen ist die Himmelssphäre, wie sie namentlich durch die in immer gleichem Abstand voneinander stehenden (beziehungsweise diesen nur in sehr langen Zeiträumen verändernden) und dadurch die Kugelfläche in ganz bestimmter Art konfigurierenden Ruhesterne gebildet wird: zu ihm weist uns die Gestaltung des oberen Menschen hin. Der Gleichgewichtssinn, der uns an das vor der Geburt in der höchsten Region der geistig-kosmischen Welt, das in der Tierkreissphäre verlebte Dasein erinnert, er ist es auch, der uns in der Aufrichtung unseres Leibes ganz besonders in diese Kräftepolarität von Oben-Unten, das heißt von Erde und Himmel (Himmel im eigentlichsten Sinne), hineinstellt.

Die Rechts-Links-Dimension ist die einzige, deren Gegensätze im menschlichen Leibe zu zwei annähernd spiegelbildlich gleichen Hälften gebildet sind. Das kosmische Vorbild hierfür finden wir in den spiegelbildlich verschiedenen außerirdischen Wirkungen, durch welche die nördliche und die südliche Erdhälfte zu den Gegensätzen gestaltet werden, die sie darstellen. Diese polarisch verschiedenen Wirkungen kommen zunächst zustande durch die spiegelbildliche Gegensätzlichkeit, welche in bezug auf die jahreszeitlichen Verhältnisse auf den beiden Hemisphären besteht; im weiteren durch die Verschiedenheit der planetarischen Wirkungen, welche eben dadurch bedingt ist. Es handelt sich hier also um die Einflüsse, welche auf die Erde durch die Art, wie sie sich in das Planeten-Sonnen-System eingliedert, von diesem ausgeübt werden, und zwar vornehmlich eben um die Auswirkungen des Jahreskreislaufes über die verschiedenen Zonen der Erde hin. Wir haben es hier zu tun mit dem Kosmos der Bewegung. So spielt auch beim Menschen in die Gestaltung der Rechts-Links-Verhältnisse seine mit dem Bewegungssinn verknüpfte gesamte Bewegungstätigkeit hinein, wie zum Beispiel die schon erwähnte Tatsache beweist, daß Linkshänder das Sprachzentrum meist in der rechten Gehirnhälfte ausbilden.

Der Gegensatz endlich der Vorder- und der Hinterseite der Menschengestalt kann als ein solcher des Geöffnet- und des Abgeschlossenseins gegenüber den Wechselwirkungen mit der Außenwelt gekennzeichnet werden, befinden sich doch die meisten und wichtigsten unserer äußeren Sinnesorgane (Gesicht, Geruch, Geschmack) an unserer Vorderseite. Ihm entspricht in der großen Welt die Polarität der Ost- und der Westrichtung, die ihre Bedeutung vor allem für den Tageslauf der Erde hat. Wie der menschliche Gang normalerweise ein solcher in der Richtung der Vorderseite ist, so bewegt sich die Erde in west-östlichem Sinne um sich selbst. Sie öffnet sich nach Osten den Einstrahlungen ihrer kosmischen Umwelt und verschließt sich ihnen gegen Westen. In dieser täglichen Umdrehung vollführt sie zugleich ihren wesentlichsten Lebensprozeß, der die ihr eigentümlichen Stoffwechselvorgänge durch den Rhythmus von Erwärmung und Abkühlung beziehungsweise Beleuchtung und Verdunkelung bewirkt. In der Richtung von vorne nach hinten verläuft aber auch der Stoffwechsel des Menschen von der Nahrungsaufnahme bis zur Ausscheidung. Das alles weist darauf hin, daß die in dieser Dimension vor sich gehenden Prozesse in besonderem Zusammenhange stehen mit dem Wahrnehmungsfelde des Lebenssinnes. Und von den durch diesen Sinn geleiteten Veränderungen in der Lebenskräfteverteilung des menschlichen Organismus, welche die physiologische Grundlage für die Denkbetätigung schufen, haben wir in der vorausgegangenen geschichtlichen Betrachtung ja auch gezeigt, wie sie parallel gingen den Ost-West-Wanderungen der nachatlantischen Völker und Kulturen.

Es ist also der Gegensatz des Oben-Unten ein solcher vornehmlich von Gestaltbildungen, derjenige des Rechts-Links hauptsächlich von Bewegungswirkungen und der des Vorne-Hinten ein solcher von Lebensprozessen. Und es ergibt sich ferner die Einsicht, daß der den Menschen formende «Raum» eine Dreiheit von Kräftewirkungsarten darstellt, deren verschiedene Beschaffenheiten durch die Gestaltung des gesamten Kosmos, des Sonnensystems, des Erdwesens bedingt sind und sich nur im Menschen durchdringen und offenbaren. In der Tat bringt nur *seine* Wesenheit in ihrer Form, ihren Bewegungsmöglichkeiten und Lebensprozessen alle diese drei Wirkungen zum Vorschein, während etwa in der Pflanze nur die Dimension des Oben-Unten, im Tiere vornehmlich die zwei Dimensionen des Rechts-Links und des Vorne-Hinten gestaltend gewirkt haben. Suchen wir daher einen absoluten Bezugspunkt für die Bestimmung räumlicher Verhältnisse, so können wir diesen nur im Menschen annehmen, so wie er auf der Erde als verleiblichtes Wesen lebt und gestaltet ist. Damit ist der Grund dafür angegeben, warum in älteren Weltanschauungen, namentlich innerhalb des ptolemäisch-griechischen Weltsystems, die Erde als der Weltenmittelpunkt erscheint. Dieser Mittelpunkt war ja so verstanden, daß er nicht nur das Zentrum eines bestimmten Planetensystems sein sollte innerhalb eines im übrigen grenzenlosen Weltenraumes, sondern er bedeutete den Mittel- und Bezugspunkt der Räumlichkeit als solcher. Und es war die Erde hierbei gemeint als die Wohnstätte des verkörperten Menschen. Denn nur da, wo er ist, haben und offenbaren die drei Dimensionen der Räumlichkeit volle Realität. Je weiter von diesem ihrem Wirkungszentrum weggegangen wird, desto mehr verliert sich der räumliche, das heißt der durch diese drei Wirksamkeiten bestimmte Charakter des Weltendaseins und geht in andere, überräumliche Formen desselben über. So war der Raum als solcher für die Auffassung älterer Zeiten in gewisser Weise begrenzt und auf die kosmische Umwelt des Menschen beschränkt. Er verwandelte sich – wie Dante dies noch in seiner «göttlichen Komödie» beschreibt – in andere, wesenhaftere Daseinsformen, wenn man von der Erde über die Sternenwelt zum Himmel hinaufstieg. Diese Auffassung bewahrte eben noch etwas von der Konkretheit dessen, was durch den Gleichgewichtssinn (im Zusammenwirken mit den anderen unteren Sinnen) als tatsächliche differenzierte Raumeswirkungen erfahren wird.

An die Stelle dieser älteren Anschauung trat nun im Beginne der neueren Zeit der abstrakte Raumbegriff. Das äußere Symptom dieser Ablösung ist die Begründung des *kopernikanischen Weltsystems*. Die eigentliche, tiefere Bedeutung dieser Tat liegt nicht in dem, worin sie gewöhnlich gesehen wird: daß Kopernikus die Erde als Mittelpunkt unseres Planetensystems mit der Sonne vertauscht hat, sondern in dem, was diese Vertauschung erst ermöglichte: in dem Durchbruch der neuen Raumauffassung. Der Wohnplatz des Erdenmenschen bedeutete eben für Kopernikus nicht mehr den Mittelpunkt der Raumeswelt als solcher, sondern galt ihm nurmehr als das angenommene Zentrum eines Systems von Weltkörpern, welche sich in einem nach allen seinen Dimensionen durchwegs gleichartigen Raum bewegen. Nun ergaben seine Berechnungen, daß die mathematisch-geometrische Darstellung aller dieser Bewegungen sich wesentlich vereinfacht, wenn nicht die Erde, sondern die Sonne als der Mittelpunkt angenommen wird, um den die Kreisläufe der Planeten erfolgen. Schon eine solche Annahme konnte nur gemacht werden unter der Voraussetzung, daß alle Planeten unseres Systems sich im selben Raume bewegen, der für die Erdenverhältnisse gilt. Das Hinausverlegen des Zentrums unseres Weltsystems von der Erde in die

Sonne offenbart, daß das, was früher als ein in seinen drei Richtungen verschiedengearteter dynamischer Raum vom Menschen in und an seinem eigenen Wesen erlebt worden war, jetzt zu einem allerwärts gleichartigen, weil von Kräften entleerten Raumbegriff erstorben ist und sich deshalb von der menschlichen Wesenheit (gleich wie deren Leichnam im Tode) losreißt. Und indem es sich so vom Menschen ablöst, wird es in der toten Form, die es, bis zu einem gewissen Grade auch objektiv, einzig und allein im Irdischen hat – soweit dieses ein rein Irdisches, das heißt ein Mineralisch-Totes ist –, über die ganze Welt ausgedehnt. So entsteht jener grenzenlose Raum, in welchen die neuere Astronomie in Entfernungen von Millionen von Lichtjahren ihre Sterne und Sternhaufen hineinstreut. Dieses allseitige gleichmäßige Sichausdehnen des Raumes ins Unendliche, das eben durch die Verlängerung der im bloß Irdischen geltenden, zur Vertauschbarkeit abgestorbenen drei Dimensionen ins Universum hinaus zustande kommt und die Grundlage des modernen astronomischen Weltbildes darstellt, wurde ja auch sogleich vom ersten Apostel des Kopernikanismus: *Giordano Bruno,* der für dieses neue Evangelium als Märtyrer auf dem Scheiterhaufen gestorben ist, als das Entscheidende desselben empfunden und verkündigt: In hymnischen, begeisterungs-berauschten Tönen hat er die Überwindung des begrenzten Raumes, wie er im ptolemäischen System vorgestellt wurde, und die Eroberung der Raumesunendlichkeit besungen. Auch die Kehrseite dieses neuen Verhältnisses zum Raume tritt übrigens bei Bruno sogleich in bedeutsamer Weise hervor: Während nämlich im Sinne des älteren Raumerlebens das Göttliche selber noch im Raume hatte gefunden werden können, aus den Weiten des Weltenraumes sich offenbarend und in das Irdische hereinwirkend erlebt worden war, hatte es jetzt in der Leere des allseitig ins Unendliche sich dehnenden Weltraumes keinen Platz mehr. Daher verlegt es Bruno in das *Innere* der Wesen hinein, welche die räumliche Welt bevölkern, in einer Art von pantheistischer Naturauffassung, wie sie Goethe, aus dem Geiste Brunos heraus, in den Versen zum Ausdruck bringt:

> «Was wär' ein Gott, der nur von außen stieße,
> Im Kreis das All am Finger laufen ließe!

Ihm ziemt's, die Welt im Innern zu bewegen,
Natur in sich, sich in Natur zu hegen;
So daß, was in ihm lebt und webt und ist,
Nie seine Kraft, nie seinen Geist vermißt!»*

Es würde selbstverständlich nicht den Tatsachen entsprechen, wenn man nicht darauf hinwiese, daß das Ersterben des Raumeserlebens nicht erst bei Kopernikus sich bemerkbar macht, sondern ein allmählich eintretender Prozeß ist, der schon weit ins Mittelalter zurückreicht. Die letzten Umgestaltungen, die das ptolemäische System erfahren hatte – mußte es doch schließlich für die Erklärung der Planetenbewegungen immer kompliziertere Vorstellungen zu Hilfe nehmen –, zeigten, daß auch dieses zuletzt schon im Sinne des toten Raumbegriffes gedacht und längst nicht mehr nach seiner ursprünglichen Bedeutung verstanden wurde. Wäre dies nicht so gewesen, so hätte es ja auch nicht von Kopernikus umgestoßen und durch ein anderes ersetzt werden können. Ebenso muß auch umgekehrt gesagt werden, daß das ältere, lebendige Raumempfinden in einzelnen Menschen noch lange über Kopernikus hinaus nachgewirkt hat, so zum Beispiel in *Tycho de Brahe* und auch in *Kepler,* obwohl dieser ja erst die Bewegungsgesetze der Planeten im Sinne des Heliozentrismus entdeckt hat. Aber Kepler fand die Umlaufsgesetze gerade aus jener älteren Art der Zahlen- und Raumeswissenschaft heraus, die wir oben als die harmonikale bezeichnet haben, suchte er doch auch aus den von ihm gefundenen Zahlenbeziehungen der Umlaufszeiten und -bahnen die Töne der *Sphärenmusik* zu ermitteln, in denen die einzelnen Planetenbewegungen erklingen. Er hatte, wie auch der wiederholt zitierte Ausspruch von ihm beweist, noch ein Empfinden davon, daß das räumlich-geometrische Wissen dem Menschen nicht von der äußeren Sinnesbeobachtung zufließt, sondern aus einer inneren Erfahrung heraufquillt, durch welche er die göttlich-geistigen Kräfte wahrnimmt, die ihn vom Kosmos her aufbauen und gestalten.

* Siehe Rudolf Steiners Vortrag «Galilei, Giordano Bruno und Goethe», abgedruckt in: Antworten der Geisteswissenschaft auf die großen Fragen des Daseins (Bibl. Nr. 60).

Völlig losgelöst erscheint der erstorbene Raumbegriff vom inneren menschlichen Erleben erst bei *Newton* in der Art, wie dieser die Idee des «absoluten Raumes» der von ihm begründeten Himmelsmechanik zugrundelegt. Interessant ist jedoch, wie selbst bei Newton trotz dieser vollständigen Entmenschlichung und Entgeistigung des Raumes noch eine allerletzte Spur des früheren Raumeserlebens darin zum Vorschein kommt, daß er diesen absoluten Raum als das «Sensorium *Gottes*» bezeichnet.*

In der Newtonschen Himmelsmechanik offenbart sich freilich zugleich deutlich ein *zweiter* Abstraktionsprozeß, der inzwischen eingetreten ist: es ist derjenige, der sich auf das Element der *Bewegung* bezieht. Im Bewußtsein der modernen Menschheit taucht nun die gedanklich verabstrahierte Form dessen auf, was jetzt die Wahrnehmungen des Bewegungssinnes geworden sind. So entsteht die moderne *Mechanik* beziehungsweise Kinematik. Die Antike hatte in Archimedes nur «eine Lehre von den Schwerpunkten und eine Ausführung der Gewichts- und Stabilitätsverhältnisse eingetauchter und schwimmender Körper»,** kurz: eine Statik beziehungsweise Hydrostatik, hervorgebracht, in welcher sich eine beginnende Vergedanklichung der Erlebnisse des Gleichgewichtssinnes anzeigte. Eine eigentliche Bewegungslehre wurde erst in der neueren Zeit durch *Galilei* begründet. Was oben von dem erstorbenen Raumbegriff gesagt wurde, dasselbe gilt jedoch auch von dem jetzt ganz verabstrahierten Bewegungsbegriff: er läßt sich im strengen Sinne nur auf die im irdisch-anorganischen Bereiche stattfindenden Bewegungsvorgänge anwenden. Galilei beschränkt sich denn auch rein auf die Erforschung von Bewegungsvorgängen dieser Art. Er berechnet die Beschleunigung der Geschwindigkeit des freien Falles, das Gesetz der Bewegung auf schiefer Ebene, die Wurfparabel, die Pendelgesetze. Und er läßt sich nicht mehr auf die inneren Qualitäten der Bewegungen der verschiedenen Elemente, Wesen und Weltkörper ein, als

* Siehe Rudolf Steiner: Der Entstehungsmoment der Naturwissenschaft. 4. Vortrag.
** Eugen Dühring: Kritische Geschichte der allgemeinen Prinzipien der Mechanik, 1873.

welche man früher «natürliche» und «willkürliche», «vollkommene» (himmlische) und «unvollkommene» (irdische) unterschieden hatte. Ihn interessieren nur mehr quantitative Verhältnisse. «Die Aufmerksamkeit auf die mathematische Form, die Größenverhältnisse und die absoluten Größen war das neue Prinzip, welches die Elemente einer neuen Wissensgattung gab» (Dühring). Wesentlich ist also «das messende Verhalten». Denn gleichzeitig mit dem Elemente der Bewegung hat sich auch dasjenige der *Zahl,* welches, wie wir oben (bei der Schilderung der griechischen Mathematik) sahen, mit jenem wesensverwandt ist, verabstrahiert. Dadurch werden die beiden zwar auch jetzt wieder miteinander verbunden, aber auf eine ganz andere Art als früher. Ein Bewegungsvorgang wird vom Menschen nicht mehr innerlich miterlebt, sondern nur durch die Begriffe gedacht, die aus den ins Unbewußte versunkenen Wahrnehmungen des Bewegungssinnes in sein Bewußtsein heraufsteigen und sich mit denjenigen seiner äußeren Sinne verbinden. Der Mensch taucht nicht mehr in das Element der Bewegung mit eigenen, diesem spezifisch zugeordneten Erlebnissen unter. Er spürt nicht mehr, wie sich mit der Veränderung einer Bewegung in solchem Erleben der Rhythmus seiner Blutpulsation verändert, wie das in früheren Zeiten einmal der Fall gewesen war. Er kommt daher auch nicht mehr dazu, bestimmte Zahlenreihen oder -verhältnisse aufzustellen, die als solche das Symbol bestimmt gearteter oder sich wandelnder Bewegungsqualitäten sind. Er steht vielmehr einer Bewegung äußerlich betrachtend gegenüber. Und er erfaßt sie als solche nurmehr durch den von allem spezifischen Erleben gereinigten Bewegungsbegriff. Zwar trägt er auch jetzt wieder ein Mathematisches an sie heran. Aber dieses ist selbst ein anderes geworden. Es hat sich in eine Lehre von reinen *Größen,* in eine Darstellung reiner Quantitäten verwandelt. Symbolisch für diese ihre neue Bedeutung ist die Einführung der um das Jahr 1000 in Indien erfundenen Null in die Zahlenreihe, die ungefähr um das 15. Jahrhundert sich einbürgert. Jetzt ist die Eins nicht mehr die Einheit oder Ganzheit, die am Anfange steht, die Zwei nicht mehr die Folge der Entzweiung, das heißt der ersten Teilung. Sondern jene repräsentiert das kleinste Quantum, diese das nächstgrößere. An die Stelle des Divisions- ist das Additionsprinzip als Geist der Zahlenkunde getreten. Die Zahl wird der Maßstab für Größenbemessung. Und mit diesem Maßstab werden nun Größe, Vergrößerung, Verkleinerung usw. von Bewegungen gemessen.

Wenn dann die von Galilei für die im rein Irdisch-Anorganischen verlaufenden Bewegungsphänomene begründete Mechanik von Newton auf die Bewegungen der Himmelskörper übertragen wurde, so zeigt sich hierin, daß nun auch die Empfindung für die Grenzen der Berechtigung dieser Betrachtungsweise verlorengegangen war. Denn diese Bewegungen wurden dadurch rein mechanisch gedeutet, und als ihre Antriebskraft wurde eine allgemeine Gravitation hypostasiert. Damit aber (wie auch durch die von ihm gleichzeitig begründete Licht- und Farbenlehre) inaugurierte Newton einerseits jenes *hypothetisierende* Denken, das der modernen Naturwissenschaft bis auf den heutigen Tag ihr Gepräge gibt. Denn da das Ersterben des Bewegungserlebens für die Erfahrung verdunkelt, was in den verschiedenen Bewegungserscheinungen der Welt wirkt und sich offenbart, entsteht ein Vakuum des Nichtwissens, und in dieses werden nun allerlei Kräfte hypothetisierend hineinversetzt. Im Altertum hatte man vermöge eines noch ganz anders sprechenden Bewegungssinnes die Sternbewegungen noch unmittelbar ihrem Wesen nach verwandt erlebt mit den menschlichen Bewegungen: nämlich als analoge gebärdenhafte Offenbarungen einer «astralischen», das heißt den Wandelsternen zugrundeliegenden kosmischen Seelenwelt, wie in menschlichen Bewegungen menschliche Seelenerlebnisse sich aussprechen. Man bedurfte deshalb noch nicht einer solchen hypostasierten allgemeinen Gravitation zur Erklärung der Planetenbewegungen.

Auf der anderen Seite prägte die universelle Mechanik, zu welcher Newton die Galileische erweiterte, in entscheidender Weise der modernen Naturwissenschaft überhaupt den *mechanistischen* Charakter auf, der seither ihren anderen hauptsächlichsten Grundzug bildet. Die Mechanik, die Galilei als ein begrenztes Forschungsgebiet begründet hatte, durchdrang immer mehr alle Gebiete der Naturwissenschaft, bis sie zuletzt mit ihr völlig gleichbedeutend wurde. Wesentlich trug hierzu der rasche und großartige Ausbau bei, den die Mechanik selbst insbesondere durch die Entwicklung der

Schwingungstheorien erfuhr, zu der Galilei durch die Entdeckung der Pendelgesetze ebenfalls schon den Grundstein gelegt hatte. Wie sehr schließlich gerade das Ersterben des einstmaligen Bewegungserlebens auch die Auseinanderreißung von Physischem und Psychischem im Wahrnehmen befördert hat, zeigt besonders die Entwicklung der *Akustik,* die von *Mersenne,* einem Zeitgenossen Newtons, begründet wurde. Wenn wir oben sagten, daß in dem unendlichen leeren Raum, den die moderne Astronomie in die Welt hinausprojizierte, kein Platz mehr für das Göttliche war, so ist hier hinzuzufügen, daß in den Luftschwingungen, wie sie jetzt durch den völlig verabstrahierten Bewegungsbegriff erfaßt wurden, kein Platz mehr für das *Musikalische* gefunden werden konnte. Und wie jene Ertötung des Raumes dazu geführt hatte, das Göttliche nicht mehr in den Weltenweiten, sondern im Innern der Wesen und namentlich des Menschen selbst zu suchen, so hatte die jetzt rein mechanistisch werdende Auffassung von den Schwingungsbewegungen der Luft das Verschwinden der einer älteren Zeit noch vertrauten Idee einer Sphärenmusik und jene Verinnerlichung und Versubjektivierung des Musikalischen zur Folge, die seit dem 16. Jahrhundert in der Tat eingetreten ist. Denn das Musikalische konnte nun nicht mehr als objektives Weltenelement in irgendeiner Verbindung mit den Luftschwingungen gedacht werden. «Die Akustik» – so schreibt denn auch *Bernhard Bavink* in den «Ergebnissen und Problemen der Naturwissenschaften» (8. Aufl., S. 59) – «bietet das einfachste und zugleich das überzeugendste, weil ohne weiteres völlig durchsichtige Beispiel für einen der wichtigsten philosophischen Sätze, ja den einzigen philosophischen Satz, der so gut wie einstimmig anerkannt ist, den Satz von der Subjektivität der sog. sekundären (Sinnes-)Qualitäten, mit dem bekanntermaßen seit John Locke die neuere Philosophie beginnt. Die physikalische Akustik beweist einwandfrei, daß von allen überhaupt denkbaren und auch immer objektiv nachweisbaren Schwingungen nur ein ganz bestimmter Bereich dem menschlichen Ohre hörbare Töne hervorruft. Die obere Hörgrenze liegt bei etwa 30000 Hertz (= 30000 Schwingungen pro Sekunde), doch ist sie individuellen starken Schwankungen unterworfen und sinkt mit steigendem Lebensalter ... Die untere Grenze liegt bei 16 bis 20 Hertz ...

Aus dem allem folgt zwingend, daß der als Empfindung gehörte ‹Ton› sozusagen nur eine Sekundärerscheinung physiologisch-psychologischer Natur ist, physikalische Realität dagegen gar nicht besitzt. ‹Es gibt› in der Welt da draußen gar keine ‹Töne›, es gibt nur Schwingungen (Wellen), von denen ein gewisser Bruchteil hörbar ist.»

Die Akustik hat in der Tat in entscheidender Weise die Auffassung von der Subjektivität der Sinnesqualitäten mit zur Herrschaft gebracht. Nach ihrem Muster sind für das Licht (in der Undulationstheorie) und später für die Wärme (in der kinetischen Wärmetheorie) analoge mechanische Bewegungsvorgänge als verursachende objektive Realitäten rein hypothetisch erdacht worden. Während aber in den letzteren Fällen diese Realitäten wegen ihres hypothetischen Charakters und damit auch die Richtigkeit der entsprechenden Wahrnehmungstheorien immer wieder angezweifelt werden konnten, schien die Akustik, in der die mechanischen Bewegungsvorgänge unmittelbar als solche sinnlich wahrgenommen werden können, die einzige absolut feste Stütze für diese Sinnestheorie zu sein. Bavink schreibt denn auch im weiteren (S. 61): «Die Akustik unterscheidet sich von den anderen Fällen des gleichen Problems (Farben = Lichtwellen, Wärme = Molekularbewegungen u.a.) dadurch, daß in ihrem Falle (Töne = Schwingungen und Wellen) die behauptete physikalische Realität auch ganz unmittelbar durch andere Sinne (Tastsinn, Gesichtssinn) wahrgenommen werden kann, während man das von den Lichtwellen, Molekularbewegungen bekanntlich nicht sagen kann; hier lassen sich die zunächst überhaupt nur hypothetisch eingeführten zugrundeliegenden physikalischen Vorgänge nur schwer als real erweisen. Der Positivismus kann sich deshalb bei ihnen immer wieder dahinter verschanzen – und hat das auch immer getan –, daß der behauptete ‹reale Sachverhalt›, der angeblich das ‹Wesen› der betreffenden Dinge darstellen solle, lediglich eine gedankliche Konstruktion sei. Man könne in Wahrheit nur sagen, daß sich die Farben in gewissen Beziehungen so verhielten, *als ob* es sich um Wellen (Lichtwellen), die Wärme so, *als ob* es sich um Molekularbewegungen handle. Diese Flucht in den Fiktionalismus aber verbietet sich offensichtlich im Gebiet der Akustik; denn hier kann man, gerade wenn man nur das ‹direkt Wahrgenommene› im Gegensatz zum nur hypothetisch Konstruierten als real gelten lassen will, den betreffenden Schwingungen, Wellen usw. diese Realität nicht aberkennen, denn diese kann man ja wirklich ‹direkt wahrnehmen›.» Für eine wirklich unbefangene Betrachtungsweise müßte nun aber doch gerade das, was für Bavink die Akustik zur einzigen unumstößlichen Stütze der von ihm vertretenen Wahrnehmungstheorie macht, diese als eine vollkommene Widerlegung seiner Theorie erscheinen lassen! Denn wenn hier auf der einen Seite als Beweis für die objektive Realität der Bewegungsvorgänge die Tatsache geltend gemacht wird, daß sie als solche (durch Tast- und Gesichtssinn) «direkt wahrzunehmen» sind, so muß doch auf der anderen Seite umgekehrt ebenso gelten, daß der Ton als solcher, weil er «direkt wahrgenommen» wird, ebenso eine objektive Realität darstellt. Es ist nicht einzusehen, warum den Wahrnehmungen des Tast- und des Gesichtssinnes eine höhere Realität zukommen soll als denen des Gehörssinnes. (Ganz abgesehen davon, daß im Sinne der naturwissenschaftlichen Lichttheorie auch die Gesichtswahrnehmungen wieder als subjektiv erscheinen.) Wie immer man nun aber die Sinneswahrnehmungen überhaupt beurteilen mag, ob als subjektiv oder als objektiv, das eine ist jedenfalls sicher, daß sie alle als auf demselben Boden, gewissermaßen in einer Reihe stehend angesehen werden müssen. Und so könnte die Akustik, in deren Gebiet wir bestimmte Phänomene zugleich durch verschiedene Sinne perzipieren, in Wirklichkeit gerade zeigen, daß das Verhältnis zwischen diesen verschiedenen Wahrnehmungsinhalten nicht als ein solches von Ursache und Wirkung, sondern als ein solches der Parallelität, des Zusammengehörens aufgefaßt werden muß. Nicht die Tatsachen, sondern lediglich die völlige Befangenheit in einer rein mechanistischen Naturauffassung verhinderte es, daß man in der Luftschwingung den Träger des gleichobjektiven Tons erblickte; den Träger, der in seiner Beschaffenheit das Wesen des von ihm Getragenen in einer analogen Art offenbart, wie der menschliche Leib als Träger der menschlichen Seele in seiner ganzen Konfiguration sich als ein Bild der letzteren darstellt.

An *dritter* Stelle kommt es in der neueren Zeit zur Verabstrahierung der Erfahrungen des *Lebenssinnes*. Durch diesen war – wie wir bei der Erwähnung der Alchimie angedeutet hatten – im Mittelalter die Welt der im Lebendigen wirkenden Bildekräfte beziehungsweise der in diesem tätigen Naturgeister noch der menschlichen Wahrnehmung zugänglich. Ja, selbst noch solche Naturkundige und Ärzte wie *Paracelsus, van Helmont* und andere schilderten eine von ihnen geschaute Wirklichkeit, wenn sie vom «Archäus», dem Bildner des Menschenleibes, sprachen. Jetzt aber verglimmt diese Anschauung, es bleibt nur eine zur völligen Bild- und damit Inhaltslosigkeit verblassende Erinnerung an die Kräfte zurück, die man als solche des Lebens einstmals in verschiedener Gestaltung und Wirksamkeit geschaut hatte. Und so beginnt man von Kräften zu sprechen, die allem Lebendigen als spezifische «Lebenskräfte» eigentümlich seien. Was später *«Vitalismus»* genannt wurde, wird jetzt durch Forscher wie *Georg Ernst Stahl,* den Urheber der Phlogistontheorie, und *Kaspar Friedrich Wolff,* den Vater der Epigenesis-Theorie, begründet.* Daß aber die «Lebenskraft», von der da gesprochen wird, nicht Gegenstand einer Erfahrung, sondern nur Inhalt einer Annahme ist, bezeugt aufs deutlichste zum Beispiel *J. F. Blumenbach,* in welchem uns der Vitalismus in der reifsten Ausbildung entgegentritt. Zwar unterscheidet dieser bedeutende Forscher an verschiedenen Lebenskräften diejenige der Kontraktilität, der Irritabilität und der Sensibilität, ferner den «nisus formativus» (Bildungstrieb), versucht also zu konkreten Vorstellungen von ihren Wirksamkeiten zu gelangen, gesteht aber doch: «Das Wort Bildungstrieb, so gut wie die Worte Attraktion, Schwere usw. soll zu nichts mehr und nichts weniger dienen, als eine Kraft zu bezeichnen, deren konstante Wirkung aus der Erfahrung anerkannt worden, deren Ursache aber so gut wie die Ursache der genannten noch so allgemein anerkannten Naturkräfte für uns qualitas occulta ist.» Wenn die Hypostasierung einer solchen «Lebenskraft» eine Folge des Verlustes der einstmaligen Offenbarungen des Lebenssinnes war, so hatten wir weiter oben schon darauf hingewiesen, daß diejenige der «allgemeinen Gravitation» in analoger Art dem Erlöschen der einstmaligen Bewegungssinneserlebnisse zuzu-

---

* Vgl. Hans Driesch: Der Vitalismus als Geschichte und als Lehre. 1905.

schreiben sei. Der Vitalismus ist um die Mitte des 19. Jahrhunderts von der mechanistischen Deutung des Lebens überwunden worden. Der Darwinismus hat ihn in der allgemeinen Biologie, Forscher wie *Helmholtz* und *Dubois-Reymond* haben ihn speziell in der Physiologie bekämpft, wo er von *Johannes Müller* noch vertreten worden war. Wenn in unserer Zeit durch H. *Driesch* und andere ein «Neovitalismus» begründet worden ist, so hat dieser mit dem alten nurmehr die Auffassung von der Eigengesetzlichkeit des Lebens gemeinsam. Anstelle der doch mehr oder weniger vagen Vorstellung der «Lebenskraft» hat er jedoch mehr aus der Phänomenologie der Lebensvorgänge gewonnene Kennzeichnungen derselben gesetzt, wie insbesondere diejenige der Ganzheitsbezogenheit aller organischen Prozesse. Doch gehört ein genaueres Eingehen auf diese Fragen nicht hierher.

Als vierter und letzter Abstraktionsprozeß ist endlich derjenige des ursprünglichen *Tasterlebens* zu nennen. Wir erwähnten bereits, daß, wie in den Erlebnissen der drei vorgenannten der unteren Sinne: des Gleichgewichts-, des Bewegungs- und des Lebenssinnes, Erfahrungen des vorgeburtlich-außerirdischen Geistdaseins nachklingen, so in den Wahrnehmungen des ursprünglichen Tastens das Inkarnationsgeschehen selbst, genauer gesagt: das Eintauchen in die physische Leiblichkeit und damit der Eintritt in das eigentliche Erdensein, sich in gewisser Weise fortsetzt. Daher auch diese Urform des Tastens als ein Wahrnehmen der Erdenwelt in ihrem allgemeinsten Wesen bezeichnet werden kann. Aus diesem unbestimmt-anfänglichen Tasten differenzieren sich dann später im Zusammenhang mit dem Einwirken der verschiedenen Qualitäten der Erdenwelt die ihnen entsprechenden verschiedenen äußeren Sinnesgebiete heraus. Und was unter diesen später als spezialisierterer Tastsinn erscheint, ist dann im strengen Sinne dem eigentlich *«Irdischen»* in der Erde, das heißt der Wahrnehmung des *Festen* und seiner Eigenschaften (rauh, glatt, spitz, stumpf, weich, hart usw.), zugeordnet.

Nun bedeutet die Verkörperung des menschlichen Seelenwesens in die physische Leiblichkeit vor allem das Eintauchen in das Nervensystem. Nur in diesem Funktionssystem ist – wie wir im nächsten Kapitel noch genauer schildern werden – das Seelisch-Geistige des

Menschen ganz im Leibe verkörpert. Bevor es nun aber durch das Nervensystem hindurch sich in den Sinnen mit den verschiedenen Qualitäten der Außenwelt in Beziehung setzt, nimmt es innerlich in dumpfer Weise dieses Nervensystem selbst wahr. Es erlebt sich gewissermaßen zunächst in dem Nervensystem bis an dessen Endigungen hin selbst, ohne noch über diese hinaus in die Sinneswelt vorzudringen. In diesem Erleben wird die Differenzierung in verschiedene Sinnesgebiete noch nicht wahrgenommen, sondern dieses ganze Nervensystem als Einheitlich-Gleichartiges empfunden. Damit ist von innen her beschrieben, was oben als das der differenzierten äußeren Sinneswahrnehmung vorangehende allgemein-einheitlich-unbestimmte Tasten des Erdenseins charakterisiert wurde. Dieses Tasten ist eigentlich ein inneres Erleben des *Nervensystems* selber durch die in dieses eintauchende Seele. Eines aber wird da in großer Intensität erlebt: die Verästelung des Nervenwesens in unzählige Nervenfasern. Indem sie an deren Enden gleichsam in ihrem Selbsterleben anstößt und auf sich zurückgeworfen wird, fühlt die Seele sich wie in unzählige Stücke zerspalten. In der Menschheitserinnerung hat dieses Erlebnis, das in der Zeit der Lemuria, der Menschheitserdengeburt, erstmalig durchgemacht wurde, seine Spur hinterlassen in der Sage von der Zerstückelung des Osiris durch Typhon, die finstere Erdenmacht, wie sie bezeichnenderweise in Ägypten (wo Lemurien im historischen Gedächtnis wiederauftauchte) ausgebildet worden ist – aber auch zum Beispiel in der Erzählung von der Zerstückelung des Dionysos Zagreus durch die Giganten, die Kräfte der Erdentiefen. Im kleinen, neugeborenen Kinde bleiben heute diese Erlebnisse natürlich unbewußt. Aber auch im Erwachsenen finden sie in bestimmten Momenten immer noch statt und steigen dann in einer bestimmten Form ins Bewußtsein herauf. Es ist nämlich zu bedenken, daß das tägliche Aufwachen für den Menschen jedesmal bis zu einem gewissen Grade einen Inkarnationsprozeß bedeutet. Gerade weil das Seelische des Menschen sich vor allem in das Nervensystem inkarniert, darum muß es jede Nacht im Schlafe, da es den Körper teilweise verläßt, sich in erster Linie aus dem Nervensystem herauslösen. Und so wird im Akte des Aufwachens immer wieder, bevor die Seele sich durch die Sinne der Außenwelt zuwendet, jenes Eintauchen in das Nervensystem durchlebt, welches von ihr als eine Zerspaltung ihres einheitlichen Wesens in unzählige Teile erfahren wird. Nur bleibt auch jetzt dieses Erlebnis unbewußt, weil die Seele sofort zum Erleben der sinnlichen Außenwelt übergeht. Aber eine Nachwirkung desselben dringt doch in ihr Bewußtsein herauf, und zwar in Gestalt einer von ihr empfundenen Nötigung, die Substanz der irdisch-sinnlichen Erscheinungen (die sie mit den äußeren Sinnen wahrnimmt), also das diesen Erscheinungen Zugrundeliegende: die «*Materie*», aus unzähligen kleinsten Teilen: den *Atomen*, zusammengesetzt zu denken. Es findet dabei ein eigentümlicher Spiegelungsprozeß statt, durch den die Seele das, was sie eigentlich im Innern erlebt, sich von außen entgegenkommen zu sehen glaubt. Die atomistische Auffassung der Materie, wie sie namentlich seit dem 18. Jahrhundert sich durchsetzt und im 19. immer weiter aus- und durchgebildet wird, ist die Wirkung der gedankenhaften Verabstrahierung des *unbewußten Tasterlebens,* wie es von innen her soeben als ein Erleben des eigenen Nervensystems geschildert wurde. Nicht die Natur also, sondern das unbewußte Erleben ihrer eigenen Leiblichkeit, sofern diese das Instrument der äußeren Sinneswahrnehmung ist, hat der neueren Menschheit den Atomismus aufgedrängt! Diese Erkenntnis, die für die richtige Beurteilung des naturwissenschaftlichen Weltbildes von größter Wichtigkeit ist, ergibt sich der geisteswissenschaftlichen Forschung in aller Klarheit. Denn der Geistesforscher ist in der Lage, durch die von ihm entwickelten höheren Erkenntnismethoden jenes für gewöhnlich unbewußt bleibende Erlebnis des eigenen Nervensystems, durch das wir jeden Morgen im Aufwachen hindurchgehen, in voller Bewußtheit durchzumachen und damit auch die Wirkungen zu verfolgen, welche es in der Gestaltung unseres gewöhnlichen Vorstellungslebens hinterläßt. So sagt Rudolf Steiner in einem Vortrag (des Zyklus über «Die okkulte Bewegung im 19. Jahrhundert»): «Stellen wir uns ... verschiedene Nerven vor, die im Organismus verlaufen; diese verlaufen dann so, daß sie Verzweigungen wie Äste aussenden. Ein Nerv verläuft so, daß er einen Stamm hat und dann Äste aussendet. Es ist sogar so, daß Äste in die Nähe von anderen Ästen kommen, und daß dann da ein anderer Strang weitergeht... Wie verläuft denn eigentlich das menschliche

Seelenleben innerhalb dieses Nervensystems? Das ist die Frage, die wir vor allen Dingen aufstellen müssen. Man gelangt zu keiner Vorstellung davon, wie das Seelenleben im Nervensystem verläuft, wenn man nur das tagwache Bewußtsein ins Auge faßt. Sobald der Mensch aber den Moment ins Auge faßt, wo er mit seinem Ich und mit seinem astralischen Leibe aus dem Nervensystem herausschlüpft, dann merkt er die eigentümliche Erscheinung: man ist eigentlich während des Schlafes außerhalb seiner Nerven gewesen, das heißt mit seinem astralischen Leib und seinem Ich. Man schlüpft wieder hinein in seine Nerven, man steckt im Tagleben wirklich darinnen. Und man fühlt sich beim Aufwachen wie in die Nerven hineinfließend... Indem man sich in die verschiedenen Organe hineinbegibt, schlüpft man auch in die Fühlfäden bis in die äußersten Verzweigungen der Nerven hinein...

Denken Sie sich, mein Rock wäre da vorne an den Ärmeln zugenäht und ich würde mit meinem Arm in meinen Rock hineinschlüpfen. Denken Sie sich, ich würde hundert Arme haben und würde sie so in Säcke hineinstecken, dann würde ich mit den hundert Armen da anstoßen, wo die Ärmel zugenäht sind. So schlüpfen wir also hinein bis dahin, wo der Nervenstrang endet. Solange ich da hineinschlüpfe, fühle ich nichts. Ich fühle nur, wenn ich dahin komme, wo der Ärmel zugenäht ist. Ebenso ist es mit den Nerven. Wir fühlen den Nerv nur da, wo er endet. Wir stecken den ganzen Tag in der Nervenmaterie und berühren immer die Enden unserer Nerven. Das bringt sich der Mensch zwar nicht zum Bewußtsein, aber es kommt in seinem Bewußtsein zum Ausdruck, ohne daß er es will... Das, was die Ursache des Bewußtseins ist, das ist, daß ich immer mit dem Denken an einen Punkt komme, wo ich anstoße. An unendlich viele Punkte stoße ich an, wenn ich da hineinschlüpfe, nur kommt es mir nicht zum Bewußtsein. Zum Bewußtsein kommt es nur dem, der den Prozeß des Aufwachens bewußt erlebt: wenn er mit Bewußtsein hineintaucht in den Nervenmantel, dann spürt er, daß es ihm überall entgegensticht...

Stellen Sie sich lebendig diese Stiche vor; was tut der Mensch damit, wenn die nicht in sein Bewußtsein heraufkommen? Er projiziert sie in den Raum und füllt den Raum damit aus, und das sind dann die Atome. Das ist in Wahrheit der Ursprung des Atomismus. Gerade so macht es der Mensch, wie Sie es machen würden, wenn da ein Spiegel wäre, und Sie keine Ahnung hätten, daß da ein Spiegel ist. Sie würden sicherlich glauben, da draußen wäre noch eine Versammlung von Menschen. Deshalb stellt der Mensch sich den ganzen Raum erfüllt vor von dem, was er da hinausprojiziert. Dieser ganze Nervenprozeß spiegelt sich in den Menschen zurück wegen des Umstandes, daß er da anstößt. Aber das ist dem Menschen nicht bewußt, und der ganze Raum ist ihm daher ringsherum erfüllt mit Atomen. Die Atome sind scheinbar die Stiche, die seine Nervenendigungen ausüben. Die Natur nötigt uns nirgends, Atome anzunehmen. Aber die Menschennatur nötigt uns dazu.»

Nehmen wir nun die *vier Begriffe* zusammen, die sich so der neueren Menschheit aus dem Versinken der Erfahrungen der unteren Sinne und dem Heraufsteigen der ihnen entsprechenden Gedankenschöpfungen in das Bewußtsein ergeben haben: den nach den drei Dimensionen gleichmäßig ins Unendliche sich dehnenden Raum, die Bewegung, die Kräfte oder Energien und endlich die atomistisch aufgebaute Materie, so haben wir in ihnen die *Bausteine* vor uns, aus denen die moderne Naturwissenschaft ihr Weltanschauungsgebäude errichtet. Denn als äußere, objektive Realitäten läßt sie ja nur gelten eine atomistisch, das heißt aus kleinsten Teilen zusammengesetzte *Materie,* die durch bestimmte *Kräfte* in verschiedenartige *Bewegungen* versetzt wird. «Draußen ist nur eine in Molekularbewegungen schwingende, von vibrierenden Ätherteilchen durchsetzte, Atome austauschende oder auch zu Körpern vereinigende, sich in den kompliziertesten Linien fortbewegende Materie» (*Th. Ziehen:* Leitfaden der physiologischen Psychologie, S. 32). Und so ergibt sich das paradoxe Resultat, daß, obwohl die moderne Forschung die unteren Sinne des Gleichgewichts, der Bewegung, des Lebens und des Tastens in der Bedeutung, wie sie hier geschildert wurden, noch heute nicht kennt, doch das von ihr gemalte Weltbild sich, sogar ausschließlich, aus den Begriffen zusammensetzt, die dem Bereich *dieser* Sinne entstammen – wenn diese auch in diesem Weltbild nur in so stark abstrahierter Form enthalten sind, daß ihre wahre Herkunft ihnen nicht mehr anzusehen ist. Und doch macht erst dieses Resultat von einem bestimmten Gesichtspunkt aus verständlich, warum das Naturbild, welches diese Forschung entworfen hat, ein durchaus materialistisches ist. Denn durch unsere unteren Sinne nehmen wir das *Leiblich-Materielle* als solches wahr, wenn auch diese Wahrnehmungen dem modernen Menschen nicht zum Bewußtsein kommen. Und die Naturwissenschaft hat eben nur das rein Materielle der Natur zum Gegenstand, nicht das, was als Kosmisch-Seelisches in den Qualitäten zur Erscheinung kommt, deren Träger oder Vermittler das Materielle ist. Und weil von der Welt der unteren Sinne nicht das Wahrnehmungs-, sondern nur das Begriffselement als Baustein dieses Naturbildes verwendet wird, darum erscheint die Materie qualitätslos und nur begrifflich (mathematisch, geometrisch, energieförmig) hypothetisch faßbar. Andererseits betrachtet die Naturforschung die Wahrnehmungen der mittleren Sinne nicht als wirkliche «Wahr-nehmungen», sondern als rein subjektiv, als bloßes menschliches Innenerlebnis, das zudem wegen des materialistischen Charakters ihres Natur- und Menschenbildes keine eigene Wirklichkeit darstellt, sondern ein Epiphänomen der leiblichen Prozesse im Menschen.

Es muß freilich zugestanden werden, daß im Lauf des letzten halben Jahrhunderts an manchen Stellen eine Empfindung von diesen wahren Grundlagen des modernen Naturbildes aufdämmerte. Es ist ja wohl die Meinung vertretbar, daß von den vier aufgezählten Begriffen derjenige der *Materie* der wichtigste ist, indem durch die drei anderen nur Zustand, Lage und Form gekennzeichnet wird, in denen sich diese befindet; daß daher auch das aus dem *Tastsinn* stammende das dominierende unter den vier aus den unteren Sinnen fließenden Bestandstücken dieses Weltbildes darstellt. Den unbewußten Wahrnehmungen *dieses* Sinnes entstammt, wie im Vorangehenden erwähnt wurde, ja auch zugleich die *atomistische* Auffassung vom Wesen der Materie. Auf den Tastsinn wurde seither in der Tat durch eine Reihe von Forschern schon als auf die eigentliche Grundlage des naturwissenschaftlichen Weltbildes hingewiesen. Diese sprachen von dem *«haptischen»* Charakter desselben. Allerdings wurde diese Grundlage da nicht bis zu jener Tiefe und mit jener Exaktheit aufgewiesen, wie dies durch die geisteswissenschaftliche Forschung geschehen ist. Man meinte mit dem Tastsinn entweder jene spätere, spezialisierte und mehr an der Oberfläche liegende Form des Tastens, die mit der allmählichen Differenzierung der «fünf Sinne» als *einer* derselben, nämlich als der dem Festen zugeordnete sich herausbildet. So etwa *David Katz*, wenn er in seinem Werke «Der Aufbau der Tastwelt» (1925) in dem Kapitel über den «erkenntnistheoretischen Primat des Tastsinnes gegenüber den anderen Sinnen» schrieb: «Physik und mit ihr die Naturphilosophie hätten, wären wir nicht mit dem Tastsinn ausgestattet, nicht die vorliegende historische Form; die Physik der Tastsinnlosen wäre sehr wahrscheinlich eine andre als die unsre, die Physik der Blinden und der Gehörlosen unterscheidet sich von der unsrigen nicht», und wenn er an anderer Stelle erklärte, daß «die Mechanik aus dem Tastsinn entstanden» sei. Oder aber, man verstand unter dem Tasterleben in etwas unbestimmter Art das Ganze der Wahrnehmungen der vier unteren Sinne, welche ja eben die neuere Forschung bisher noch nicht in das volle Licht einer genauen Kenntnis und Unterscheidung zu heben vermochte. In dieser Bedeutung sprach von dem haptischen Weltbild der modernen Wissenschaft *Hermann Friedmann* in seinem großangelegten Werke «Die Welt der Formen» (2. Aufl. 1930), in welchem er den Versuch machte, dieses haptische Weltbild – aus der Überzeugung heraus, daß es heute in Auflösung begriffen sei – in ein optisches zu transformieren. So sagte er über seinen Begriff des «Haptischen» auf S. 23 (Anmerkung): «Als haptisch kommt die Tastempfindung im weitesten Sinn in Betracht: neben der äußeren auch die ‹innere› Tastempfindung, das heißt die Spannungsempfindung, die den Widerstand der Dinge und auch die Lagenveränderungen des eigenen Körpers anzeigt. Der innere Tastsinn ist auch als ‹Muskelsinn›, ‹Kraftsinn›, ‹Bewegungssinn› bezeichnet worden.» Und über die Bedeutung, welche das so verstandene «Tasterleben» innerhalb der modernen Weltanschauung erlangt hat, sprach er sich gleich im Eingang seines Werkes folgendermaßen aus: «Die Mechanik ist eine Erklärung der Welt durch anziehende und abstoßende Kräfte, durch Druck und Zug. Die mechanisch begriffene Welt kommt zustande, indem wir unsre durch den Tastsinn uns vermittelten inneren Erfahrungen als objektive Beziehungen zwischen den Elementen, den Planeten, den Atomen, den

Elektronen setzen. Wird nun gefordert, alles mechanisch zu erklären, so wird eben gefordert, daß alle Weltverhältnisse aus dem Tastsinn heraus beurteilt werden sollen und nur aus diesem.»

In bezug auf die Beurteilung und Kritik des heute herrschenden Weltbildes als eines haptischen schloß sich der Friedmannschen Auffassung völlig an *Hans Kayser* in seinem Werke «Der hörende Mensch». Nur suchte er nicht wie jener ein optisches, sondern ein akustisches Weltbild an Stelle des haptischen zu setzen. Im Zusammenhange damit versuchte er, die moderne, quantitativ orientierte Mathematik wieder in eine harmonikale nach der Art der altgriechischen überzuführen. Sätze wie die folgenden finden sich in seinem Buche über die gegenwärtige Wissenschaft: «Auge und Ohr sind in der Welt heutigen Erkennens, heutigen Begreifens Mittel zum Zweck; sie sind zwei- und drittrangig geworden. Der Tastsinn dominiert absolut; er beherrscht aber die andern Sinne nicht mit Willkür, sondern mit vollendeter Souveränität, Wissenschaft und Erkenntnis leben in einer blinden und tauben, aber in einer ungemein feinnervigen und feinfühligen Welt des Tastens...» Und besonders scharf urteilend: «Daß es eine Weltanschauung des Auges, daß es eine Farbenlehre gäbe, die vom Phänomen des Gesichts aus die Wunder des Lichts und die in das Licht getauchte Welt überschaue – was kümmerte das die Wissenschaft, die physikalische Optik! Die Farbe wurde sozusagen bis auf die Knochen seziert; der haptische Rest, die Lichtschwingung als das eigentliche und wesentliche Merkmal haptisch gezählt und festgestellt.»

Was in solchen Forschern wie Friedmann und Kayser als wissenschaftliche Bestrebungen auftrat, darf als ein bedeutsames Symptom der geistesgeschichtlichen Gegenwarts-Situation angesehen werden. Es weist nämlich darauf hin, daß die Menschheit heute an dem Punkte ihrer Entwicklung angekommen ist, wo sie in vollem Maße in das *bewußte Erleben der äußeren Sinneswahrnehmung* einzutreten hat. Wir deuteten ja im Verlaufe dieses Kapitels wiederholt darauf hin, daß hierin (vom Gesichtspunkte der Sinne aus) gerade die Aufgabe unserer gegenwärtigen, fünften nachatlantischen Epoche bestehe. Wie in der Entwicklung des einzelnen Menschen der Ausbildung der verschiedenen äußeren Sinne ein einheitlich-allgemeines Tasten vorangeht, so ist in der Bewußtseinsentwicklung der Menschheit in den ersten vier Jahrhunderten unserer Epoche zunächst erst jenes Tast-Erleben der äußeren Natur entwickelt worden, das in der atomistisch-mechanistischen Naturauffassung dieser Zeit seinen Ausdruck gefunden hat. Die Aufgabe der kommenden Zeit wird darin liegen, aus diesem bloßen Tasten das differenzierte Erleben dessen, was die verschiedenen äußeren Sinne dem Menschen über die Welt zu sagen haben, herauszuentwickeln. Wenn Bestrebungen wie diejenigen Friedmanns und Kaysers als symptomatisch für diese Entwicklungsforderungen betrachtet werden dürfen, so liegt das Ungenügende derselben zunächst darin, daß jeder von ihnen anstelle des Tastsinnes nur einen *einzigen* der äußeren Sinne zu dem für unsere *gesamte* Weltanschauungsgestaltung maßgebenden machen will: der eine das Auge, der andere das Ohr. Aber nicht darum handelt es sich, sondern die Menschheit muß dazu übergehen, aus dem einheitlichen Tastsinn *alle* äußeren Sinne als voll erlebte Wahrnehmungsbereiche herauszuentwickeln. Die Welt ist nicht nur eine Welt der Formen – wie Friedmann meinte –, nicht nur eine solche des Tones – wie Kayser glaubte –, sie ist auch eine solche des Geruchs, des Geschmacks, von Wärme und Kälte. Und man könnte auf die Offenbarungen eines *jeden* dieser Sinne eine ganze Weltanschauung begründen, wenn man diese nur erst einmal zum vollen Aussprechen dessen zu bringen vermöchte, was sie dem Menschen an Weltgeheimnissen enthüllen können. Das Entscheidende ist also nicht, dem einen oder anderen unter ihnen die Herrscherstellung anzuweisen, sondern die Welt auf so vielfache Weise zu sich sprechen zu lassen, als die Zahl unserer Sinne uns ermöglicht. Denn keiner spricht für sich allein das ganze Weltgeheimnis aus.

Der eigentlichste, bedeutsamste Vorverkünder und Bahnbrecher einer solchen künftigen Naturforschung und Weltanschauungsbildung ist im übrigen der Menschheit bereits vor mehr als zwei Jahrhunderten erstanden in *Goethe*. Zwar beruft sich Friedmann, der die Weltbetrachtung auf die Offenbarungen des Auges begründen will, auf Goethe als auf seinen Vorläufer, im Hinblick auf dessen *Farbenlehre,* in welcher in der Tat zum erstenmal aus dem reinen Erleben des Auges heraus, ohne Einmischung von mechanisch-haptischen Vorstellungen, das Wesen der Farbenwelt dargestellt worden ist. Dennoch verkennt Friedmann Goethes Streben. Denn wenn auch die Farbenlehre Goethes umfangreichstes und ausgeführtestes naturwissenschaftliches Werk ist, so ging doch sein Streben keineswegs dahin, die Welt – wie Friedmann – *nur* vom Auge her zu fassen. Im Sinne Goethes selbst ist vielmehr seine Farbenlehre nur als ein *Beispiel* für ein viel umfassenderes und allgemeineres Prinzip aufzufassen, das seinem naturwissenschaftlichen Streben zugrunde lag und das eben dahin ging, auf *jedem* Erscheinungsgebiet das entsprechende *Organ* maßgebend sein zu lassen, das heißt also, *alle* Sinne zum vollen Erleben ihrer Wahrnehmungswelten zu erwecken. «Die Farben», so heißt es im Vorwort zur Farbenlehre, «sind Taten und Leiden des Lichtes. In diesem Sinne können wir von denselben Aufschlüsse über das Licht erwarten. Farben und Licht stehen zwar untereinander in dem genauesten Verhältnis, aber wir müssen uns beide als der ganzen Natur angehörig denken; denn sie ist es ganz, die sich dadurch dem Sinne des Auges besonders offenbaren will. Ebenso entdeckt sich die ganze Natur einem andern Sinne. Man schließe das Auge, man öffne, man schärfe das Ohr, und vom leisesten Hauch bis zum wildesten Geräusch, vom einfachsten Klang bis zur höchsten Zusammenstimmung, von dem heftigsten leidenschaftlichen Schrei bis zum sanftesten Worte der Vernunft ist es nur die Natur, die spricht, ihr Dasein, ihre Kraft, ihr Leben und ihre Verhältnisse offenbart, so daß ein Blinder, dem das unendlich Sichtbare versagt ist, im Hörbaren ein unendlich Lebendiges fassen kann. – So spricht die Natur hinabwärts zu andern Sinnen, zu bekannten, verkannten, unbekannten Sinnen; so spricht sie mit sich selbst und zu uns durch tausend Erscheinungen. Dem Aufmerksamen ist sie nirgends tot noch stumm; ja dem starren Erdkörper hat sie einen Vertrauten zugegeben, ein Metall, an dessen kleinsten Teilen wir dasjenige, was in der ganzen Masse vorgeht, gewahr werden sollen.»

Wenn Goethe im Sinne dieses Forschungsprinzips nur das Gebiet der Farbenerscheinungen völlig durchgearbeitet hat, so hatte das darin seinen Grund, daß ihm dieses Gebiet aus seiner persönlichen Veranlagung und seinen malerischen Interessen heraus besonders nahe lag. Aber grundsätzlich hat er es zum Beispiel auf dem Gebiete der Akustik auch nicht anders gehalten. In seinem Briefwechsel mit Zelter ist uns ein von ihm entworfenes Schema einer Tonlehre erhalten. Charakteristisch ist darin, wie auch in seinen musiktheoretischen Auseinandersetzungen mit Zelter, daß Goethe im Gegensatz zu diesem, der aus physikalisch-mathematischen Gründen nur die Dur-Tonart als ein «Donum naturae» wollte gelten lassen, auch der Moll-Tonart diesen Charakter zuerkennt, indem er sich nachdrücklichst darauf beruft, daß nicht physikalische Apparate, sondern das *musikalische Erleben* des Menschen die kompetente Instanz zur Entscheidung dieser Frage sei.

Damit aber kommen wir zu einem Weiteren, das zu jener vollen Herausbildung der äußeren Sinne aus dem Tastsinn hinzugehört, die wir oben als eine dem gegenwärtigen Bewußtsein gestellte Forderung bezeichneten: *es ist die Ausbildung einer diesen äußeren Sinnen als der «mittleren Sinnesgruppe» wahrhaft entsprechenden Theorie des Wahrnehmens und Erkennens überhaupt.* Denn diese muß eine ganz andere sein als die in der heutigen Naturwissenschaft noch immer herrschende, welche, zufolge den oben angeführten Zitaten von Katz, Friedmann und Kayser, eben durchaus unter dem «Primat» des Tastsinns als eines der «unteren Sinne» entstanden ist. Und diese verschiedenen Gestaltungen, welche Wahrnehmen und Erkennen überhaupt in den verschiedenen Zonen der unteren und der mittleren Sinne annehmen, müssen (im Sinne unserer Darlegungen im letzten Abschnitt des 2. Kapitels) in aller Klarheit voneinander unterschieden werden. Damit ist zugleich auf das hingedeutet, was auch an der Kritik nicht völlig zutrifft, welche Forscher wie Friedmann und Kayser an der bisherigen Naturwissenschaft üben.

Das Ungenügende der letzteren liegt nämlich nicht darin, daß sie überhaupt «haptische», das heißt durch die Wahrnehmungen der unteren Sinne herausgeforderte Begriffe gegenüber der Natur entwickelte. Auch diese haben auf einem eingeschränkten Gebiete, dem des rein Materiellen, ihre volle Berechtigung. Vom Studium dieses Gebietes hat die moderne Naturwissenschaft in Galilei überhaupt ihren Ausgang genommen. Ihr Ungenügen liegt darin, daß sie sich hinsichtlich der Welt der unteren Sinne bisher nur in Theorien bewegt, aber noch nicht zu wirklichen, bewußten Wahrnehmungen gelangt ist, daß sie die hierfür notwendigen Fähigkeiten nicht ausgebildet hat. Würde dies geschehen, so verlören die auf die Materie bezüglichen Begriffe ihren hypothetischen Charakter, und die Vorstellungen vom Wesen der Materie empfingen das Element des Qualitativen. Allerdings würde sich dabei enthüllen, daß, wie die vorangehende entwicklungsgeschichtliche Betrachtung zeigte, der Ursprung des Irdisch-Materiellen, wie es sich in seinen verschiedenen Momenten heute darstellt, im vorirdischen Kosmisch-Geistigen liegt.

Diese Tatsache hat ungewollt, unbewußt, unverstanden und damit zugleich in Form eines Zerrbildes sogar dem heutigen atomistisch-mechanistischen Weltbild das Gepräge verliehen. Es hat dieses Weltbild nämlich, weil es das Wesen der *Erdennatur* nicht in vollem Maße wiedergibt, seine vollkommenste Ausgestaltung zunächst in der *Astronomie* gefunden. Dies sprach schon *Laplace* in jenem berühmten Wort aus, welches Dubois-Reymond in seiner Ignorabimusrede («Über die Grenzen des Naturerkennens») von ihm zitiert: «Ein Geist, der für einen gegebenen Augenblick alle Kräfte kennte, welche die Natur beleben, und die gegenseitige Lage der Wesen, aus denen sie besteht, wenn sonst er umfassend genug wäre, um diese Angaben der Analyse zu unterwerfen, würde in derselben Formel die Bewegungen der größten Weltkörper und des leichtesten Atoms begreifen: nichts wäre ungewiß für ihn, und Zukunft und Vergangenheit wäre seinem Blicke gegenwärtig. Der menschliche Verstand bietet in der Vollendung, die er der Astronomie zu geben gewußt hat, ein schwaches Abbild solchen Geistes dar.» Anknüpfend an diesen Satz des französischen Astronomen hat dann Dubois-Reymond, was der modernen mechanistischen Weltanschauung als geheimes Ideal, als Wunschbild zugrunde liegt, im Hinblick eben darauf, daß dieses Ideal innerhalb der Astronomie bereits den relativ höchsten Grad seiner Verwirklichung erreicht hat, geradezu als *«astronomische Weltauffassung»* bezeichnet. Was aber diese astronomische Weltauffassung kennzeichnet, ist – wie aus den Worten von Laplace deutlich hervorgeht – das in ihr erscheinende Gespenst eines durch unsere irdischen Erkenntnisbeschränktheiten nicht begrenzten übermenschlich-kosmischen Wissens. Es ist das materialistische Zerrbild einer kosmischen Allwissenheit. Dieses Moment noch stärker hervorhebend, ergänzte sodann Dubois-Reymond jenes Laplacesche Wort noch durch den folgenden Satz: «Wie der Astronom den Tag vorhersagt, an dem nach Jahren ein Komet aus den Tiefen des Weltraumes am Himmelsgewölbe wieder auftaucht, so läse jener Geist in seinen Gleichungen den Tag, da das griechische Kreuz von der Sophienmoschee blitzen oder da England seine letzte Steinkohle verbrennen wird.»

Zu dieser Tatsache halte man als zweite die folgende hinzu: Durch die Entdeckung der Radioaktivität, die Einsteinsche Relativitätstheorie und die in den dreißiger Jahren gelungene Atomkernspaltung haben der Begriff der Materie und die Vorstellungen vom Atom eine radikale Wandlung erfahren. Materie als Masse erscheint seitdem nur als eine bestimmte Form von Energie, und das Atom hat sich als nicht «unteilbar» erwiesen, sondern als zusammengesetzt aus einem Atomkern und umkreisenden Elektronen. Schon 1924 schrieb *Chwolson:* «Die moderne von Rutherford und Bohr begründete Lehre über den Bau des Atoms verneint vollkommen die Existenz irgendwelcher Materie, die eine selbständige Grundlage alles dessen, was uns umgibt, bilden könnte. Solche Grundlagen gibt es nur zwei: negative Elektronen und positive Elektrizität. Aus ihnen bestehen die Atome der sogenannten Materie. Alles, was uns umgibt, alle Körper, die ganze unserer Beobachtung zugängliche Welt, alles besteht aus Elektrizität. Das ist das überraschende Resultat, zu dem wir kommen.» («Die Physik und ihre Bedeutung für die Menschheit»). Und *R. Francé* schrieb («Bios» I.A.II.51): «Nach der Relativitätslehre ist Masse und Energie sogar dasselbe. Alle Energien sind Transformationen der Elektrizität. Auch die Masse ist nach den unangefochtenen Ergebnissen der Physik als scheinbare Masse nichts als elektrische Energie. Daher kann man mit Recht sagen: Wir perzipieren nur Elektrizität in ihren verschiedenen Erscheinungsformen.» Anstelle der toten, materiellen Masse trat für die Vorstellung also Energie, eine Art «Leben», wenn auch gleichsam ein «untermaterielles» Leben. Aber nicht genug damit. Auch die Elemente der «Bewegung» und des «Raumes» sog der neue Atombegriff in gewisser Weise in sich hinein. Das Atom wurde zugleich zu einem kleinen Weltsystem mit einem mächtigen Zentralkörper (dem Proton), um welchen wesentlich kleinere Planetengebilde (die Elektronen) herumkreisen.

Hans Kayser schrieb in seinem erwähnten Buche «Der hörende Mensch» (S. 142f.): «Wer sich die Mühe zu eingehendem Studium des in der heutigen Physik aktuellsten Gebietes nimmt, wird nahezu fasziniert von den aufregenden Entdeckungen und Experimenten, welche die Atomforschung der letzten Jahre produzierte. Alles ist hier im Fluß. Theorien und Hypothesen entstehen in Fülle, alle bisher so sicher erscheinenden Fundamentalbegriffe geraten ins Wanken und tatsächlich weiß heute niemand, was für Überraschungen noch bevorstehen. Sicher ist nur eines: alle diese Erscheinungen wie Atomgewicht, Atomzahl, Zeemann-Effekt, Röntgenspektren, Laue-Diagramme, periodisches System, Gesetz der multiplen Proportionen, Valenzen usw. müssen aus dem Born eines einheitlichen Urgesetzes entspringen, und letzten Endes geht der Sinn der heutigen Forschung ja auch darauf hinaus, dieses Urgesetz zu finden. Arnold Sommerfeld sagt in seinem grundlegenden fachwissenschaftlichen Werke ‹Atombau und Spektrallinien›: ‹Was wir heutzutage aus der Sprache der Spektren heraushören, ist eine wirkliche Sphärenmusik des Atoms, ein Zusammenklingen ganzzahliger Verhältnisse, eine bei aller Mannigfaltigkeit zunehmende Ordnung und Harmonie›, und: ‹Alle ganzzahligen Gesetze der Spektrallinien und der Atomistik fließen aus der Quantentheorie. Sie ist das geheimnisvolle Organ, auf dem die Natur die Spektralmusik spielt und nach dessen Rhythmus sie den Bau der Atome und Sterne regelt.› ... Da man heute rund 90 Elemente kennt, denkt man sich die verschiedenen Charaktere der einzelnen Elemente dadurch gekennzeichnet, daß die Kernladungen und die Elektronenbahnen mit steigender Atomgewichtszahl immer komplizierter werden. Man richtet sich also heute nicht mehr so sehr nach dem Atomgewicht als vielmehr nach der Kernladungszahl, welche die Übersicht wesentlich vereinfacht. Das Atom ein Planetensystem! Sind nicht mit dieser Feststellung die kühnsten Träume der Mystiker übertroffen?»

Auf die Frage dieses letzten Satzes wäre zu antworten gewesen: Keineswegs! Denn hier handelte es sich gar nicht um ein Übertreffen von Träumen der Mystiker, sondern um etwas ganz anderes: – nämlich um ein *Gegenbild* dessen, was in den Träumen der Mystiker vorliegt.

Wir zeigten an früherer Stelle, wie der Mystiker in die Tiefen der menschlichen Organisation hinuntersteigt, um nach innen hin durchzubrechen in die geistig-göttliche Welt. Aber wir mußten schildern, wie ihm auf seinem Wege und bei seiner Art des Strebens dieser Durchbruch nicht gelingt. Er verfängt sich in der menschlichen Leibeshüllennatur. Er nimmt sie innerlich wahr mit den Sinnen des Geruchs, des Geschmacks, des Getasts. Was er aber auf diese Weise wahrnimmt, ist gewissermaßen die irdische Vorderseite seiner Organisation. Die kosmisch-geistige Rückseite derselben bleibt seinem Erleben verschleiert. Was er als Begegnungen mit göttlich-geistigen Wesen zu erleben glaubt, ist nur ein Traum, den er sich ausmalt, ist eine Selbsttäuschung, die er hinüberbreitet über die Tatsache, daß er seine Leiblichkeit innerlich sinnlich genießt.

Das Gegenteil hiervon liegt in der neuesten Entwicklung der Naturwissenschaft vor. Sie möchte die äußere Materie und nur diese erforschen. Sie will, soweit ihr bewußtes Streben in Betracht kommt, sich nicht zu geistig-übersinnlichen, außerirdisch-göttlichen Welten erheben. Aber sie wird, da sie alles spezifisch Irdische, das uns durch die äußeren Sinne zukommt, aus ihren Vorstellungen ausschaltet und nur gelten läßt, was aus den unteren Sinnen stammt, über das Irdisch-Physische, ohne daß sie es will, hinausgetrieben. Denn die unteren Sinne haben nun einmal Kosmisches oder aus dem Kosmos Herrührendes zum Inhalte. Und dieser auf den Kosmos bezogene Charakter der unteren Sinne bricht eben mit Gewalt durch. Ein «astronomisches Weltbild» mit «Kreisläufen», die eine «Sphärenmusik» vernehmen lassen, kristallisierte sich, ob es sich nun um den Bau der Welt im Ganzen oder ihrer kleinsten Teile handelt, immer deutlicher heraus. Freilich kommt die Wesenheit der unteren Sinne hier völlig unerkannt und darum verzerrt zum Vorschein. Denn das Bewußtsein der Naturforscher ist ein rein materialistisches. Und so wird der Kosmos nicht in seiner wahren, geistigen Gestalt erlebt, sondern ein vermaterialisiertes Zerrbild von ihm entworfen. Der ganze Verlauf dieser Erkenntnisentwicklung deutet aber doch darauf hin, daß das Irdische, Stofflich-Materielle, wenn es wirklich verstanden werden soll, aus der Wirksamkeit und Evolution der kosmischen Bereiche heraus begriffen werden müßte.

Was also in der Mystik beschrieben wird, sind Traumbilder der göttlich-geistigen Welt, die heraufbrodeln aus dem unbewußten Genuß der eigenen Leiblichkeit, der durch nach innen gezogene äußerlich-physische Sinne betätigt wird.

Was die Naturwissenschaft in jüngster Zeit vor uns hinstellte, ist die zum Gespenst ertötete Erscheinung der außerirdisch-überphysischen Welten, die hervortritt aus dem unerkannten und durch das materialistische Bewußtsein mißdeuteten Wirken der unteren, kosmisch bezogenen Sinne.

In beiden Fällen handelt es sich um ein, wenn auch entgegengesetzt verschiedenes, unrichtiges und mißverstandenes Betätigen der unteren und der mittleren (inneren und äußeren) Sinne. Genauer gesagt: um die Folgen, die nach der einen und nach der anderen Seite hin dadurch entstehen, daß die beiden Gruppen der Sinne sich miteinander verschlingen und einander überdecken. In der Mystik lagern sich die Empfindungen der mittleren Sinne beim Erleben des Innern über diejenigen der unteren. In der Naturwissenschaft stellen sich die verabstrahierten Wahrnehmungen der unteren Sinne beim Erforschen der Außenwelt vor die Erfahrungen der mittleren.

Die Geisteswissenschaft vermeidet auf ihrem Erkenntnispfade beide Irrwege. Wie sie den Täuschungen, in denen sich die Mystik verfängt, dadurch entkommt, daß sie im Erleben des Mencheninnern durch die vor dieses sich lagernden Sinne des Geruchs, des Geschmacks und des Getasts hindurch und zu den unteren Sinnesgebieten vorstößt, wurde im ersten Teil dieses Kapitels geschildert. Die Täuschung aber, der die moderne Naturwissenschaft erlegen ist, überwindet sie dadurch, daß sie sich die Möglichkeit und die Berechtigung erringt, im Erleben der Außenwelt die Betätigung der unteren Sinne zurückzuhalten und sich rückhaltlos den Offenbarungen der mittleren Sinne hinzugeben. Wie sich ihr Weg nach dieser Richtung hin im genaueren gestaltet, wird im nächsten Kapitel gezeigt werden.

VIERTES KAPITEL

Die mittleren Sinne

A. *Die moderne Sinneslehre*

Im vorangehenden Kapitel wurde geschildert, wie sowohl im einzelnen Menschen während seines Heranwachsens als auch in der Menschheit während ihrer geschichtlichen Entwicklung in den Wahrnehmungen der unteren Sinne vorgeburtlich-außerirdische Geist-Erlebnisse nachklingen, und wie mit ihrer Hilfe die vier Fähigkeiten des aufrechten Ganges, der Sprache, des Denkens und schließlich der vollwachen äußeren Sinneswahrnehmung errungen werden. Sind diese Errungenschaften der menschlichen Organisation einmal einverleibt, ist namentlich die letzte derselben in vollem Maße ausgereift, so versinken die Wahrnehmungen der unteren Sinne als solche völlig ins Unbewußte. Damit bildet sich jetzt die streng geschiedene Zweiheit eines bewußten und eines unbewußten seelischen Erlebens heraus. In der geschichtlichen Entwicklung geschah dies im Aufgang der neueren Zeit. An die vollbewußten Wahrnehmungen der äußeren Welt entwickelte die Menschheit seitdem stärkste Hingabe. Auf sie gründet sich die nun entstehende moderne Naturwissenschaft.

In die Sphäre des ganz unbewußten Erlebens sind seither die Wahrnehmungen der unteren, inneren Sinne hinuntergesunken, die in den vorangehenden Zeiten von dem dumpferen Gesamtbewußtsein, wenn auch in stetig abnehmendem Maße, noch als solche erfahren worden waren. Wir haben jedoch im allerletzten Abschnitt des vorigen Kapitels bereits darauf hingewiesen, wie in die moderne naturwissenschaftliche Forschung auch diese unbewußten Wahrnehmungen der unteren Sinne, namentlich des Tastsinnes, dennoch hineinspielen, und zwar sogar in dem Grade, daß wir deren Erkenntnishaltung geradezu als eine durch den Tastsinn bestimmte charakterisieren mußten. Dieses Hineinspielen erfolgt allerdings nur in der

Weise, daß die den Wahrnehmungen der unteren Sinne entsprechenden allgemeinen Begriffe der Räumlichkeit, der Bewegung, der wirkenden Kräfte, der materiellen Substanz gleichsam von innen her ins Bewußtsein aufsteigen und sich dem modernen Menschen als diejenigen aufdrängen, mit welchen die Wahrnehmungen der äußeren Sinne denkerisch ausschließlich zu bewältigen seien. Und da man sich der wahren Herkunft dieser Begriffe (aus den Innenwahrnehmungen der unteren Sinne) nicht bewußt ist, glaubt man in ihnen etwas von außen sich Aufdrängendes sehen zu müssen, projiziert sie also in die äußere Welt hinaus und verleiht ihnen *als solchen* ein physisches Dasein (das sie als bloße Begriffe gar nicht haben können), ja läßt dieses ihr Dasein sogar als das einzige gelten, dem man äußere Realität zuerkennt.

Wäre das Gebiet der inneren Sinneswahrnehmungen nicht so völlig ins Unbewußte versunken, so würde der Mensch bei jedem Aufwachen aus dem nächtlichen Schlaf – denn hierbei findet immer ein teilweiser Inkarnationsprozeß des Seelischen statt – im Untertauchen des Seelischen in die leibliche Organisation wahrnehmen, wie diese ein in bestimmter Weise räumlich Konfiguriertes, ein in inneren und äußeren Bewegungen Befindliches, von Lebenskräften Durchzogenes und in eine Vielheit von Nervenbahnen sich differenzierendes, ja sogar atomisierendes Stoffliches darstellt. Kurz: er würde erfahren, wie die erwähnten allgemeinen Begriffe im inneren Erleben seiner eigenen Leibesorganisation ihre Wurzel haben. Er würde sie daher zunächst auf seine eigene Wesenheit beziehen und ihre Bedeutung in dem Sinne verstehen, der sich aus diesem Bezug ergibt. Von da ausgehend, würde er dann untersuchen, was mit ihnen, in dieser Bedeutung verstanden, noch außerdem, das heißt außerhalb des Menschen begriffen werden kann. Dabei würde sich zeigen, daß das, was sich der wirklichen Erfahrung als «atomistische» Erscheinungen in äußeren stofflichen Vorgängen darbietet, nicht im Sinne von «Bausteinen» der Materie, als etwas ihrer Struktur Vorangehendes oder Zugrundeliegendes, sondern im Sinne von Zerfallsprodukten aus ihrer Destruktion sich Ergebendes zu verstehen ist.

Auf der anderen Seite werden von der modernen Naturwissenschaft die Wahrnehmungen, die nun wirklich von unsrer Umwelt her durch unsre äußeren Sinne wie Gesicht, Gehör, Geruch usw. in uns einfließen, für rein subjektiv erklärt, das heißt nach innen gestülpt. Während sie also das, was von innen herstammt, nach außen wendet, «stopft» sie gleichsam das, was von außen gegeben wird, in das Innere der Seele hinein und erklärt es für rein seelisches Innenerlebnis.* So entsteht das Paradoxon, daß diese Forschung zwar, wie sie immer wieder betont, ausschließlich auf den Erfahrungen der äußeren Sinne fußt, aber deren Inhalt im Verlauf ihrer Arbeit fortschreitend aus ihrer Weltvorstellung austilgt. Worin hat nun dieses Vorgehen seinen Grund? In derselben Tatsache, durch die auch das Hinausprojizieren der aus den inneren Sinneswahrnehmungen stammenden Begriffe in die Außenwelt bewirkt wird: in der scharfen Scheidung eines voll bewußten und eines ganz unbewußten seelischen Erlebnisgebietes. Nur kommt hier die andere Seite dieser Tatsache in Betracht. Wir haben schon im zweiten Kapitel erwähnt, daß die Qualitäten der äußeren Sinne allerdings nicht in der Art eine materielle Wirklichkeit besitzen wie Größe, Lage, Bewegung, Gewicht usw. äußerer Gegenstände, sondern daß ihre Wirklichkeit einem seelischen Bereiche angehört. Nur darf eben das Seelische nicht auf den Menschen allein beschränkt gedacht, sondern muß als eine objektive Welt erkannt werden. Und was im sinnlich-materiellen Felde als verschiedene Qualitäten erlebt wird, ist der durch bestimmte Bedingungen in dieses hereinleuchtende Schein dieser Seelenwelt. Wir erwähnten auch weiter, daß das Seelisch-Geistige des Menschen, wenn es im Einschlafen die leibliche Organisation teilweise verläßt, in die objektive Seelenwelt übergeht und nun in der Wirklichkeit der Sinnesqualitäten lebt, die hier gewissermaßen als in sich selbst webende Substantialität existieren. In älteren Zeiten wurden nun Schlaf- beziehungsweise Traumerlebnisse in dieser Seelenwelt noch mit einem gewissen Grade von Bewußtheit durchgemacht. Und in den Wachzustand konnte immer eine zarte Erinnerung an die außerleiblichen Schlaferlebnisse mitgebracht werden. Aus dieser Erinnerung schöpfte der Mensch älterer Zeiten die Überzeugung von dem objektiven,

---

* Siehe Rudolf Steiner: Der Entstehungsmoment der Naturwissenschaft, 6. Vortrag.

der Welt selbst zugehörigen Charakter der Sinnesqualitäten. Der moderne Mensch kann eine solche Erinnerung an das im Schlafe außerhalb des Leibes Erlebte nicht in das Wachen herübertragen, weil seine Schlaferlebnisse zu dumpf und seine Wacherlebnisse im Zusammenhang mit der physischen Außenwelt überstark geworden sind. So hat er im Wachzustand die sinnlichen Qualitäten nur in der schattenhaft-flüchtigen Form, in der sie in diesem Bewußtsein beziehungsweise in der physischen Welt erscheinen. Und so wurde er zu der Irrmeinung verführt, es entstünden diese Qualitäten überhaupt erst in seinem Seelenleben als rein subjektive Bewußtseinserscheinungen.

Wir haben nun schon an früherer Stelle geschildert, wozu das Herausstülpen der aus den Erfahrungen der unteren (inneren) Sinne stammenden Begriffe in die Außenwelt innerhalb der neueren Forschung geführt hat. Wir fassen hier nur noch einmal zusammen, daß auf dieser Linie der Entwicklung schließlich die *Materie,* ihre Struktur und Substanz, zum Zentralbegriff, aber auch zum Zentralproblem geworden ist, in welches die Naturforschung eingemündet – man könnte freilich auch sagen: zur Sackgasse, in der sich schließlich die gesamte Forschung verfangen hat. Denn da das Wirklichkeitsgebiet, auf das dieser Begriff in Wahrheit hindeutet, dem heutigen Bewußtsein in der Form der Wahrnehmung nicht erreichbar ist, wird diese Forschung immer im Elemente bloßer Gedankenbildung bleiben und trotz noch so verfeinerten mikroskopischen Beobachtungsmethoden niemals sagen können, was in den von ihr errechneten Formeln als Welle schwingt oder als Korpuskel sich bewegt. Denn, so schrieb 1931 der Astrophysiker *J. Jeans,* «wenn gefragt wird, worin denn diese Wellen verlaufen, so lautet die Antwort, die wir erteilen müssen: Wellen in überhaupt nichts, weil die Naturwissenschaft nichts übrig gelassen hat, worin diese Wellen schwingen oder sich bewegen können... Die Wellen müssen also als rein mathematische Wellen angesehen werden. Wir können sie durch mathematische Gleichungen ausdrücken, aber wenn wir versuchen, darüber hinauszugehen und sie als Wellen von etwas Dinglichem auszudrücken, werden wir sofort in ein Gewirr von Sinnlosigkeiten und Widersprüchen verwickelt». Und *B. Bavink,* der diese Worte Jeans' in seinen

«Ergebnissen und Problemen der Naturwissenschaften» zitiert, kennzeichnet diese Situation der neuesten Physik selbst durch die Formulierung, daß «ihr letzten Endes eine ‹Substanz› überhaupt völlig gleichgültig geworden ist» (S. 217). Wie immer man aber auch sich hierzu stellen mag, es wird jedenfalls *Dubois-Reymond* recht behalten mit der Behauptung, die er schon in seiner 1872 gehaltenen Ignorabimus-Rede aufstellte, daß das eine der beiden Grundrätsel, welches für die Naturforschung (solange sie ihre heutige Gestalt hat) unbeantwortbar bleiben werde, dasjenige der *Materie* sei.

Wir wollen nun im folgenden die andere Entwicklungslinie etwas genauer betrachten, die sich durch die Hineinstülpung der aus den äußeren Sinnen fließenden Erfahrungen in das Seeleninnere innerhalb der modernen Forschung ergeben hat, das heißt durch die Versubjektivierung der äußeren Sinnesqualitäten. Da ist als ein erster Markstein in dieser Entwicklung zu nennen die schon im ersten Kapitel erwähnte Unterscheidung der zuerst von dem englischen Philosophen *John Locke* (in seinen «Untersuchungen über den menschlichen Verstand») so bezeichneten *«primären»* und *«sekundären»* Qualitäten. Der Sache nach war diese Unterscheidung zwar schon durch Descartes und andere vorgebildet. In das allgemeine philosophischwissenschaftliche Bewußtsein ist sie aber erst seit der Lockeschen Darstellung und mit den Lockeschen Bezeichnungen übergegangen. Durch diese Unterscheidung wird in aller Entschiedenheit voneinander getrennt einerseits alles, was Gestalt, Lage, Größe, Bewegung, Undurchdringlichkeit der Gegenstände ist, und andererseits alles, was die Qualitäten der verschiedenen Sinne (Geruch, Geschmack, Farbe, Ton usw.) sind. Das erstere, von Locke als «primäre Qualitäten» bezeichnet, wird den Dingen der Außenwelt selbst als objektive Eigenschaften zuerkannt; die letzteren, «sekundäre Qualitäten» genannt, werden für erst in der Seele entstehende Erlebnisse erklärt. Nun haben wir zwar die doppelte Verkehrung der Wahrheit in ihr Gegenteil, die da als das Hinausstülpen der aus dem Innern herauskommenden und das Hineinstülpen der aus dem Äußeren hereinkommenden Erfahrungen auftritt, gerade eben aus der Umgestaltung hergeleitet und erklärt, welche das menschliche Seelenleben an der Schwelle der neueren Zeit erfahren hat. Wie sehr aber man auch die Entstehung dieser Theorie aus solchen psychologischen Tatsachen heraus begreiflich finden kann, ein gesundes Empfinden und Denken wird sich dennoch immer aufs heftigste gegen sie sträuben müssen.

Denn wir mögen – wenn wir nun einmal davon absehen, auf welche Weise uns die einen und die anderen Merkmale derselben bewußt werden – was immer für Gegenstände der äußeren Welt ins Auge fassen, wir finden an ihnen stets quantitative, mathematisch-geometrische mit qualitativen Eigenschaften in unzertrennbarer Einheit miteinander verbunden. In bezug auf Objektivität zwischen den einen und den anderen einen Schnitt zu machen entbehrt jeder Berechtigung. Denke ich von der Blume, die auf meinem Schreibtisch steht, die Farbe, den Geruch, den Geschmack (den ihre Blätter, auf die Zunge gebracht, erzeugen), die samtene Weichheit ihrer Blätter usw. weg und halte nur Form, Größe, Zahl der Blätter fest, so habe ich eben nicht mehr die Blume, sondern nurmehr ein mathematisch-geometrisch erfaßbares Gebilde vor mir, das als solches für sich allein keine sinnliche, sondern nur eine ideelle Realität haben kann. Es ist eine von der vollen Wirklichkeit abgezogene Abstraktion. Ich kann ja nun bei der Behandlung dieses Gebildes stehen bleiben; dann muß ich mir aber bewußt sein, daß ich es nur mit einer Seite, einem Elemente der wirklichen Blume zu tun habe, das für sich allein genommen die letztere nicht repräsentieren kann. Die Sache wird grundsätzlich auch dadurch nicht anders, daß ich dieses Gebilde zusammengesetzt denke aus unzähligen unendlich kleinen, ebenfalls nur mathematisch-geometrisch definierten Gebilden (Molekülen oder Atomen). Gehe ich jedoch dazu über, diese Abstraktionen nun mit allerlei wiederum nur mathematisch-geometrisch bestimmten Kräften und Bewegungen auszustatten, welche die sinnlichen Qualitäten der Farbe, des Geruchs usw. in mir hervorrufen sollen, die ich an der Blume wahrnehme, so begebe ich mich auf einen Weg, der mich, wenn ich mich aus den Unmöglichkeiten retten will, in die er mich hineinführt, zur unaufhörlichen Aufstellung immer wieder neuer Hypothesen nötigt.

Trotzdem: die Lockesche Theorie von den «primären» und «sekundären» Qualitäten beherrscht die gesamte neuere Naturwissenschaft und Philosophie als ein grundlegendes Dogma. Und man wird sich nun wohl nicht darüber wundern, daß namentlich ihre Lehre von den sekundären Qualitäten, das heißt ihre Behauptung von der Subjektivität der Sinnesqualitäten ganz besonders bestimmend geworden ist für die Entwicklung der modernen *Sinneslehre.* Die Lockesche Lehre selbst bedeutete zwar zunächst nicht eine speziell sinneswissenschaftliche, sondern eine allgemein-erkenntniskritische Theorie. Ihre folgenreichste Wirkung aber hat sie eben auf dem speziellen Gebiete der Sinneslehre ausgeübt. Freilich hat dann, was sich unter dem Einfluß dieser Wirkung als eine bestimmte Gestaltung der Sinneslehre ausbildete, wiederum auf die Erkenntnistheorie im Sinne einer Bestätigung ihrer ursprünglichen Theorien zurückgewirkt. Und so bildete sich gerade zwischen der Sinneslehre im speziellen und der philosophischen Erkenntniskritik im allgemeinen eine Wechselwirkung heraus, die jedoch nicht anders als verhängnisvoll bezeichnet werden kann, ja die zu den verhängnisvollsten gerechnet werden muß, die in der neueren Wissenschaftsentwicklung überhaupt gefunden werden können. Beide nämlich steigerten sich gegenseitig immer tiefer in ihre Irrtümer hinein. Der Anstoß zu diesem circulus vitiosus muß aber, wie oben geschildert, in der zunächst erkenntnistheoretisch gemeinten Lehre Lockes erblickt werden. Und die Wirkung, welche diese Lehre auf die später entstandene Sinnestheorie ausübte, bestand, genauer bezeichnet, darin, daß sie diese (und dadurch rückwirkend auch wieder sich selbst) von Anfang an zur völligen Unfruchtbarkeit verurteilt hat. Und zwar war dies in doppelter Beziehung der Fall:

Auf der einen Seite mußten ja dadurch, daß die quantitativen und die qualitativen Bestimmungen der Dinge, die in untrennbarer Einheit zusammen deren Wirklichkeit ausmachen, so voneinander getrennt wurden, daß nur die ersteren als wirklich den Dingen selbst anhaftend, die letzteren dagegen für erst in der Seele entstehende Empfindungen erklärt wurden – es mußten die beiden dadurch als im Verhältnis von Ursache und Wirkung zueinander stehend gedacht werden. Die äußeren Quantitäten sollten die Verursachungen der im Bewußtsein aufleuchtenden Qualitäten sein. Nun läßt sich aber niemals einsehen, wie ein Qualitatives aus einem rein Quantitativen entstehen könne. Welche Beziehung ursächlicher Art bestehen könnte zwischen einer bestimmten Farben-, Ton- oder Wärmeempfindung und bestimmten schnelleren oder langsameren Schwingungsbewegungen der kleinsten Teile einer in diesem oder jenem Aggregatzustande befindlichen qualitätslosen Materie, ist schlechterdings nicht zu begreifen. Das bedeutet aber, daß die Sinnesempfindung durch diese Theorie überhaupt erst zu einem unbegreiflichen Rätsel gemacht wurde, und daß die Haupt- und Grundfrage, welche die Sinneslehre zu beantworten hätte: die Frage nach dem Wesen und dem Entstehen der Sinnesempfindung sich in ein grundsätzlich unlösbares Problem verwandelte. Von Dubois-Reymond ist daher auch in seiner Ignorabimus-Rede mit Recht als das zweite der beiden für die moderne Forschung prinzipiell unlösbaren Welträtsel das Wesen der *Empfindung* beziehungsweise des *Bewußtseins* bezeichnet worden. In Wahrheit sind aber beide Rätsel – das der Materie wie das des Bewußtseins – erst dadurch unlösbar *gemacht* worden, daß dasjenige, was eine untrennbare Einheit bildet und als solche uns in der wirklichen Erfahrung gegeben ist – wenn auch als Elemente einer verschiedenen Wirklichkeitsbedeutung –, in zwei Stücke geschnitten wurde, von denen man das eine als objektiv hinaus und das andere als subjektiv ins Menscheninnere hinein versetzte. In dieser Getrenntheit kann eben keines von den beiden Elementen an der Stelle und in der Art existieren, die ihm zugewiesen wurden: weder wird verständlich, wie eine völlig eigenschaftslose Materie überhaupt ein sinnlich-physisches Dasein haben kann, noch, wie durch diese die vielfältige Welt der verschiedenen Sinnesqualitäten in unserem Innern hervorgerufen werden kann. So muß Dubois-Reymond gestehen: «Die astronomische Kenntnis des Gehirns, die höchste, die wir davon erlangen können, enthüllt uns darin nichts als bewegte Materie. Durch keine zu ersinnende Anordnung oder Bewegung materieller Teilchen aber läßt sich eine Brücke ins Reich des Bewußtseins schlagen.» Und weiter: «Welche denkbare Verbindung besteht zwischen bestimmten Bewegungen bestimmter Atome in meinem Gehirn einerseits, andererseits den für mich ursprünglichen, nicht weiter definierbaren, nicht wegzuleugnenden Tatsachen: Ich fühle Schmerz, fühle Lust, ich schmecke Süßes, rieche Rosenduft, höre Orgelton, sehe Rot, und der ebenso unmittelbar daraus fließenden Gewißheit: also bin ich? Es ist eben durchaus und für immer unbegreiflich, daß es einer Anzahl von Kohlenstoff-, Wasserstoff-, Stickstoff-, Sauerstoff- usw. Atomen nicht sollte gleichgültig sein, wie sie liegen und sich bewegen, wie sie lagen und sich bewegten, wie sie liegen und sich bewegen werden. Es ist in keiner Weise einzusehen, wie aus ihrem Zusammenwirken Bewußtsein entstehen könne.» Als ob ihm aber doch wenigstens eine Ahnung von der eigentlichen Ursache dieses Doppelrätsels: der Zerreißung von Zusammengehörigem dämmern wollte, sagt er gegen den Schluß der Rede die Worte: «Schließlich entsteht die Frage, ob die beiden Grenzen unseres Naturerkennens nicht vielleicht die nämlichen seien, das heißt, wenn wir das Wesen von Materie und Kraft begriffen, wir nicht auch verständen, wie die ihnen zugrundeliegende Substanz unter bestimmten Bedingungen empfindet, begehrt und denkt.» Aber zu einer wirklichen Einsicht hellt sich diese Ahnung weder bei ihm noch bei seinen Nachfolgern auf. So finden wir auch in andern und späteren Darstellungen der menschlichen Sinnesorganisation immer wieder das Eingeständnis ausgesprochen, daß die Sinnesempfindung als solche ein unlösbares Rätsel bedeute. So etwa, wenn wir, um *ein* Beispiel aus sehr vielen, die erwähnt werden könnten, herauszugreifen, in dem vielgebrauchten Rauberschen Lehrbuch der Anatomie des Menschen (bearb. v. *Fr. Kopsch)*, Abteilung 6: Sinnesorgane, die Worte lesen (VIII. Aufl., S. 1 ff.): «In der Außenwelt selbst gibt es keine Wärme, keine Helligkeit, keinen Klang, keine Bitterkeit, sondern nur Bewegungen und Stoffe, so wie auch in unsern Sinnesorganen und Nerven nur Bewegungen veranlaßt werden. So gewiß dies ist, so bleibt die Möglichkeit der *Empfindung* von Bewegungen rätselhaft.»

Wurde also durch die Auffassung von der Objektivität der primären und der Subjektivität der sekundären Qualitäten die moderne Sinneslehre schon in bezug auf die Bearbeitung ihres Grund- und Zentralproblems zur Unfruchtbarkeit verurteilt, so ward sie dies andererseits auch dadurch, daß alle ihre Untersuchungen zufolge eben desselben Umstandes fast ausschließlich in eine einzige Richtung gelenkt wurden. Da eben die moderne Forschung der Ansicht ist, daß unsere Sinne mit dem Bild, das sie uns von der Außenwelt malen, uns über deren wahre Gestalt belügen, so läßt sie sich auf die Untersuchung der unmittelbaren Inhalte der Sinneswahrnehmungen selber nur in äußerst geringem Maße, jedenfalls bei weitem nicht mit dem Ernste und Interesse, dessen sie würdig wären, ein, sondern stellt beinahe ausschließlich die beiden Fragen: *erstens* in welcher *faktischen Entsprechung* die *verschiedenen Arten der Bewegung,* die sie als allein objektive Geschehnisse der Außenwelt gelten läßt, zu den *verschiedenen Arten der Sinneswahrnehmung* stehen (denn der wesenhafte Zusammenhang zwischen beiden bildet ja, wie gesagt, für sie ein unlösbares Rätsel); *zweitens* welches *quantitative Verhältnis* zwischen den *Größenbestimmungen dieser Bewegungen* und den *Stärkegraden der Empfindungen* besteht. Unbeachtet sind immer die Sinnesempfindungen selber geblieben, insofern sie unmittelbar durch ihren Inhalt als solchen diese oder jene Seite, das eine oder andere Geheimnis der Weltwirklichkeit offenbaren. Damit blieben aber weite Forschungsfelder, deren Bearbeitung sich dem erkenntnissuchenden Menschengeist eigentlich mit Selbstverständlichkeit hätte aufdrängen sollen, völlig unbeackert. Denn im Grunde genommen erschließt ein jeder einzelne der Sinne dem Menschen eine ganze Welt von Erscheinungen, deren gesetzmäßige Zusammenhänge und deren Bedeutung im Ganzen des kosmischen Daseins zu ergründen den Menschengeist naturgemäß locken müßte. Aber so gut wie nichts ist nach dieser Richtung von seiten der zünftigen Wissenschaft geschehen, da sie sich ja den Zugang zu solchen Forschungen durch ihre Sinnestheorie vermauert hatte. Und als Goethe in seiner «Farbenlehre» für die Wahrnehmungen des Gesichtssinnes einen solchen Versuch in umfassender und methodisch vorbildlicher Weise unternahm, ihre inneren Gesetze und ihre Weltbedeutung zu enträtseln, da blieb er mit diesem Unternehmen nicht nur völlig allein, sondern wurde von der offiziellen Forschung geradezu geächtet. Man kann nämlich nicht behaupten, daß etwa Helmholtz mit seiner «Lehre von den Tonempfindungen» eine ähnliche Leistung für die Welt der Gehörswahrnehmungen vollbracht habe. Er berührt darin nur den Rand der eigentlichen Tonwelt, bleibt aber weit davon entfernt, in deren Eigenwesen einzudringen oder gar deren sinnlich-sittliche Bedeutung etwa in einer ähnlichen Art zu behandeln, wie dies Goethe mit der Farbenwelt getan hat.

Auf die beiden Fragen aber, für welche sich die moderne Sinneslehre allein interessierte, wurden die entscheidenden Antworten bereits in der ersten Hälfte des vergangenen Jahrhunderts gegeben, und zwar in jenen beiden Gesetzen, die seither als die zwei Hauptlehren der neueren Sinnesforschung gelten und deren ganze weitere Arbeit bestimmt haben. Das eine derselben ist das von *Johannes v. Müller* formulierte Gesetz von den *«spezifischen Sinnesenergien»* und bezieht sich auf den «qualitativen» Zusammenhang zwischen den äußeren Reizen und den inneren Empfindungen. Es muß jedoch gesagt werden, daß die Formulierung dieses «Gesetzes» durchaus nicht einer unvoreingenommenen, sondern der durch die Brille des Lockeschen Dogmas angestellten Betrachtung bestimmter Tatsachen entsprungen ist. Denn ohne diese Brille angeschaut, nötigen die betreffenden Tatsachen in gar keiner Weise zur Statuierung dieses «Gesetzes». Ja man muß sogar behaupten, es war überhaupt nur unter diesem Einfluß erklärbar, daß Müller aus den betreffenden Tatsachen sein Gesetz ableiten konnte. Und so bezeichnet dessen Aufstellung geradezu den vollen Einbruch der Lockeschen Theorie in die neuere Sinneslehre.

Die Tatsachen, die Müller zu seinem Gesetze geführt haben, sind, wie aus seinem Werke «Zur vergleichenden Physiologie des Gesichtssinnes des Menschen und der Tiere» (1826) hervorgeht, in welchem er es zuerst formulierte, einerseits die Fähigkeit der Sinnesorgane, diejenigen Qualitäten, welche sie wahrnehmen, auch selbst zu produzieren. Diese Fähigkeit war zuerst von *Goethe* für das Auge in dem Kapitel seiner Farbenlehre über die «physiologischen Farben» in exakter und ausführlicher Weise dargestellt und dann aufgrund und ganz im Sinne dieser Forschung von *J.E. Purkyne* in seinen «Beiträgen zur Kenntnis des Sehens in subjektiver Hinsicht» (1825) noch eingehender untersucht worden. Müller bekennt in seinem Werke wiederholt, daß ihm seine physiologischen Ansichten auf Grundlage der Forschungen namentlich dieser beiden Geister erwachsen seien. Daß nun aber die Tatsache der den Sinnesorganen innewohnenden qualitätenschaffenden Produktivität keineswegs zu den von Müller gezogenen Schlüssen von der subjektiven Natur der Sinnesqualitäten führen muß, geht schon daraus hervor, daß sie bei Goethe, der sie recht eigentlich für die wissenschaftliche Erforschung entdeckt hat, geradezu das Fundament der Lehre bildet, für die Licht und Farbe *objektive,* der Welt angehörige Wesenheiten bedeuten. Für Goethe ist, wie wir im nächsten Abschnitt genauer zeigen werden, das Auge überhaupt nur deshalb fähig, die äußere Licht- und Farbenwelt unserem Erleben zu vermitteln, weil es selbst auch Licht und Farben zu produzieren vermag. Die Gabe dieser Produktivität erscheint ihm, im Sinne des alten Spruches, daß «Gleiches nur von Gleichem erkannt werden könne», geradezu die Vorbedingung dafür, daß die äußere Farbenwelt vom Menschen erfaßt werden kann. Nicht anders dachte auch Purkyne, der die subjektiven Gesichtserscheinungen nach den verschiedensten Richtungen hin noch genauer untersuchte. Und wir selbst werden im übernächsten Abschnitt aus noch umfassenderen und tieferen geisteswissenschaftlichen Erkenntnisgrundlagen heraus ebenfalls zu zeigen haben, wie in der Produktion der den äußeren Qualitäten entsprechenden Gegenqualitäten durch die betreffenden Sinnesorganisationen ein wesentliches Moment jedes äußeren Wahrnehmungsprozesses liegt. Für Müller aber resultiert, was die Goethesche Farbenlehre betrifft, aus dieser als positives Ergebnis nur das eine: «Daß das Licht und die Farben dem Auge immanent sind, ist eine Grundansicht der Goetheschen Farbenlehre» (Zur vergleichenden Physilogie..., S. 397). Über alles andere, womit bei Goethe diese Ansicht nur als ein einzelnes Glied zu einer umfassenden Gesamtanschauung vom Wesen und der Weltbedeutung des Lichtes und der Farben verbunden ist, weiß er nur den Satz hinzuzufügen: «Dennoch finden wir den Urheber derselben, wenn von dem Verhältnis des Auges zum äußeren Licht die Rede ist, noch ganz auf dem Platonischen Standpunkte.» Man kann wohl nicht anders als von einem vollkommenen Mißverständnis des eigentlichen Sinnes der Goetheschen Farbenlehre durch Johannes von Müller zu sprechen. Und so bedeutet es ein seltsames Spiel der historischen Verkettung, daß gerade das Werk, das als Ganzes genommen die Überwindung der Lockeschen Theorie darstellt, in seiner unmittelbaren, freilich also mißverstandenen Wirkung mit dazu beigetragen hat, dieser Theorie die letzte, scheinbar festeste Stütze zu verleihen.

Die andere Tatsache, die Müller zur Aufstellung seines Gesetzes bestimmte, war diese, daß bei den Sinnesnerven die Fähigkeit der

Stellvertretung der einen Art durch eine andere nicht vorkommt. Wird also ein Sinnesnerv (zum Beispiel ein Sehnerv) beschädigt oder ganz außer Funktion gesetzt, so kann seine Tätigkeit nicht von einem anderen (zum Beispiel dem Hörnerv) übernommen werden. Jeder Sinnesnerv eignet sich nur für die Vermittlung einer ganz bestimmten: eben der ihm zugeordneten Qualität von Empfindungen. Ob wir nun das Auge durch Lichtphänomene oder durch einen mechanischen Druck oder aber durch einen elektrischen Strom reizen, es löst in uns immer nur Lichtempfindungen aus. Es weist also die Befähigung der verschiedenen Nervenbahnen für die Vermittlung von Sinnesqualitäten eine derartige und endgültige Spezialisierung auf, daß sie durch nichts, weder durch eine Veränderung der äußeren Reizqualität noch durch irgendwelche krankhafte oder künstlich herbeigeführte Veränderungen im Nervensystem selbst modifiziert oder rückgängig gemacht werden kann. Für eine unbefangene Betrachtung gliedert sich nun diese Eigenschaft des Nervensystems aufs harmonischste zusammen mit den übrigen Merkmalen desselben, wie wir sie teils schon im Vorangehenden mehrfach bezeichnet haben, teils im folgenden noch weiter zu schildern haben werden. Wir sprachen davon, daß die Nervenprozesse solche des Abbaues oder der Zerstörung seien. Es ist eben das Nervensystem ganz von Kräften des Todes, des Zerfalls durchdrungen. Das hat darin seinen Grund, daß es die in ihm liegenden Entwicklungsmöglichkeiten völlig zur Verwirklichung gebracht hat. Nun besteht aber jegliche Entwicklung in fortschreitender Differenzierung und Spezialisierung. Eine solche ist eben im menschlichen Nervensystem im höchsten Grade erreicht. Mit dieser Erlangung seiner vollen Entwicklungsreife hat es aber zugleich seine jugendliche Vitalität und damit seine Wandlungsfähigkeit erschöpft. Es ist gewissermaßen vergreist. Und so ist es in seinen spezialisierten Fähigkeiten erstarrt. Seine differenzierten Verzweigungen haben nicht mehr die Möglichkeit, ihre Fähigkeiten zu ändern. Gerade umgekehrt verhält es sich mit den Organen des im «unteren Menschen» zentrierten Stoffwechselsystems (Niere, Milz, Leber usw.). Diese sind in ihren Funktionen weniger spezialisiert, weisen noch eine starke Vitalität auf, und ihre Betätigung kann im Falle ihrer Beschädigung oder Exstirpation vom Stoffwechselsystem im Ganzen auf andere Weise ersetzt beziehungsweise übernommen werden. Hier herrscht also noch große Wandlungsfähigkeit.

Kommt somit in der starken Spezialisiertheit des Nervensystems der eine Pol einer in der menschlichen Organisation liegenden Gegensätzlichkeit von Bildungsprinzipien zum Vorschein, so könnte man, wenn man noch ein Weiteres in ihr finden wollte, in diesem unwiderruflichen Abgestimmtsein der einzelnen Nervenbahnen auf bestimmte Sinnesqualitäten gerade einen Beweis dafür entdecken, daß diese aus den betreffenden Qualitäten und von ihnen für ihre Vermittlung spezialisiert worden sind, wie Goethe es zum Beispiel für den Gesichtssinn ausgesprochen hat in dem Satze (aus der Einleitung zu seiner Farbenlehre), daß «das Auge am Lichte fürs Licht gebildet» sei. Einen Beweis also für die objektive Wesenheit und die bildende Macht dieser Qualitäten! Aber nichts von alledem, weder die erstere noch die letztere Erkenntnis ging Müller an der Betrachtung des Nervensystems auf. Er zog vielmehr aus ihr gerade die entgegengesetzte von der zuletzt geltend gemachten Schlußfolgerung. Er konnte in dem Umstande, daß bestimmte Sinnesnerven nur ganz bestimmte Empfindungen vermitteln, bloß den physiologischen Beweis dafür erblicken, daß die betreffenden Empfindungsqualitäten eben gar nicht in der Außenwelt vorhanden sind, sondern überhaupt erst in den entsprechenden Leitungen des Nervensystems erzeugt werden. Er spürte nicht, daß eine solche Deutung notwendig zum Aufwerfen zunächst der anderen Frage führt: Was ist es denn dann – wenn nicht die objektive Mannigfaltigkeit der äußeren Sinnesqualitäten selbst es tut –, das die Nervenorganisation von innen heraus zu dieser Spezialisierung ihrer einzelnen Bahnen veranlaßt? Und daß vor allem dadurch das Problem, das, wie schon erwähnt, das Hauptproblem der Sinneslehre ist, zu einem grundsätzlich unlösbaren Rätsel gemacht wird: Was treibt überhaupt das menschliche Bewußtsein dazu, sich eine solche Welt von Empfindungen zu erschaffen, wie sie in den verschiedenen Sinnesqualitäten gegeben ist – wenn diese nicht irgendwie eine objektive Bedeutung haben? Um wieviel man aber auf der Linie der Denkweise, auf der die Formulierung des Müllerschen Gesetzes erfolgte, durch eben dieses Gesetz noch weiter mit seinem ganzen Denken von aller Wirklichkeit hinweggetrieben wurde, zeigt zum Beispiel der folgende, in jeder Hinsicht nur irreale Gedankenspielereien enthaltende Satz: «In folgerichtiger Anwendung des Gesetzes von den spezifischen Energien der Sinnesnerven muß, wenn man Seh- und Hörnerven durchschnitte und übers Kreuz verheilen ließe, das heißt Sehnerv mit Hörnerven und Hörnerv mit Sehnerven, der Blitz als Donner mit dem Auge gehört werden und der Donner als Blitz mit dem Ohre gesehen werden, wie es Donders und Dubois-Reymond ausgesprochen haben» *(W. Sternberg:* Geruch und Geschmack, S. 37). Was übrigens die Frage der Spezialisierung anbelangt, so betonte man freilich, daß die Verschiedenheit der Sinneserlebnisse durchaus in der Außenwelt ein Gegenbild habe: in der Verschiedenheit der ihnen entsprechenden Bewegungen, und daher aus dieser erklärt werden könnte: so entsprechen den Lichtempfindungen Wellenbewegungen des Äthers, den Tonempfindungen solche der Luft, den Geschmacks- und Tastempfindungen chemische und mechanische Vorgänge usw. Man bezeichnete diese als die «adäquaten Sinnesreize» und unterschied an solchen (den fünf Sinnen entsprechend) im wesentlichen fünf: optische, akustische, thermische, chemische, mechanische. Aber man sagte: Auch wenn ein Sinnesorgan nicht durch den ihm adäquaten Reiz erregt wird, sondern durch einen anderen – also etwa das Auge nicht durch einen optischen, sondern durch einen mechanischen –, so bringt es trotzdem nur die ihm eigentümliche Empfindung hervor, freilich nicht in derselben Reinheit wie bei der Erregung durch den adäquaten Reiz. Und man experimentierte nun in der Tat von den fünf mal fünf = 25 Versuchsreihen, die da angestellt werden können, so viele durch, als sich durch die Natur der betreffenden Verhältnisse durchführen lassen, um das Reagieren der fünf Sinne auf die für die einzelnen jeweils adäquaten beziehungsweise inadäquaten Reize auszuproben. Dagegen muß aber doch gesagt werden (was zum Beispiel auch schon *I. H. Fichte* in seiner «Psychologie» betonte): Es stellt eine starke Zumutung an ein besonnenes Denken dar, wenn das momentane Lichtflimmern, das durch elektrische Reizung in unserem Auge, oder das Summen im Ohre, das durch einen mechanischen Schlag auf dasselbe erregt wird, als eine, wenn auch minder entschiedene, so aber doch überhaupt vergleichbare Empfindung hingestellt wird neben das

Erleben einer Farbe oder einer Tonfolge, wie wir sie durch diese Organe als normale Wahrnehmungen der Außenwelt empfangen. Es entbehrt in Wahrheit jeder gesunden Logik, aus *solchen* Tatsachen einen Beweis für die subjektive Natur der Licht- und Tonphänomene herleiten zu wollen. Trotzdem aber wurde dieses «Gesetz» von den spezifischen Energien der Sinne im späteren neunzehnten Jahrhundert immer wieder als eine der stärksten, der unerschütterlichsten Stützen für die erkenntnistheoretische Behauptung von der Subjektivität der Sinnesqualitäten erklärt. Und so versteigt sich noch zum Beispiel *Egon Friedell* in seiner bekannten «Kulturgeschichte der Neuzeit» (Bd. III, S. 57) zu der Behauptung, die Müllersche Entdeckung der spezifischen Sinnesenergien stelle eine der wichtigsten deutschen Säkularerscheinungen des neunzehnten Jahrhunderts dar; denn sie bedeute «nichts Geringeres als den experimentellen Beweis der Kantischen Philosophie» – als ob überhaupt irgendeine Philosophie experimentell bewiesen werden könnte.

Das zweite sinneswissenschaftliche Hauptgesetz bezieht sich auf den quantitativen Zusammenhang von Reizen und Empfindungen. Es wurde zuerst durch *Ernst von Weber* gefunden, später durch *G. Th. Fechner* eingehender, namentlich in mathematischer Richtung, durchgearbeitet, und ist daher unter dem Namen des *Weber-Fechnerschen Gesetzes* bekannt. Es besagt, daß einer Zunahme der Reize in geometrischer Progression eine solche der Empfindungen in arithmetischer Progression entspricht; oder anders ausgesprochen: daß nicht das absolute, sondern das relative Wachstum der Reize in den Empfindungszunahmen sich widerspiegelt. Die Aufstellung dieses Gesetzes erforderte außerordentlich mühevolle und langwierige Untersuchungen, die übrigens bezeichnenderweise von Beobachtungen auf dem Gebiete des Tastsinnes ihren Ausgang genommen haben. Schon die Gewinnung einer Maßeinheit für die quantitative Bestimmung einer Empfindungsintensität war keine leichte Aufgabe. Im Zusammenhange mit diesen Untersuchungen wurde man ferner auch zuerst veranlaßt, die Aufmerksamkeit auf die sogenannte «Schwelle der Empfindung», das heißt sowohl ihre unteren wie auch ihre oberen Grenzen zu lenken. Seit Fechner ist dann diese Gesetzmäßigkeit für die verschiedensten Sinnesgebiete nachgeprüft worden. Man hat nicht nur Druckempfindungen, sondern auch Gerüche, Geschmäcke usw. gemessen, und es ist eine Unsumme von Arbeit auf diese Untersuchungen gewendet worden. Ja, es nehmen diese Messungsexperimente seither weitaus den größten Raum in den Forschungen auf dem Gebiete der Sinneslehre ein. Sie haben im großen und ganzen die Gültigkeit des Weber-Fechnerschen Gesetzes für die verschiedenen Sinneszonen erwiesen, freilich nur innerhalb der mittleren Stärkegrade der Empfindungen. Nach oben und nach unten finden weitgehende Abweichungen von demselben statt.

Wenn nun auch durchaus zugegeben werden soll, daß es von Interesse ist und jedenfalls zu einer erschöpfenden Erforschung des Sinneslebens hinzugehört, auch die quantitativen Verhältnisse der Sinnesempfindungen, namentlich auch in ihrer Beziehung zu den Reizen zu untersuchen, so muß doch gesagt werden, daß die Bedeutung der hierhergehörigen Tatsachen innerhalb der neueren Sinnesforschung maßlos übertrieben worden ist. Freilich konnte dies nach dem ganzen Charakter dieser Forschung gar nicht anders sein. Denn es blieb ihr, nachdem sie das qualitative Element der Sinneswahrnehmung für bloß subjektiv und damit einer auf das Objektive in der Welt dringenden Erforschung gar nicht würdig erklärt hatte, nichts anderes übrig, als sich nurmehr an die quantitativen Verhältnisse derselben zu halten.

B. Goethes Erkenntnispraxis und Rudolf Steiners Erkenntnistheorie

Ganz für sich und ohne in irgendeine wissenschaftliche Richtung eingegliedert werden zu können, obwohl ihr Verfasser persönlich die vielseitigsten, innigsten und fruchtbarsten Beziehungen zu den Naturforschern seiner Zeit pflegte, so stehen die naturwissenschaftlichen Schriften Goethes innerhalb der modernen Wissenschaftsentwicklung da. Ganz besonders gilt dies von der umfassendsten derselben: seiner «*Farbenlehre*». Für Goethe waren Licht und Farbe nicht bloß subjektiv menschliche Seelenerlebnisse, sondern objektive Welttatsachen. Er sah im Lichte die ummittelbarste und reinste Manifestation des in der Welt wesenden und wirkenden Geistes. Und wie diesem als sein Widerpart die Materie, die Stofflichkeit gegenübersteht, so stand für ihn dem Lichte als gleichwirkliches Gegenprinzip die Finsternis als der Ausdruck der Stofflichkeit gegenüber. Und wie alle die mannigfaltigen Gestaltungen und Erscheinungen, die wir in der Welt überhaupt wahrnehmen, im letzten Grunde durch das verschiedengeartete und -gestufte Zusammenwirken des Geistigen mit dem Stofflichen zustandekommen, so entsteht die Fülle der Farben, die unserem Auge sich darbieten, durch das verschiedenartige Zusammenwirken des Lichtes und der Finsternis. Je nachdem ob die eine oder die andere dieser Mächte dabei die stärkere ist, erscheint die eine oder die andere Farbe. So ist die Welt der Farben in bezug auf ihre Entstehung ein Symbol für die Welt der Erscheinungen überhaupt in ihrem Verhältnis zu den ihr zugrundeliegenden schöpferischen Prinzipien. Und in diesem Sinne läßt Goethe seinen Faust im Anblicke des *Regenbogens,* den das Spiel des Lichts mit den versprühenden Tropfen des Wasserfalls erzeugt, die Worte sprechen:

> «Ihm sinne nach und du begreifst genauer:
> Am farbigen Abglanz haben wir das Leben.»

Wie wir aber mit unseren äußeren Sinnen weder den Geist an sich noch die Materie an sich wahrnehmen können, so vermögen wir auch weder das Licht selber noch die Finsternis als solche zu schauen. Beide Prinzipien liegen jenseits unserer sinnlichen Erfahrungswelt und können nur von unserem Geiste erfaßt werden; lediglich ihre schattenhaften Abbilder treten in Weiß und Schwarz als ihre Repräsentanten in das Feld unserer Sinne ein. Im übrigen fällt nur, was sie im Zusammenwirken als Farben hervorbringen, in das Reich der physischen Wahrnehmbarkeit. Wenn wir aber jene Prinzipien selbst auch nicht wahrnehmen, so durchdringen sie der Realität nach dennoch die ganze Welt und auch unser eigenes Wesen. Sie sind nicht nur draußen, sondern auch in uns und schaffen sich in uns ein Organ, welches wahrnehmend ihre «Taten und Leiden», die Farben widerspiegeln kann: das Auge. Nur weil dieses selbst aus den Kräften von Licht und Finsternis herausgebildet ist, und daher auch in ihm selbst Farberscheinungen nach den gleichen Gesetzen entstehen, nach denen diese in der äußeren Welt zustandekommen, darum vermag es die äußere Farbenwelt unserem bewußten Erleben zu vermitteln.

«Wär nicht das Auge sonnenhaft,
Wie könnten wir das Licht erblicken?»

Hieraus ergibt sich für Goethe der Gang, den eine erschöpfende Betrachtung der Farbenwelt zu nehmen hat, und den er auch selbst in seinem Werke durchschritten hat. Er beginnt bei denjenigen Farben, die das Auge selbst im Sinne der innerhalb der Farbenwelt waltenden gesetzmäßigen Zusammenhänge beim Wahrnehmen in lebendiger Gegenwirkung gegen die von außen eindringenden Farben (als Bedingung für deren Wahrnehmung) schöpferisch hervorbringt: den «physiologischen», schreitet fort zu jenen Farben, die in der Außenwelt durch das Spiel von Hell und Dunkel als bloße körperlose, flüchtige Erscheinungen entstehen: den «physischen», geht sodann über zu denjenigen Farben, die den verschiedenen Naturwesen oder Gegenständen als stoffliche Pigmente dauernd anhaften: den «chemischen», und kehrt, nachdem so die äußere Welt durchschritten ist, auf höherer Stufe zum Menschen zurück, um zu betrachten, wie die Farben nicht bloß in seinen Sinnen, sondern in seiner Seele, das heißt nicht bloß ihrer sinnlichen, sondern ihrer «sittlichen» Bedeutung nach erlebt werden, und macht endlich den Abschluß mit der Darstellung, wie nicht nur in der menschlichen Seele, sondern auch im menschlichen Geiste, im Verlaufe der verschiedenen Epochen seiner Geschichte, die Welt des Lichtes und der Farben sich widergespiegelt hat.

So rückt Goethe in seiner Farbenlehre zunächst auf einem einzelnen Sinnesgebiete das, was von außen an das menschliche Erleben herankommt, jedoch von der neueren Forschung fälschlicherweise für ein bloß Innerlich-Seelisches erklärt wurde, wieder an seinen richtigen Ort, indem er es der objektiven Welt zurückgibt. Auf der anderen Seite aber projiziert er auch nicht, wie die sonstige moderne Naturwissenschaft, dasjenige, was wurzelnd in den Erfahrungen der unteren Sinne von innen her in unserem Bewußtsein aufsteigt, in unberechtigter Weise nach außen, sondern hält es im Innern zurück.

Hier handelt es sich ja vor allem um das Element des Mathematischen. Man hat Goethe, weil er nicht ausschließlich, ja sogar überhaupt nicht in rechnerisch-messender Betrachtung die quantitativen, sondern lediglich die qualitativen Verhältnisse der Farbenwelt untersucht hat, vielfach vorgeworfen: es habe ihm der Sinn für das Mathematische gefehlt. Dieser Vorwurf trifft ihn jedoch zu Unrecht. Goethe hatte, obwohl er nicht im fachmännischen Sinne mathematisch gebildet war, ein tiefes Verständnis für das Wesen und die Bedeutung des Mathematischen. Nur stülpte er eben dessen Inhalt nicht, wie dies in der neueren Zeit üblich geworden war, zum Zwecke einer bloß quantitativen Erfassung der Dinge in die Welt hinaus, sondern betätigte es als rein innerliche Seelenhaltung, als methodisches Element bei der Ordnung und Aneinanderreihung der Phänomene. Indem er diese, ausgehend von den «Urphänomenen», die nicht weiter zerlegbar sind, nach den verschiedenen Richtungen modifizierend und variierend, jedoch in strengster Folge immer nur das Nächste an das Nächste knüpfend, bis zu den kompliziertesten Gestaltungen verfolgte, übte er ein inneres Mathematisieren reinster Art. Man darf behaupten, daß er seine Farbenlehre «more geometrico» geschrieben habe, wie es einst Spinoza (von dem ja Goethe gerade, was das Methodische anbelangt, so tief beeindruckt und beeinflußt wurde) mit seiner «Ethik» gemacht hat, indem er von gewissen Axiomen ausgehend und von Lehrsatz zu Lehrsatz weiterschreitend seine philosophischen Ergebnisse entwickelte. Wie deutlich sich Goethe dessen bewußt war, daß er in seinem Forschen eine echt mathematische Haltung am richtigen Orte übte, zeigen folgende Worte aus seinem Aufsatze «Der Versuch als Vermittler von Subjekt und Objekt»: «Die Bedächtigkeit, nur das Nächste ans Nächste zu reihen, oder vielmehr das Nächste aus dem Nächsten zu folgern, haben wir von den Mathematikern zu lernen, und selbst da, wo wir uns keiner Rechnung bedienen, müssen wir immer so zu Werke gehen, als wenn wir dem strengsten Geometer Rechenschaft zu geben schuldig wären.»

An Goethes Naturwissenschaft hat Rudolf Steiner in den achtziger Jahren des vorigen Jahrhunderts zuerst die Darstellung seiner Erkenntnistheorie angeknüpft, indem er die naturwissenschaftlichen

Schriften Goethes damals (in Kürschners Deutscher Nationalliteratur) neu herausgab, einleitete und kommentierte. Wir sagten: die Darstellung. Denn der Inhalt seiner Erkenntnistheorie hatte sich ihm zunächst unabhängig von Goethes Forschung ergeben. Als er aber dann im Sinne seiner Erkenntnistheorie auf irgendeinem Gebiete der Naturforschung eine praktische wissenschaftliche Arbeit zu verwirklichen beabsichtigte, da lernte er eben in dieser Zeit die Arbeiten Goethes kennen und fand in ihnen ein Musterbeispiel einer solchen seiner Theorie entsprechenden Erkenntnispraxis bereits ausgeführt vor. Brauchte er nun so zum Zwecke einer konkreten Illustration seiner Lehre lediglich auf Goethes Arbeiten hinzuweisen, so hatte er andererseits zugleich Gelegenheit – da ja diese Arbeiten hinsichtlich ihrer Methode keineswegs anerkannt waren –, sie, indem er zu ihnen ergänzend seine Erkenntnistheorie hinzufügte, philosophisch-methodologisch zu begründen und zu rechtfertigen. Und als der Versuch, Goethes Naturforschung erkenntnistheoretisch nicht nur zu rehabilitieren, sondern geradezu als den Keim einer künftigen universellen Naturwissenschaft aufzuweisen, sind denn auch seine Neuausgabe und seine weiteren im Zusammenhang mit dieser erschienenen Goetheschriften* vor die wissenschaftliche Welt hingestellt worden.

Wie ein roter Faden zieht sich nun durch diese ganzen erkenntnistheoretischen Auseinandersetzungen Rudolf Steiners der Kampf hindurch gegen die Art und Weise, wie seit Locke die «primären» und «sekundären» Qualitäten auseinandergerissen und jene zu einem objektiven, diese zu einem subjektiven Elemente gestempelt worden sind. Ganz besonders und von immer wieder neuen Gesichtspunkten aus: bald vom physiologischen, dann vom psychologischen, schließlich vom philosophischen sucht Rudolf Steiner die Unhaltbarkeit und Widersinnigkeit aufzuweisen, welche der Behauptung von dem bloß subjektiven Charakter der Sinnesqualitäten zukommen. Eine kurze, skizzenhafte Zusammenfassung seiner verschiedenen diesbezüglichen Argumente findet sich in der Vorrede, die er seiner Einleitung zum dritten Bande seiner Goethe-Ausgabe (1890) vorausgeschickt hat.

* Grundlinien einer Erkenntnistheorie der Goetheschen Weltanschauung 1886; Goethe als Vater einer neuen Ästhetik 1889; Goethes Weltanschauung 1897.

Er schreibt da: «Den Grund vieler Irrtümer der modernen Naturwissenschaft fand der Herausgeber in der ganz falschen Stellung, welche die letztere der einfachen Sinnesempfindung angewiesen hat. Unsere Wissenschaft verlegt alle sinnlichen Qualitäten (Ton, Farbe, Wärme usw.) in das Subjekt und ist der Meinung, daß ‹außerhalb› des Subjektes diesen Qualitäten nichts entspricht als Bewegungsvorgänge der Materie. Diese Bewegungsvorgänge, die das einzige ‹im Reiche der Natur› Existierende sein sollen, können natürlich nicht mehr wahrgenommen werden. Sie sind auf Grund der subjektiven Qualitäten erschlossen.

Nun kann aber diese Erschließung konsequentem Denken gegenüber nicht anders denn als eine Halbheit erscheinen. Bewegung ist zunächst ein Begriff, den wir aus der Sinnenwelt entlehnt haben, das heißt, der uns nur an Dingen mit jenen sinnlichen Qualitäten entgegentritt. Wir kennen keine Bewegung außer einer solchen an Sinnesobjekten. Überträgt man nun dieses Prädikat auf nichtsinnliche Wesen, wie es die Elemente der diskontinuierlichen Materie (Atome) sein sollen, so muß man sich doch dessen klar bewußt sein, daß durch diese Übertragung einem sinnlich wahrgenommenen Attribut eine wesentlich anders gedachte Daseinsform beigelegt wird. Demselben Widerspruch verfällt man, wenn man zu einem wirklichen Inhalt für den zunächst ganz leeren Atombegriff kommen will. Es müssen ihm eben sinnliche Qualitäten, wenn auch noch so sublimiert, beigelegt werden. Der eine legt dem Atome Undurchdringlichkeit, Kraftwirkung, der andere Ausdehnung usw. bei, kurz, ein jeder irgendwelche aus der Sinneswelt entlehnte Eigenschaften. Wenn man das nicht tut, bleibt man vollständig im Leeren.

Darinnen liegt die Halbheit. Man macht mitten durch das Sinnlichwahrnehmbare einen Strich und erklärt den einen Teil für objektiv, den andern für subjektiv. Nur das eine ist konsequent: wenn es Atome gibt, so sind diese einfach Teile der Materie mit den Eigenschaften der Materie und nur wegen ihrer für unsre Sinne unzugänglichen Kleinheit nicht wahrnehmbar.

Damit aber verschwindet die Möglichkeit, in der Bewegung der Atome etwas zu sehen, was als Objektives den subjektiven Qualitäten des Tones, der Farbe usw. gegenübergestellt werden dürfte. Und es hört auch die Möglichkeit auf, in dem Zusammenhang zwischen der Bewegung und der Empfindung des ‹Rot› zum Beispiel mehr zu suchen als zwischen zwei Vorgängen, die ganz der Sinnenwelt angehören.

Für den Herausgeber war es also klar: Ätherbewegung, Atomlagerung usw. gehören auf dasselbe Blatt wie die Sinnesempfindung selbst. Die letztere für subjektiv zu erklären, ist nur das Ergebnis einer unklaren Reflexion. Erklärt man die sinnliche Qualität für subjektiv, so muß man es mit der Ätherbewegung gerade so tun. Wir nehmen die letztere nicht aus einem prinzipiellen Grunde nicht wahr, sondern nur deswegen, weil unsere Sinnesorgane nicht fein genug organisiert sind. Das ist aber ein rein zufälliger Umstand. Es könnte sein, daß dann die Menschheit bei zunehmender Verfeinerung der Sinnesorgane dereinst dazu käme, auch Ätherbewegungen unmittelbar wahrzunehmen. Wenn dann ein Mensch jener fernen Zukunft unsre subjektivistische Theorie der Sinnesempfindungen akzeptierte, so müßte er diese Ätherbewegungen ebenso für subjektiv erklären wie wir heute Farben, Töne usw.

Man sieht, diese *physikalische* Theorie führt auf einen Widerspruch, der nicht zu beheben ist.

Eine zweite Stütze hat nun diese subjektivistische Ansicht an *physiologischen* Erwägungen.» – Mit diesen, namentlich sofern sie sich auf das Müllersche Gesetz von den «spezifischen Sinnesenergien» stützen, setzt sich Rudolf Steiner dann in der Einleitung selber eingehend auseinander. Die betreffenden Ausführungen, die sich übrigens in ähnlicher Art auch in seinem philosophischen Hauptwerke «Die Philosophie der Freiheit» (1894) finden, können hier nicht in ihrem ganzen Umfange wiedergegeben werden. Ihre Kernpunkte sind die beiden folgenden: Die moderne Philosophie behauptet, die Sinnesqualitäten hätten als solche ihren Ursprung erst in der leiblich-seelischen Organisation des Menschen. Was aber finden wir, wenn wir innerhalb dieses Gebietes auf die Suche nach ihnen gehen? Was zum Beispiel die Farbe betrifft: im Auge finden wir sie nicht; denn da sollen nach der naturwissenschaftlichen Theorie ja nur Bewegungsvorgänge physikalisch-chemischer Art sein. Im Nerv finden wir sie auch nicht; denn auch da sind nur Bewegungen. Im Gehirn ist sie nicht: denn auch in ihm finden nur Bewegungen statt. Ist sie denn in der Seele? In *dem* Sinne ist sie es *nicht,* in welchem sie nach der Theorie der Naturwissenschaft in ihr auftreten *müßte:* als *Innenerlebnis.* Denn «kein Mensch» – so formuliert zum Beispiel W. *Preyer* die naturwissenschaftliche Auffassung in einer Schrift über «Unsre fünf Sinne» – «kann irgend etwas anderes empfinden als die Erregung der Endigungen seiner Sinnesnerven». Nun nehmen wir aber die Farbe, indem sie in unserem Bewußtsein auftritt, durchaus nicht als ein Erleben unserer inneren Organisation, vielmehr in ganz ausgesprochener und eindeutiger Art als *Außenerlebnis* wahr, das heißt, wir finden sie draußen an irgendeinem Gegenstande vor. Ganz abgesehen davon, daß es für die Naturwissenschaft, wie wir sahen, ein unlösbares Rätsel bleibt, wie Bewegungsvorgänge sich überhaupt in Farbenempfindungen in unserer Seele umsetzen sollen, wird dieses dadurch noch unbegreiflicher, daß die Farbe nicht als Innenempfindung, sondern als Außenempfindung erlebt, das heißt in die Außenwelt hinausversetzt wird. Und in noch höherem Maße findet ein solches «Nachaußen-Setzen» beim Tonerlebnis statt, wie auch durch die im zweiten Kapitel zitierte Schilderung bestätigt wird, die Joh. v. Kries in seiner «Allgemeinen Sinnesphysiologie» von demselben gibt. Diese Seite der Sache gesteht in der Tat die moderne Physiologie immer wieder noch als ein besonderes Rätsel für sich – und zwar auch als ein unlösbares – zu. «Wir projizieren», so sagt zum Beispiel Theodor Ziehen in seinem «Leitfaden der physiologischen Psychologie», «alle Empfindungen in den Raum, selbst den gehörten Ton und den Geschmack unserer Zunge: diese Tatsache muß die physiologische Psychologie hinnehmen, ohne sie physiologisch verständlich machen zu können.» Aus diesem Geständnis geht aber hervor, daß die moderne Forschung, obwohl sie die Entstehung der Sinnesqualitäten im Menscheninnern behauptet, dieselben als menschliche Innenerlebnisse in Wahrheit selber nirgends auffinden kann. Rudolf Steiner weist noch auf einen zweiten Umstand: Die neuere Forschung spricht auf der einen Seite von der Subjektivität unserer Sinneswahrnehmungen. Auf der anderen Seite spricht sie von bestimmten Vorgängen, die sich als objektivreale Geschehnisse in unserm Auge, Ohr, Nervensystem, Gehirn abspielen. Woher aber weiß sie denn von unserm Auge, Ohr, Nervensystem, Gehirn? Doch auch nur aus der sinnlichen Wahrnehmung derselben! Ist aber die Sinneswahrnehmung im Allgemeinen ein bloß subjektives Innenerlebnis, so muß es auch die Wahrnehmung des Auges, Ohrs, Nervensystems, Gehirns im Speziellen (diese Organe nun als *Objekte* des Wahrnehmens verstanden) sein. Wir dürften also gar nicht von dem Auge, Ohr usw., sondern nur von unserer Vorstellung des Auges, Ohres usw. sprechen. Folgerichtig müßten wir daher sagen: Die Vorstellung einer Bewegung wirkt auf die Vorstellung unseres Auges beziehungsweise der Sehnerven, die Vorstellung der in der Nervenvorstellung vor sich gehenden Prozesse erzeugt die Vorstellung der Farbe. Damit aber hebt die ganze Theorie sich selbst auf; denn wir verlieren auf diese Weise überhaupt jeden Zugang zur Welt und kerkern uns mit unserem Erkennen ganz und gar in uns selbst ein. Oder aber: Man müßte *jeder* Sinneswahrnehmung grundsätzlich das gleiche Maß von Objektivität zusprechen, also dem Auge, Ohr usw. nicht mehr als der Farbe, dem Ton usw., womit aber die Subjektivität der Sinnesqualitäten aufgehoben wäre. Es darf hier vielleicht erwähnt werden, daß von den beiden Möglichkeiten, die Rudolf Steiner an diesem Punkte seiner erkenntnistheoretischen Untersuchungen hinstellt, für die erstere, die aber im Grunde eine Unmöglichkeit bedeutet, Theodor Ziehen sich in seinem schon öfter zitierten «Leitfaden» tatsächlich entschieden hat. Ziehen scheut sich nicht, zuzugeben, daß man eigentlich nur davon sprechen könne: Die Vorstellung der Bewegung wirkt auf die Vorstellung der Sehnerven usw. und erzeugt die Vorstellung der Farbe. Nur hat er nicht den Mut, das Unmögliche dieser Auffassung, das heißt den Circulus vitiosus, in den die Sinnestheorie damit hineingerät, zuzugestehen. Er erklärt vielmehr in der bekannten wissenschaftlichen «Bescheidenheit», es sei nicht mehr die Sache der Sinnesphysiologie, sondern einer andern Disziplin: nämlich einer «etwaigen Erkenntnistheorie und Metaphysik», den Karren der Erkenntnis aus dieser verfahrenen Situation wieder herauszubringen. Ein Auskunftsmittel, das innerhalb der neueren Wissenschaft bei ihrer fortschreitenden Spezialisierung in scharf voneinander geschiedene Fachgebiete immer mehr in Gebrauch gekommen ist und mit dem sich die Forschung schon viele unangenehme Probleme vom Halse geschafft hat. Denn es ist klar, daß eine solche Überwälzung einer Erkenntnisaufgabe an ein anderes Fachgebiet ebensoviel bedeutet, wie daß diese unter den Tisch gewischt wird. Denn bei der strengen Beschränkung der Interessen auf die eigenen Spezialgebiete wird es natürlich weder einem Leser physiologischer Literatur einfallen, nachzusehen, ob eine Aufgabe, welche die Physiologie der Philosophie zugeschoben hat, von der letzteren nun auch wirklich gelöst worden ist, noch wird sich ein Spezialist der Erkenntnistheorie von dem Physiologen vorschreiben lassen, bestimmte Probleme zu behandeln, einfach weil der letztere sie ihm zuschieben will. Ziehen schreibt (S. 278 f.): «Die sogenannte Materie ist uns, abgesehen von ihrer hypothetischen ursächlichen Beziehung zu unsern Empfindungen, sonst ein vollständiges X. Was nun für alle materiellen Vorgänge gilt, gilt ebenso auch für die materiellen Vorgänge der Hirnrinde. Auch sie sind erst erschlossen, nicht primär gegeben wie die psychischen Vorgänge. Der Hergang ist strenggenommen der: Wir haben zahllose Empfindungen und durch dieselben Vorstellungen. Zu diesen nehmen wir als Ursachen äußere Gegenstände an. Unter diesen Empfindungen sind auch diejenigen, die uns bei der anatomischen und physiologischen Untersuchung der Hirnrinde aufgestoßen sind. In ganz analoger Weise, wie für alle Empfindungen, nehmen wir auch für diese eine materielle Ursache, die Hirnrinde, an. Weitere Untersuchung lehrt nun, daß diese materiellen Hirnrindenvorgänge noch eine ganz besondere Beziehung zu allen psychischen Vorgängen haben, daß nämlich die einen nie ohne die andern und umgekehrt vorkommen. Mit der weiteren Auflösung dieses komplizierten Zirkels hat sich die empirische Psychologie nicht zu befassen. Bei jedem Versuch einer solchen Auflösung würde sie ihren empirischen Boden verlassen müssen. Sie überläßt daher die weitere Bearbeitung dieses Problems, wofern dasselbe überhaupt eine Lösung zuläßt, einer etwaigen Metaphysik oder der Erkenntnistheorie.» Man sieht also: Auch die physiologischen Argumente für die Subjektivität der Sinnesqualitäten verwickeln sich in einen unauflöslichen Widerspruch mit sich selbst.

«Es bleibt also», so fährt Rudolf Steiner in der oben zitierten Vorrede (zur Einleitung des dritten Bandes seiner Goethe-Ausgabe) fort, «nur die *philosophische* Erwägung übrig, um über die Subjektivität und

Objektivität der Empfindung Aufschluß zu bekommen. Und diese liefert folgendes:

Was kann als ‹subjektiv› an der Wahrnehmung bezeichnet werden? Ohne da eine genaue Analyse des Begriffes von ‹subjektiv› zu haben, kann man überhaupt gar nicht vorwärtsschreiten. Die Subjektivität kann natürlich durch nichts anderes als durch sich selbst bestimmt werden. Alles, was nicht als durch das Subjekt bedingt nachgewiesen werden kann, darf nicht als ‹subjektiv› bezeichnet werden. Nun müssen wir uns fragen: Was können wir als dem menschlichen Subjekte *eigen* bezeichnen? Das, was es an sich selbst durch äußere oder innere Wahrnehmung erfahren kann. Durch *äußere* Wahrnehmung erfahren wir die körperliche Konstitution, durch *innere* Erfahrung unser eigenes Denken, Fühlen und Wollen. Was ist nun in ersterer Hinsicht als subjektiv zu bezeichnen? Die Konstitution des ganzen Organismus, also auch der Sinnesorgane und des Gehirns, die wahrscheinlich bei jedem Menschen in etwas anderer Modifikation erscheinen werden. Alles aber, was hier auf diesem Wege nachgewiesen werden kann, ist nur eine bestimmte Gestaltung in der Anordnung und Funktion der Substanzen, wodurch die Empfindung vermittelt wird. Subjektiv ist also eigentlich nur der *Weg*, den die Empfindung durchzumachen hat, bevor sie *meine* Empfindung genannt werden kann. Unsre Organisation vermittelt die Empfindung, und diese Vermittlungswege sind subjektiv; die Empfindung selbst ist es aber nicht.

Nun bliebe also der Weg der inneren Erfahrung. Was erfahre ich in meinem Innern, wenn ich eine Empfindung als die meinige bezeichne? Ich erfahre, daß ich die Beziehung auf meine Individualität in meinem Denken vollziehe, daß ich mein Wissensgebiet auf diese Empfindung erstrecke; aber ich bin mir dessen nicht bewußt, daß ich den Inhalt der Empfindung erzeuge. Nur den Bezug zu mir stelle ich fest, die Qualität der Empfindung ist eine in sich begründete Tatsache.

Wo wir auch anfangen, innen oder außen, wir kommen nicht bis zu der Stelle, wo wir sagen könnten: hier ist der subjektive Charakter der Empfindung gegeben. Auf den Inhalt der Empfindung ist der Begriff ‹subjektiv› nicht anwendbar.

Diese Erwägungen sind es, die den Herausgeber dazu zwangen, jede Theorie der Natur, die prinzipiell *über* das Gebiet der wahrgenommenen Welt hinausgeht, als unmöglich abzulehnen und *lediglich in der Sinnenwelt das einzige Objekt der Naturwissenschaft zu suchen.* Dann aber mußte er in der gegenseitigen Abhängigkeit der Tatsachen eben dieser Sinnenwelt das suchen, was wir mit den *Naturgesetzen* aussprechen. Und damit war er zu jener Ansicht von der naturwissenschaftlichen Methode gedrängt, die der Goetheschen Farbenlehre zu Grunde liegt...»

Wie nun von dieser erkenntnistheoretischen Stellung Rudolf Steiners zu der Bedeutung der Sinnesqualitäten (unter denen ja im wesentlichen die Qualitäten der mittleren Sinne zu verstehen sind) der Weg sich gestaltet zur Auffindung der sinneswissenschaftlichen Charakteristik der entsprechenden menschlichen Sinne, wie wir sie im folgenden darzustellen haben, das wird erst aus dieser Darstellung selbst beziehungsweise zu ihrem Abschluß ersichtlich gemacht werden können. Zunächst soll nun eben diese Darstellung als solche folgen. Eines aber wird dabei sogleich hervortreten: die Belebung und Bereicherung, welche aus dieser Auffassung heraus der Sinneslehre zuteil wird – im Gegensatz zu jener Verarmung und Verödung, zu welcher die Lockesche Theorie die neuere Sinnesforschung verurteilt hat.

G. Die mittleren Sinne in der Lehre Rudolf Steiners

1. Der leibliche Aspekt

Aus den Ausführungen des Kapitels über die unteren Sinne konnte hervorgehen, daß die Frage nach Wesen und Entstehung der rein physisch-stofflichen Welt – und zwar sowohl der innermenschlich-leiblichen als auch der außermenschlich-natürlichen – auf die außerirdisch-kosmische Geistwelt als auf ihre Antwort hinweist. Für die geisteswissenschaftliche Forschung zeigt sich dies in aller Klarheit dadurch, daß, indem sie die unteren Sinne, durch die der Leib dumpf wahrgenommen wird, ins volle Bewußtsein heraufhebt – das nun allerdings nicht das gewöhnliche, sondern ein übersinnliches Bewußtsein ist –, vor ihrem Blicke der Leib als materielles Gebilde sich auslöscht und hinter ihm die verschiedenen Sphären des *Kosmos* erscheinen, aus denen im vorgeburtlichen Dasein der Mensch zur Erde herabgestiegen ist.

In ähnlicher Art ist nun zu sagen, daß die Welt der mittleren oder äußeren Sinne, die wir als den Widerschein der seelisch-elementarischen Sphäre im Physischen kennengelernt haben, uns, wenn wir sie nach ihrer Bedeutung und Entstehung begreifen wollen, auf die *Erde* selbst hinweist, wie diese im Weltenganzen drinnensteht und im Weltenwerden sich gestaltet hat. Wir bemerkten ja schon, daß diese *mittleren* Sinne uns von der äußeren *Natur* im engeren Sinne dieses Wortes Kunde geben. Diese äußere Natur in ihren verschiedenen Reichen und Qualitäten ist aber eben identisch mit der Erde – wobei wir unter dieser jetzt nicht bloß ihr geologisches Gerüst, sondern ihre Totalität verstehen – und daher auch nur aus der Entstehung des Erdganzen heraus zu begreifen.

Wieder in einem analogen Sinne – das sei hier nur vorausnehmend angedeutet – wird sich uns dann im nächsten Kapitel zeigen, daß die Welt des Geistes, insofern wir ihren physischen Abglanz durch die oberen Sinne wahrnehmen, uns auf den *Menschen* hinweist. Denn er ist es, durch den sie in der sinnlichen Welt zur Offenbarung kommt.

Somit kann gesagt werden: Die physisch-leibliche Welt muß von der Wirksamkeit des außerirdisch-vorirdischen Kosmos her begriffen werden. Die seelisch-elementarische Welt, sofern sie im Sinnlichen erscheint, will von der Natur, oder was dasselbe ist: von der Erde und ihrer Entwicklung her verstanden sein. Und die geistige Welt, soweit sie im Physischen offenbar wird, muß vom Menschen her erfaßt werden. *Welt* (als Kosmos), *Erde* und *Mensch* sind die Beantworter der Fragen, die uns von der sinnlichen Erscheinung der leiblichen, der seelischen und der geistigen Welt beziehungsweise von den Wahrnehmungsgegenständen der unteren, der mittleren und der oberen Sinne aufgegeben werden.

Fassen wir nun von diesem Gesichtspunkte aus die mittleren Sinne genauer ins Auge! Es ist klar, daß sie, wenn sie unserer Wahrnehmung die äußere Natur und das heißt das Erdenwesen vermitteln, auch selber nur aus dem Wesen und Werden des Erdganzen heraus verstanden werden können. Nun zeigt sich aber die Erde für die Geisteswissenschaft nicht nur in dem Sinne in eine Mehrzahl von Daseinsgebieten gegliedert, daß wir innerhalb ihrer die verschiedenen Naturreiche zu unterscheiden haben, sondern auch in der Weise, daß sie sich in eine Reihe von verschiedenen materiellen Zuständen und Wirkungsarten differenziert. Nur ein Teil der letzteren wird, wie schon im letzten Kapitel erwähnt, von der modernen Naturforschung berücksichtigt, wenn diese von den verschiedenen Aggregatzuständen spricht. Die Geistesforschung muß an solchen Zuständen beziehungsweise Wirkungsformen eine größere Zahl unterscheiden. An dieser Stelle können freilich die betreffenden Tatsachen nur in Kürze angedeutet werden. Für eine genauere Darstellung derselben muß auf die Schriften Rudolf Steiners, namentlich seine «Geheimwissenschaft» verwiesen werden, ferner auf das zweibändige Werk von *Günther Wachsmuth* «Die ätherischen Bildekräfte in Kosmos, Erde und Mensch», in welchem gerade dieses Tatsachengebiet eine umfassende Darstellung erfahren hat.

In den genannten Schriften wird dargestellt, wie die Erde im Verlaufe der kosmischen Evolution eine Entwicklung durchgemacht hat, die sie aus einem geistigeren Zustand, in welchem sie noch mit dem verbunden war, was heute zu den verschiedenen Weltkörpern unseres Planetensystems geworden ist, allmählich in ihre heutige verfestigte Gestalt übergeführt hat. Mit dieser ihrer fortschreitenden Verdichtung und Zusammenballung, die im wesentlichen durch vier Stufen hindurchgegangen ist, war nun aber gleichzeitig eine durch ebenso viele Schritte fortgehende Verfeinerung und Ätherisierung verbunden. Die Ausgangsform bildete ein reiner Wärmezustand, ein für die heutige Physik zwar noch nicht faßbarer Begriff, der aber doch durch die geisteswissenschaftliche Forschung als eine Realität am Beginne der Entwicklung unseres planetarischen Systems vorgefunden wird. Diese Wärme, die sowohl physisch wie ätherisch war, das heißt sowohl als materieller Zustand wie als bildende Kraft aufgefaßt werden muß, differenzierte auf einer zweiten Entwicklungsstufe nach unten die Luft beziehungsweise das Gasige als einen dichteren materiellen Zustand, nach oben das Licht als eine feinere ätherische Wirksamkeit aus sich heraus. Im selben Sinne kamen auf einer dritten Stufe nach unten das Wasser beziehungsweise das Flüssige, nach oben der sogenannte chemische oder Tonäther als weitere Entwicklungsstufen hinzu. Und auf der vierten Stufe endlich, die von der Geistesforschung als der «Erdenzustand» bezeichnet wird, weil erst auf ihr unser Weltkörper seine heutige Gestalt erlangt hat, entstand nach unten das Erdig-Feste, nach oben der sogenannte Lebensäther (als der Bewirker der eigentlichen Lebenserscheinungen). Damit stellt sich also die heutige Erde als ein Organismus dar, der zunächst in die Zweiheit von verschiedenen stofflichen Zuständen und verschiedenen bildenden Kräften gegliedert ist; eine Zweiheit, die, genauer betrachtet, wieder in eine Siebenheit zerfällt dergestalt, daß wir an stofflichen Zuständen das Feste (Erde), Flüssige (Wasser), Luftförmige (Luft) und die Wärme (Feuer), an bildenden Kräften aber den Wärmeäther, den Lichtäther, den Tonäther (chemischen Äther) und den Lebensäther unterscheiden. Das Wärmeelement, das ja auch die heutige Physik in zwei Gestalten: als leitende und als strahlende Wärme, kennt, bildet dabei den Übergang von den physischen zu den ätherischen Bereichen, wie denn überhaupt die ganze Kette der Zustände von der «Erde» bis zum Lebensäther eine Stufenfolge vom gröbsten Materiellen bis zum feinsten Ätherischen darstellt. Außerdem besteht, wie aus der oben erwähnten Genesis dieser physisch-ätherischen Welt hervorgeht, zwischen je einem der unteren und einem der oberen Elemente eine besondere Verwandtschaft:

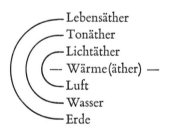

Nun setzt sich aber nicht bloß der Erdorganismus als ganzer aus dieser Zweiheit beziehungsweise Siebenheit von physisch-ätherischen Elementen zusammen, sondern es tun dies natürlich auch alle seine einzelnen Glieder, wie sie durch die Wesen der verschiedenen

Naturreiche repräsentiert werden. Freilich kommt in den einzelnen derselben, da sie ja eben nur Teile des gesamten Erdwesens bilden und (wie die geisteswissenschaftliche Kosmologie zeigt) auf verschiedenen der oben erwähnten vier Hauptstufen der Erdentwicklung entstanden sind, die eine oder andere dieser Wirkungsarten und stofflichen Formen zur vorwiegenden Geltung. Einzig und allein die irdisch-leibliche Hülle des Menschen enthält in gleichem Maße alle sieben Elemente als Wesensprinzipien in sich. Sie ist das einzige vollkommene Äquivalent der Gesamterde. Bilden doch auch ihre Entwicklung und diejenige der Erde durch alle ihre Stufen hindurch zwei völlig parallel laufende Prozesse. Wie der Mensch seiner Gesamtorganisation nach den ganzen Kosmos als eine «Welt im Kleinen» in sich zusammenfaßt, so stellt er seiner leiblichen Hülle nach eine «Erde im Kleinen» dar. Und das «Leben», das die menschliche Leiblichkeit im Zusammenhange mit dem Erdleben entfaltet, besteht, von einem bestimmten Gesichtspunkt aus gesehen, in einem fortwährenden Austausch von Kräften und Stoffen zwischen Menschenorganismus und Erdorganismus. Durch diesen Stoffe- und Kräftewechsel kommt zustande, was wir am menschlichen Leibe als dessen verschiedene Lebensfunktionen, aber auch im Laufe seines Daseins als Wachstum, Blüte und Verfall wahrnehmen. Und von diesem *Prozessualen* muß als von dem Primären ausgegangen werden für ein Verständnis der menschlichen Leiblichkeit und ihrer verschiedenen Organe und Systeme. Denn aus diesem bis zur Siebenfältigkeit sich allmählich differenzierenden Austausch der Stoffe und Kräfte bilden sich im Laufe des Erden- und Menschenwerdens erst nach und nach die Organe heraus, die ihm dann in späteren Stadien der Evolution als Kanäle und Werkzeuge dienen.

Nun hat man, um die Art zu verstehen, in der sich dieses Wechselspiel zwischen Mensch und Erde allmählich ausgestaltet und mit den entsprechenden Organen ausstattet, weiter noch zu berücksichtigen, daß ja die menschliche Leiblichkeit von der geistig-seelischen Wesenssubstanz des Menschen, die sich in ihr inkarnieren will und soll, im Verein mit göttlich-geistigen Wesen stufenweise aufgebaut und im Maße ihrer Entwicklung auch stufenweise durchdrungen wird. Diese Durchdringung verläuft im zeitlichen Gleichschritt mit dem geschilderten Doppelprozeß der Verstofflichung einerseits, der Ätherisierung andererseits, den sowohl Menschen- wie Erdorganismus durchmachen. Ja, beide Vorgänge sind im Grunde nur die zwei Seiten eines und desselben Geschehens. Die menschliche Seele entwickelt nun in dem Maße, als sie sich inkarniert, nach der einen Seite hin ein Innenleben, in welchem sie sich selbst in ihrem Eigensein erlebt, nach der anderen ein Außenleben, durch welches sie an dem Erdengeschehen teilnimmt. Diese beiden Arten ihres Erlebens und Sichbetätigens haben zur Folge beziehungsweise finden einen äußeren Ausdruck darin, daß auch das Leibesleben sich nach zwei Richtungen hin differenziert. Es bildet auf der einen Seite eine leibliche Innerlichkeit aus, die ganz von der Seele durchdrungen und zur Grundlage ihres Sichselbsterlebens gemacht wird. Und diesem Pole seiner Wirksamkeit stellt sich ein anderer gegenüber, an welchem sich das leibliche Leben veräußerlicht, das heißt ganz mit der Außenwelt verwächst, sich gegenüber dem Seelischen unabhängig macht und diesem lediglich als Vermittler seiner Außenwelterlebnisse dient. Zwischen diesen beiden Polen bildet sich schließlich eine mittlere Sphäre des leiblichen Lebens heraus, die in ihrer Gestaltung das Gleichgewicht zwischen den beiden Extremen hält.

Diese drei Hauptformen, in denen sich der Austausch der Stoffe und Kräfte zwischen dem menschlichen und dem gesamtirdischen Organismus also ausgestaltet, sind *Sinneswahrnehmung, Atmung* und *Ernährung*. Und sie verteilen sich auf die Siebenheit der Elemente derart, daß die Sinneswahrnehmung sich vornehmlich im Bereiche der oberen, feineren, die Atmung in der Sphäre der mittleren und die Ernährung sich hauptsächlich in der Zone der unteren, gröberen Wirksamkeiten abspielt.

Leben Ton	Sinneswahrnehmung
Licht Wärme Luft	Atmung
Wasser Erde	Ernährung

Man wird nun aber zu einem Verständnis des Gesamtgeschehens, das sich in diesen drei Funktionen vollzieht, nur kommen, wenn man sich bewußt ist, daß als Urbild ihnen allen ursprünglich ein einziger und identischer Prozeß zugrunde liegt. Nur kommt dieser zu einer gewissen harmonischen Gestaltung im heutigen Menschen lediglich in der Mitte, während er sich nach oben und nach unten in entgegengesetzter Art zu einseitigen Formen metamorphosiert hat. Doch ist selbst in jedem der beiden Pole noch etwas von seinem Gegenpol, wenn auch in rudimentärem Maße, enthalten.

Beginnen wir mit einer genaueren Betrachtung der drei Funktionen bei der Sinneswahrnehmung, da diese uns ja hier vor allem interessiert. Sie erlangt zwar ihre reinste Ausprägung in der Zone der oberen Elemente, erstreckt sich aber durchaus über die *ganze Leiter* derselben hin, wenn auch nach unten hin immer mehr sich abschwächend. Und zwar können wir die einzelnen Sinne den einzelnen Elementen beziehungsweise materiellen Zuständen in folgender Weise zuordnen:

Leben	Sprachsinn
Ton	Gehörssinn
Licht	Gesichtssinn
Wärme	Wärmesinn
Luft	Geruchssinn
Wasser	Geschmackssinn
Erde	Tastsinn

Durch den Tastsinn, wie er sich (nach der Zerstückelung der ursprünglichen, universell gearteten Tastempfindung) als einer der äußeren Sinne herausgliedert, nehmen wir vornehmlich das Feste, «Erdige» in seinen verschiedenen Beschaffenheiten wie Härte, Weichheit, Rauhigkeit, Glätte usw. wahr. (Es kann an dieser Stelle davon abgesehen werden, daß wir, um diese Qualitäten wahrzunehmen, mit den Empfindungen des Tastsinnes solche der inneren oder unteren Sinne des Lebens und der Bewegung verbinden müssen.) Der Geschmackssinn vermittelt uns die Erfahrung von den Eigenschaften des Wässrig-Flüssigen, der Geruchssinn in analoger Art die Qualitäten des Luftig-

Gasförmigen. Durch den Wärmesinn empfinden wir die uns umgebenden Temperaturverhältnisse. Das Auge erschließt uns die Erscheinungen der Lichtwelt, das Ohr diejenigen der Tonwelt. Inwiefern wir durch den Sprach- oder Wortsinn am eigentlichen «Leben» teilnehmen, wird sich im nächsten Kapitel bei der Besprechung der oberen Sinne zeigen, zu deren Gruppe dieser Sinn gehört. Lassen wir also auf der einen Seite den Sprachsinn, auf der anderen den Tastsinn, da dieser zugleich den unteren Sinnen zugehört und mit ihnen auch schon besprochen wurde, aus unserer weiteren Betrachtung weg, so haben wir zwischen ihnen jene Sinne eingeschlossen, die gewöhnlich als die «fünf Sinne» bezeichnet werden und auch vom geisteswissenschaftlichen Gesichtspunkte aus als eine in einer bestimmten Beziehung zusammengehörige Gruppe angesehen werden können. (Nur muß freilich anstelle des Tastsinnes der vielfach mit ihm zusammengeworfene Wärmesinn gesetzt werden.)

Wenn nun aber auch das Wahrnehmungserlebnis in dieser Weise die ganze Stufenfolge der Elemente übergreift, so findet sich seine reinste Form doch in der Region der oberen Elemente. Daher haben die Wahrnehmungen des Gesichts und Gehörs nicht nur die weitaus wichtigste Bedeutung unter allen äußeren Sinneseindrücken, sondern weisen auch den größten Reichtum an Inhalten sowie die klarste und bestimmteste Gliederung und Abstufung derselben auf. Ja, nur von Farben und Tönen läßt sich im Grunde aus dem unmittelbaren sinnlichen Erleben heraus eine ganz eindeutige und objektive Skala der Phänomene aufstellen. Steigen wir in die Region der Wärme und gar der Luft herunter, so setzt sich das Wahrnehmen schon in das Atmen hinein fort und wird im Erleben der Temperatur und des Riechend-Duftigen mehr oder weniger zu einer bloßen Begleiterscheinung des letzteren. Und begeben wir uns vollends in die Sphäre des Flüssigen und Festen, so kommen wir in die Region, wo die entsprechenden Wahrnehmungen: Schmecken und Tasten, ganz in den Ernährungsprozeß verschlungen sind. Sie sind weitgehend zur Nebensache geworden gegenüber dem, was hier die Stillung von Hunger und Durst bedeutet. Daher werden auch die Wahrnehmungserlebnisse in den beiden unteren Regionen stark beeinflußt und in ihrer Objektivität beeinträchtigt von dem, was die besonderen

Veranlagungen, Lebensbedürfnisse und Neigungen des individuellen leiblichen Organismus in bezug auf Nahrung und atmosphärische Umgebung sind.

Wir können nun aber die Betrachtung der menschlichen Lebensprozesse auch von dem andern, dem Pole der Ernährung aus beginnen. Wir finden diese dann in reinster Ausprägung dort, wo es sich um den Austausch der festen und flüssigen Substanzen zwischen Menschen- und Erdenorganismus handelt. In verfeinerter Form jedoch tritt uns eine Ernährung durchaus auch im Atemprozeß entgegen. Ebenso wie wir die sogenannten Nahrungsstoffe, die wir genießen, zur Anregung und Unterhaltung unserer Lebenstätigkeit benötigen, so bedürfen wir zu demselben Zwecke auch des Sauerstoffes, den wir mit der Luft einatmen. In welchem Maße wir uns durch die Atmung «ernähren», das spürt ein jeder, der nach längerem Aufenthalt in der Großstadt wieder einmal die Luft einer reinen Naturumgebung oder gar des Hochgebirges atmet. Nur tritt eben hier das Ernährungsmoment gegenüber dem, was der spezifische Charakter des Atmens ist und gleich nachher genauer gekennzeichnet werden wird, zurück. Noch stärker erscheint es in den Hintergrund gedrängt in den Sinnen. Und doch findet eine «Ernährung», freilich eine solche von allerfeinster Art, auch noch dort statt, wo wir von der Sinneswahrnehmung in ihrer reinsten Gestalt zu sprechen haben: im Auge und Ohr. Allerdings geht hier nicht mehr ein Austausch von ponderablen Stoffen, sondern ein solcher von imponderablen Bildekräften vor sich. Wir nehmen im Wahrnehmen diese Kräfte in uns auf, und wir strahlen solche auch in die Welt hinaus und zurück. Für eine entsprechende Anschauung, die hier allerdings nur eine übersinnliche sein kann, erscheinen die Sinnesorgane des Menschen als in die Welt hinausleuchtend und -tönend.* Und dieser Kräftewechsel ist für das Leben und die Gestaltung unseres Organismus sogar nicht weniger wichtig als der Austausch der festen und flüssigen Stoffe. Ohne ihn könnte sich unser Organismus ebensowenig erhalten und formen, wie wenn man ihm die physische Nahrung entzöge.

* Vgl. Rudolf Steiner: Menschenschicksale und Völkerschicksale. Bibl. Nr. 157. 14. Vortrag.

Schließlich können wir den Ausgangspunkt der Betrachtung auch von der mittleren Form nehmen, in der sich der Urprozeß des Lebens ausgestaltet: von der Atmung. Wir deuteten schon an, daß er sich hier am harmonischsten vollzieht, das heißt so, daß zur reinsten Erscheinung kommt, um was es sich bei ihm eigentlich handelt: die Tatsache eines Austausches, eines *zwischen Mensch und Erde spielenden Wechsels von Stoffen und Kräften*. Denn in dem regelmäßigen rhythmischen Pendelschlag von Einatmen und Ausatmen findet dieser Wechsel seine reinste Offenbarung. Gehen wir von hier aus nach oben und nach unten, so zeigt sich, wie nach beiden Richtungen hin dieser Prozeß sich vereinseitigt hat. Wenden wir uns der Ernährung zu, so können wir sie zunächst als eine vergröberte Atmung bezeichnen. Noch wesentlicher aber ist, daß der ganze Prozeß hier gegenüber dem Atmungsvorgang eine starke Verinnerlichung erfahren hat. Den Atmungsorganen steht hier die ganze Vielfältigkeit der inneren Organe gegenüber, welche die Bauchhöhle als Eingeweide ausfüllen. Durch diese werden die von außen aufgenommenen Stoffe völlig umgewandelt und, soweit sie nicht zum Aufbau des Organismus verwendet werden, als gänzlich abgebaute wieder ausgeschieden. Die Orte des Eintritts und des Austritts der Stoffe aus der Leiblichkeit haben sich demgemäß voneinander geschieden.

Erheben wir uns hingegen nach oben zur Sinneswahrnehmung, so können wir in dieser zwar zunächst eine verfeinerte Atmung erblicken. Die entscheidende Veränderung jedoch, die da eingetreten ist, besteht in der Veräußerlichung, welche der Austauschprozeß hier erfahren hat. Während der Atmungsrhythmus nach unten sich im Ernährungsvorgang gleichsam zu dem verlängert und verkompliziert hat, was zwischen Aufnahme und Ausscheidung der Nahrung geschieht, hat er sich nach oben verkürzt und verkümmert zu einem einfachen Stoß und Gegenstoß, zu einfacher Wirkung und Gegenwirkung, welche sich beide mehr oder weniger an der Oberfläche des Leibes, im Grenzgebiet zwischen Außenwelt und leiblicher Innenwelt abspielen.

Noch in einer zweiten, ebenfalls schon erwähnten Hinsicht erscheint der Atemprozeß als eine harmonische Gestaltung des Urvorganges des menschlichen Lebens: in Hinsicht auf das Verhältnis zwischen Leiblichem und Seelischem. Der Anteil beider Elemente an ihm ist nämlich hier ein völlig gleichmäßiger. Wir kennen unsere Atmung als einen wesentlichen Lebensprozeß. Wir wissen, wie von der rechten Atmungsmöglichkeit unmittelbar die Lebensmöglichkeit unseres Organismus abhängt. Aber es bringt unser Atemvorgang in seiner Gestaltung ebenso unmittelbar und deutlich auch den Zustand unseres seelischen Lebens zum Ausdruck. Die Erregung desselben spiegelt sich im schnellen, ruckweisen, seine Beruhigung im langsamen, tiefen Atmen. Im Zustande des Wahrnehmens und Vorstellens überwiegt das Einatmen, im Zustande des äußeren Tuns und Handelns das Ausatmen.

Dieses Gleichgewicht zwischen der leiblichen und der seelischen Seite des Atemprozesses besteht jedoch nicht nur als Tatsache, sondern auch, was ebenso wichtig ist, für unser Bewußtsein. Die soeben gegebene Schilderung der gleichmäßig leiblichen und seelischen Bedeutung des Atemvorganges kann bei einiger Aufmerksamkeit unmittelbar aus dem Erleben des gewöhnlichen Bewußtseins heraus gewonnen werden. Hierin spricht sich ein weiterer bedeutsamer Gleichgewichtszustand aus, der im Atemprozeß gegenüber den beiden Polen der Sinneswahrnehmung und der Ernährung besteht. Im Laufe derselben Entwicklung, welche diese Dreigliederung des menschlichen Lebensprozesses allmählich herausbildet, geschieht nämlich gleichzeitig auch das andere: daß die Betätigung der Seele im leiblichen Geschehen am Pole seiner Verinnerlichung: das heißt im Ernährungsvorgang, durch welche sie sich selbst erlebt, für ihr Bewußtsein sich mehr und mehr verdunkelt, dagegen ihre Teilnahme an der Erdenwelt, welche durch die sich veräußerlichenden und von ihrer Durchdringung sich emanzipierenden Sinnesprozesse vermittelt wird, sich bewußtseinsmäßig mehr und mehr aufhellt. Dadurch tritt allmählich für das menschliche Bewußtsein eine eigentümliche Verkehrung zwischen Schein und Wahrheit in bezug auf die Verhältnisse an den beiden Polen des leiblich-seelischen Lebens ein. An dem Pole der Verinnerlichung oder der Ernährung scheinen die Prozesse rein physische zu sein, da die seelische Beteiligung an ihnen tief in die Unbewußtheit gehüllt ist, obwohl sie sogar das Wesentliche an demselben ausmacht. Der sinnlichen Beobachtung zeigt sich lediglich, daß der

Stoffwechselvorgang hier eine starke Verinnerlichung erfahren hat. Im übrigen aber scheinen diese Prozesse durchaus ähnlich denjenigen zu sein, die sich in der äußeren Natur abspielen. Und so versucht ja auch die neuere Forschung, sie nach Analogie äußerer physikalisch-chemischer Vorgänge zu deuten. Erst einer übersinnlichen Betrachtung zeigt sich, daß diese Prozesse von äußeren Naturvorgängen völlig verschieden sind, indem sie unmittelbar vom Geistig-Seelischen des Menschen bewirkt werden, das in einer bestimmten Art von – dem gewöhnlichen Bewußtsein allerdings entzogener – Willensentfaltung in ihnen sich betätigt.

Umgekehrt verhält es sich am entgegengesetzten Pol der Veräußerlichung oder der Sinneswahrnehmung. Hier verbergen sich die leiblich-organischen Prozesse fast ganz, da der durch sie vermittelte bewußte Verkehr der Seele mit der irdischen Außenwelt im Vordergrunde des Erlebens steht. Und weil dies der Fall ist, darum verhüllt sich auch, daß hier das organische Geschehen nicht in vollem Maße durchseelt ist, auch keine eigentliche Innerlichkeit aufweist, sondern sich als ein Stück der äußeren leiblich-organischen Erden-Menschenwelt abspielt. Für das gewöhnliche Bewußtsein wird all dies von den Inhalten des seelischen Erlebens zugedeckt. Es nimmt gewissermaßen nur seelisches Erleben wahr und sieht dieses in die organischen Prozesse hinein. Es wird auf diese Weise dazu verleitet, diese hier ebenso in falscher Weise zu «verseelischen» oder zu versubjektivieren, wie es auf der anderen Seite die Ernährungsprozesse in unrichtiger Art «entseelischt» beziehungsweise verobjektiviert. Und indem es nun mit diesen also «verseelischten» Sinnesprozessen an die nicht-seelische Außenwelt anstößt, kann es keine Brücke mehr zu dieser finden. Wir sehen hier von einer neuen Seite her, wieso die moderne Forschung zu einer Versubjektivierung der äußeren Sinneswahrnehmungen gekommen ist.

Durch das Ganze der vorangehenden Darlegungen gelangen wir nun erst zu einer wirklichen Einsicht in das Wesen des äußeren Sinnesprozesses, zunächst nach seiner leiblich-organischen Bedeutung. Mehrere Momente sind da, wie sich gezeigt hat, hervorzuheben. Fürs erste dieses, daß hier in dem Maße das physiologische Geschehen – bis ins Imponderable hinein – sich verfeinert, das psychologische Erleben dagegen – als Sinnesempfindung – sich so bewußt und intensiv gestaltet, daß das erstere in seiner Selbständigkeit und Eigenart kaum zu fassen ist. Die moderne Forschung hat es daher zu einer auf wirklicher Beobachtung beruhenden Beschreibung dessen, was physiologisch im Wahrnehmungsvorgang geschieht, bisher in der Tat nicht gebracht. In *einer* Beziehung allerdings hat diese Forschung, freilich in hypothetischer Art, eine bestimmte Vorstellung von dem Sinnesnervenprozeß durchaus entwickelt. Sie betrachtet diesen nämlich als eine rein passive Fortleitung der in den Sinnesorganen bewirkten Erregung entlang den Nervenbahnen bis zum Nervenzentrum: dem Gehirn. Verhielte sich aber der menschliche Organismus nur in dieser Art als bloß passiver Empfänger und Fortleiter von Einwirkungen, so käme niemals eine Sinnesempfindung zustande. Und daß die moderne Forschung nur die rezeptive Seite des Sinnesprozesses berücksichtigt, darin liegt, vom physiologischen Gesichtspunkt aus gesehen, der Grund, warum ihr die Wahrnehmung ein grundsätzlich unauflösbares Rätsel bleiben muß. In Wahrheit findet bei einer äußeren Sinneswahrnehmung physiologisch immer ein Doppelvorgang von Aktion und Reaktion beziehungsweise von Rezeption und Produktion statt. Der Organismus verhält sich nicht nur passiv, sondern durchaus auch aktiv beziehungsweise reaktiv-schöpferisch. Auf eine empfangene Erregung antwortet er stets mit der Produktion einer zu der betreffenden äußeren Qualität in einem polarischen Verhältnis stehenden Gegenqualität. Und er kann dies dadurch, daß er dieselben Elemente, die von außen auf ihn einwirken, auch in sich selber enthält. Freilich gestaltet sich das Verhältnis von Einwirkung und Gegenwirkung in den verschiedenen Sinnesgebieten sehr verschieden. Trotzdem gilt aber von ihnen allen, daß erst aus dem Ineinanderklingen des von außen Aufgenommenen und des von innen Erzeugten die Empfindung geboren wird. Ja, es liegt geradezu, wie auch der Atmungsprozeß im *Wechsel* von Ein- und Ausatmen, wie die Ernährung in der *Folge* von Aufnahme und Ausscheidung der Stoffe besteht, das Wesentliche des Sinnesprozesses, physiologisch gesehen, in diesem mannigfaltig gearteten *Aufeinanderprallen* der äußeren Eindrücke und der inneren Reaktionen.

Zum zweiten ist zu beachten, daß dieser Doppelvorgang innerhalb der Sinnesorgane, also an der Peripherie des Leibes sich abspielt und als solcher vom Seelischen des Menschen nicht in ähnlicher Art durchdrungen oder gar bewirkt wird, wie dies etwa bei den Verdauungsprozessen der Fall ist. Was daher hinsichtlich der letzteren einen Irrtum bedeutet, kann ihm gegenüber mit Recht behauptet werden: daß er eigentlich ein in den Menschen hinein sich fortsetzendes Stück des äußeren Naturgeschehens darstellt. Das Seelische des Menschen taucht nur in dem Sinne in diesen Prozeß ein, daß er ihm als Vermittler seiner Außenwelterlebnisse dient. Es streckt seine Wesenheit gleichsam durch diesen Prozeß hindurch in die Außenwelt hinaus. «Durch die geistig-imaginative Anschauung zeigt sich, daß der Mensch im Grunde sein Sinnessystem gar nicht intensiv mit sich verbunden hat. Es lebt eigentlich nicht *er* in diesem System, sondern die Umwelt. Diese hat *sich* mit ihrem Wesen in die Sinnesorganisation hineingebaut. Der imaginativ-schauende Mensch betrachtet deshalb auch die Sinnesorganisation als ein Stück Außenwelt. Ein Stück Außenwelt, das ihm allerdings näher steht als die natürliche Umwelt, das aber doch Außenwelt ist. Es unterscheidet sich von der übrigen Außenwelt nur dadurch, daß der Mensch in diese nicht anders als durch die Sinneswahrnehmung erkennend untertauchen kann. In seine Sinnesorganisation taucht er aber erlebend unter. Die Sinnesorganisation ist Außenwelt, aber der Mensch streckt in diese Außenwelt sein geistig-seelisches Wesen hinein, das er beim Betreten des Erdendaseins aus der Geist-Welt mitbringt. Mit Ausnahme der Tatsache, daß der Mensch seine Sinnesorganisation mit seinem geistig-seelischen Wesen erfüllt, ist diese Organisation Außenwelt, wie es die um ihn sich ausbreitende Pflanzenwelt ist. Das Auge gehört letzten Endes der Welt, nicht dem Menschen, wie die Rose, die der Mensch wahrnimmt, nicht ihm, sondern der Welt gehört ... Nicht die Farbe gehört mit dem Auge dem Menschenwesen an, sondern das Auge gehört mit der Farbe der Welt an. Der Mensch läßt während seines Erdenlebens nicht die irdische Umgebung in sich hereinströmen, sondern *er wächst* zwischen Geburt und Tod in diese Außenwelt *hinaus»* (Rudolf Steiner: Anthroposophische Leitsätze. Das Michaelmysterium). Auch diese wesenhafte Unabhängigkeit des Sinnesprozesses vom Seelischen des Menschen ist von der neueren Forschung nicht erkannt worden. In ihrer Auffassung erscheinen beide unlöslich ineinander verstrickt. Ein besonders signifikantes Beispiel für diese Betrachtungsart werden wir sogleich weiter unten anführen.

Was nun den angedeuteten Doppelprozeß im Wahrnehmungsakte betrifft, so hat ihn zum Beispiel für das Auge Goethe – der allerdings kein Schulgelehrter war und mit seinen Forschungen bei der zünftigen Wissenschaft bis heute keine Anerkennung gefunden hat – im physiologischen Teil seiner Farbenlehre in meisterhafter Weise aufgewiesen. Er zeigt da, wie jeder optische Eindruck im Auge die Produktion einer entgegengesetzten Qualität hervorruft dergestalt, daß Finsternis Helligkeit, Licht Dunkelheit und jede der Farben ihre Gegenfarbe erzeugt. Und zwar geschieht dies sowohl räumlich wie zeitlich; räumlich, indem von den Stellen der Netzhaut, welche in der Nachbarschaft der durch eine bestimmte Farbe beeindruckten Stelle liegen, die Gegenfarbe erzeugt wird; zeitlich, indem auch die beeindruckte Stelle selbst die Gegenfarbe produziert und sie in Gestalt der sogenannten Nachbilder in rhythmischem Wechsel mit ihren Gegenqualitäten wiederum abklingen läßt. «Das Auge eines Wachenden», so schreibt er in § 33, «äußert seine Lebendigkeit besonders darin, daß es durchaus in seinen Zuständen abzuwechseln verlangt, die sich am einfachsten vom Dunkeln zum Hellen und umgekehrt bewegen. Das Auge kann und mag nicht einen Moment in einem besonderen, in einem durch das Objekt spezifizierten Zustande identisch verharren. Es ist vielmehr zu einer Art von Opposition genötigt, die, indem sie das Extrem dem Extreme, das Mittlere dem Mittleren entgegensetzt, sogleich das Entgegengesetzte verbindet und in der Sukzession sowohl als in der Gleichzeitigkeit und Gleichörtlichkeit nach einem Ganzen strebt.» Und in § 38 heißt es: «Ein graues Bild auf schwarzem Grund erscheint viel heller als dasselbe Bild auf weißem. Stellt man beide Fälle nebeneinander, so kann man sich kaum überzeugen, daß beide Bilder aus *einem* Topfe gefärbt seien. Wir glauben hier abermals die große Regsamkeit der Netzhaut zu bemerken und den stillen Widerspruch, den jedes Lebendige zu äußern gedrungen ist, wenn ihm irgend ein bestimmter Zustand dargeboten wird. So setzt das Einatmen schon das Ausatmen voraus und umgekehrt, so jede

Systole ihre Diastole. Es ist die ewige Formel des Lebens, die sich auch hier äußert. Wird dem Auge das Dunkle geboten, so fordert es das Helle; es fordert dunkel, wenn man ihm hell entgegenbringt, und zeigt eben dadurch seine Lebendigkeit, sein Recht, das Objekt zu fassen, indem es etwas, das dem Objekt entgegengesetzt ist, aus sich selbst hervorbringt.»

Komplizierter müssen die entsprechenden Vorgänge beim Gehörsinn vorgestellt werden. Zu diesem gehört viel mehr, als was gewöhnlich dazu gerechnet wird. Eine vollständige Charakteristik desselben kann noch nicht an dieser Stelle, sondern erst im folgenden Kapitel gegeben werden, da er ja auch, und sogar in überwiegendem Maße, der Gruppe der oberen Sinne angehört und besonders mit dem Sprach- und Denksinn in intimer Weise zusammenwirkt. Nur auf folgende Tatsache sei hier zunächst hingewiesen, auf die ebenfalls schon Goethe in seinem «Entwurf einer Tonlehre»* aufmerksam gemacht hat: Während beim Gesichtssinn das aktive und passive beziehungsweise rezeptive und produktive Verhalten innerhalb eines und desselben Organes: des Auges, stattfinden und dieses Organ daher die Totalität unserer auf die Licht- und Farbenwelt bezüglichen Organisation repräsentiert, sind die beiden Seiten beim Gehör im wesentlichen auf zwei Organe verteilt: die rezeptive auf das Ohr, die produktive auf die Sprach- und Gesangsorganisation des Menschen. «Gegen das Auge betrachtet ist das Hören ein stummer Sinn. Nur ein Teil eines Sinnes. Dem Ohr müssen wir jedoch als einem hohen organischen Wesen *Gegenwirkung und Forderung* zuschreiben; wodurch der Sinn ganz allein fähig wird, das ihm von außen Gebrachte aufzunehmen und zu fassen. Doch ist bei dem Ohr die Leitung noch immer besonders zu betrachten, welche durchaus erregend und produktiv wirkt. Die Produktivität der Stimme wird dadurch geweckt, angeregt, erhöht und vermannigfaltigt» (Goethe). Wir sind in die leuchtend-farbige Welt auf ganz andere Art eingeschaltet als in die tönend-lautende. Die erstere gehört im wesentlichen der äußeren Natur an; sie kommt in dieser durch sich selbst zur sinnlichen Erscheinung. Wir bringen sie aus uns als Menschen nur im Wahrneh-

* Siehe: Goethes naturwissenschaftliche Schriften, hrsg. von Rudolf Steiner, Bd. IV, 2. Abt.

mungsakte und -organ hervor, in welchem wir durch die Einwirkung der äußeren Farbenwelt dazu angeregt werden. Wir produzieren die Farbe nur im Auge und auch da nur ätherisch beziehungsweise innerlich-physiologisch. Im übrigen aber bringen wir (außer durch unsere Haut- und Haarfarbe) die Farbenwelt an unserem Körper nicht zur sinnlichen Erscheinung, wie etwa die Tiere. Was wir so an äußerer Farbenproduktion zurückhalten, verinnerlichen wir zu seelisch-bewußtem Farbenerleben und können dieses dann in höherer Art durch das künstlerische Schaffen in der Malerei zum Ausdruck bringen.

Die tönend-lautende Welt erscheint im Gegensatz dazu in ihrem hauptsächlichsten Teile von Natur aus nicht im Sinnesbereich. Sie ist ihrem Wesen nach eine innerlichere, verborgenere. Sie gelangt ihrer eigentlichen Natur nach nur durch den Menschen zur sinnlichen Offenbarung. Er bringt sie also nicht wie die Farbenwelt zu einer bloß ätherischen, sondern zu physischer Erscheinung aus sich hervor. Darum ist in unserer Tonorganisation das produktive Element selbständiger und mächtiger entwickelt. Wird doch auch durch seine Hervorbringung das rezeptive Element derselben überhaupt erst erregt und damit gebildet. So machen also unsere Sprach- und Gesangsorganisation einerseits, unsere Ohrorganisation andererseits erst das Ganze unserer auf die Tonwelt bezüglichen Organisation aus. Wie in anatomischer Hinsicht die eustachische Röhre die Verbindung zwischen ihnen herstellt, so erweisen in genetischer Beziehung die Tatsachen der Embryologie deutlich ihre Zusammengehörigkeit. Auch ein solches Phänomen wie die Krankheit der Taubstummheit belegt diesen Zusammenhang. Als eine zusammenwirkende Einheit müssen aber die beiden Organisationen auch schon im Wahrnehmungsakte vorgestellt werden. Freilich bleiben hier die Hervorbringungen des produktiven Elementes im Bereiche des Ätherischen. Die im folgenden zitierten Worte Rudolf Steiners beziehen sich zwar im speziellen auf das Erleben des Sprachlichen; ein Analoges gilt aber durchaus auch für die rein musikalische Gehörwahrnehmung. «Wenn Sie das Wort ‹Baum› hören, dann sprechen Sie mit Ihrem ätherischen Leibe leise – nicht mit Ihrem physischen Leibe, aber mit Ihrem ätherischen Leibe – leise auch ‹Baum›. Und durch die sogenannte eustachische Trompete, die vom Munde in das Ohr geht, tönt ätherisch das Wort ‹Baum› dem von außen kommenden Worte ‹Baum› entgegen. Die zwei begegnen sich und dadurch verstehen Sie das Wort ‹Baum›. Sonst würden Sie das hören, und es wäre irgend etwas. Verstehen tun Sie es dadurch, daß Sie dasjenige, was von außen kommt, durch die eustachische Trompete zurücksagen. Und indem so die Schwingungen von außen sich begegnen mit den Schwingungen von innen und sich ineinanderlegen, versteht der innere Mensch dasjenige, was von außen kommt.» (Vortrag vom 9. Dez. 1922.)

Wie ferner etwa unsere Geschmacksempfindungen dadurch zustande kommen, daß zu den von außen aufgenommenen Geschmacksqualitäten in unserer Geschmacksorganisation, zu deren Totalität als ihr produktiver Teil unser ganzer Verdauungstrakt mit seinen verschiedenen säftebereitenden Organen hinzugerechnet werden muß, die entsprechenden Gegengeschmäcke erzeugt werden, wurde weiter oben schon bemerkt und ist in dem erwähnten «Entwurf einer Lehre von den Geschmacksempfindungen» von Knauer und Pelikan eingehend gezeigt worden.

*

Wenn im Vorangehenden behauptet wurde, daß die zünftige Physiologie diese Doppelnatur der Sinnesprozesse bisher nicht gekannt habe, so ist doch ein Forscher zu erwähnen, der hiervon in gewisser Weise eine Ausnahme macht: *Ewald Hering*. Ausgehend von Untersuchungen über den Gesichtssinn, hat dieser zuerst in seiner Schrift «Zur Lehre vom Lichtsinn» (1878) und dann in einer allgemeineren Abhandlung «Zur Theorie der Vorgänge in der lebendigen Substanz» (1888) versucht, der wesentlich physikalischen Betrachtungsweise, wie sie bis dahin in der Physiologie üblich war und namentlich durch Dubois-Reymond vertreten wurde, eine wirklich physiologische, das heißt dem Wesen des Lebendigen entsprechende, gegenüberzustellen. Es ist jedoch sehr charakteristisch und wurde für das Ergebnis seiner Bestrebungen von vornherein bestimmend, auf welche Weise er zu einer solchen Betrachtungsart geführt wurde. Er sah sich zu ihrer Entwicklung nämlich veranlaßt durch die Tatsache der Schwarz-Empfindung. Diese bedeutete für die neuere Physiologie ja immer eine ganz besondere Verlegenheit, da sie von der physikalischen Optik her, wie diese sich seit Newton entwickelt hatte, völlig unverständlich bleiben mußte. Denn wenn das Finstere oder Schwarze – wie diese Optik lehrt – lediglich das Nichtvorhandensein von Ätherschwingungen darstellt, dann kann es als das Schweigen derjenigen Reize, die in unserem Auge Licht- beziehungsweise Farbempfindungen hervorrufen, in uns keine Wahrnehmung erregen. Die «Wahrnehmung» des Schwarzen oder Dunklen wäre somit gleichbedeutend mit dem Nichtvorhandensein einer Gesichtswahrnehmung. Diese Folgerung widerspricht nun aber der tatsächlichen Erfahrung. Denn diese kennt die Schwarzempfindung als ein ebenso positives optisches Erlebnis wie etwa die Grün- oder Rotempfindung. Anstatt aus dieser Tatsache nun den Schluß zu ziehen, daß die Lichtlehre der Physik einer Umgestaltung bedürftig sei, zog Hering, der als Physiologe an physikalischen Theorien zu rütteln sich nicht für berechtigt hielt, die andere Konsequenz, daß die Schwarzempfindung eben auf eine physiologische Selbsttätigkeit unseres Organismus zurückgeführt werden müsse. Um zu einem Einblick in diese Selbsttätigkeit zu gelangen, untersuchte er nun das Wesen der organischen Vorgänge überhaupt. Er fand dabei das Hauptmerkmal des Lebendigen in einer gewissen durchaus zutreffenden Weise in der Tatsache des Stoffwechsels, als dessen beide Pole er die Aneignung und die Ausscheidung, oder wie er sie nannte: die Assimilation und die Dissimilation, konstatierte. Die weitere Verfolgung dieses Gedankenganges führte ihn zu der Annahme, daß auch innerhalb unserer Sinnesorganisation diese beiden Arten von Vorgängen die wesentlichen seien und daß daher aus ihnen heraus die Sinnesempfindungen verstanden werden müßten. Auf diesem Wege kam er an Hand von vielfältigen experimentellen Untersuchungen und Überlegungen zu dem Resultat, daß die Empfindung des Weißen, Gelben und Roten (also der aktiven Farben) auf Dissimilations- beziehungsweise Abbauprozessen der Sehsubstanz beruhe, diejenige des Schwarzen, Blauen, Grünen (also der passiven Farben) dagegen durch Assimilations- beziehungsweise Aufbauvorgänge bewirkt werde. Damit schien nun der Wahrnehmungsprozeß des Sehsinnes im allgemeinen und die Schwarzempfindung im besonderen wirklich physiologisch, das heißt aus den organischen Vorgängen des Sinnessystems selbst heraus begriffen. Jedoch – und hier zeigte sich nun die verhängnisvolle Folge von der Art, wie Hering auf diesen Forschungsweg gekommen war – eben *nur* aus den Vorgängen des Sinnessystems selbst heraus! Hering betrachtete allerdings diese Vorgänge nur als den primären Erklärungsgrund für die Sinnesempfindungen und erblickte den zweiten Schritt, den die Theorie nun zu machen habe, darin, den Zusammenschluß dieser Vorgänge mit den äußeren physikalischen Tatsachen herzustellen. So schreibt er auf Seite 72 seiner erstgenannten Schrift: «Können wir die Gesetze des psychophysischen Geschehens in der Sehsubstanz bis zu einem gewissen Grade feststellen, so ist es erst dann an der Zeit, die Gesetze des funktionellen Zusammenhanges zwischen jenen psychophysischen Prozessen und den Ätherschwingungen zu suchen.» Diesen Zusammenhang stellt er aber im weiteren keineswegs her. Und es ist auch begreiflich, daß er ihn nicht zu finden vermag. Denn von einem organischen Geschehen innerhalb eines Lebewesens, wenn es auch so allgemein und undifferenziert wie von Hering gedacht wird, läßt sich nun einmal keine Brücke schlagen zu den gänzlich eigenschaftslosen, rein mechanisch-materiellen Vorgängen einer Außenwelt, wie sie die moderne Physik denkt. Es ist dies ebensowenig möglich, wie sich eine Brücke zu diesen Vorgängen schlagen läßt von der Welt der wirklichen Sinneserlebnisse aus, wie sie uns in der Erfahrung gegeben sind. Wenn daher die sonstige Sinnestheorie den Menschen schon in seine Bewußtseins-, das heißt Seelenerlebnisse einkerkert, so setzt ihn Hering in seinen physiologischen oder Lebensprozessen gefangen. Während die erstere seine «Produktivität», nämlich die in der Erzeugung seiner Sinneserlebnisse wirksame, erst beim Übergang vom Physischen zum Psychischen einsetzen läßt, versetzt dieser sie schon an die Stelle, wo das physikalische in das physiologische Geschehen übergeht. Der Mensch erlebt nach Hering in seinen Sinnesempfindungen nicht eine Welt, die erst sein Bewußtsein in ihm erzeugt, sondern die Welt, welche die physiologischen Prozesse in seinem Organismus darstellen. «Wir haben in den Gesichtsempfindungen ein Mittel, den Ernährungsprozeß der Sehsubstanz und seine zwei Hauptfaktoren, die Dissimilation und Assimilation, genau zu beobachten. Nicht also handelt es sich fortan nur darum, daß vom Auge dem menschlichen Geiste ein Complex von Empfindungen übergeben wird, die derselbe dann mit Hilfe richtiger oder falscher Schlüsse zu Vorstellungen verarbeitet, sondern was uns als Gesichtsempfindung zum Bewußtsein kommt, ist der psychische Ausdruck oder das bewußte Correlat des Stoffwechsels der Sehsubstanz» (Zur Lehre vom Lichtsinn, S. 79). Hering läßt also den empfindenden Menschen gewissermaßen in seiner Physiologie versinken. Dadurch kommt bei ihm zugleich in besonders signifikanter Weise zum Vorschein, was jedoch, wie schon oben erwähnt, auch bei der ganzen übrigen neueren Sinnesphysiologie, nur in etwas anderer Art, vorliegt: das Nichterkennen der wesenhaften Unabhängigkeit des physiologischen vom psychologischen Geschehen im Sinnesprozeß. Das Leibliche und das Seelische sind eben im Sinnesvorgang gerade nicht so ineinandergeschaltet, daß wir zum Beispiel im Sehen den «Ernährungsprozeß der Sehsubstanz» wahrnehmen. Wir tauchen im Wahrnehmen mit unserer Seele nicht so in das physiologische Geschehen unserer Sinnesorganisation ein, daß deren Vorgänge in unserem Erleben wie in einer Fata Morgana sich spiegeln. Diese Vorgänge löschen sich vielmehr für unser Erleben völlig aus. Sie treten normalerweise in dessen Inhalt gar nicht ein. Sie bilden nur die Unterlage des Wahrnehmens. Der Mensch erlebt im Sehen *nicht*, was im Auge vorgeht; er erlebt vielmehr durch das, was im Auge vorgeht, die Außenwelt. Die Produktion der entsprechenden Gegenfarben durch das Auge ist zwar physiologisch notwendig, damit die Wahrnehmung bestimmter Farben der Außenwelt zustande kommen kann. Aber solange die Wahrnehmung dauert, werden diese Gegenfarben in ihr nicht gesehen. Erst danach oder auch daneben können sie unter bestimmten Umständen in die Wahrnehmung eintreten. Das gesunde Auge ist eben für die Gesichtswahrnehmung «durchsichtig». Verliert es diese Durchsichtigkeit, das heißt, beginnen seine Prozesse in die Wahrnehmung der Außenwelt sich hineinzumischen, so ist dies ein Zeichen, daß es in einer bestimmten Weise erkrankt ist. Ebenso ist der Gehörapparat für die Wahrnehmung der äußeren Tonwelt «durchhörig». Beginnt dagegen das Ohr selbst zu tönen wie im Ohrensausen und dergleichen, so liegt abermals ein krankhafter Zustand vor. Ebenso nimmt der Mensch durch den Geschmackssinn im gesunden Zustand nicht die Eigengeschmäcke seines Verdauungssystems wahr. Es ist das Symptom einer Erkrankung, wenn sich in seine Geschmacksempfindungen diejenigen seiner Magensäure, seiner Galle usw. hineinmischen und sie verändern. Ein Ähnliches könnte vom Wärmesinn gesagt werden. Es werden also durch die verschiedenen Sinne durchaus die Qualitäten der äußeren Welt wahrgenommen. Aber das Wahrnehmen ist eben ein organischer Prozeß, der leicht nach der einen oder andern Richtung hin ins Krankhafte verfallen kann. Es ist jedoch ganz falsch, deshalb, weil bei solchen krankhaften Veränderungen die Objektivität des Wahrnehmens getrübt wird, sie ihm auch im normal-gesunden Zustande abzusprechen.

*

Mit all dem ist aber die leibliche Seite der Sinneswahrnehmung noch nicht erschöpfend charakterisiert. Es muß noch ein Letztes hinzugefügt werden, das uns dann den Übergang zur Betrachtung ihres seelischen Aspektes ermöglichen wird. Dieses ergibt sich durch die Berücksichtigung der folgenden Tatsachen: Wir sagten im Vorangehenden, daß die Außenwelterlebnisse der menschlichen Seele im Verlaufe ihrer Entwicklung in steigendem Grade sich zur Bewußtheit aufhellen – im Gegensatze zu dem inneren Selbsterleben, das im gleichen Maße ins Unbewußte versinkt. Zu diesen Außenerlebnissen gesellt sich dann als weiterer Bewußtseinsinhalt hinzu, was an sie anschließend sich als menschliches Vorstellungs- und Begriffsleben entwickelt. Ja, dieses letztere wird, wie wir später noch genauer sehen werden, schließlich sogar zum Hauptbestandteil des Bewußtseinsbereiches. Als physiologisches Gegenstück zu diesem ganzen in der Bewußtheit verlaufenden seelischen Leben wird nun gleichzeitig von der menschlichen Wesenheit im Leibe die Nervensubstanz gebildet. Diese gestaltet sich in ihren verschiedenen Verzweigungen, namentlich aber dann in ihren Zentren: im Gehirn und Rückenmark, zur leiblichen Grundlage des Bewußtseinslebens. Nun ist aber das *Nervensystem* seiner Funktion nach in polarisch entgegengesetzter Art in den menschlichen Organismus eingegliedert wie das System des

Stoffwechsels, das wir im Vorangehenden in seiner dreifach gestalteten, man könnte auch sagen: dreifach sich verfeinernden, Form als die Funktion der Ernährung, der Atmung und der Sinneswahrnehmung geschildert haben. Während nämlich dieses Stoffwechselsystem den Aufbau, das Leben, die Erhaltung unseres Organismus besorgt, gehen vom Nervensystem die Kräfte des Alterns und des Sterbens aus. Ein Wesen, welches kein Nervensystem hat, kennt auch den Tod nicht. Ein solches Wesen ist die Pflanze. Ihr Leben erschöpft sich in Stoffwechselvorgängen, die freilich ganz anders geartet sind als diejenigen beim Menschen. Daher gibt es im Pflanzenreiche im Grunde den Tod nicht. Was als ein Altern und Sterben erscheint, ist in Wirklichkeit nur die Verwandlung der einen Erscheinungsform des pflanzlichen Wesens in die andere. Wo immer wir das Welken einer alten Form sehen, da sehen wir auch zugleich das Sprossen einer neuen. Aus dem verwesenden Keim in der Erde bildet sich der neue Halm. In der verwelkenden Blüte reift die Frucht. In der verdorrenden Frucht wächst der Same. Der Tod als ein selbständiges, dem Leben sich entgegenstellendes Prinzip tritt erst im Tierreiche auf, und zwar in dem Maße, als dessen Wesen ein Nervensystem in sich ausbilden. Und die stärkste Macht erlangt er im Menschen, in welchem das Nervensystem am höchsten entwickelt ist. (Allerdings kann er hier zugleich auch wieder auf eine Weise überwunden werden, die an späterer Stelle zu schildern sein wird.) Der Kopf, in dem das Nervensystem sich hauptsächlich konzentriert, ist daher der verknöchertste, abgestorbenste Teil unseres Leibes. Von ihm her beginnen wir zu altern und abzusterben. Man könnte ihn den Pol des Todes im menschlichen Organismus nennen. Da aber die Nervenprozesse die Grundlage unseres Bewußtseins, das heißt unseres Wachzustandes überhaupt bilden, so könnte man auch sagen: das Bewußt-Sein oder das Wachen als solches ist schon der Anfang des Sterbens. Von daher wird verständlich, warum wir diesen Zustand immer wieder mit dem des Unbewußt-Seins, des Schlafens abwechseln lassen müssen. Wollten wir nämlich fortwährend wachen, so wäre unser Organismus in kurzer Zeit verbraucht. Im Schlafe wird er immer wieder erneuert. Nun ist es aber nicht schwer, den Zusammenhang des Schlafes oder des Unbewußtseins mit dem Stoffwechselsystem zu erkennen. Denn der Verdauungsvorgang verläuft völlig unbewußt, der Atmungsprozeß nur halbbewußt, und wie es mit der Sinneswahrnehmung eigentlich bestellt ist, werden wir im folgenden noch genauer sehen. Das Stoffwechselsystem ist nun, wenn es auch seine Ausläufer nach oben hin hat, doch deutlich im unteren Teil des Organismus zentriert. Es könnte als der Pol der Geburt, des Werdens bezeichnet werden. In der Tat liegen in diesem Gebiete des Leibes die Organe der Zeugung und der Geburt, der Verdauung, Blutbildung usw. Von hier aus bauen wir unsern Organismus auf und regenerieren ihn im Schlafe. Und wie der Schlaf mit Geburt und Kindheit verwandt ist, das zeigt ja der Dämmerzustand des kindlichen Seelenlebens.

Diese Grundtatsachen der psychophysischen Existenz des Menschen, die von der geisteswissenschaftlichen Forschung bis in ihre feinsten Verzweigungen und letzten Folgeerscheinungen hinein exakt erforscht und ausführlich beschrieben werden, finden von seiten der modernen psychologischen und physiologischen Forschung so gut wie keine Beachtung, geschweige denn, daß sie von dieser in ihrer fundamentalen Bedeutung gewürdigt werden. Daher ist dieser Forschung das Leib-Seele-Problem zu einem so großen Rätsel geworden, dem sie mit dem ganzen Heer von psychophysischen Theorien, die seit einem Jahrhundert ersonnen wurden, nicht hat näherkommen können. Eine ältere, wirklichkeitsnähere, weil spirituellere Psychologie hatte noch ein Organ für diese Verhältnisse. Und wir möchten in diesem Zusammenhang Ausführungen, wie sie über diese Tatsachen sich zum Beispiel in den «Psychologischen Vorträgen» von *C. Fortlage* aus der Mitte des vergangenen Jahrhunderts finden, der Vergessenheit entreißen, indem wir einige Sätze aus ihnen hier zitieren (S. 29ff.): «Das Bewußtsein gehört zu denjenigen Naturprozessen, welche die Kraft, wodurch sie existieren, durch ihre Existenz aufzehren. Wie die Flamme von ihrem Stoff, wie zum Beispiel die Flamme der Kerze vom Wachs, die Flamme der Lampe vom Öl, so lebt die Flamme des Bewußtseins von den Kräften des Gehirns. Denn wenn man die Lampe in einem fort brennen läßt, ohne neues Öl zuzugießen, so wird am Ende alles Öl aus dem Dochte verschwunden und der Docht zum Leuchten nicht mehr tauglich sein. Ähnlich sehen wir die Lebenskräfte aus dem Gehirn entweichen, und das Gehirn selbst zur Unterhaltung des Bewußtseins unfähig werden, sobald man die Lampe des Bewußtseins in einem fort brennen läßt, ohne durch dazwischentretenden Schlaf neues Lebensöl auf den Docht des Gehirns zu gießen. So lehrt es die Erfahrung. Übermäßig anhaltendes Wachen führt durch eine Entkräftung des Gehirns zur völligen Dumpfheit und Unempfindlichkeit der Sinne, zur Erlahmung der willkürlichen Bewegungen, in andern Fällen zum Wahnsinn und zuletzt zum Tode...

Der ursprüngliche und erste Zustand unseres Organismus ist nicht das Wachen, sondern der Schlaf. Denn vor der Geburt, wo die Lebenskräfte erst den Leib noch zu bilden haben, schläft der Mensch fortwährend, und das neugeborene Kind schläft ebenfalls den größten Teil seiner Zeit. Auch die Genesung von Wunden und Krankheit, wobei es gilt, die Lebenskräfte neu zu sammeln und zu stärken, sie wird am besten und zumeist im schlafenden Zustande vollbracht... Das Bewußtsein ist das zerstörende Prinzip des Lebens, der Überschuß der Verzehrung über die Ernährung und folglich ein gerader Weg zum Tode. Es verbraucht die Kräfte seines Organs so übermäßig, daß es dadurch ihre hinreichende Wiederersetzung verhindert. Der Schlaf hingegen ist das erhaltende Prinzip des Lebens. Denn er ersetzt nicht allein beständig die Kräfte, welche er durch seine eigenen Funktionen verbraucht, sondern sorgt auch zugleich mit für die Wiedererstattung der Kräfte, welche durch das wache Leben zu viel verbraucht werden, und besteht daher in einem Überschuß der Ernährung über die Verzehrung... Nur insofern wir schlafen also, leben wir; insofern wir wachen, beginnen wir zu sterben, indem wir mehr Lebenskraft ausgeben als einnehmen... Und so sind das Wachen und der Tod zwei Begriffe, welche sich gegenseitig Licht zustrahlen. Das Bewußtsein ist ein kleiner und partieller Tod, der Tod ist ein großes und totales Bewußtsein, ein Erwachen des ganzen Wesens in seinen innersten Tiefen.»

Nun haben wir zwischen den beiden gegenpoligen Systemen der Nerven- und der Stoffwechselprozesse jedoch noch ein drittes zu unterscheiden, das in der Mitte zwischen ihnen steht und den Ausgleich zwischen ihren Gegensätzlichkeiten herstellt. Es wird von der geisteswissenschaftlichen Forschung als das *rhythmische* oder auch als das *Brustsystem* bezeichnet, da seine Funktionen rhythmischen Charakter tragen und vornehmlich in der Brustgegend lokalisiert sind. Zu ihnen gehören vor allem Atmung und Blutzirkulation. Und in ihnen haben wir die hauptsächlichsten physiologischen Grundlagen für das zu suchen, was zwischen Wachen und Schlafen vom Menschen als das Träumen erlebt wird. Man braucht nur daran zu denken, wie zum Beispiel die verschiedenartigen Alpträume durch Unregelmäßigkeiten der Atmung erzeugt werden. Nun gilt aber noch eine weitere Zuordnung. Daß das Wachbewußtsein vornehmlich von Vorstellungs- und Gedankeninhalten erfüllt ist, wurde bereits erwähnt. Der Schlafzustand hingegen ist hauptsächlich von Willenserlebnissen durchzogen. Nur kommen diese dem Menschen eben nicht zum Bewußtsein. Eine allerdings nicht nach außen, sondern auf den eigenen Organismus gerichtete Willenstätigkeit der Seele ist es aber, in welcher die Quelle der Regenerationsprozesse gesucht werden muß, welche im Schlafe erfolgen. Und ebenso entspricht endlich das Fühlen, wie es im Pendelschlag von Sympathie und Antipathie verläuft, dem Träumen. Sind doch seine Zuneigungen und Abneigungen, solange sie das normale Maß nicht übersteigen, dem Menschen in der Regel nicht deutlicher bewußt als seine Träume. Und kommt doch auch in den Bildern des Traumes, soweit sie von der seelischen Seite her bewirkt werden, in der Hauptsache das zur Versinnbildlichung, was die Seele in ihren Tiefen als Liebe und Haß, als Furcht und Hoffnung usw. erfüllt. So darf also im Ganzen folgende dreifache Entsprechung statuiert werden:

Nervensystem	Rhythmisches System	Stoffwechselsystem
Vorstellen	Fühlen	Wollen
Wachen	Träumen	Schlafen

Nun erhebt sich die Frage: Wie stehen die *Sinne* – und zwar die äußeren, denn von ihnen ist jetzt vornehmlich die Rede – im Ganzen des also dreigegliederten menschlichen Organismus drinnen?

Was ihre Organe zunächst für sich selbst betrifft, so haben wir diese, wie oben schon ausgeführt wurde, als die feinsten Ausläufer des Stoffwechselsystems nach oben hin anzusehen. Berücksichtigen wir aber, wie von ihnen die Nervenbahnen ihren Ausgang nehmen, die dann in den Nervenzentren zusammenlaufen, so haben wir sie dem Nervensystem zuzurechnen. Man könnte dies in der Weise tun, daß man im Nervensystem selbst wieder eine ähnliche Gliederung in einen Nervenpol und einen Stoffwechselpol erblickt, wie sie der Gesamtorganismus aufweist, und das Gehirn gewissermaßen als den Nervenpol im Nervensystem, die Sinne aber als den Stoffwechselpol desselben betrachtet. Das Wesentliche ist jedenfalls, daß in den Sinnen *Nervenprozesse* und *Stoffwechselprozesse unmittelbar ineinanderspielen.* Und dieses Ineinanderspielen verleiht nun dem Doppelvorgang von Aktion und Reaktion, von Rezeption und Produktion, von dem wir sagten, daß er im Sinnesorgan stattfinde, erst sein charakteristisches Gepräge und die Eignung, zur Grundlage eines Wahrnehmungs-, das heißt Bewußtseinserlebnisses zu werden. Denn dasjenige, was den äußeren Eindruck aufnimmt und dem Bewußtsein vermittelt, ist die Nervensubstanz. In ihr geht aber während dieses Geschehens ein Zerstörungsprozeß vor sich. Und dieser Zerstörung würde, wenn nur die Nervensubstanz für sich allein da wäre, auch der Inhalt des Sinneseindruckes verfallen. Der Nerv würde ihn zwar dem Bewußtsein vermitteln, aber im Vermitteln zugleich völlig ertöten. Damit das letztere nicht eintrete, muß der Zerstörung entgegengewirkt werden. Dies geschieht durch die Erzeugung der dem äußeren Sinneseindruck entsprechenden Gegenqualität. Sie entsteht aus dem Stoffwechselprozeß heraus und ist der Ausdruck der von ihm bewirkten Wiederbelebung. Durch sie wird der äußere Eindruck in seiner Lebendigkeit erhalten beziehungsweise wiederhergestellt und kann in dieser vom Bewußtsein erfaßt werden.

Dieses Zusammenwirken der gegensätzlichen Systeme bedingt aber nicht nur die Funktion, sondern schon die Struktur der Sinnesorgane. Es tritt dies naturgemäß dort besonders deutlich hervor, wo, wie wir dies für den Gesichtssinn aufwiesen, das rezeptive und das produktive Verhalten in ein einziges Organ, das heißt räumlich ganz in eins zusammengedrängt sind. Im Bau des Auges treten daher beide Bildungsprinzipien aufs deutlichste in Erscheinung. Es erweist sich auf der einen Seite als eine Einrichtung, die oftmals mit Recht einer optischen Kamera verglichen wird und in der Tat einem mechanischen Apparat ähnlicher sieht als einem organischen Gebilde. Denn es ist weitgehend nach rein physikalischen Prinzipien gestaltet und stellt insofern ein Musterbeispiel für das dar, was oben das Hineingebautsein der Sinnesorgane aus der Außenwelt in den Menschen genannt wurde. Diese seine Gestaltung, wie sie hauptsächlich durch das Verhältnis von Linse, Glaskörper und Netzhaut gekennzeichnet ist, dient vornehmlich der Rezeptionstätigkeit, wie ja auch die Einschaltung der Sehnerven in diese Apparatur zeigt. Wäre aber damit das Wesen des Auges erschöpft, so könnte es trotzdem zu keiner Gesichtswahrnehmung kommen. Diese wird erst dadurch möglich, daß das Auge zugleich, freilich in feinster Weise, von Blutgefäßen durchzogen ist, die einen fortwährenden Austausch seiner Stofflichkeit besorgen. Vor allem kommt hier die Aderhaut in Betracht, auf deren Grundlage sich die Netzhaut ausbreitet. Und daß ein ganz Wesentliches gerade in dem Zusammenwirken der in der Aderhaut geschehenden Stoffwechsel- und der in der Netzhaut spielenden Nervenprozesse liegt, beweist zum Beispiel die bekannte Erkrankung, die in der Ablösung der letzteren von ihrer Unterlage besteht. Käme für die Wahrnehmung nur die Netzhaut als solche in Frage, so müßte sie, auch wenn sie von ihrer Unterlage gelöst ist, Bilder der Außenwelt, wenn auch in verzerrten Formen, vermitteln können. Daß jedoch in diesem Falle gänzliche Blindheit eintritt, liefert den Beweis dafür, daß gerade in dem Verbundensein des nervösen mit dem Blut-, das heißt Stoffwechselgeschehen die Wahrnehmungsfähigkeit begründet liegt. Dazu kommt, daß das Auge mit einer Vielzahl von Muskeln ausgestattet ist, die ihm die denkbar mannigfaltigste innere und äußere Beweglichkeit verleihen: von der Erweiterungs- beziehungsweise Verengerungsfähigkeit der Iris bei Dunkelheit oder Helligkeit über die durch den Ziliarmuskel gegebene Verflachungs- und Verdickungsmöglichkeit der Linse je nach der Betrachtung näherer oder fernerer Gegenstände bis zu jenen sieben meist paarweise jeden Augapfel umgebenden Muskeln, durch welche dieser in den Richtungen des oben–unten, links–rechts usw. bewegt werden kann. Die Bewegungsmöglichkeit, die das Auge durch diese Muskulatur erlangt, ist eine so vielfältige, daß es darin unseren Gliedmaßen kaum nachsteht. Nun ist aber unser Gliedmaßensystem innig mit demjenigen des Stoffwechsels verbunden, ja es ist eigentlich nur eine Fortsetzung der Bewegungsorganisation nach außen hin, als welche der Stoffwechselapparat (Blutzirkulation, Verdauung, Fortpflanzung) nach innen hin bezeichnet werden kann. Es stellt also das Auge, so wie es einerseits eine Ausstülpung aus dem Gehirn nach der Außenwelt hin bedeutet, andererseits zugleich den am höchsten gelegenen Vertreter der Stoffwechselgliedmaßenorganisation am menschlichen Leibe dar.

2. Der seelisch-geistige Aspekt

Nachdem wir so zu einem gewissen Gesamtbilde von der leiblichen Seite des Wahrnehmungsvorganges gekommen sind, können wir nun zur Betrachtung seiner *seelischen* Seite übergehen. Es ist ja die Wahrnehmung auch ein seelisches Phänomen und als solches der Anfangs- und Ausgangspunkt aller Erkenntnisentwicklung und Begriffsbildung. Hier ist nun an erster Stelle auf das Folgende hinzuweisen:

Wir deuteten weiter oben an, wie im Gesamtorganismus des Menschen zwischen dem oberen oder Nervensystem und dem unteren oder Stoffwechselsystem das mittlere oder rhythmische System eingeschaltet ist, dessen Vorgänge einen Ausgleich zwischen denen der beiden polarischen Systeme herstellen. Zwar spielen die letzteren von beiden Seiten her in das mittlere System hinein, werden aber eben durch dieses zugleich harmonisiert. Im weiteren Verlauf unserer Ausführungen kennzeichneten wir dann den Sinnesprozeß durch das Ineinanderspielen von Nerven- und Stoffwechselvorgängen, das in ihm stattfindet. Es geht daraus hervor, daß der *Sinnesprozeß* eine gewisse *Verwandtschaft* mit den *rhythmisierenden Prozessen des mittleren Systems hat*. Diese Verwandtschaft kommt zum Ausdruck in einer eigentümlichen psychophysischen Funktion, die der Sinnesprozeß ausübt. Er stellt nämlich, als eine Art ätherisches Übergangsgebiet, die Vermittlung her zwischen dem physischen Atmungsrhythmus und dem, wovon dieser die leibliche Grundlage bildet: dem Gefühlsleben, das seine Wurzel im Astralischen des Menschen hat. Rudolf Steiner sagt hierüber in dem Vortragszyklus «Das Verhältnis der Sternenwelt zum Menschen und des Menschen zur Sternenwelt»,

7. Vortrag, das Folgende: «Wenn wir einatmen, geht die eingeatmete Luft bis in die feinsten Verzweigungen der Sinne. Und hier begegnet sich der Atmungsrhythmus mit dem, was wir in der Geisteswissenschaft den astralischen Leib des Menschen nennen. Das, was in den Sinnen vorgeht, beruht darauf, daß der astralische Leib des Menschen den Atmungsrhythmus spürt. Hören Sie also einen Ton, so geschieht das, weil in Ihrem Gehörorgan der astralische Leib mit der schwingenden Luft in eine Berührung kommen kann. Das kann er nicht zum Beispiel in irgendeinem andern Organ des menschlichen Organismus; das kann er nur in den Sinnen. Die Sinne sind überhaupt im Menschen da, damit sich der astralische Leib mit demjenigen begegnen kann, was durch den Atmungsrhythmus in dem menschlichen Leibe entsteht. Und das geschieht nicht etwa nur im Gehörorgan, das geschieht in jedem Sinnesorgan; in jedem, auch in dem über den ganzen Organismus ausgebreiteten Tast- oder Gefühlssinn, ist es so, daß sich der astralische Leib begegnet mit dem Atmungsrhythmus, also mit den Taten der Luft in unserm Organismus.» Es weist also der Sinnesprozeß, wie er nach der leiblichen Seite hin mit den rhythmischen Vorgängen des Atmens verwandt ist, so nach der seelischen Seite hin auf das im Astralischen verankerte *Gefühlsleben*. Diese Tatsache zeigt sich, vom psychologischen Aspekte aus gesehen, darin, daß jede Sinnesempfindung, namentlich eben der mittleren oder äußeren Sinne, wie schon im zweiten Kapitel erwähnt, mit einem Gefühlston, mit Lust oder Unlust, Sympathie oder Antipathie verbunden ist. Dieser Zusammenhang wird ja auch von der neueren Forschung bemerkt und betont. Wir zitierten schon den Satz Ziehens: «Jede Empfindung ist von einem Gefühle der Lust oder Unlust begleitet.» Während jedoch die psychologische Forschung im allgemeinen bei der Konstatierung dieser Tatsache stehenbleibt, hat die Geisteswissenschaft eine unendliche Vertiefung des Verständnisses für die Bedeutung derselben errungen. Hier kann allerdings nicht alles wiedergegeben werden, was Rudolf Steiner im Rahmen einer umfassenden Darstellung dieser Verhältnisse in seinem Vortragszyklus «Allgemeine Menschenkunde als Grundlage der Pädagogik» ausgeführt hat. Nur einiges sei im folgenden daraus zusammengefaßt.

In der Doppelpoligkeit von Lust und Unlust, die dem Fühlen,

nicht nur insofern es durch Sinneswahrnehmungen erregt wird, sondern überhaupt seiner Natur nach eigentümlich ist, kommt sein Hineingestelltsein zwischen Denken und Wollen beziehungsweise das Hereinspielen von Denken und Wollen in dieses mittlere Gebiet des seelischen Lebens zum Ausdruck. Rein psychologisch betrachtet, liegt nämlich allem Denken oder Vorstellen eine Entfaltung von Unlust beziehungsweise Antipathie, allem Wollen dagegen eine Entwicklung von Lust beziehungsweise Sympathie zugrunde. Wir können Erkenntnis von irgend etwas nur dadurch erlangen, daß wir es – seelisch gesprochen – mit der Kraft der Antipathie von uns wegschieben, von uns distanzieren, und «vor-stellen». Und wir können etwas wollend nur vollbringen oder erreichen, indem wir «Lust und Liebe» zu ihm entwickeln. Es ist diese im Denken wirkende Antipathie das seelische Gegenstück der Zerstörungsvorgänge, die ihm leiblich zugrunde liegen, wie die Sympathiekraft des Wollens den Aufbauprozessen des mit ihm verbundenen Stoffwechsels entspricht. Den äußeren Wahrnehmungen liegt nun – seelisch gesehen – immer Lust wie Unlust zugrunde. Ohne den Willen, die Lust, die Aufmerksamkeit dafür zu entwickeln, vermöchten wir einen Sinneseindruck gar nicht zu erfassen und festzuhalten. Würde jedoch dieser Lust nicht eine Unlust entgegentreten, so könnten wir die Wahrnehmung nicht zum Bewußtsein, zur Klarheit oder gar zu erkenntnismäßiger Verarbeitung bringen. Sprechen wir also von Lust *oder* Unlust, mit der wir eine Wahrnehmung empfinden, so ist damit genaugenommen nur das Überwiegen des einen oder andern Gefühls, aber nicht seine ausschließliche Anwesenheit gemeint.

Des weiteren kann gesagt werden, daß die Gesamtentwicklung des Wahrnehmens im menschlichen Lebenslauf sich so gestaltet, daß das Überwiegen des Lustelementes in der Kindheit (bedingt durch die vorwaltenden Aufbauprozesse) allmählich in ein Überwiegen des Unlustelementes (verursacht durch die überhandnehmenden Abbauvorgänge des Alterns) übergeht. Das Kind genießt im Wahrnehmen, der Greis verliert das Interesse dafür. Jenes ergreift die Sinneseindrücke mit Freude, ja Begier; diesem bedeuten sie Störung, ja Schmerz. Freilich erlebt das erstere sie noch frisch, lebendig und qualitätsgesättigt; dem letzteren malen sie sich grau in grau.

Für die erkenntnismäßige Verarbeitung der Sinneswahrnehmungen ist es von größter Wichtigkeit, die richtige seelische Mittellage ihnen gegenüber einzuhalten. Wollten wir sie nur genießen, so könnten wir von der Natur bloß schwärmen, im besten Falle über sie dichten, aber keine wissenschaftlichen Vorstellungen von ihr gewinnen. Entwickeln wir dagegen zu wenig Liebe für die Sinneseindrücke, so erheben wir uns von ihnen zu rasch in das Reich der Theorien und verlieren uns in diesem. Die neuere Forschung ist im großen und ganzen der letzteren Abirrung verfallen. Sie hat sich schon durch den Einfluß ihrer Wahrnehmungstheorie immer mehr der Welt der Phänomene entfremdet. Diese kommen in ihren Darstellungen entweder überhaupt nicht mehr zur Geltung oder sie erscheinen darin in solchem Maße von ihren Theorien durchsetzt und überwuchert, daß das Tatsächliche an ihnen kaum mehr herausgefunden werden kann. Bei den Vertretern dieser Forschung überwiegt in einseitiger Art die Nerventätigkeit. Auch in dieser Hinsicht stellt die naturwissenschaftliche Forschungsweise Goethes ein einzigartiges Vorbild des Gesunden und Richtigen dar. In seiner Farbenlehre zum Beispiel stehen in vollkommenster Harmonie nebeneinander und sind in gleichem Maße bewundernswert die Fülle, Frische und Lebendigkeit wie die Reinheit, Exaktheit und streng sachgemäße Aneinanderreihung der von ihm dargestellten Phänomene.

Von der Gefühlsverwandtschaft her, die den Wahrnehmungen der mittleren Sinne in seelischer Beziehung zugesprochen werden muß, kann eine weitere – ebenfalls im zweiten Kapitel schon angedeutete – Eigentümlichkeit verständlich werden, die ihnen vom *geistigen* Aspekt her beigelegt werden muß. Wir werden auf sie geführt, wenn wir die Frage stellen: Wo leben wir mit unserm seelisch-geistigen Wesen eigentlich in unserm Leibe bei der Sinneswahrnehmung, wie diese in unserem gewöhnlichen Bewußtsein geartet ist? Wir deuteten es oben schon an: Da, wo Nervenprozesse und Stoffwechselprozesse ineinanderspielen. Wo ist dies aber am meisten der Fall? Ein Überwiegen der Nervenprozesse haben wir im Gehirn, ein solches der Stoffwechselprozesse im Sinnesorgan, insofern dieses rein als solches wirkt. Ein gleichmäßiges Ineinanderspielen beider vollzieht sich am meisten auf dem Wege, den der Nerv vom Sinnesorgan zum Gehirn durchläuft und der ja auch meist von einer Blutbahn begleitet ist. Und hier: in diesem «Raume» zwischen den Sinnen und dem Gehirn, ist es eigentlich, wo wir mit unserem Seelischen in der gewöhnlichen Wahrnehmung leben. Dies ist freilich zunächst abstrakt ausgedrückt. Eine konkretere Kennzeichnung wird sich weiter unten ergeben. Diesem physiologischen Tatbestand entspricht nun aber genau der psychologische: Wir leben nämlich im gewöhnlichen Bewußtsein auch dann, wenn wir «wahrnehmen», in Wahrheit niemals in wirklich reinen, sondern immer in schon mehr oder weniger gedankendurchdrungenen Wahrnehmungen. Oder anders ausgedrückt: in dem, was in der exakten Bedeutung des Wortes als *Vorstellung* bezeichnet werden kann. Eine Vorstellung ist, wie schon im zweiten Kapitel entwickelt wurde, ein Mittleres zwischen Wahrnehmung und Begriff; man könnte auch sagen: eine begriffsdurchdrungene Wahrnehmung oder ein mit Wahrnehmungsinhalt erfüllter Begriff (siehe Rudolf Steiners «Philosophie der Freiheit»). Dadurch nun, daß wir den reinen Wahrnehmungsinhalt durch die Begriffe, die wir ihm entgegenbringen, zur Vorstellung verwandeln, erscheint er als solcher innerhalb der Vorstellung zur *Traumhaftigkeit* herabgedämpft. Was wir vollbewußt erleben, sind nicht die reinen Sinnesqualitäten, sondern Gegenstände mit sinnlichen Eigenschaften – Eigenschaften, welche als solche aber nicht in die volle Helligkeit des Bewußtseins eintreten. Man könnte freilich auch umgekehrt sagen: wir hellen die Sinnesqualitäten dadurch, daß wir sie als Eigenschaften von Gegenständen erleben, für uns bis zur Traumhaftigkeit auf. Denn ganz wach sind wir nur im Denken, in der Hingabe an reine Gedanken, aus denen das Wahrnehmungselement gänzlich getilgt ist, oder physiologisch gesprochen: wenn nur das Gehirn die Grundlage unserer Seelenbetätigung bildet. Im selben Maße jedoch, als wir vom Denken ins Vorstellen übergehen, das heißt Wahrnehmungselemente in ihm aufleben oder wiederaufleben lassen, physiologisch: uns vom Gehirn gegen die Sinne hin bewegen, versinken diese Elemente zugleich in die Dämmerung des Traumes; und wollten wir gar die Wahrnehmungselemente in ihrer reinen, völlig begriffsfreien Gestalt erreichen, so würden wir in bezug auf sie in Schlaf beziehungsweise sie für uns gänzlich ins Unbewußte versinken. Reine Wahrnehmungen sind unserem gewöhnlichen Bewußtsein unerreichbar; ihr Erleben ist gleichbedeutend mit dem völlig unbewußten oder dem Schlaf-Erleben. Dieses Ergebnis, so paradox es zu sein scheint, entspricht doch der Wahrheit und wird auch durch die ganze neuere Philosophiegeschichte bestätigt. Ist es für diese doch geradezu zu einem Fundamentalsatze geworden, daß der Mensch innerhalb seines gewöhnlichen Bewußtseins so in seine Vorstellungswelt eingeschlossen sei, daß er über diese schlechterdings nicht hinauskommen könne. So beginnt, um aus unzähligen Beispielen, die hier angeführt werden könnten, nur eines herauszugreifen, etwa *Johannes Volkelt* sein Buch über «Kants Erkenntnistheorie» mit den Worten: «Der erste Fundamentalsatz, den sich der Philosoph zu deutlichem Bewußtsein zu bringen hat, besteht in der Erkenntnis, daß unser Wissen sich zunächst auf nichts weiter als auf unsere Vorstellungen erstreckt. Unsere Vorstellungen sind das einzige, was wir unmittelbar erfahren, unmittelbar erleben; und eben weil wir sie unmittelbar erfahren, deshalb vermag uns auch der radikalste Zweifel das Wissen von denselben nicht zu entreißen.» Daß die moderne Philosophie zugleich die Meinung vertritt, ein anderes als das gewöhnliche Bewußtsein sei dem Menschen zu entwickeln nicht möglich, gehört auf ein anderes Blatt. Solange man aber in diesem Bewußtsein verbleibt, ist es jedenfalls richtig, daß man seine Vorstellungen nicht «überspringen» kann. Nun spricht zwar die moderne Philosophie trotzdem auch von der Wahrnehmung. Aber sie kennzeichnet diesen Begriff – und dies ist des weiteren für sie charakteristisch – immer so, daß er mit dem der Vorstellung völlig in eins zusammenfließt. Denn wenn er durchwegs dahin definiert wird, daß der Mensch in der Wahrnehmung nicht die Dinge selbst, sondern nur bestimmte Modifikationen seines eigenen Wesens erfasse, die durch äußere Einwirkungen hervorgerufen werden, so ist damit in Wahrheit genau das Wesen der Vorstellung getroffen. Denn diese findet der Mensch in der Tat als eine bestimmte Modifikation in sich vor, die sein Seeleninhalt durch den Erkenntnisakt erfährt. So vermag also die moderne Erkenntnistheorie den Begriff der Wahrnehmung nicht als einen selbständigen und von dem der Vorstellung verschiedenen zu fassen. Und in diesem

Verschwimmen des Wahrnehmungsbegriffs mit dem Vorstellungsbegriff liegt, von der erkenntnistheoretischen Seite gesehen, dasjenige, was die Unzulänglichkeit der modernen Wahrnehmungstheorie ausmacht. Diese Unzulänglichkeit hat aber ihre erlebnismäßige Ursache darin, daß der Mensch mit seinem gewöhnlichen Bewußtsein eben bis an die reine Wahrnehmung nicht heranreicht. Er erwacht in bezug auf irgendeinen Wahrnehmungsinhalt erst in dem Maße, als dieser mit Gedanken durchdrungen, das heißt in eine Vorstellung verwandelt wird.

Nun haben wir aber schon im zweiten Kapitel darauf hingewiesen, daß es auf den Erkenntniswegen der Geistesforschung möglich wird, dasjenige, was die menschliche Seele sonst unbewußt im Schlafe durchlebt, in ein – allerdings rein übersinnliches – Bewußtsein heraufzuheben. Wir schilderten, wie dadurch erfahren wird, daß das Seelische im Schlafzustand die Leiblichkeit bis zu einem gewissen Grade verläßt und sich mit der objektiven seelisch-astralischen Welt vereinigt. Wir erwähnten ferner, wie diese Welt erlebt wird nicht als eine Welt von Gegenständen, sondern als eine solche von bloßen Eigenschaften – jenen Eigenschaften nämlich, als welche die Sinnesqualitäten in der physischen Welt den Gegenständen der letzteren anhaften. Aber in dieser Welt, so sagten wir an jener Stelle, tragen die sinnlichen Qualitäten nun nicht adjektivischen, sondern substantivischen Charakter. Sie schweben losgelöst von allem, was durch Maß, Zahl und Gewicht bestimmt ist, als in sich selbst webende Wesenhaftigkeiten und in unvergleichlich viel größerer Lebendigkeit, Dichtigkeit und Realität, als sie sie in der physischen Welt besitzen. Auf Grund der Ausführungen *dieses* Kapitels können wir nun diese Schilderung nach der physiologischen Seite hin ergänzen. Wir sahen im Vorangehenden, wie der Schlafzustand mit dem Stoffwechselsystem in einem ähnlichen Zusammenhange steht wie der Wachzustand mit dem Nervensystem. Tatsächlich ist das Seelische während des Schlafens in besonderem Maße mit den Stoffwechselprozessen verbunden, wie es während des Wachens mit den Nervenvorgängen verknüpft ist. Nur ist die Art der Verbindung in beiden Fällen eine genau entgegengesetzte. Diejenige mit dem Nervensystem ist eine solche «von innen» her. Hierin liegt die eigentliche

Ursache des Abbaues, den dieses System durch sie erleidet. Die Verbindung mit dem Stoffwechselsystem dagegen ist eine solche «von außen» her. Hierauf beruht die Möglichkeit, den Leib durch dieses System aufzubauen und zu erneuern. Es ist daher, trotzdem die Seele sich im Schlafe hauptsächlich mit den Stoffwechselprozessen verbindet, berechtigt zu sagen, sie befinde sich während dieses Zustandes außerhalb des Leibes. Ihre abwechselnde Hinwendung zum Nerven- und zum Stoffwechselpol ist eben ein abwechselndes Eintauchen und Herausgehen aus dem Organismus. Nun gehören aber, wie wir zeigten, auch die Sinne, als dessen oberste, feinste Ausläufer, zum Stoffwechselsystem. Auch mit ihnen ist also die Seele während des Schlafes verbunden, aber eben auch, wie mit dem Stoffwechselsystem überhaupt, «von außen her». Und so kann jetzt auch von dieser Seite her verständlich werden, wieso unsere Seele während des Schlafzustandes im Elemente der Sinnesqualitäten, allerdings für gewöhnlich unbewußt, dafür aber in voller Wirklichkeit und höchster Lebendigkeit webt. Es ist eben im Schlafe genau jener Zustand hergestellt, den wir oben vom Erleben unseres gewöhnlichen Bewußtseins her, solange wir in diesem verbleiben wollen, als für uns unerreichbar bezeichnen mußten: der Zustand der völligen und ausschließlichen Verbundenheit mit den Sinnesorganen als solchen. Hieraus kann aber ein ungeheuer Wichtiges entnommen werden: Wir sind in unserer Seele mit den Sinnesqualitäten, die durch die Wahrnehmung in unser Bewußtsein eintreten, schon *vor* dem Wahrnehmen außerhalb des Leibes, allerdings unbewußt, aber im Elemente ihrer Wesenhaftigkeit verbunden. Das Wahrnehmen ist nur ein Bewußtmachen derselben, das mittels einer mehr oder weniger starken Durchsetzung dieser Qualitäten mit dem Gedankenelement erfolgt. Wir heben durch das Wahrnehmen etwas aus der Sphäre des *Wesens* in diejenige der *Erscheinung*. Und man versteht die Wahrnehmung nur, wenn man das Begriffspaar Wesen und Erscheinung mit ihr verbindet. Hier sehen wir abermals von einer neuen Seite her, warum die moderne Forschung den Wahrnehmungsvorgang nicht verstanden hat: sie hat einen falschen, das heißt nicht zu ihm passenden, Begriffszusammenhang an ihn herangetragen: nämlich denjenigen von *Ursache* und *Wirkung*, indem sie das, was vor dem

Wahrnehmen in der äußeren Welt geschieht, als Ursache und das, was nach demselben in unserem Bewußtsein anwesend ist, als deren Wirkung betrachtete.*

Die dargelegte Verwandtschaft des Wahrnehmungsprozesses mit dem Wechselzustand von Wachen und Schlafen bringt auch Rudolf Steiner einmal zum Ausdruck, wenn er in dem bereits erwähnten Vortragszyklus «Das Verhältnis des Menschen zur Sternenwelt und der Sternenwelt zum Menschen» (7. Vortrag) sagt: «Der Wechselzustand von Wachen und Schlafen ist gar nicht so ferne der sinnlichen Wahrnehmung. Auch unsere sinnliche Wahrnehmung unterliegt einem *Wechsel*. Wir würden zwar Wahrnehmungen haben; allein die hätten für unser Bewußtsein nicht die richtige Bedeutung, wenn wir nicht fortwährend das Wahrnehmen unterbrechen könnten... Wir müssen gewissermaßen von einem einzelnen Sinneseindruck den Sinn immer wieder abheben, müssen also wechseln zwischen dem Eindruck und einem Zustand, wo wir den Eindruck nicht haben. Und daß unser Bewußtsein in Ordnung ist in bezug auf die Sinneseindrücke, beruht eben darauf, daß wir gewissermaßen immer die Sinne auch zurückziehen können von ihren Eindrücken, daß wir eigentlich fortwährend in kurzen Wechselzuständen das sinnliche Wahrnehmen ausüben. Das üben wir für längere Strecken unseres Erlebens aus, indem wir im Verlauf von 24 Stunden immer wechseln zwischen Wachen und Schlafen.» Und etwas später: «In den Sinnen ist unser astralischer Leib nahezu in der Außenwelt. Insbesondere wenn wir vollwillentlich an die Außenwelt sinnlich wahrnehmend hingegeben sind, ist unser astralischer Leib tatsächlich fast in die Außenwelt eingesenkt... Ganz eingesenkt ist er, wenn wir schlafen. So daß der Schlaf gewissermaßen eine Art Steigerung ist des sinnlichen Hingegebenseins an die Außenwelt... Und so wird gewissermaßen der Moment des Aufwachens etwas, das nur intensiver, stärker ist, aber sich doch vergleichen läßt mit dem Augenschließen.» Namentlich auf den letzten Satz möchten wir die Aufmerksamkeit noch besonders hinlenken; denn er zeigt, wie wir beim

* Vgl. W. J. Stein: Die moderne naturwissenschaftliche Vorstellungsart und die Weltanschauung Goethes, wie sie Rudolf Steiner vertritt. Stuttgart 1921, S. 85 ff.

Übergang von der Wahrnehmung zur Vorstellung oder gar zur Erinnerung in einer ähnlichen Weise vom Äußeren in unser Inneres uns zurückwenden, wie wir des Morgens beim Erwachen mit unserer Seele, die während des Schlafes in den übersinnlichen Kosmos ausgebreitet war, in unseren Leib zurückkehren. Und von da aus läßt sich nun leicht auch die Brücke schlagen zu der erkenntnistheoretischen Charakteristik der Sinneswahrnehmung, wie sie Rudolf Steiner in dem Vortrag über «Die psychologischen Grundlagen und die erkenntnistheoretische Stellung der Geisteswissenschaft» auf dem vierten internationalen Philosophenkongreß zu Bologna 1911 gegeben hat: «Man wird zu einer Vorstellung des Ich erkenntnistheoretisch gelangen, wenn man es nicht innerhalb der Leibesorganisation befindlich vorstellt, und die Eindrücke ihm von außen geben läßt; sondern wenn man das ‹Ich› in die Gesetzmäßigkeit der Dinge selbst verlegt und in der Leibesorganisation nur etwas wie einen Spiegel sieht, welcher das außer dem Leibe liegende Weben des Ich im Transzendenten dem Ich durch die organische Leibestätigkeit zurückspiegelt.»

*

Wir sahen, daß die Wahrnehmung, da sie den Anfang einer Entwicklung bildet, die, wenn sie nicht unterbrochen wird, zur Vorstellung weiterführt und schließlich zum Begriff, die rein sinnlichen Qualitäten mehr oder weniger ertötet. Dafür hellt sich im Laufe der mit ihr beginnenden Entwicklung unser Erleben schrittweise zur Bewußtheit auf und bekommt zu seinem Inhalte physische Gegenstände.

Machen wir einmal die Annahme, wir hätten nur Sinne, aber keine von diesen ausgehenden und im Gehirn sich konzentrierenden Nervenbahnen. Wie wäre unser Erleben dann geartet? Wir würden nicht die physische, sondern die seelisch-elementarische, nicht eine gegenständliche, sondern eine bloß eigenschaftliche Welt wahrnehmen. Und dieses Wahrnehmen erfolgte nicht in unserer hellen, sondern in einer dumpfen Bewußtheit, dafür aber nicht in schattenhafter Blässe, sondern in voller Lebendigkeit. Daß dies alles nicht der Fall ist, vielmehr eine Welt von physischen Gegenständen, allerdings mit sinnlichen Eigenschaften, die aber verhältnismäßig flüchtig und fragwürdig sind, von uns erlebt wird, verdanken wir der Tatsache, daß hinter unseren Sinnen das Nervensystem mit dem Gehirn liegt. «Man kommt darauf», sagt Rudolf Steiner in seinem Vortragszyklus «Das Initiatenbewußtsein», «würdest du nur Sinne haben, würde nur das Auge mit seinem Sehnerv, die Nase mit ihren Riechnerven da sein ... man würde hineinschauen in die elementarische Welt... Unsre Sinne, die ja in unserer Umgebung an unserer Oberfläche sind, Auge, Ohr, die nehmen fortwährend diese Welt wahr. Die schauen auch noch die Toten darinnen, Jahre, nachdem sie gestorben sind. Daß das alles ausgelöscht ist, das rührt davon her, daß hinter den Sinnen das Gehirn ist... Dieser Mensch, der an meiner Oberfläche liegt, der schaut die geistige Welt, der schaut darinnen die Toten in den Jahren nach dem Tode. Aber mein Gehirn, das löscht das alles aus, löscht aus Erde, Wasser, Luft, Feuer; und ich schaue hin auf das, was in scharfen Konturen da ist als physische Welt, was nur da ist für die Welt, die ich zwischen Geburt und Tod durchlebe.» Was unser Bewußtsein in die physische Welt hereinversetzt und von der geistig-übersinnlichen abtrennt, sind also nicht unsere Sinne, sondern ist unser Gehirn. Hieraus ergibt sich eine Wertung dieser beiden Pole unseres Nervensystems, die der gewöhnlichen völlig entgegengesetzt ist. Während gewöhnlich die Sinne als dasjenige betrachtet werden, was uns durch die von ihnen vermittelten Wahrnehmungen an die physische Welt fesselt, im Gehirn dagegen dasjenige gesehen wird, was als das Werkzeug unseres Denkens uns ermöglicht, uns über die physische Welt hinaus zu der des Geistes zu erheben, verhält es sich in Wahrheit gerade umgekehrt. Die Sinne sind in einer gewissen Beziehung das Geistigere, das Gehirn ist das Materiellere. Jene für sich allein würden uns mit der elementarisch-astralischen Welt verbinden; durch dieses wird unser Bewußtsein in die physische Welt gebannt, allerdings zugleich zu der Helligkeit aufgelichtet und mit dem Gedankeninhalt erfüllt, welche ihm den spezifisch menschlichen Charakter verleihen.

Einen Beweis für diese Tatsachen liefern die entsprechenden Verhältnisse im Tierreiche. Das Gehirn selbst der höchsten Tiere läßt sich bei weitem nicht mit dem des Menschen an Mächtigkeit vergleichen, und je weiter wir in ihrer Reihe hinuntersteigen, um so weniger ist es ausgebildet. Die Tiere vermögen daher nicht zu denken, das heißt keine Begriffe (im eigentlichen Sinne) zu entwickeln. Auf der anderen Seite sind ihre Sinnesorgane stärker von Stoffwechsel-Bluttätigkeit durchsetzt als diejenigen des Menschen. Dies zeigt sich bei manchen von ihnen zum Beispiel darin, daß sie im Auge Organe wie den «Fächer» und den «Schwertfortsatz» haben, welche dieser Tätigkeit dienen. Die Tiere erleben deshalb in ihrer Wahrnehmung nicht eine Welt von Gegenständen, sondern eine solche von bloßen Qualitäten. Diese sind jedoch eben darum nicht so abgeblaßt und abgetötet wie beim Menschen, sondern behalten innerhalb des Tieres weitgehend ihre Lebendigkeit, ja durchziehen mit dieser den ganzen tierischen Organismus. Davon kommt es her, daß viele Tiere die Farbe ihrer Umgebung, die sie durch ihre Augen wahrnehmend in sich aufsaugen, an ihrem Körper nach außen zur Erscheinung bringen. Darin hat es zum Beispiel auch seinen Grund, daß die rote Farbe durch die ihr innewohnende Aggressivität den Stier zur Wut, das heißt zur Gegenwehr, reizt. Das Wahrnehmen der Tiere ist in gewisser Weise ein imaginativ-hellseherisches. Aber es ist ein solches auf rein leibliche Weise. Die Imaginationen dringen unmittelbar in ihre Leiblichkeit hinein und wirken in dieser als bildende Kräfte.

Beim Menschen wird das Leben der Imaginationen im Wahrnehmen durch das Nervensystem ertötet. Es durchsetzt nicht den Organismus; sein Inhalt wird vielmehr von der Nervensubstanz wie von einem Spiegel zurückgeworfen und kann dadurch vollbewußt in einem rein seelischen Erleben erfaßt werden. Dieser Prozeß ist allerdings zugleich auch ein geschichtlicher. In alten Zeiten war die Wahrnehmung zwar noch dumpfer als heute, dafür aber lebensvoller. Sie trug noch imaginativen Charakter. Die Menschen besaßen ein naturhaftes Hellsehen. Allmählich aber, in dem Maße, als im Gehirn die Abbauprozesse überhandnahmen, erstarben die ursprünglichen Imaginationserlebnisse. Sie erlagen den vom Nervensystem ausgehenden Todeswirkungen. Die Menschen wuchsen mit ihrem Bewußtsein in die physische Gegenstandswelt herein. Dafür hellte sich dieses Bewußtsein zur heutigen Wachheit auf. Die von seiner Nervengrundlage ausgehende ertötende Wirkung auf die durch die Sinne emp-

fangenen Wahrnehmungsqualitäten muß jetzt immer wieder vom Blute her, als dem Instrumente des Ich, ausgeglichen werden, was in der Erzeugung der Komplementärqualitäten durch das Stoffwechselsystem zum Ausdrucke kommt.*
Von diesem Punkte der Entwicklung aus ergeben sich für die Zukunft zwei Möglichkeiten.

Entweder der Mensch sucht mit seinem Erleben in neuer Art die Geistwelt wieder zu erreichen. Diese Art kann nicht mehr eine leiblich- instinktive, sondern muß eine rein geistig-vollbewußte sein. Sie darf nicht hinter die gegenwärtige Entwicklungsstufe zurückführen. Ihr Ausgangspunkt muß die Wachheit sein, wie wir sie in dem auf Grundlage des Gehirns sich vollziehenden Denken erleben. Ihr Ziel muß sein, diese Wachheit zwar festzuhalten, das Gehirn beziehungsweise das gewöhnliche Denken aber auszuschalten. Das heißt diese Wachheit vom Gehirndenken loszureißen und mit ihr zur reinen Wahrnehmung vorzudringen. Zwei Stufen sind auf diesem Wege zu durchschreiten.

Eine erste besteht in dem Bemühen, die äußere Welt unter Zurückhaltung des Denkens möglichst rein wahrnehmungsmäßig in sich aufzunehmen. Dadurch erweitert sich das bewußte Erleben allmählich nach der Richtung der reinen Wahrnehmung hin. Goethe hat in seiner Naturforschung, namentlich aber in seiner Farbenlehre mit einem rein phänomenologischen Erleben der Sinneswelt in vorbildlicher Weise den ersten Anfang gemacht. Hierin liegt die fundamentale Bedeutung seiner wissenschaftlichen Arbeiten für die zukünftige Geistesentwicklung der Menschheit.

Eine zweite Stufe in dieser Bewußtseinserweiterung kann dadurch erreicht werden, daß man von innen heraus – ohne Anregung durch äußere Eindrücke – sich Vorstellungsbilder erschafft, die man bis zur Lebhaftigkeit einer Sinneswahrnehmung zu intensivieren sucht, und zwar solche Vorstellungsbilder, die symbolischen Charakter tragen, also nicht mit dem bloßen Denken erfaßt werden können, sondern

---

* Eine eingehende Darstellung dieser ganzen geschichtlichen Umwandlungsprozesse speziell für den Gesichtssinn findet sich in der Schrift: Die Entwicklung des Farbensinnes und des Farberlebens des Menschen, von Werner Schüpbach, Novalis Verlag, Schaffhausen, 1970.

unmittelbar mit dem Gefühl, ja mit dem ganzen Menschen erlebt werden wollen. Es sind dies die Meditationsübungen, wie sie Rudolf Steiner in seinen geisteswissenschaftlichen Schriften angegeben hat. Durch sie wird die Imaginationskraft der Sinne von innen heraus aktiviert. Auf diesem Wege wächst man allmählich hinein in ein Erleben der elementarisch-ätherischen Welt, aber in ein leibfrei-vollbewußtes. Das Schlaferleben hellt sich zur Bewußtheit auf.

Rudolf Steiner schildert die beiden gekennzeichneten Stufenschritte in dem an früherer Stelle erwähnten Vortrag über den östlichen und den westlichen Erkenntnisweg* folgendermaßen: «Man kann ... dieses Denken von dem Wahrnehmungsprozesse ausschalten, und man kann gewissermaßen, während man sonst im gewöhnlichen Leben – sagen wir – die Farbe sieht, indem man sie zugleich mit dem Vorstellen durchdringt, man kann die Vorstellungen herausheben aus dem ganzen Verarbeitungsprozeß der Wahrnehmungen und kann die Wahrnehmungen selber direkt in unsere Leiblichkeit hineinziehen. Goethe war schon auf dem Wege. Er hat schon die ersten Schritte gemacht. Man lese das letzte Kapitel seiner Farbenlehre: Die sinnlich-sittliche Wirkung der Farben, wie er bei jeder Wirkung etwas empfindet, das zugleich tief sich vereinigt nicht bloß mit dem Wahrnehmungsvermögen, sondern mit dem ganzen Menschen, wie er das Gelbe, das Rote als attackierende Farbe empfindet, die gewissermaßen ganz durch ihn durchdringt, ihn mit Wärme erfüllt, wie er ansieht das Blaue und das Violette als diejenigen Farben, die einen gewissermaßen aus sich selbst herausreißen als die kalten Farben. Der ganze Mensch erlebt etwas bei der Sinneswahrnehmung... Wir schalten das Denken aus, indem wir also intensiver als sonst, wo wir den Wahrnehmungsinhalt abschwächen durch die Vorstellungen, ihn ganz hereinnehmen und uns mit ihm erfüllen.

Wir erziehen uns in besonderer Weise zu einem solchen Erfüllen unserer selbst mit dem Wahrnehmungsinhalte, wenn wir dasjenige, wozu als zu einer Entartung der Orientale gekommen ist, das symbolische, das bildliche Vorstellen, wenn wir das systematisch treiben, wenn wir den Wahrnehmungsinhalt – statt im reinen, gesetz-

* Grenzen der Naturerkenntnis. Bibl. Nr. 322. 7. Vortrag.

mäßig logischen Gedanken – in Symbolen, in Bildern auffassen und dadurch ihn gewissermaßen mit Umgehung der Gedanken in uns hineinströmen lassen; wenn wir uns durchdringen mit all der Sattheit der Farben, des Tones dadurch, daß wir nicht begrifflich, sondern symbolisch-bildlich zu unserer Schulung Vorstellungen innerlich erleben. Dadurch daß wir nicht mit dem Gedankeninhalt ... unser Inneres durchstrahlen, sondern mit diesem symbolisch ausgedeuteten Wahrnehmungsinhalt, dadurch strömt uns von innen entgegen, was in uns als ätherischer Leib, als astralischer Leib lebendig ist, dadurch lernen wir die Tiefe unseres Bewußtseins und unserer Seele kennen. Man lernt wirklich das Innere des Menschen auf diese Weise kennen, nicht durch jene schwafelnde Mystik, die oftmals von nebulosen Geistern als ein Weg zum inneren Gotte angegeben wird...» Im weiteren schildert nun Rudolf Steiner genauer als das nächste, was auf diesem Schulungswege erlebt wird, die ätherisch-elementarische Welt in uns und außer uns. Er zeigt, wie durch die Übung eines solchen phänomenologisch-symbolischen Wahrnehmungserlebens erfahren wird, daß hinter den Sinnesqualitäten der äußeren Welt nicht Atomlagerungen und Ätherschwingungen als ihre Verursacher stehen, sondern Geistig-Übersinnliches wirksam ist. «Gerade durch die Phänomenologie gelangen wir dazu, deutlich zu sehen, wie in der Außenwelt Geist ist.» Und es wird nun geschaut, wie aus der äußeren ätherisch-elementarischen Welt im Zusammenspiel mit der in uns selber wirksamen in der Tat unsere Sinne herausgebildet sind. «Kommt man durch solche seelische Vornahmen, wie ich sie charakterisiert habe, dazu, das Hineindringen des Geistig-Seelischen in die leibliche Organisation zu verfolgen, dann sieht man, wie solche Prozesse im Menschen vor sich gehen, wie eigentlich der Mensch immer von der Geburt an der Außenwelt hingegeben ist. Man hält dieses Sich-Hingeben an die Außenwelt heute für ein bloßes abstraktes Wahrnehmen oder abstraktes Erkennen. Das ist es nicht. Indem wir umgeben sind von einer farbigen Welt, von einer tönenden, einer wärmenden Welt, kurz, indem wir umgeben sind von all dem, was Eindrücke auf unsre Sinne macht, was durch Verarbeitung derselben mit unsern Vorstellungen neuerdings Eindrücke auf unsre Organisation macht, indem wir alles das bewußt erleben, sehen wir, daß wir, wenn wir es unbewußt erleben, seit der Kindheit *mit* den Farbeneindrücken, mit den Toneindrücken etwas aufnehmen, was als Geistiges unsre Organisation durchdringt... Wärme ist noch etwas anderes als Wärme, Licht noch etwas anderes als Licht im physischen Sinne, Ton etwas anderes als Ton im physischen Sinne. Indem wir Sinneseindrücke haben, ist zwar nur dasjenige bewußt, was zunächst – ich möchte sagen – der äußere Ton, die äußere Farbe ist. Aber durch diese Hingebung wirkt nicht dasjenige, wovon eine moderne Physik oder Physiologie träumt, Ätherbewegungen, Atombewegungen und dergleichen, sondern es wirkt Geist, es wirken die Kräfte, die uns erst hier in der physischen Welt zwischen Geburt und Tod zu dem machen, was wir als Menschen sind. Wir werden gewahr, wie wir aus der äußeren Welt heraus organisiert werden.»

Dringt man noch weiter in die ätherisch-elementarische Welt ein, dann zeigt sich, daß sie nicht bloß während unseres Erdenlebens so auf uns einwirkt, daß sie unsere Sinne entwickelt und im Laufe unseres Lebens immer weiter und weiter ausbildet, sondern daß sie auch schon vor unserer Geburt auf uns gewirkt hat, als wir sie, aus dem Geistkosmos zur irdischen Verkörperung herabsteigend, durchwanderten und aus ihr unsere eigene ätherische Organisation zusammenzogen. Das, was wir da in uns aufgenommen haben, gibt uns dann nach der Geburt die Möglichkeit, unser Gehirn so auszugestalten, daß es zum Werkzeug unseres im physischen Bewußtsein sich entfaltenden Denkens werden kann.

Und dringen wir gar auf dem gekennzeichneten Erkenntnisweg über die ätherisch-elementarische Sphäre hinaus zur kosmisch-astralischen Welt, so offenbart sich, daß wir auch aus dieser schon vor unserer Geburt, allerdings in einem noch früheren Zeitpunkt, Einwirkungen auf unser inneres Wesen empfangen haben: nämlich auf der ersten Etappe, die wir auf unserem Abstieg zur Erde hin durchliefen. Was uns da eingegliedert wurde, kommt dann auf der Erde zum Vorschein in der Erwerbung der Sprachfähigkeit.

Kurz: wir gelangen auf diesem Wege durch unsere Geburt hindurch zu unserer geistig-kosmischen Präexistenz. Zu dem, was *während* des Erdenlebens organisierend an uns wirkt, fügt sich für uns das hinzu, was *vor* demselben aufbauend an uns gewirkt hat. Anders ausgedrückt: wir arbeiten uns von unseren äußeren oder mittleren Sinnen und den organisierenden Prozessen, die sich in ihnen im Laufe unseres Lebens vollziehen, allmählich zu unseren inneren oder unteren Sinnen hindurch und zu dem, was uns mittels derselben während unserer Kindheit zum Gehen, Sprechen und Denken befähigt. Von dem, was an uns jetzt die äußerlichste Organisation ist: der Sinnesorganisation, zu dem, was im Erdendasein innerlichere Organisationen unseres Wesens sind: zur Organisation des Denkens, der Sprache, der Aufrechtheit, die aber vor der Geburt aus noch «äußerlicheren», umfassenderen Welten heraus veranlagt worden sind. Und hier auf diesem Wege findet eigentlich jenes Sichhindurchwinden durch Geruch, Geschmack und Getast statt, das dem Mystiker nicht gelingt und durch das erst die inneren Sinne und ihre Wirksamkeiten aufgefunden werden – jenes Sichhindurchwinden, von dem im zweiten Abschnitte des dritten Kapitels die Rede war. Denn die dort zitierten Worte Rudolf Steiners stammen aus dem im obigen angeführten Vortrag und schließen sich unmittelbar an das an, was in dem Vorangehenden teils zitiert, teils wiedergegeben wurde. Damit ist nun dieser *eine Hauptweg* der geisteswissenschaftlichen Forschung vollständig aufgewiesen: er beginnt mit der phänomenologischen Durcharbeitung der Qualitäten der mittleren Sinne und führt zur erlebnismäßigen Auffindung der unteren Sinne oder, mit anderen Worten, über die Erkenntnis der äußeren ätherischen Welt, die uns während des Lebens unsere äußeren Sinne erbildet, zu den höheren, astralischen und geistigen Bereichen des Kosmos, aus denen heraus vor unserer Geburt die inneren Fähigkeiten des Denkens, Sprechens und des aufrechten Ganges in uns veranlagt worden sind.

Die Bedeutung der höheren Stufen dieses Erkenntnisweges wird zunächst auf die Geistesforschung beschränkt bleiben und auf das, was in unmittelbarem Zusammenhang mit dieser selbst als neues Erkenntnisgut in das menschliche Leben wird einfließen müssen. Die erste Stufe desselben jedoch: das erneuerte bewußte Erleben der ätherisch-elementarischen Welt, der Welt der wesenhaften Sinnesqualitäten, wird von unserer Zeit an immer mehr allgemeinste Errungenschaft werden müssen. Denn nur durch sie wird man vermeiden können, daß ausschließlich das eintritt, was nun als die andere

Zukunftsperspektive bezeichnet werden muß, die von dem gegenwärtig erreichten Punkte der Entwicklung aus sich eröffnet. Wir deuteten bereits an, wie die fortschreitende Entwicklung des Nervensystems und des Gehirns durch die Todesprozesse, die sie in sich bergen, im Laufe der Geschichte das Erleben der Sinnesqualitäten schon weitgehend hat verblassen lassen. An die Stelle ursprünglicher Imaginationen ist das bloße Wahrnehmen sinnlicher Eigenschaften physischer, meß- und wägbarer Gegenstände getreten. Aber selbst dieses Erleben sinnlicher Eigenschaften hat im Laufe der neueren Entwicklung wieder weitere Grade seiner Farbigkeit verloren. Es war zum Beispiel im alten Griechentum noch wesentlich frischer und gesättigter als in unserer Zeit, da die durch das Blut wirkende Ichtätigkeit damals noch stärker war als heute. Heute sind wir schon so weit, daß von der Wissenschaft die Objektivität der Sinnesqualitäten geleugnet wird. In der Wirklichkeit erleben wir sie zwar noch als äußere Tatsachen. Aber die Sinne werden in der Zukunft vom Gehirne her noch immer weiter abgetötet werden. Die vom Nervensystem ausgehenden Abbauprozesse werden immer mächtiger werden. Das Erleben der äußeren Qualitäten wird noch stärker verdämmern, und es wird schließlich dazu kommen, daß, was jetzt erst wissenschaftliche Theorie ist, Ausdruck des tatsächlichen Erlebens sein wird. Rudolf Steiner sagt hierüber in dem Vortragszyklus «Notwendigkeit und Freiheit im Weltgeschehen und im menschlichen Handeln»: «Die Menschheit steuert zu einer ganz andern Art des Wahrnehmens. Sie steuert zu einer viel größeren Ödheit und Leerheit in der äußeren Welt. Heute sieht der Mensch, indem er über die Natur hinblickt, noch so auf sie hin, daß er ihr glaubt, sie sei grün, oder daß er es dem Himmelsgewölbe glaubt, es sei blau. Er sieht so hin über die Natur, daß er ihr durch einen natürlichen Vorgang ihre Farben glaubt. In der sechsten nachatlantischen Periode wird er ihr ihre Farben nicht mehr glauben können! Das, wovon heute die Physiker träumen, das wird Wahrheit werden. Die Menschen werden nicht mehr richtig unterscheiden können zwischen einem mehr oder weniger geröteten oder einem mehr oder weniger blassen Gesicht. Das werden sie wissen, daß das alles durch ihre eigene Organisation hervorgerufen wird. Sie werden es für einen

Aberglauben halten, daß Farben draußen seien und die Gegenstände tingieren. Grau in grau – möchte man sagen – wird die äußere Welt sein, und der Mensch wird sich bewußt sein, daß er selber die Farben hineinträgt in die Welt. So wie heute die Menschen sagen: Ach, ihr verdrehten Anthroposophen, ihr redet davon, daß ein ätherischer Leib vorhanden ist; das ist aber nicht wahr; den träumt ihr nur in die Dinge hinein – so werden später diejenigen, die nun bloß die äußere Wirklichkeit sehen, zu den andern sagen, die noch Farben sehen in voller Frische. Ach, ihr Träumer, ihr glaubt, daß draußen in der Natur Farben vorhanden sind? Ihr wißt nicht, daß ihr selber aus eurem Innern heraus diese Farben nur in die Natur hineinträumt! Immer mehr mathematisiert, immer mehr geometrisiert wird die äußere Natur werden. So wie wir heute nur noch reden können vom ätherischen Leib und wie man uns in der Außenwelt nicht glaubt, daß er vorhanden ist, so wird man in der Zukunft nicht glauben, daß die Möglichkeit, Farben zu sehen, in der äußeren Welt irgendeine objektive Bedeutung hat, sondern man wird ihr nur eine subjektive Bedeutung zuschreiben.» Das wird also eintreten, daß diejenigen, welche die oben geschilderte innere Entwicklung nicht durchgemacht haben, überhaupt keine sinnlichen Qualitäten mehr erleben werden. Und nur jene werden sie als Erlebnisse kennen, die sie dann auf rein geistige, leibfreie Art zu erleben gelernt haben werden. Dann wird in die volle Offenbarung eintreten, was heute noch im Verborgenen liegt: daß sinnliche und physische Welt nicht dasselbe sind, sondern voneinander unterschieden werden müssen. Die «sinnliche» Welt ist ihrem wahren und eigentlichen Wesen nach eine *überphysische,* und zwar die erste und unterste überphysische Welt; die physische Welt ist aber in Wahrheit diejenige der Gegenstände, und in ihr sind wir mit unserem Bewußtsein nur durch dasjenige anwesend, was in uns vom Tode durchdrungen ist: durch das Gehirn beziehungsweise das in ihm sich konzentrierende Nervensystem.*

---

* Vgl. zu diesem letzten Abschnitt auch die Ausführungen Rudolf Steiners in dem Vortrag «Heilfaktoren für den sozialen Organismus» vom 20. März 1920 (Bibl. Nr. 198).

D. Erkenntnisprobleme im Bereiche der mittleren Sinne

Hier ist es nun wohl am Platze, noch einige konkretere Ausführungen über gegenwärtige Erkenntnisaufgaben speziell im Bereiche der mittleren Sinne anzuschließen. Wir können damit auch noch ein Problem klären, das wir bereits in der Einleitung erwähnt, aber dort nicht behandelt hatten.

Wir skizzierten zwar im vorangegangenen Abschnitt einen Erkenntnisweg, der auch vom Gebiete der mittleren Sinne seinen Ausgang nimmt. «Er beginnt», so schrieben wir da, «mit der phänomenologischen Durcharbeitung der Qualitäten der mittleren Sinne und führt zur erlebnismäßigen Auffindung der *unteren Sinne* oder, mit anderen Worten, über die Erkenntnis der äußeren elementarischen Welt, die uns während des Lebens unsere äußeren Sinne erbildet, zu den höheren, astralischen und geistigen Bereichen des *Kosmos,* aus denen heraus *vor unserer Geburt* die inneren Fähigkeiten des Denkens, Sprechens und des aufrechten Ganges in uns veranlagt worden sind.» Wir bezeichneten diesen Weg deshalb als den *einen Hauptweg* der geisteswissenschaftlichen Forschung. Denn deren eigentliches Forschungsgebiet bildet ja eben die übersinnliche, geistig-kosmische Welt. In der Einleitung und im zweiten Kapitel des Buches hatten wir den *andern Hauptweg* dieser Forschung skizziert, der von der Beobachtung des Denkaktes ausgeht und über eine Erweiterung des Erlebens der *oberen* Sinne zu einer Erkenntnis desjenigen Daseins führt, das wir als geistig-seelische Wesen *nach dem Tode* in übersinnlich-kosmischen Bereichen durchmachen. Es bezeichnet eben das Wesen sowohl der oberen wie der unteren Sinne, daß beide Gruppen einen, freilich entgegengesetzten Bezug zu dem außerirdischen Dasein haben, das der geistige Wesenskern des Menschen in der Zeit zwischen Tod und neuer Geburt in rein geistiger Art durchlebt. Und wenn durch entsprechende (entgegengesetzt geartete) Erweiterungen des menschlichen Bewußtseins dasjenige für das Erleben hinzugewonnen wird, was dem gewöhnlichen heutigen Bewußtsein an Erkenntniselementen im Bereiche *dieser* beiden Sinnesgruppen fehlt, so entsteht eben dadurch die *geisteswissenschaftliche* Forschung im eigentlichen Sinne des Wortes.

Die *mittlere* Sinnesgruppe dagegen ist, wie wir am Eingang des vorangehenden Abschnittes dargelegt hatten, in besonderer Weise der *Erde* zugeordnet, wobei diese allerdings als jene siebenfach gegliederte physisch-ätherische Welt aufzufassen ist, als welche sie im Vorangehenden gekennzeichnet wurde. *Diese* Welt zu erforschen aber kann als die Aufgabe der *Naturforschung* im engeren Sinne angesehen werden – bezeichneten wir doch auch schon bei der ersten Aufzählung der zwölf Sinne im zweiten Kapitel als die Gegenstände der mittleren Sinnesgruppe die *äußere Natur* in ihren verschiedenen Elementen und Qualitäten. *Verbleiben* wir also im Gebiete der mittleren Sinne, so werden wir es da mit Problemen zu tun haben, welche sich auf die Naturwissenschaft beziehen.

Nun haben wir zwar schon, am Ende des Kapitels über die geschichtliche Entwicklung der unteren Sinne, darauf hingewiesen, daß auch die *Naturwissenschaft* heute einer Neugestaltung zustrebt; und zwar einer solchen noch von ganz anderer Art, als diejenige ist, die sie seit dem Beginn unseres Jahrhunderts durch die Atomphysik bereits erfahren hat. Als Symptome für die Richtung, in der diese Neugestaltung erfolgen soll, erwähnten wir Bestrebungen, wie sie in den Werken von H. Friedmann und H. Kayser zum Ausdruck kommen. Und als den Vorverkündiger und eigentlichen Inaugurator dieser Zukunftsgestaltung der Naturwissenschaft haben wir in jenem Kapitel Goethe zu charakterisieren versucht.

Gerade anläßlich dieser Schilderung wurde auch erwähnt, daß Rudolf Steiner *seine* Erkenntnislehre *zuerst* zur Darstellung gebracht habe als «Erkenntnistheorie der Goetheschen Weltanschauung» – weil er eben in den naturwissenschaftlichen Arbeiten Goethes eine erste vorbildliche Verwirklichung desjenigen Erkenntnisbegriffes, der sich ihm als Frucht seiner erkenntnistheoretischen Untersuchungen ergeben hatte, bereits ausgeführt vorfand. Rudolf Steiner hat jedoch später seine Erkenntnislehre auch unabhängig von Goethe in rein philosophischer Art entwickelt, so namentlich in seiner Schrift «Wahrheit und Wissenschaft» (1892), die als seine Doktordissertation ursprünglich den Titel trug «Die Grundfrage der Erkenntnistheorie. Prolegomena zu einer Verständigung des philosophierenden Bewußtseins mit sich selbst», und ferner in seinem philosophischen

Hauptwerke «Die Philosophie der Freiheit». Eine Skizze dieser Erkenntnislehre haben wir in der Einleitung zu diesem Buche gegeben. Als ein wesentliches Ergebnis dieser Lehre mußten wir dort die Einsicht hervorheben, daß der Charakter der Subjektivität weder dem reinen Wahrnehmungselemente noch dem reinen Begriffselemente zugeschrieben werden dürfe. Vielmehr sei das erstere als *objektiv*, das letztere aber als jenseits des Gegensatzes von subjektiv und objektiv, das heißt als *universell* zu kennzeichnen. *Subjektiv*, das heißt durch das Erkenntnissubjekt selbst bedingt und damit auch allen Möglichkeiten des Irrtums ausgesetzt sei lediglich die *Vorstellung*, die durch die Verschmelzung von Wahrnehmung und Begriff zustande komme. In der Bildung von Vorstellungen aus Wahrnehmung und Begriff vollendet sich aber recht eigentlich der Erkenntnisakt. Und damit ist dieser letztere selbst auch durchaus in die Problematik von Irrtum und Wahrheit hineingestellt. In dem Maße jedoch, als in der Bildung der Vorstellung den Gefahren des Irrtums begegnet werden kann, stellt sich im Erkenntnisakt die volle Wirklichkeit, von der im Wahrnehmen zunächst nur die «eine Hälfte» gegeben, die andere, begriffliche Hälfte aber unterdrückt war, für das menschliche Erleben her. Als die eigentliche Frage (auf die wir an jener Stelle jedoch nicht eingegangen waren) bleibt somit diese übrig, wie der Mensch sich gegenüber jenen Gefahren zu behaupten vermag.

Die mittleren Sinne haben ja nun, wie schon verschiedentlich hervorgehoben, die Eigentümlichkeit, daß ihre Wahrnehmungen uns nicht in reiner Form, sondern erst in dem Maße zum Bewußtsein kommen, als sie mit Begriffen durchtränkt oder, was dasselbe ist, zu Vorstellungen umgebildet werden. Indem diese Wahrnehmungen in unser Bewußtsein eintreten, sind sie also schon immer in einer bestimmten Art und bis zu einem gewissen Grade mit Begriffen verschmolzen. Man bedenke nur, wie wir, indem wir im Laufe des Heranwachsens allmählich zum vollen Bewußtsein unserer selbst und der Welt erwachen, durch Erziehung und Unterricht bereits eine Unsumme von Begriffen aufgenommen haben, die sich auf äußere Wahrnehmungsinhalte beziehen und durch frühere Generationen in bestimmter Weise mit diesen verbunden worden sind. Bevor wir dazu kommen, eigene Begriffe zu unsern Wahrnehmungserlebnissen zu bilden – was ja in vollem Maße erst dem erwachsenen Menschen möglich ist –, sind wir schon längst in die Vorstellungs- und Begriffswelt hineingewachsen, die uns die Bildungstradition überliefert. Und wir bilden uns gemeinhin über die allerwenigsten Wahrnehmungsinhalte selber neue Begriffe – wenn wir nicht gerade eine besondere erkenntnismäßige Produktivität entfalten. Aus demselben Grunde kommen wir auf der anderen Seite ebenso selten dazu, Wahrnehmungsinhalte ganz ursprünglich, rein und unbefangen in uns aufzunehmen, ohne ihnen sogleich überzustülpen, was wir schon vorher über sie gelesen, gehört oder denken gelernt haben. Es gehört schon eine große Ursprünglichkeit, Stärke und Selbständigkeit des Geistes dazu, um zu reinem, unvoreingenommenem Auffassen von Sinneseindrücken fähig zu sein. Die meisten von uns bewegen sich mit Selbstverständlichkeit, ja wie automatisch in Vorstellungsgeleisen, auf die sie durch ihre zeitgeschichtliche, soziale und nationale Umwelt eingefahren worden sind. Und sie sind auch aus diesen Geleisen um so weniger zu bringen, je weniger sie davon wissen, wie diese einmal entstanden sind, und was für Kräfte und Triebe in ihrer Bildung gewirkt haben. Die Macht solcher Vorstellungsgewohnheiten ist in der Tat kaum zu überschätzen. Man vergegenwärtige sich zum Beispiel, wie die mechanistisch-materialistische Denkweise im Laufe der letzten Jahrhunderte eine solche Gewalt über die Menschen erlangt hat, daß diese heute fast nicht mehr anders können, als sie in jedes Erkenntnis- und Lebensgebiet hineinzutragen. Oder man bedenke, wie auf den Gebieten der Geschichte, der Politik, der Soziologie die herrschenden Vorstellungen bestimmt sind durch konfessionelle Gegnerschaften, nationale Sympathien oder Antipathien, soziale Ressentiments und dergleichen. Gerade auf diesen Gebieten vermag der Unbefangene noch am leichtesten zu bemerken, was für Triebkräfte in die Bildung der Vorstellungen hineinspielen, aber auch zu sehen, wie durch das Wirken solcher Triebkräfte Verbindungen von Wahrnehmungen und Begriffen zustande kommen, die in den Inhalten der letzteren in keiner Weise begründet sind, und die Menschen dadurch, statt in die volle Wirklichkeit hineinzuwachsen, in die schlimmsten Irrtümer und Illusionen hineingeraten. Zu dem, was so aus Zeitgewohnheiten, nationalen oder sozialen Sympathien und Antipathien in die Vorstellungsbildung hineinspielt, kommt in konkreten Fällen noch hinzu, was an persönlichen Trieben, Neigungen und Abneigungen die Vorstellungsbildung bestimmt. Daß in der Tat gerade an dem Punkte, wo es gilt, zu einer Wahrnehmung oder einem Komplex von solchen das entsprechende Begriffselement hinzuzufügen, die Klippe sich befindet, an welcher das Schiff der Erkenntnisbildung durch die Wogen der aus dem Erkenntnissubjekt heraufbrandenden Triebe, Neigungen und Vorurteile zum Scheitern gebracht werden kann, das hat Goethe in seinem Aufsatz «Der Versuch als Vermittler von Subjekt und Objekt» in treffender Weise ausgesprochen: «Beim Übergang von der Erfahrung zum Urteil ... ist es, wo dem Menschen gleichsam wie an einem Passe alle seine innern Feinde auflauern: Einbildungskraft, Ungeduld, Vorschnelligkeit, Steifheit, Gedankenform, vorgefaßte Meinung, Bequemlichkeit, Leichtsinn, Veränderlichkeit und wie die ganze Schar mit ihrem Gefolge heißen mag, alle liegen hier im Hinterhalte und überwältigen unversehens sowohl den handelnden Weltmann als auch den stillen, von allen Leidenschaften gesichert scheinenden Beobachter.»

Wer diese Situation nur beklagen oder sich durch sie zur absoluten Erkenntnisresignation verleiten lassen wollte, der würde jedoch nicht berücksichtigen, daß das Erleben der bloßen Wahrnehmungshälfte der Wirklichkeit (ohne die ihr zugehörige Begriffshälfte), das für den modernen Menschen am Ausgangspunkte des Erkenntnisprozesses steht, dadurch bedingt ist, daß der Mensch im Laufe der geschichtlichen Entwicklung sich der Welt gegenüber *verselbständigt* hat oder, mit anderen Worten, ein *freies* Wesen geworden ist. Und zum Wesen der *Freiheit* gehört nun einmal, daß sie, wie auf dem moralischen Felde von der Möglichkeit des *Bösen,* so auf dem Erkenntnisgebiet von derjenigen des *Irrtums* unabtrennbar ist. Aber gerade so unberechtigt, wie es auf moralischem Gebiete wäre, wegen der Gefahren des Bösen in bezug auf die Verwirklichung des Guten zu resignieren, wäre es auf dem der Erkenntnis, im Hinblick auf die Gefahren des Irrtums an der Erlangung der Wahrheit zu verzweifeln.

Weil die Dinge so miteinander zusammenhängen, darum kann es nun aber auch kein *Rezept* geben, dessen Anwendung in jedem Falle die

Überwindung der Irrtumsgefahren und die Erreichung der Wahrheit zu verbürgen vermöchte. Es kann vielmehr nur ein *Weg der Entwicklung* bezeichnet werden, der in dem Wesen der Wirklichkeit selbst, beziehungsweise in dem Wesensverhältnis des Menschen zur Wirklichkeit begründet ist, und der deshalb, wenn durch stete Übung der entsprechenden Betätigungen und Fähigkeiten auf ihm vorwärtsgeschritten wird, den Menschen *im allgemeinen* in die Richtung der Wahrheit führt.

Dieser Weg kann der Natur der Sache nach in nichts anderem liegen als darin, daß man diejenigen Verbindungen von Wahrnehmung und Begriff (gegenüber irgendeinem Gebiet äußerer Sinnestatsachen), die man in sich selbst schon vorfindet als bloß überkommene oder als auf undurchschauten, unkontrollierten Wegen zustande gekommene, immer wieder *auflöst* und für sein Bewußtsein reinlich voneinander zu scheiden sucht, was an diesen Verbindungen eigentlich Wahrnehmungs- und was Begriffselement ist. (Man wird dabei bemerken, daß gegenüber vielen naturwissenschaftlichen Theorien unserer Zeit ein Bewußtsein davon, was an ihnen dem einen und dem anderen Elemente zuzuteilen ist, sich gänzlich verloren hat.) Eine große Hilfe kann es auf diesem Wege bedeuten, wenn man daneben in rein erkenntnistheoretischen Bemühungen (in der Art, wie dies in den philosophischen Schriften Rudolf Steiners dargelegt ist) auf ganz prinzipielle Weise in oft wiederholter Übung einerseits in das Erleben des rein begrifflichen, von aller Sinnlichkeit gereinigten Denkens, andererseits in dasjenige des reinen Wahrnehmens untertaucht. Doch kommt es darauf an, daß man diese beiden Pole nicht nur denkt, sondern in einem Pendelschlag des Erlebens gleichsam rhythmisch zwischen ihnen hin- und herschwingt. Man wird sie zunächst gar nicht in vollem Maße erreichen, da ja das gewöhnliche Bewußtsein nur das zwischen ihnen liegende Vorstellungselement umfaßt. Doch vermag man durch solche Übung dessen Grenzen schrittweise zu erweitern und sich seinen Polen immer mehr anzunähern. Auf diesem Wege aber erlebt man fürs erste, wie beide Elemente, die Wahrnehmung sowohl wie der Begriff, für sich allein ein Unvollständiges sind, wie sie zusammengehören und nur zusammen die volle Wirklichkeit ausmachen. Und zum zweiten, wie ihr zunächst getrenntes Auftreten nicht in ihnen selbst, sondern in der Organisation des Menschen begründet ist. Was durch solche Bemühung im allgemeinen erfahren wird, das kann dann auch im einzelnen erlebt werden, wenn dazu eine analoge Übung auf einem bestimmten Tatsachengebiete angestellt wird. Man geht also von der Beobachtung konkreter Phänomene aus, läßt sich durch sie zur Produktion bestimmter Begriffe anregen, schwingt also im inneren Erleben von jener hinüber auf die Seite der denkerischen Betätigung und wird dann, wiederum den Phänomenen sich zuwendend, bemerken, daß diese durch die Begriffe, die man zu ihnen hinzugewonnen hat, in gewissem Sinn und Grad «durchsichtig» geworden sind. Hier kommt nun alles darauf an, daß man sich in die auf den ersten Anhieb erzeugten Begriffe nicht (wie eine törichte Mutter in ihr Kind) verliebt und ihre «Wahrheit» durch die Phänomene zu «beweisen» sucht. Denn in der Regel werden sie deren Wesen und Zusammenhang noch nicht in vollem Maße repräsentieren. Will man sie dennoch schon in dieser ersten Gestalt festhalten und durch die Phänomene sich bestätigen lassen, so wird eine solche «Erklärung» der letzteren leicht in ihre Vergewaltigung ausarten. «Es entstehen» – so kennzeichnet Goethe auch diese nächste Klippe des Erkenntnisstrebens in seinem schon erwähnten Aufsatz scharf und treffend – «durch eine solche Bemühung meistenteils Theorien und Systeme, die dem Scharfsinn der Verfasser Ehre machen, die aber, wenn sie mehr, als billig ist, Beifall finden, wenn sie sich länger, als recht ist, erhalten, dem Fortschritt des menschlichen Geistes, den sie in gewissem Sinne befördern, sogleich wieder hemmend und schädigend werden. Man wird bemerken können, daß ein guter Kopf nur desto mehr Kunst anwendet, je weniger Data vor ihm liegen; daß er gleichsam seine Herrschaft zu zeigen, selbst aus den vorliegenden Datis nur wenige Günstlinge herauswählt, die ihm schmeicheln; daß er die übrigen so zu ordnen versteht, wie sie ihm nicht geradezu widersprechen, und daß er die feindseligen zuletzt so zu verwickeln, zu umspinnen und bei Seite zu bringen weiß, daß wirklich nunmehr das Ganze nicht mehr einer freiwirkenden Republik, sondern einem despotischen Hofe ähnlich wird.»

Man muß vielmehr die Entsagung aufbringen, die zunächst geschlossene Verbindung von Wahrnehmung und Begriff wieder aufzulösen und von neuem sich dem reinen Phänomen auszusetzen, um von ihm ein zweites Mal zu dem Pol der Begriffsbildung hinüberzuschwingen. Wiederholt man diesen Prozeß durch eine entsprechende Zeit hindurch noch öfter, so wird man bemerken, daß das Begriffselement mit jedem Male, da man es wieder erneut erzeugt, sich bereichert und berichtigt. Und man macht, wenn man ihn mit genügender Selbstlosigkeit und immer erneuter Hingabe an die Phänomene ausführt, die Erfahrung, daß die Wahrnehmung und der Begriff, *der zu ihr gehört,* sich gleichsam selber suchen und daß man durch solches Bemühen sozusagen nur die Gelegenheit schafft, durch welche, und den Schauplatz abgibt, auf welchem die beiden allmählich sich finden können.

Das bedeutet, daß die Gedanken und Begriffe, die man so produziert, das Subjektive, durch die Neigungen des Subjekts Bedingte immer mehr abstreifen. Es sind schließlich nicht mehr subjektive Menschengedanken, sondern objektive *Weltgedanken:* die in den Phänomenen selbst enthaltenen «Ideen», die sich im menschlichen Bewußtsein offenbaren. Sie können dies aber nur dadurch, daß man die Hingabe an das Gedankenelement immer wieder hat abwechseln lassen mit einer ebenso reinen Hingabe an die Erscheinungen. In der Übung dieser immer wiederholten Hingabe wird man sich nun auch bewußt, daß man in der Entfaltung der Aufmerksamkeit, der Genauigkeit des Beobachtens gegenüber den Phänomenen ebenso den *Willen* betätigt, wie in der Produktion der Begriffe das *Denken.* Und so ist es eigentlich ein Hin- und Herschwingen zwischen Willensbetätigung und Gedankenerleben, was in diesem Wechsel von Beobachten und Denken sich vollzieht. Genauer gesagt: ein Hin- und Herschwingen zwischen dem Betätigen des *Menschenwillens* und dem Empfangen von *Weltgedanken.* Und dieser Rhythmus seelischer Betätigung könnte als ein «seelisches Atmen» bezeichnet werden, das verläuft im «Ausatmen» des Menschenwillens (im Beobachten der Erscheinungen) und «Einatmen» von Weltgedanken (in der Konzeption der Begriffe).

Auf diesem In-Bewegung-Bringen der seelischen Betätigung – die in der neuesten Zeit durch das bloße Erleben und Geltendmachen der im Bewußtsein schon fertig vorhandenen Vorstellung fast völlig zum Stillstand und zur Erstarrung gekommen ist – beruht also der *Weg der Entwicklung*, der den Menschen im Bereiche der *mittleren* Sinne zur Wahrheit führen kann. Man könnte ihn auch als das In-Gang-Bringen eines *seelischen Atmungsprozesses* zwischen Erleben der Weltgedanken und Entfalten des Menschenwillens bezeichnen.

In alten Zeiten, da die menschliche Organisation noch anders geartet war als heute, wurde auch einmal ein Erkenntnisweg gelehrt und begangen, der ein Weg des *Atmens* war: es war dies der *altindische Yoga-Weg*. Nur beruhte dieser auf einer Regulierung des physisch-leiblichen Atems. Dieser Weg konnte in jenen Zeiten beschritten werden und den Menschen gewisse Geheimnisse, namentlich der elementarischen und astralischen Welt erschließen, weil durch die von ihm gepflegte Schulung des Atmens jene ursprünglichen Offenbarungen des Lebens- und Bewegungssinnes zu hohen Graden gesteigert werden konnten, die wir an früherer Stelle geschildert haben. Denn diese Offenbarungen waren weitgehend mit dem Erleben gerade des Atmungsprozesses verknüpft. Dadurch, daß die unteren Sinne im Laufe der abendländischen Geschichte ins Unterbewußtsein des Menschen versunken sind, ist dieser Weg heute, insbesondere für den Angehörigen der westlichen Zivilisation, nicht mehr gangbar.

Wenn das Wort «Yoga» in diesem Zusammenhang nicht mißdeutet, sondern lediglich als Metapher genommen wird, so kann man aber sagen, daß auch der moderne abendländische Mensch, um zu wahrer Erkenntnis zu gelangen, eines *«Yoga-Weges»* bedarf. Nur kann dieser Yoga kein solcher der physischen, sondern muß ein solcher einer «seelischen Atemregulierung» in dem oben geschilderten Sinne sein. In dieser Bedeutung bezeichnet Rudolf Steiner in der Tat als die große Aufgabe, welche dem *modernen* Menschen auf dem Erkenntnisfelde, das er seit den letzten vier Jahrhunderten ganz besonders beackert hat: auf dem der *Naturwissenschaft* – oder anders ausgesprochen: auf dem Erlebnisgebiete der *mittleren* Sinne – für die Zukunft erwächst, die Ausgestaltung eines neuen, abendländischen: eines *seelischen Yoga*.

Diese Bezeichnung rechtfertigt sich auch aus einem anderen Grunde. Die Welt, die der alte Orientale auf dem Wege des leiblichen Yoga seinem Erleben erschloß, war, wie oben bemerkt, vor allem die elementarisch-astralische, das heißt diejenige, die wir im zweiten Kapitel auch als die *objektive Seelenwelt* bezeichneten, aus deren «Stoffe» auch das Menschlich-Seelische gewoben ist und sich immer wieder als eine seelische Hülle erbildet, die den geistigen Wesenskern des Menschen umkleidet, wenn dieser aus den Höhen der Geistwelt zu einer neuen Verkörperung auf die Erde heruntersteigt. Wir deuteten an späterer Stelle (bei Besprechung der unteren Sinne) an, daß dies dieselbe Welt ist, in welcher der Ursprung der menschlichen Bewegungsfähigkeit im allgemeinen und der Sprachbegabung im besonderen gesucht werden muß, welch letztere ja nur die höchste Erscheinungsform und zugleich Zusammenfassung der ersteren darstellt. In der Tatsache, daß seine Atmungsorganisation zugleich das Werkzeug seiner Sprachbetätigung bildet, kommt das besondere Verhältnis zum Ausdruck, in welchem der Mensch durch seinen geistigen Wesenskern – im Unterschied vom Tiere – zu dieser Seelenwelt steht. Dieses Verhältnis ist dadurch gekennzeichnet, daß im seelisch-geistigen Wesen des Menschen die Kräfte des gesamten seelisch-geistigen Kosmos zusammengefaßt und in die Schöpferkraft umgewandelt leben, die in seiner Sprachbegabung sich offenbart. Darum charakterisiert die mosaische Genesis die eigentliche Menschwerdung des Menschen durch den Hinweis, daß diesem in seiner Seele die Gottheit selbst ihren Atem eingehaucht habe. Der Mensch vermag also seinen Atem im Ausstoßen deshalb zur Sprache zu artikulieren, weil er im (ersten) Einziehen desselben den Weltatem des Göttlichen in sich aufgenommen und in sein Eigenwesen verwandelt hat. Auf diese Wesensverwandtschaft zwischen Menschengeist und Weltengeist deutet in anderer Weise die indische Lehre hin, daß Atma (das innerste Wesen des Menschen) und Brahma (das weltumfassende Göttliche) miteinander identisch seien. Wie das erstere aus dem letzteren hervorgeht, in einem präexistenten Dasein sich mit einer seelischen Hülle umkleidet und ein Eigenleben entwickelt, das war es, was auf dem altindischen Yoga-Weg physischer Atemschulung (vermöge der damaligen Wirkungsweise der unteren Sinne) zur Erfahrung wurde.

Der Mensch steht aber nicht nur auf diese Weise in Beziehung zu der kosmischen Seelenwelt, sondern (wie in den vorangehenden Kapiteln gezeigt) auch durch seine mittleren Sinne, deren Wahrnehmungsqualitäten den «Abglanz» jener Welt innerhalb der physisch-materiellen bilden. Und durch diese Beziehung den Zugang zu ihr zu suchen, ist der Weg, der dem modernen abendländischen Menschen entspricht. Dieser Weg besteht aber eben in der geschilderten Schulung des seelisch-geistigen «Atmens» zwischen reiner Wahrnehmung und reinem Denken. In der Hingabe an die reinen Qualitäten der mittleren Sinne – an Farbe, Ton, Licht, Wärme usw. – wird unmittelbar, und zwar in konkreter, differenzierter Weise, die Offenbarung des Kosmisch-Seelischen erlebt. Es braucht ein solches Seelisches nicht erst in der Art, wie es zum Beispiel Fechner getan hat, spekulativ ausgedacht und den Erscheinungen hypostasiert zu werden. Notwendig ist nur, daß darauf verzichtet werde, aus materialistischen Denkgewohnheiten heraus den Erscheinungen atomistisch-mechanistische Erklärungen aufzudrängen. Gefordert ist vielmehr, in innerer Selbstlosigkeit nur solche Begriffe mit ihnen zu verbinden, die durch sie selbst in der Seele zur Erscheinung kommen wollen. Solches Hin- und Herschwingen zwischen reinem Wahrnehmen (Beobachten) und reinem Denken wird rein innerlich als ein Atmen zwischen Willensentfaltung und Gedankenerleben erfahren. Und dieses erweist sich schließlich als ein Wechsel von Sympathie- und Antipathie-Entfaltung, das heißt der Wesenselemente des menschlichen *Gefühls*lebens. In dem Weben und Wellen eines so geläuterten Fühlens aber entwickelt die Menschenseele ein wahres Lebensverhältnis zur Weltenseele. «Wenn wir», so sagt Rudolf Steiner über diesen Erkenntnisweg,* «das Beseeltsein unsrer Sinnesempfindungen wieder haben werden, dann werden wir wieder einen Kreuzungspunkt (zwischen Mensch und Welt) haben ... Da werden wir zu gleicher Zeit etwas Subjektiv-Objektives haben, wonach Goethe so lechzte. Da werden wir wiederum die Möglichkeit haben, in feiner Art zuerst zu erfassen, wie merkwürdig eigentlich der Sinnesprozeß des Menschen im Verhältnis zur Außenwelt ist. Das sind ja alles grobe Vorstellungen, als wenn die Außenwelt auf uns bloß wirkte und wir dann

* Die Sendung Michaels. 6. Vortrag.

bloß reagierten darauf. Die Wirklichkeit ist vielmehr diese, daß ein seelischer Prozeß vor sich geht von außen nach innen, der erfaßt wird durch den tief unterbewußten, inneren seelischen Prozeß, so daß die Prozesse sich übergreifen. Von außen wirken die Weltgedanken in uns herein, von innen wirkt der Menschheitswille hinaus. Und es durchkreuzen sich Menschheitswille und Weltengedanken in diesem Kreuzungspunkte, wie sich im Atem das Objektive mit dem Subjektiven einstmals überkreuzt hat. Wir müssen fühlen lernen, wie durch unsre Augen unser Wille wirkt und wie in der Tat die Aktivität der Sinne leise sich hineinmischt in die Passivität, wie dadurch sich Weltgedanken mit Menschheitswille kreuzen. Diesen *neuen Yogawillen,* den müssen wir entwickeln. Damit wird uns wieder etwas Ähnliches vermittelt, wie vor drei Jahrtausenden den Menschen in dem Atmungsprozeß vermittelt wurde. Unsere Auffassung muß eine viel seelischere, eine viel geistigere werden ... Nach solchen Dingen strebte die Goethesche Weltanschauung. Goethe wollte das *reine Phänomen* erkennen, was er das Urphänomen nannte, wo er nur zusammenstellte das, was in der Außenwelt auf den Menschen wirkt, wo sich nicht hineinmischt der Gedanke, der aus dem Kopf des Menschen selbst kommt; dieser Gedanke sollte nur zur Zusammenstellung der Phänomene dienen. Goethe strebte nicht nach dem Naturgesetz, sondern nach dem Urphänomen; das ist das Bedeutsame bei ihm. Kommen wir aber zu diesem reinen Phänomen, dann haben wir in der Außenwelt etwas, was uns möglich macht, auch die Entfaltung unseres Willens im Anschauen der Außenwelt zu verspüren, und dann werden wir uns aufschwingen wiederum zu etwas Objektiv-Subjektivem, wie es zum Beispiel die alte hebräische Lehre noch hatte.»

E. *Spezielle Verhältnisse*

Zum Abschluß dieses Kapitels soll noch von einigen besonderen Beziehungen im Bereiche der mittleren Sinne die Rede sein.

Bei der ersten Übersicht über die Zwölfheit der Sinne (im zweiten Kapitel) hatten wir die Gruppe der mittleren Sinne in nachstehender Folge aufgezählt:

. . . .
Gleichgewichtssinn
Geruchssinn
Geschmackssinn
Sehsinn
Wärmesinn
Gehörssinn
. . . .

Wir betonten dabei, daß der Gleichgewichtssinn zur unteren, der Gehörssinn zur oberen Sinnesgruppe hin den Übergang bilde. In den vorangehenden Abschnitten, in welchen wir nun die mittlere Sinnesgruppe für sich genauer betrachteten, haben wir sie in ihrem Zusammenhang mit den ihnen entsprechenden Sphären der physisch-ätherischen Welt in einer anderen Folge dargestellt, und zwar, wenn wir jetzt nur die inneren vier in Betracht ziehen, die im engsten Sinne zu ihr gehören, in dieser:

Geschmackssinn (Wasser)
Geruchssinn (Luft)
Wärmesinn (Wärme)
Sehsinn (Licht)

Diese Anordnung könnte als im Widerspruch zu der zuerst gegebenen stehend empfunden werden. Was jedoch als Widerspruch zunächst erscheinen mag, bedeutet in Wirklichkeit einen Hinweis, der uns, indem wir ihm folgen, zu einer noch intimeren Erfassung des Wesens gerade dieser Gruppe der Sinne führen kann. Worin die Verschiedenheit der beiden Reihenfolgen begründet liegt, erhellt sich unmittelbar aus den Zusammenhängen, in denen sie aufgestellt wurden. Das erste Mal handelte es sich um die *Art und Weise,* wie, vom erlebenden *Subjekt* aus gesehen, durch die Sinne wahrgenommen wird. Das zweite Mal wurde von den äußeren *Objekten* ausgegangen, die zum *Inhalte* der Wahrnehmungen werden. Beide Blickpunkte der Betrachtung müssen eingenommen werden, wenn das Wesen irgendeines Sinnes oder einer Sinnesgruppe allseitig erfaßt werden soll. Zu ihrem Ziele aber gelangt eine solche Betrachtung erst dann, wenn sie zuletzt noch die beiden verschiedenen Aspekte zusammenschaut und die Unterschiede ins Auge faßt, die sich zwischen ihnen herausstellen.

Die Unterschiede, die sich nun bei der Betrachtung der mittleren Sinne von den beiden gekennzeichneten Gesichtspunkten aus ergeben, können im Bilde einer Überkreuzung von je zweien dieser Sinne dargestellt werden:

von außen	*von innen*
Sehsinn	Wärmesinn
Wärmesinn	Sehsinn
Geruchssinn	Geschmackssinn
Geschmackssinn	Geruchssinn

Wir werden daher zu einer vollständigen Charakteristik dieser Sinne erst gelangen, wenn wir die in diesen Überkreuzungen zum Vorschein kommenden besonderen Beziehungen zwischen je zweien derselben noch berücksichtigen.

Wir sagten zunächst, daß wir durch den *Geschmackssinn* das Element des Flüssigen in seinen verschiedenen Beschaffenheiten wahrnehmen. Wir müssen das Feste, um ihm gegenüber Geschmacksempfindungen zu bekommen, durch unsern Speichel in Flüssiges auflösen. Man könnte das Flüssige auch als das Medium bezeichnen, in welchem allein Geschmacksempfindungen entstehen können. Nun ist das Flüssige seiner Natur nach in besonderem Sinne von den Kräften der ätherisch-elementarischen Welt im Ganzen durchdrungen. Ja, dieses Durchdrungensein ist gerade das, was sein Wesen bestimmt. Es kann daher das Wäßrige von einer Naturauffassung, die dieses Reich der elementarischen Bildekräfte nicht kennt, niemals voll verstanden werden. Was die neuere Naturforschung als Flüssiges charakterisiert, ist daher auch in der Tat nur ein zerstäubendes Festes, aber kein wirkliches Flüssiges. Man kann somit behaupten, daß wir durch den Geschmackssinn in besonderer Weise in die Sphäre der Wirksamkeit der ätherischen Bildekräfte eintauchen. Und diese Charakteristik stimmt wiederum damit zusammen, daß nach innen dieser Sinn besonders mit den Stoffwechselprozessen der Ernährung und Verdauung verbunden ist, durch welche wir die Lebensvorgänge unseres Organismus unterhalten. Im Gegensatze dazu nehmen wir durch den *Geruchssinn* unmittelbar das Luftig-Gasförmige in seinen verschiedenen Qualitäten wahr. Dieses kann in analogem Sinne als das Medium bezeichnet werden, in welches versetzt werden muß, was immer riechbar werden soll, sei es, daß dies durch Verdampfung, Verdunstung oder Verbrennung geschehe. Nun ist das Luftförmige im selben Sinne seinem Wesen nach durchdrungen von astralischer Wirksamkeit, wie wir dies soeben vom Wasser mit Bezug auf das Ätherische behaupteten. Diesen Zusammenhang von Luft und Seelisch-Geistigem bringt noch das griechische Wort «Pneuma» zum Ausdruck, welches sowohl die eine wie die andere Bedeutung hat. Und erinnert darf auch hier wieder daran werden, wie nach der mosaischen Genesis die Gottheit dem Menschen mit dem Atem seine Seele eingehaucht hat. Tatsächlich ist das menschliche Atmen, wie schon hervorgehoben wurde, nicht bloß ein leiblich-organischer, sondern zugleich auch im selben Maße ein seelischer Prozeß. Mit dem Atmungsvorgang ist nun aber wiederum die Geruchswahrnehmung nach innen verknüpft. Die Meinung ist daher berechtigt, daß wir durch diesen Sinn besonders an der astralischen Wirksamkeit teilnehmen.

So müssen die Verhältnisse geschildert werden, solange man lediglich auf die elementarischen Bereiche sieht, die mit diesen Sinnen im Zusammenhange stehen beziehungsweise die Medien bilden, welche ihre Wahrnehmungen ermöglichen. Blickt man jedoch auf die Art und Weise, wie diese Wahrnehmungen innerlich erlebt werden, beziehungsweise auf das Wesen, das *durch* diese Wahrnehmungen eigentlich sich offenbart, so zeigen sich genau entgegengesetzte Verhältnisse.

Es kann nämlich nicht geleugnet werden, daß das Erleben durch den Geschmackssinn ein – wenn der Ausdruck erlaubt ist – seelischeres ist als dasjenige durch den Geruchssinn. Wir wiesen schon im zweiten Kapitel an einer Stelle darauf hin, daß eben wegen dieses Umstandes wir – in übertragenem Sinne – von Geschmack auch in der *Kunst,* dem eigentlichen Reiche der Seele oder des Gefühlslebens, sprechen. Was wir schmecken, erregt in einem ganz besonderen Maße unsere Sympathie und Antipathie. Wir gebrauchen daher auch, um Gegenstände unserer Zuneigung oder Abneigung zu kennzeichnen, gerne Ausdrücke, die aus der Geschmackssphäre stammen. Bekannt ist doch das ‹dolce far niente›, das süße Nichtstun, und ebenso gebräuchlich ist die bittere Enttäuschung, die saure Mühe, ein gesalzener Witz usw. Ja es wirkt, wie Knauer und Pelikan in ihrer zitierten Arbeit aufgewiesen haben, was wir schmecken, in hohem Grade ein auf die Erregung der unserem Seelischen eigentümlichen Wechselzustände von Wachen und Schlafen. Alles Süße wirkt auf uns einschläfernd, das heißt so, daß wir uns bewußtseinsverdämmernd der Welt hingeben. Denn der Schlaf ist, wie wir zeigten, die volle Hingabe der Seele an den Kosmos, in welcher sie das Wissen von sich selbst verliert. Im Wachen dagegen zieht sie sich in sich selbst zusammen und entfacht damit zugleich das Bewußtsein von sich. Alles Saure, Bittere wirkt zusammenziehend und damit zugleich bewußtseinssteigernd. Es bedarf darum auch, um ein Bitteres zu schmecken, nur eines geringen Quantums desselben, während, um ein Süßes als solches wahrzunehmen, wesentlich größere Mengen oder stärkere Potenzen desselben nötig sind.

Was nehmen wir daher eigentlich im Schmecken wahr? Wir nehmen Astralisches wahr, aber nicht in seiner ureigenen Welt und Wesenheit, nicht gewissermaßen in freier Form, sondern in seinem gebundenen, verleiblichten Zustand: in derjenigen Region, in der sich Astralisches eben verleiblicht, wenn es sich inkarniert, in der Region des Ätherischen, die im Flüssigen ihren sinnlichen Repräsentanten hat. Obwohl wir also durch den Geschmackssinn in die Sphäre des Flüssig-Ätherischen untertauchen, nehmen wir nicht die Eigenschaft und Eigenbeschaffenheit des Lebendigen wahr, sondern das in ihm verzauberte astralisch-seelische Element. Es darf hier auch darauf hingewiesen werden, daß von den verschiedenen Ätherarten – wie aus der Darstellung der vorangehenden Abschnitte auch ersichtlich ist – der sogenannte chemische oder Tonäther in ganz speziellem Sinne im Wäßrigen wirksam ist, was zur äußeren Offenbarung darin kommt, daß chemische Prozesse nur im flüssigen

Zustande vor sich gehen können. Das Wasser ist die Sphäre der chemischen Wirksamkeiten, und der Chemismus ist die eigentliche Wahrnehmungswelt des Geschmackssinnes. Nun zeigen aber die Zahlenverhältnisse, welche sowohl in den chemischen Verbindungen der Stoffe wie auch zum Beispiel in dem System der chemischen Elemente auftreten und vielfach an *jene* erinnern, die innerhalb der Musik in der Folge der Tonleitern und zwischen den Schwingungszahlen der verschiedenen Intervalle vorhanden sind, daß im Chemismus, allerdings in sehr verborgener Art, eine höhere als bloß die ätherische Welt wirksam ist: nämlich eben die astralische, die wir in einem früheren Abschnitt als das Ursprungsgebiet des Zahlenwesens und auch der Musik (durch die Sphärenharmonie) kennengelernt haben. Und diese Welt ist es eigentlich, die sich in den Geschmackserlebnissen, freilich in ihrer Wirksamkeit innerhalb der Stoffeswelt, offenbart.

Gehen wir nun zum Geruchssinn über, so wirken dessen Wahrnehmungen weniger unmittelbar und vornehmlich auf unser Seelisches, Lust und Unlust erregend, als auf unsern Lebenszustand, indem sie ihn steigern oder herabmindern. Zwar ziehen wir mit Lust den Duft der Rose oder des Veilchens ein; was wir aber besonders an ihm empfinden, ist das Anregende, Belebende, Erfrischende, das er bewirkt. Und wenn wir dem Gestank aus dem Wege gehen, den ein verwesender Leichnam verbreitet, so ist, was uns von ihm abhält, weniger das Widerliche des Geruchs als die herablähmende Wirkung, die er auf unser Befinden ausübt. Wir fühlen uns zum Ekel, zum Erbrechen gereizt. Wir werden dumpf, es wird uns «schlecht», wir können nicht mehr «atmen» usw. Wir nehmen also, obwohl wir nur das Luftige unmittelbar riechen, doch durch den Geruch nicht eigentlich das Astralische wahr, das im Luftigen als solches waltet, sondern die Beschaffenheit des Ätherisch-Belebten. (Für die übersinnliche Erfahrung der Geistesforschung erweist sich in der Tat auch der Geruchssinn in analoger Art dem Lebensäther, dem Bewirker der eigentlichen Lebenserscheinungen, zugeordnet, wie der Geschmackssinn auf den chemischen Äther hinweist.*) Jedoch wir erfassen durch den

* Siehe den Vortragszyklus Rudolf Steiners: Welche Bedeutung hat die okkulte Entwickelung des Menschen für seine Hüllen und sein Selbst? 3. Vortrag.

Geruch das Lebendige wieder nicht in seiner eigenen Sphäre und Wesenheit, sondern in bezug auf das, was es wird, je nachdem, ob es in der einen oder andern Beziehung zum Astralischen steht. Und dies kommt eben darin zum Ausdruck, daß es erst auf irgendeine Weise luftartig werden muß, um riechbar zu werden. Während wir bei dem zu *Schmeckenden* davon zu sprechen hatten, daß eine *Verkörperung* des Astralischen stattfinden müsse, damit es zustande komme, haben wir hier umgekehrt von einer *Entkörperung* zu sprechen, die das Ätherisch-Belebte erfahren muß, damit es *riechbar* werde. Der Geschmack ist daher auch eine Qualität, die sich in dem Wesen, welches sie in sich trägt, einschließt und verbirgt. Er muß erst durch Auflösung desselben in Flüssigkeit aus ihm herausgeholt werden. Der Geruch dagegen ist eine solche, welche von dem Wesen, das sie offenbart, nach außen hin verströmt und ausgebreitet wird. Entsprechend ist auch auf der Seite unserer Wahrnehmungsorganisation der Geruchssinn mehr an der Oberfläche, der Außenwelt sich öffnend, gelegen; das Geschmacksorgan dagegen mehr nach innen und stärker mit den inneren Prozessen verbunden. Die chemischen Vorgänge, die im Geschmack sich offenbaren, haben immer die Tendenz zur Verfestigung oder – wie der mittelalterliche Alchimist gesagt haben würde – zur «Salzbildung»; den Prozessen der Verflüchtigung oder Astralisierung wohnt diejenige zur Verbrennung oder – in der Alchimistensprache – der «Sulphurisierung» inne. Das Wesen des «Salzes» aber erschließt sich unserer Wahrnehmung vor allem durch den Geschmack, dasjenige des «Schwefels» vornehmlich durch den Geruch.*

Nun gibt es ja, im großen und ganzen gesehen, zwei hauptsächliche Arten von Beziehungen, in denen Lebendiges zu Astralischem stehen kann. Die eine ist diejenige, die im allgemeinen im Pflanzenreiche herrscht: sie kennzeichnet sich dadurch, daß das Astralische nicht in das Lebendige selbst eintaucht und sich in ihm verinnerlicht, sondern es von außen umspielt und gewissermaßen aufzehrt. Dieses Aufzehren findet im Pflanzlichen namentlich gegenüber der Blüte statt. Diese entsteht geradezu durch die sogeartete «Astralisierung» der

---

* Vgl. Rudolf Steiner: Geisteswissenschaft und Medizin. Dornach, 21. März bis 9. April 1920. Achter Vortrag (Bibl. Nr. 312).

Pflanze. Anders ist die Beziehung zwischen Lebendigem und Seelischem im Tierreiche. Hier vollzieht sich eine wirkliche Inkarnation des Seelischen in das lebendige Wesen. Diese bewirkt, daß im Tier – sowohl leiblich wie seelisch – ein Innenwesen, eine Innerlichkeit entsteht, die der Pflanze fehlt. Auf der andern Seite ist dadurch aber auch ein Exkarnations- oder Wiederveräußerlichungsprozeß des Astralischen bedingt, der leiblich auf Abbau- oder Todesvorgängen beruht, welch letztere ebenfalls im Pflanzenreiche nicht vorkommen. Die Pflanze kennt, wie schon einmal erwähnt wurde, nicht den Tod, nur die stetige Verwandlung und eine von außen her bewirkte allmähliche Vergeistigung. Sie kennt allerdings andererseits auch nicht Zeugung und Geburt, wie sie im Tierreiche stattfinden und den äußeren Ausdruck der in der Tierentstehung erfolgenden Inkarnation eines Astralischen darstellen. Die Pflanze pflanzt sich nicht in sich und durch sich selbst fort – denn sie hat eben noch kein «Selbst», keine Innerlichkeit –, sondern sie wird von außen durch das Zusammenwirken von Himmel und Erde, wie es sich im Jahreskreislauf entfaltet, fortgepflanzt.

Und der Ausdruck dieser ganzen Verhältnisse, das heißt der selbstlos unschuldigen Hingabe des Pflanzenwesens in der Blüte an das Kosmisch-Astralische, aus dem heraus im Zusammenwirken mit der Erde seine Erneuerung bewirkt wird, der Ausdruck hiervon im Gebiete der Riechbarkeit ist der von der Blüte ausströmende Wohlgeruch. Würde die Pflanze sich so vermehren, wie die moderne Wissenschaft es sich vorstellt: innerhalb ihrer eigenen Wesenheit wie das Tier, so vermöchte ihre Blüte nicht den Duft zu verbreiten, den wir genießen, sondern würde einen ganz anderen Geruch ausströmen. Denn eine Fortpflanzung von Wesen in und durch sich selbst offenbart sich schon für den Geruchssinn auf ganz andere Art. Daß die moderne Forschung in die Pflanze eine tierartige Fortpflanzung hineindeutete, zeigt, daß ihre Vertreter nicht in der Lage waren, in seiner Bedeutung aufzufassen, was dem Geruchssinne der Duft der Pflanze über ihr Wesen enthüllt. Würde der Geruchssinn wirklich *gesprochen* haben, was seine Qualitäten zu offenbaren vermögen, so hätte eine solche Theorie nicht entstehen können. (*Warum* er als unmittelbares Wahrnehmungsorgan nicht sprach, werden wir sogleich weiter unten sehen.)

Einen Übergang zu den Verhältnissen des Tierreiches bilden freilich schon die Giftpflanzen. Bei ihnen umschwebt das Astralische die Blüte nicht nur, sondern dringt bereits bis zu einem gewissen Grade in diese ein. Es findet also eine teilweise Inkarnation statt. Dem Geruchssinn zeigt sich diese Tatsache dadurch an, daß der Duft dieser Pflanzen meist ein betäubend-schwüler ist, ja beinahe schon (wie zum Beispiel beim Aronstab) in Verwesungsgeruch übergeht. «Es ist außerordentlich aufschlußreich, daß im Duft der Narzisse und vieler anderer stark duftender Pflanzen Indol, Skatol und ähnliche Bestandteile in ganz kleiner Dosis sich finden, die eigentlich Ergebnisse der Fäulnis des tierischen Eiweisses sind.» (W. Pelikan: «Natürliche Düfte und ihre Wirkungen. Ein Versuch im Sinne Goethescher Naturbetrachtung». Weleda-Nachrichten Nr. 5).

Das Tier endlich hat das Astralische völlig in sich aufgenommen und zu einer leiblich-seelischen Selbstheit verinnerlicht. Es pflanzt sich daher auch in und durch sich selbst fort. Es bildet erst eine eigentliche Sexualität aus. Und es ist ganz und gar Gattungswesen. Die Exkarnationsprozesse seiner triebhaften Selbstheit, die auch während des Lebens zugleich mit den Inkarnationsprozessen immer in feinem Maße vor sich gehen und im Tode und der auf diesen folgenden Verwesung nur kulminieren, die aber auch gerade mit dem Fortpflanzungsakte in innigem Zusammenhang stehen – sterben doch manche Tiere nach der Begattung! –, sie offenbaren sich der Riechwahrnehmung in dem stinkenden Geruch, der im allgemeinen von den Tieren ausgeht. Und in diesem Geruch weben nun wiederum, die feinsten Nuancen unterscheidend, die Tiere mit ihrem eigenen Riechorgan. Dieses ist für die meisten von ihnen geradezu der wichtigste Sinn. Am Geruch erkennen sie ihren Geschlechtspartner, aber auch das Beutetier, auf das sich ihre Gier richtet.

Es besteht also, wie aus dem Obigen hervorgeht, zwischen dem Pflanzenduft und dem tierischen Gestank, obwohl dieser den Gegenpol zu jenem bildet, trotzdem über die Düfte der Giftpflanzen zugleich ein im Sinne einer Steigerung deutbarer kontinuierlicher Übergang, der durch den Fortschritt des astralischen Inkarnationsprozesses bewirkt wird.

Beim Menschen kommt zur Inkarnation des Astralischen noch

diejenige des Geistigen – in seinem Ich – hinzu. Dieses Geistige ist aber durch das Ereignis, das die Bibel in dem mythologischen Bilde des «Sündenfalles» schildert, unter die Herrschaft des Astralischen geraten. Eine Folge dieses Falles war die Entstehung derjenigen Art der leiblichen Fortpflanzung, die noch heute besteht.* Eine andere Folge war die Verdunkelung eines ursprünglichen Erlebens der geistigen Welt und die allmähliche Ausbildung des heutigen an das Gehirn gebundenen Verstandes. Beide stehen miteinander in einem tiefen Zusammenhang. Die Verwandlung einer ursprünglichen Art der Fortpflanzung in die spätere deutet der mosaische Bericht in dem Bilde vom Verluste des «Lebensbaumes», die Erwerbung des physischen Erdenverstandes in demjenigen vom Genuß der Früchte des «Erkenntnisbaumes» an. Dieser Verstand, der also durch die Oberhand der Astralität über das Ich charakterisiert ist, spielt nun beim Menschen eine ähnliche Rolle wie das Geruchsorgan beim Tiere. Es ist eigentlich ein höheres, feineres, umgebildetes Geruchsorgan. Wie das Tier mit seiner Nase, so schnüffelt der Mensch mit diesem Verstande in der physischen Welt herum. «Gescheit sein», sagt Rudolf Steiner in seinem Vortragszyklus «Mysterienwahrheiten und Weihnachtsimpulse» (3. Vortrag), «im Sinne des materialistischen Gescheitseins heißt eigentlich: denjenigen Teil seines Gehirns gut umgebildet zu haben, der bei niederen Wesen, den Tieren, der Nase angehört. Es heißt eigentlich nur: einen guten kombinierenden Spürsinn zu haben ... Für den physischen Plan scharfsinnig sein heißt eigentlich, einen besonderen ins Menschliche umgesetzten, ausgebildeten Geruchssinn zu haben, heißt, die Dinge besonders beschnüffeln zu können in wirklichem Sinne; so daß in gewissem Sinne die physische, auf kombinatorischem Wege entstandene Wissenschaft das Ergebnis der menschlichen Schnüffelei auf dem physischen Plane ist – ganz im wörtlichen Sinne zu verstehen.» Aber auch der Geruchssinn selber unmittelbar als solcher steht in einer intimen Beziehung zu dem niederen, egoistisch-irdischen Selbst, das der Mensch im Gefolge des Sündenfalles ausgebildet hat. Das Bewußtsein von diesem Selbst beruht auf der Fähigkeit der Erinnerung. Für diese bedeutet aber der

* Siehe Rudolf Steiners «Geheimwissenschaft».

Geruchssinn eine wichtige Stütze. Gerüche lassen oftmals längst Vergangenes und Vergessenes im Gedächtnis wieder aufsteigen. Der Mensch kann nun gewissermaßen die Zügel seines Ich, durch die er die Triebe seines Astralischen lenken und läutern sollte, schleifen lassen und sich hemmungslos der Begierden- und Leidenschaftsnatur seines Astralischen ausliefern. Er sinkt dann immer mehr zur Stufe des Tierischen herab. Ein Bild eines so gefallenen Menschen- oder Engelwesens haben ältere Zeiten in der Gestalt des Teufels gemalt. Er ist gierig, schamlos, unkeusch; seine Vertiertheit kommt darin zum Ausdruck, daß ihm Bockshörner, Schwanz und Pferdefuß wachsen. Und er verbreitet um sich den «Gestank der Hölle» als das Kennzeichen eines von ungehemmter egoistischer Triebhaftigkeit beherrschten Organismus.

Der Mensch kann aber auch den umgekehrten Weg einschlagen: er kann danach streben, von seinem Ich her die Astralität immer mehr in seine Gewalt zu bringen, sie zu bändigen, zu reinigen und zu durchgeistigen. Dann wird er in erkenntnismäßiger Beziehung lernen, seinen schnüffelnden Verstand immer mehr zurückzuhalten. Anstelle dieses niederen vermag sich dadurch ein höheres Denken zu entwickeln. Während jenes in verfeinerten, umgebildeten Geruchserlebnissen webte, leben in diesem die weiter zurückliegenden Imaginationen zum Beispiel des Gesichtssinnes auf. In dem zuletzt erwähnten Vortragszyklus schildert Rudolf Steiner, wie erst von diesem Gesichtspunkte aus die eigentliche Bedeutung zum Beispiel solcher naturwissenschaftlichen Erkenntnisbestrebungen verständlich wird, wie sie Goethe verfolgt hat. «Das reine Anschauen, das ist dasjenige, was Goethe gesucht haben will. Und den Verstand wollte er nur dazu benützt haben, um die Phänomene so zusammenzustellen, daß sie selbst ihre Geheimnisse aussprechen. Goethe wollte eine hypothesenfreie, eine von Verstandeskombination freie Naturforschung haben. Das liegt auch seiner Farbenlehre zugrunde. Man hat gar nicht verstanden, um was es sich bei diesen Dingen handelt. Denn Goethe wollte, daß der kombinierende Verstand sich zurückhalte von dem Kombinieren über Sinneswahrnehmungen, daß er einen andern Weg nehme. Goethe wollte mit andern Worten den kombinierenden menschlichen Verstand auch für die Naturforschung jungfräulich machen; er wollte ihm das Unkeusche, nur ein umgewandeltes Geruchsorgan zu sein, nehmen, das er im Grunde genommen dadurch hat, daß er den Sündenfall begangen hat.» Und über den Unterschied zwischen diesem höheren und jenem niederen Denken sagt er an späterer Stelle: «Im Gehirn liegt hinter der Vorderhirn-Sphäre, die im wesentlichen umgearbeitetes Geruchsorgan ist, die Seh-Sphäre. Umgearbeitet benützt er diese, indem er kombiniert ... Würde er sein Vorderhirn ausschalten und denken mit der Vierhügel-Partie, mit der Seh-Partie, da wo sie einmündet in das Gehirn, dann würde er Imaginationen haben.» In moralischer Beziehung kann der Mensch es dazu bringen, seine Astralität bis zu der Reinheit und Selbstlosigkeit zu läutern, die noch derjenigen eigen ist, welche die Pflanze umspielt und aus ihr die duftende Blüte hervorzaubert. Er kann dadurch den Tod in sich immer mehr überwinden und unter der Hülle des sterblichen Leibes den der Auferstehung in sich erbilden. Anstelle der Gerüche der Verwesung strömen dann die Düfte der Unverweslichkeit von ihm aus. Er erlangt, was man genannt hat: den «Geruch der Heiligkeit».

*

In ähnlicher Art, wie wir ein Verhältnis der Überkreuzung von Geschmacks- und Geruchssinn aufgewiesen haben, besteht ein solches nun auch zwischen *Seh-* und *Wärmesinn*. Es ist zwar die Lichtwelt, der wir durch das Auge verbunden sind, an sich eine höhere, geistigere Region als die Wärmewelt. Wir haben aber schon bei der Besprechung von Goethes Farbenlehre darauf hingewiesen, daß wir durch den Sehsinn nicht das Licht selbst wahrnehmen, sondern nur sein Zusammenspiel mit der Finsternis, das in der Farbenwelt erscheint. Wir schauen nicht das Licht, sondern nur die Farben, die – wie Goethe sagt – alle dem Schattenden angehören. Und da, wo uns annähernd reines Licht in der Wahrnehmungswelt entgegentritt: in der Sonne, da zerstört es uns das Auge, wenn wir ihm dieses unmittelbar und für längere Zeit aussetzen. Die Blendung, welche die Sonne in unserem Auge bewirkt, zeigt, daß dieses nicht für die Wahrnehmung des reinen Lichtes geschaffen ist. Die Farbenwelt in ihrer Mannigfaltigkeit aber erregt – wie Goethe so schön gezeigt hat – in unserer Seele ebenso mannigfaltig verschiedene Gefühle: Heiterkeit und Trauer, Andacht und Feierlichkeit, Nüchternheit und Inbrunst. So ist die Farbenempfindung ein durchaus seelisch-gefühlsmäßiges Erleben. Daß wir in die Welt, die zwischen Licht und Finsternis sich bewegt, vornehmlich mit dem seelischen Teil unseres Wesens eingeschaltet sind, bezeugt auch die Tatsache, daß dem Wechsel von Tag und Nacht, der ja vorzugsweise einen solchen von Helligkeit und Dunkelheit darstellt, in unserm Innern derjenige von Wachen und Schlafen zugeordnet ist. Diese Wechselzustände machen aber den Lebensrhythmus unseres Seelischen aus.

Anders ist unser Verhältnis zur Wärme geartet. Diese schließt sich zwar als objektive Weltenzone unterhalb an diejenige des Lichtes an. Aber ihr Erleben ist ein geistigeres als das der Farbenwelt. Es nähert sich schon jener Art von Unbewußtheit, wie sie den Wahrnehmungen der oberen Sinne eigen ist. Unser Verhältnis zur Wärmewelt kommt ja vor allem in demjenigen zum Kreislauf der Jahreszeiten zum Ausdruck. Denn dieser ist ebenso vornehmlich ein Wechsel von Wärme und Kälte, wie der Tageslauf sein solcher von Licht und Finsternis ist. Der Jahreslauf aber hat zu seinem «sinnlich-sittlichen» Gegenstück in unserm Innern einen rhythmischen Wandel in der Art, wie unser *Ich* zur Welt steht – einen Wandel, der sich daher vor allem innerhalb des Gedankenlebens zeigt. Die Wärme des Sommers läßt das Ich in einem zwar umfassenderen, aber das Gedankenleben abdämpfenden Bewußtsein sich gleichsam über die Welt ausbreiten. Die Kälte des Winters veranlaßt es, sich in sich zu konzentrieren und in einem für gedankliche Konzeptionen empfänglicheren, helleren Bewußtsein sich selbst zu erleben. Man könnte daher auch hier zwar von einer Art Wechselszustand von Wachen und Schlafen sprechen. Dieser Rhythmus vollzieht sich aber eben in einer tieferen, innerlichen Schicht unseres Wesens als der tägliche Wechsel dieser beiden Zustände. Er spielt darum auch bis zu einem gewissen Grade in das moralische Gebiet hinüber. Es ist jenes «Einschlafen» des Ich, das im Frühling sich vollzieht, vielfach mit Depressionen verbunden (daher in dieser Jahreszeit zum Beispiel die meisten Selbstmorde geschehen), mit dem Verlieren des moralischen Haltes, mit einem Lässigwerden in der Erfüllung seiner Pflichten – wie umgekehrt das

«Erwachen» im Herbste in der Regel mit einem innern Zusichselbstkommen, einem moralischen Aufschwung, einem festen Ergreifen seiner Lebensaufgabe einhergeht. Man wird auch im einzelnen bemerken, wie das richtige Verhalten gegenüber Wärme und Kälte ebensosehr eine moralische wie eine physische Angelegenheit ist. Ob eine an uns herandringende Kälte zu einer «Erkältung» führt oder nicht, hängt auch davon ab, ob wir sie aus Zerstreutheit, Unaufmerksamkeit, mangelnder Selbstbehauptung, «in uns eindringen» lassen oder ob wir imstande sind, uns genügend gegen sie innerlich zusammenzuhalten. Man kann sich nach dieser Richtung hin durchaus «abhärten», was ja auch vielfach, wenngleich nicht immer in sinnvoller Art, geübt wird. Umgekehrt kann man es dahin bringen, höhere Grade von Hitze zu ertragen, ohne zu «verschmachten», in dem Maße, als man es vermag, auch in der Ausdehnung und Abdämpfung, welche die Wärme mit unserem Ich bewirkt, das Bewußtsein desselben voll aufrechtzuerhalten.

FÜNFTES KAPITEL

Die oberen Sinne

A. Das Problem der oberen Sinne

Im zweiten Kpitel hatten wir die Unterschiede zwischen den drei Gruppen der menschlichen Sinne dahin bestimmt, daß wir durch die «unteren» unsere eigene Leiblichkeit in vierfach verschiedener Weise wahrnehmen, durch die «mittleren» die uns umgebende Natur in ihren mannigfaltigen Qualitäten und durch die *«oberen»* die *spezifisch menschlichen Wesensäußerungen unserer Mitmenschen*. Denn die Musik, die wir durch den Gehörsinn auffassen (welcher als Vermittler des Musikalischen den Übergang zu den oberen Sinnen bildet), käme, wie wir schon bemerkten, ohne den Menschen nicht zur sinnlichen Offenbarung. Sie ist, sofern sie in der Sinneswelt erklingt, eine rein menschliche Schöpfung. Dasselbe gilt von der Sprache, die wir als solche durch den Sprachsinn wahrnehmen. Auch sie existierte ohne den Menschen nicht in der Sinnessphäre. Abermals dasselbe ist von der Welt der Gedanken zu sagen, deren Erfahrung uns der Denk- oder Gedankensinn vermittelt. Unter allen im sinnlichen Felde erscheinenden Wesen besitzt allein der Mensch die Fähigkeit, Gedanken zu produzieren und zu äußern. Und schließlich gilt das gleiche vom menschlichen Ich selber, das wir mittels des Ich-Sinnes wahrnehmen. Der Mensch ist das einzige Ich-Wesen, das unmittelbar als solches den physisch-sinnlichen Plan betritt. In der Offenbarung seines Ichs enthüllt sich sein innerstes Wesen.

Nur also was *Wesens*äußerung des Menschen ist - das sei im Interesse vollkommener Klarheit nochmals betont -, wird durch die oberen Sinne wahrgenommen. Nicht dagegen das, was Natur an ihm ist. Dies erfahren wir selbstverständlich ebenso durch die mittleren Sinne wie die Natur, die außerhalb seiner liegt. Seinen Körper, insofern dieser ein Glied der Körperwelt, ein Stück Natur ausmacht, nehmen wir selbstverständlich durch den Gesichtssinn und die an diesen sich anschließenden Erlebnisse der unteren Sinne wahr. Insofern aber durch die Haltung, die Gesten usw. dieses Körpers das Ich des Menschen sich offenbart, gesellt sich zur Gesichtswahrnehmung diejenige durch den Ichsinn hinzu.

Nun haben wir aber die Unterschiede zwischen den drei Sinnesgruppen mehrfach noch in anderer Weise charakterisiert. Wir sagten: Unmittelbar nehmen wir zwar durch die unteren Sinne nur unsern eigenen Leib wahr, mittelbar dagegen auch das Leiblich-Physische, das außer uns sich befindet. Kurz: wir erfahren alles rein Leiblich-Physische in der Welt (Gewicht, Form, Bewegung, räumliche Lage usw.) teils direkt, teils indirekt durch die unteren Sinne. Was hingegen die mittleren Sinne uns überliefern: Gerüche, Geschmäcke, Farben, Wärmeverhältnisse usw., gehört nicht der Welt des rein Physischen an. Wir bezeichneten es vielmehr als den Abglanz der seelischen Welt in der physischen. Zwar ist das Zustandekommen dieses Abglanzes jedesmal an bestimmte rein physische Zustände und Vorgänge (Bewegungen usw.) geknüpft. Was aber darin «erglänzt», ist selbst nicht mehr physisch. Die Gegenstände der oberen Sinne endlich bezeichneten wir als Offenbarungen der eigentlich geistigen Welt innerhalb der sinnlichen. Diese Kennzeichnung stimmt mit ihrer zuerst gegebenen vollkommen überein. Denn wenn der Mensch, wie wir sagten, in Musik, Sprache, Gedankenmitteilung usw. sein spezifisch menschliches Wesen zum Ausdruck bringt, so offenbart er darin zugleich verschiedene Wirksamkeiten der geistigen Welt. Denn das, was ihn über die bloßen Naturgeschöpfe erhebt und zum Menschen macht, liegt ja eben darin, daß er in seinem inneren Kerne wesensgleich ist den schöpferischen Mächten der göttlich-geistigen Welt. Man könnte darum auch umgekehrt sagen: indem er in Musik, Sprache usw. Tatsachen der geistigen Welt im Sinnlichen zur Offenbarung bringt, enthüllt er damit zugleich verschiedene Betätigungen seines eigenen schöpferischen Wesens. Dies ist in der Tat, wie wir auch bereits bemerkten, das Geheimnis von Musik, Sprache, Gedankenproduktion usw., daß sie niemals rein psychologisch (als Äußerungen der Leidenschaft, der Lust, als Abwehr oder Nachahmung äußerer Eindrücke, und was dergleichen geistreiche Theorien mehr sind), sondern nur «pneumatologisch», das heißt als Hervorbringungen des im Menschen wirkenden und mit seinem Wesen identischen schöpferischen Geistes verstanden werden können.

Vergegenwärtigen wir uns noch einmal: Was bedeutet eigentlich die Wahrnehmungstheorie, wie sie von der modernen Forschung (Physiologie, Psychologie, Erkenntnistheorie) insbesondere im neunzehnten Jahrhundert ausgebildet wurde und auch heute noch weitgehend vertreten wird, gegenüber den wirklichen Tatbeständen, die auf den drei Hauptgebieten der menschlichen Sinneswahrnehmung vorliegen?

In der Zone der unteren Sinne werden von ihr zwar die Gegenstände der Wahrnehmung: die rein physisch-leiblichen Eigenschaften der Welt bejaht, jedoch die ihnen entsprechenden Sinneserfahrungen noch keineswegs in zureichender Art dargestellt. Zwar werden, wie wir erwähnten, die unteren Sinne bereits seit einiger Zeit in gewisser Weise aufgezählt und beschrieben; aber deren Beziehungen zu den rein physischen Qualitäten der Außenwelt noch nicht richtig gesehen. Dadurch aber wird der Charakter dieser *Qualitäten* verfälscht. Wir erfahren ihn nach der Meinung der Wissenschaft nicht auf dem Wege der (wenn auch indirekten) Wahrnehmung, sondern erschließen ihn bloß im Verfolge bestimmter gedanklicher Erwägungen. Anstelle der Eigenschaft der Wahrnehmbarkeit wird ihnen diejenige der Unwahrnehmbarkeit zugeschrieben. «Überall», um nochmals Theodor Ziehens «Leitfaden der physiologischen Psychologie» (S. 278) zu zitieren, «ist uns nur die psychische Reihe der Empfindungen und ihrer Erinnerungsbilder gegeben; und es ist nur eine universelle Hypothese, wenn wir zu dieser psychischen Reihe eine zu ihr in kausalem Verhältnis stehende materielle Reihe annehmen. Über die Berechtigung dieser Hypothese entscheiden die Erkenntnistheorie und Metaphysik, wofern es eine solche gibt. Wichtig ist für uns nur der Satz selbst, daß die materielle Reihe nicht gleich ursprünglich mit der psychischen Reihe gegeben ist. Nur letztere ist empirisch gegeben, die erstere ist erst erschlossen.»

Gerade umgekehrt liegen die Verhältnisse auf dem Gebiete der mittleren Sinne. Hier läßt man zwar die Sinne gelten – die man als die «fünf Sinne» aufzählt und beschreibt –, spricht aber ihren Gegenständen, den sogenannten «sekundären Qualitäten», die äußere Existenz ab. Dadurch jedoch verfälscht man hier das Wesen der *Sinne*. Denn ein «Sinn», der dasjenige, was er unserem Erleben nur zu übermitteln vorgibt, in Wirklichkeit gar nicht von außen empfängt, sondern selbstschöpferisch erst hervorbringt, ist eben kein Sinn, das heißt kein Wahrnehmungsorgan. Es gibt freilich Gelehrte, die den logischen Salto mortale zuwege bringen, die Sinne gerade deshalb für besonders geeignet zu halten, uns über die Außenwelt zu unterrichten, weil sie uns über deren wahre Gestalt – belügen. So lesen wir im «Lehrbuch der Anatomie und Physiologie der Sinnesorgane» von *Adolf Fick* (1864): «Man kann das Nachaußensetzen der Empfindungen einen Irrtum nennen. Gerade aber dieser Irrtum macht die Sinne erst zu recht brauchbaren Werkzeugen, von den Vorgängen der Außenwelt Kenntnis zu nehmen, was ja ihr Zweck ist. Der gedachte Irrtum nämlich setzt die erzogene Seele instand, in einer Empfindung ein äußeres Ding anzuschauen, ohne daß erst eine Abstraktion von der doch eigentlich in Wirklichkeit subjektiven Natur der Empfindung notwendig wäre.»

Wiederum anders und am schlimmsten liegen die Dinge im Bereich der oberen Sinne. Hier wird – abgesehen von einzelnen Vorstößen zu neuen Auffassungen – ein Feld spezifischer Wahrnehmungsgegenstände und das Vorhandensein von entsprechenden Sinnen überhaupt noch nicht gesehen. Denn von einem Wort- oder Gedankensinn ist in den herrschenden Wahrnehmungstheorien noch keine Rede, und die Gegenstände derselben: die durch den Menschen geschehenden Offenbarungen der Geistwelt, werden von der modernen Forschung ebensowenig als objektive Phänomene der Sinneswelt anerkannt wie der durch die Natur selbst zustandekommende Abglanz der Seelenwelt. Bedürfen doch auch die ersteren zu ihrem Erscheinen in ganz gleicher Weise wie der letztere bestimmter rein physischer Vorgänge als ihrer Vehikel. Ein musikalischer Ton oder ein Sprachlaut kommt ebenso wie irgendein Naturgeräusch zum sinnlichen Erklingen nur durch bestimmte Bewegungen der Luft, wenn auch diese Bewegungen in beiden Fällen ganz verschieden sind. Die neuere Forschung läßt aber in jedem Falle *nur* die Luftbewegungen als objektive Tatsachen gelten. Und so gibt es für sie ganz ebenso, wie sie kein Licht und keine Farben in diesem Sinne kennt, auch keine

Musik und keine Sprache als Bestandteile der objektiv wirklichen Welt. Und da diese für sie als objektive Phänomene nicht existieren, so hat sie naturgemäß auch keine Veranlassung, ihnen entsprechende eigene Wahrnehmungsorganisationen im Menschen anzunehmen. Was aber geschieht im Grunde eigentlich durch diese Wahrnehmungstheorie? Dadurch, daß sie die Objektivität der Qualitäten der mittleren Sinne leugnet, raubt sie der Natur das, was deren eigentliches Leben, deren Seele ausmacht. Dieses durch die Qualitäten der äußeren Sinne (Licht, Wärme, Duft, Geschmack usw.) sich offenbarende Seelische der Natur hatten, wie wir im vorangehenden Kapitel sahen, einstmals auf einem älteren Wege die Orientalen durch die Yoga-Schulung gesucht. Aber auch die Griechen kannten es noch: von ihm sprachen sie, wenn sie von der Göttin «Persephone» sagten, daß sie immer wieder im Frühling in die obere Welt heraufsteige, um die erwachende Natur zu durchseelen, und mit deren Hinwelken im Herbste in den Hades zurückkehre. Ja, selbst die Naturforscher des früheren Mittelalters verehrten noch die *Göttin «Natura»*, von der sie behaupteten, daß sie sich durch den Schleier der Sinnesqualitäten offenbare, wenn der Mensch sein seelisches Auge für ihre Wahrnehmung erschließt. Eine Beschreibung ihres Wesens und Wirkens findet sich zum Beispiel in dem «Tesoretto» des Brunetto Latini, des Lehrers Dantes.* Durch eigenartige Schicksalsumstände wurde dieser einer besonderen «Einweihung» in ihre Geheimnisse teilhaftig. Als den eigentlichen Eintritt in ihr Reich schildert er in der Tat den Durchgang durch die Welt der objektiven Sinnesqualitäten. Diese enthüllten sich ihm – im Sinne des Goetheschen Wortes, daß «das Auge am Lichte fürs Licht gebildet sei» – auch zugleich als Kräfte, die in der Bildung der menschlichen Sinnesorgane tätig sind.

Indem die moderne Wahrnehmungstheorie die Objektivität dieser Qualitätenwelt verneint, löscht sie also die eigentliche «Natur» in der Natur aus. Denn das rein Physische (die «primären Qualitäten») ist in Wahrheit nur deren körperliches Kleid, für sich allein genommen nur deren Leichnam. Und weil diese eigentliche «Natur» in der Natur zu-

* Vgl. Rudolf Steiners Vortrag «Brunetto Latini», Goetheanum 1927, S. 289 ff., ferner G. Wachsmuth: «Bilder und Beiträge zur Mysterien- und Geistesgeschichte» S. 225 ff.

gleich die Bildnerin der (mittleren) Sinne ist, darum muß diese Theorie mit der Auslöschung der ersteren zugleich das Wesen und die wahre Funktion der letzteren verkennen. So stempelt sie die Sinne zu Lügnern, indem sie von ihnen behauptet, sie erschüfen erst diese «Natur».

Auf dem Gebiete der oberen Sinne, so sagten wir, weiß diese Theorie nicht einmal von der *Existenz* weder der Gegenstände noch der ihnen entsprechenden Organe des Wahrnehmens. Dieses doppelte Nichtwissen trifft hier ausschließlich den Menschen. Denn er ist an diesen Verhältnissen nicht nur als Wahrnehmender, sondern auch als Hervorbringer der Wahrnehmungsgegenstände beteiligt. Und das, was er in diesem Hervorbringen betätigt, ist gerade sein spezifisch menschliches Wesen. Indem man die objektive Realität von Sprache, Musik usw. leugnet, löscht man also gerade so das eigentlich «Menschliche» im Menschen aus, wie man durch die Versubjektivierung der Qualitäten der mittleren Sinne die «Natur» in der Natur ertötet. Man spricht all dem die Existenz ab, was den Menschen erst zum Menschen macht: seinem geistig-schöpferischen Wesen und damit der durch dieses sich vollziehenden Offenbarung der geistigen Welt in der physischen, welche den Inhalt aller menschlichen Kultur und Kulturgeschichte ausmacht. Und es wird andererseits dadurch, daß man die den genannten Phänomenen entsprechenden Sinne nicht kennt oder anerkennt, dem Menschen ein Teil seiner Wahrnehmungsorganisation abgesprochen. Er wird also in doppelter Weise gekränkt: als Schaffender und als Erkennender. Kurz: man gerät durch die heutige naturwissenschaftliche Auffassung dieses Tatsachengebietes in Gegensatz zu den fundamentalsten Tatbeständen des menschlichen Daseins. Es gibt allerdings – wie wir im zweiten Kapitel gezeigt haben – gewisse in der Beschaffenheit der oberen Sinneswahrnehmungen liegende Gründe, die verstehen lassen, warum man auf diesem Gebiete bisher keine selbständigen Wahrnehmungsphänomene und -organe aufgefunden hat. Aber der Widerspruch, in den man sich durch dieses Nichtfinden mit allen Wirklichkeiten des menschlichen Lebens setzt, wird dadurch doch um nichts gemindert.

Werfen wir daher hier nur einen ganz kurzen Blick auf einige charakteristische Auffassungen, die auf diesem Gebiete in neuerer Zeit hervorgetreten sind. Für das Musikalische findet man eine bestimmte «Wahrnehmungstheorie» zum Beispiel in *Helmholtz'* «Lehre von den Tonempfindungen» dargestellt. In Wirklichkeit ist diese aber eine solche gar nicht. Denn es wird von ihr das Musikalische nicht als etwas betrachtet, das abgesehen von den Luftschwingungen, die sein Vehikel in der physischen Welt sind, noch eine selbständige objektive Realität habe und als solche im musikalischen Erleben erfaßt würde. Vielmehr ist das objektive Reale, das wahrgenommen wird, nach Helmholtz die Luftbewegung, und der Ton ist nur die spezifische Form, in welcher der Sinn des Ohres – nach Johannes Müllers Gesetz von den spezifischen Sinnesenergien – die Luftbewegung perzipiert. «Dieselben Sonnenstrahlen, welche vom Auge als Licht empfunden werden, empfinden die Nerven der Hand als Wärme, dieselben Erschütterungen, welche die Hand als Schwirren empfindet, empfindet das Ohr als Ton» (S. 221). Es ist also bei Helmholtz von der wirklichen Musik in Wahrheit gar nicht die Rede. Er kommt an die eigentliche Welt des Musikalischen gar nicht heran. Ja, er übermüllert sogar noch Johannes Müller, indem er innerhalb des Gehörorgans selbst wieder die Empfindung der verschiedenen Tonhöhen und Klangfarben an die spezifischen Energien einzelner Nervenfasern geknüpft denkt. «In physiologischer Beziehung ist hier noch zu bemerken, daß durch diese Annahme die verschiedene Qualität der Gehörempfindung nach Tonhöhe und Klangfarbe zurückgeführt wird auf die Verschiedenheit der Nervenfasern, welche in Erregung versetzt werden. Es ist dies ein Schritt ähnlicher Art, wie ihn in einem größeren Gebiete Johannes Müller durch seine Lehre von den spezifischen Energien der Sinne getan hat. Er hat nachgewiesen, daß der Unterschied der Empfindungen verschiedener Sinne nicht abhängig ist von den äußeren Einwirkungen, welche die Empfindung erregen, sondern von den verschiedenen Nervenapparaten, welche sie aufnehmen ... Dasselbe tut die Hypothese, auf welche uns unsere Untersuchung der Klangfarbe geführt hat, für das Gehör. Die Verschiedenheiten der Qualität des Tones, nämlich Tonhöhe und Klangfarbe, werden zurückgeführt auf die Verschiedenheit der empfindenden Nervenfasern, und für jede einzelne Nervenfaser bleiben nur die Unterschiede der Stärke der Erregung übrig» (S. 220f.).

Grundsätzlich auf demselben Standpunkt wie Helmholtz steht *Carl Stumpf* in seiner «Tonpsychologie», wenn er auch die Empfindung der Klangfarbe, das Erleben von Konsonanz und Dissonanz im einzelnen etwas anders erklärt als jener. Anstelle der spezifischen Energien der einzelnen Nervenfasern setzt er «spezifische Synergien». Zu einer andern Auffassung der musikalischen Phänomene regte erst *Chr. v. Ehrenfels* durch seine Schrift über «Gestaltqualitäten» (1890) an, in welcher er auf die «Melodiegestalten» aufmerksam machte, die wir im musikalischen Erleben wahrnehmen. Die von seinen Schülern *M. Wertheimer* und *W. Köhler* begründete (schon früher erwähnte) «Gestalttheorie» suchte, ausgehend von diesen Anregungen, dann freilich das Gestaltelement ganz allgemein in den Wahrnehmungen unserer äußeren (mittleren) Sinne als selbständige Empfindungsqualität aufzuweisen. Als ein Musterbeispiel solcher selbständiger Gestaltqualitäten wurde aber innerhalb dieser Theorie immer gerade die «Melodiegestalt» geltend gemacht. Wir erwähnten nun früher ebenfalls schon, wie in diesen Bestrebungen zuerst die Aufmerksamkeit auf das durch die unteren Sinne erfolgende Wahrnehmungserleben wach wurde. Und es kann in der Tat kein Zweifel darüber bestehen, daß mit den Wahrnehmungen des Gehörssinns, insofern er zu den mittleren Sinnen gehört, ganz ebenso wie mit denen der anderen Sinne aus dieser Gruppe, immer auch Wahrnehmungen der unteren Sinne ausgelöst werden. Doch beziehen sich diese nicht nur auf das eigentlich Musikalische, sondern auch auf die räumliche Herkunft, Stärke usw. der Töne. Für das Musikalische als solches muß das Ohr als einer der oberen Sinne und nach denjenigen Eigenschaften beurteilt werden, die es mit dem Wort- und Gedankensinn gemeinsam hat. (Wir werden im nächsten Abschnitt zeigen, daß allerdings eine gewisse Verwandtschaft zwischen Qualitäten der unteren und solchen der oberen Sinne dennoch vorhanden ist, jedoch im Sinne einer Metamorphose, einer «Umstülpung» vom Äußerlich-Räumlichen ins Zeitlich-Seelische. Ferner kommt in Betracht, daß im künstlerischen Erleben überhaupt ein viel intensiveres Zusammenwirken der verschiedenen Sinne stattfindet als im außerkünstlerischen. Und im eigentlich Musikalischen haben wir es ja immer mit einem ästhetischen Erleben zu tun. Insofern ist natürlich ein «Gestalterleben» in künstlerischer Bedeutung immer mit dem musikalischen Erleben verknüpft.) Innerhalb der Musikwissenschaft selbst hat erstmals *Ernst Kurth* in seiner «Musikpsychologie», vom Gesichtspunkt der Gestalttheorie aus, das musikalische Wahrnehmen als ein solches von Tongestalten gekennzeichnet und damit dem Tonelement als sinnlichem Gebilde eine gewisse Realität zuerkannt. Der eigentlich *bildhafte* (eidetische) Charakter, der den musikalischen Phänomenen als solchen eines der oberen Sinne zukommt, wurde erst von *Donald Brinkmann* in seinem (schon erwähnten) Vortrag über «das Wesen des musikalischen Gegenstandes» betont. Er rückt, von der phänomenologischen Betrachtungsweise herkommend, die musikalischen Phänomene in die Nachbarschaft derjenigen des Wort- und des Gedankensinnes, überträgt aber das für die oberen Sinne Gültige in unzulässiger Weise auch auf die mittleren und kommt so zu einer unhaltbaren Parallelisierung der Gehörs- und Gesichtswahrnehmungen.

Gehen wir nun zu den Gegenständen des Sprach- und des Gedankensinnes über. Wie bereits erwähnt, liegen gewisse Ansätze zur Betonung und Beschreibung eines Wahrnehmungserlebens auf diesem Gebiete heute vor allem innerhalb der phänomenologischen Forschung vor. In der landläufigen Psychologie freilich wird die Perzeption dieser Phänomene noch nicht als ein Akt äußerer Wahrnehmung, sondern als ein rein inner-seelisches Erlebnis betrachtet, dessen Zustandekommen man in der Regel durch eine im Unbewußten verlaufende und zur Gewohnheit gewordene Schlußfolgerung erklärt. «Das Material der Sprachwissenschaft besteht», so schreibt *Fritz Mauthner* in seinen «Beiträgen zu einer Kritik der Sprache» (Bd. II, S. 8ff.), «aus mechanischen Erscheinungen, aus Bewegungen, welche von den motorischen wie von den sensiblen Nerven des Gehirns zugleich als Erinnerungszeichen mit andern Vorstellungen assoziiert werden ... Der Schall der Sprache gehört ohne Frage zur Naturwissenschaft. Dieser Schall erweckt in uns tausenderlei Gefühle, Stimmungen, Erinnerungen; die heitere und traurige Welt unserer Erfahrung baut sich mit Hilfe dieses Schalles noch einmal vor uns auf. Was da in uns vorgeht, das nennen wir die Tätigkeit unseres Geistes, weil wir die Natur dieses Vorgangs nicht kennen ... Für uns ist also die Frage, ob die Untersuchung der menschlichen Sprache zu den Natur- oder den Geisteswissenschaften gehöre, eine Phrase... Für uns ist die gesamte Sprachwissenschaft ein Kapitel der Psychologie.» Eine ähnliche Situation liegt schließlich hinsichtlich der Erfahrung des andern Ich vor. Es ist geradezu zu einem Dogma der modernen Psychologie geworden, daß «Fremdseelisches» unserer unmittelbaren Erfahrung nicht gegeben sei. Wir nehmen daher zum Beispiel von andern Menschen bloß die körperliche Erscheinung wahr. Und deren «Iche» sind – je nach den verschiedenen Theorien, die hier nun aufgestellt wurden – lediglich Inhalt entweder eines «Glaubens», einer «Annahme» oder eines «Analogieschlusses» oder einer «Einfühlung». Diese seelischen Akte aber, die da von den verschiedenen Theorien in verschiedener Deutung hypostasiert werden, sollen zustande kommen auf Grund der Ähnlichkeit, die sich zeigt zwischen den Wahrnehmungen der körperlichen Erscheinung der andern Menschen und den durch diese erfolgenden Bewegungen und der Erscheinung dessen, was wir in unserer eigenen Leibesform und Gestik als den Ausdruck unseres eigenen Seelenlebens wahrnehmen.

Nun wird allerdings nicht allein durch diese mit der naturwissenschaftlichen Außenweltsauffassung zusammenhängenden Wahrnehmungstheorien, oder besser gesagt: Nichtwahrnehmungs-Theorien, der Mensch seines Menschentums entkleidet. Sondern es geschieht dasselbe auch durch die rein psychologische Forschung, insofern sie am Ende des neunzehnten Jahrhunderts zum Beispiel in *Wilhelm Wundt* zu einer «Psychologie ohne Seele» geworden war. Und es wird, von *dieser* her gesehen, durchaus verständlich, daß etwa eine Ich-Wahrnehmungslehre nicht entstehen oder wenigstens nicht zur Anerkennung gelangen konnte. Denn wenn man schon aus rein psychologischen Untersuchungen heraus zur Ableugnung eines gegenüber der Leiblichkeit selbständigen Seelenwesens geführt wurde, wie hätte man da auf eine Wahrnehmungsorganisation für ein solches «in Wirklichkeit doch gar nicht vorhandenes» Seelenwesen stoßen sollen? Wie absurd auch die Theorien von der Annahme fremder Iche werden mußten, zu denen man dadurch gedrängt wurde, es blieb einem doch nichts anderes übrig, als zu solchen oder ähnlichen Erklärungen seine Zuflucht zu nehmen! Aber im Grunde braucht man nicht einmal eine so extrem zugespitzte Lehre wie die

Wundtsche hierfür verantwortlich zu machen. Denn in Wahrheit wird durch die *gesamte* Auffassung des Menschen, wie sie die neuere Forschung allmählich ausgebildet und für welche sie sich zum Beispiel in der Darwin-Haeckelschen Deszendenzlehre nur eine entwicklungsgeschichtliche Fundierung geschaffen hat, dem Menschen das eigentlich «Menschliche» abgesprochen. Denn er erscheint auf dem Bilde, das diese Forschung von ihm malt, wenn auch als das höchstentwikkelte, so doch eben nur als ein Naturgeschöpf. Und es wirken ja die Anschauungen, die auf den verschiedenen Gebieten der Wissenschaft entwickelt werden, durchaus zusammen und gegenseitig aufeinander ein. Und so muß schließlich alles: die deszendenztheoretischen, psychologischen, physikalischen, sinnestheoretischen Auffassungen als eine zusammengehörige Einheit genommen werden.

Und hier: bei der Besprechung der oberen Sinne, wo es sich um die spezifischen Wesensäußerungen des Menschen und die diesen zugeordneten Wahrnehmungsorgane desselben handelt, ist eben der Ort, auf diese besondere Eigentümlichkeit der gesamten neueren Forschung hinzuweisen: daß sie mit der von ihr ausgebildeten Vorstellungswelt dem Wesen des Menschen nicht gerecht wird. Man kann, in anderen Zusammenhängen, das Unzulängliche des Bildes betonen, das sie von der äußeren Natur zeichnet, wie wir dies an früheren Stellen dieses Buches auch getan haben. An diesem Punkte aber kommt ihre Unzulänglichkeit gegenüber dem Menschen in Betracht – eine Unzulänglichkeit, die sich, vom Aspekte der Sinneslehre aus gesehen, eben darin zeigt, daß sie eine ganze Reihe von Phänomengebieten, die als solche nur durch das Schöpfertum dessen in der Welt sind, was als «Menschliches» im Menschen wirkt, nicht als solches erfaßt und den Teil der menschlichen Sinnesorganisation, der diesen Phänomenen entspricht, nicht aufzufinden vermocht hat.

Auf der andern Seite ist zu sagen, daß es zunächst gerade diese Unzulänglichkeit der modernen Forschung gegenüber dem *Menschen* war, die den Anlaß zur Entstehung der Geisteswissenschaft gegeben hat. Denn diese hat, wie auch ihre Bezeichnung als «Anthroposophie» sagt, zu ihrem allgemeinsten Ziel eine wirkliche Wissenschaft beziehungsweise «Weisheit» vom Menschen, und sie hat eine solche in der Tat auch zum erstenmal in einer ihrem Gegenstand nach Methode und Inhalt entsprechenden Gestalt geschaffen. Ihre charakteristischste Frucht auf dem Gebiete der Sinneslehre aber zeitigte sie in der Aufweisung einerseits solcher Phänomene, welche die spezifischen Hervorbringungen des Menschen sind, andererseits derjenigen Sinne, welche diesen Phänomenen zugeordnet sind: eben der «oberen» Sinne. Wir treten also, indem wir zur Besprechung dieser Sinne übergehen, in dasjenige Gebiet der Sinneslehre ein, das die eigentlichste und eigenste Neuschöpfung der geisteswissenschaftlichen Forschung darstellt – wie vielfältig und umwälzend auch die Erkenntnisse sein mögen, die sie in bezug auf die unteren und die mittleren Sinne gebracht hat.

Es dürfte sich hieraus aber wohl auch erhellen, daß eine strenge Begründung des objektiv-phänomenalen Charakters von Musik, Sprache, Gedankenäußerung und Ichoffenbarung nur aus dem Ganzen des geisteswissenschaftlichen Welt- und Menschenbildes heraus gegeben werden kann. Wir haben eine solche wenigstens skizzenhaft andeutend im dritten Kapitel in dem Abschnitt über «Die unteren Sinne und das vorgeburtliche Dasein» hinsichtlich des einzelnen Menschenlebens gegeben und müssen uns daher im folgenden auf diese Skizze beziehen.

B. Die Organe und Funktionen der oberen Sinne

Wir wollen nun fürs erste eine Frage beantworten, die gegenüber den oberen Sinnen zu stellen naheliegt: die Frage nach ihren *Organen*. Es liegt diese Frage um so näher, als man wird voraussetzen dürfen, daß diese Organe nicht leicht aufzufinden sind. Denn lägen sie gewissermaßen «an der Oberfläche», so hätten die ihnen entsprechenden Sinne nicht so ganz unbekannt bleiben können, wie sie es bis zu Rudolf Steiner gewesen sind. Nun hat er zwar diese Organe aufgewiesen.* Allein die betreffenden Angaben gehören vielleicht zu den am schwierigsten verständlichen Forschungsergebnissen, die er im Zusammenhang seiner Sinneslehre dargestellt hat. Wir wollen

---

* In dem Vortragszyklus: Das Rätsel des Menschen. 14. Vortrag (Bibl. Nr. 170).

daher im folgenden einen Weg der Betrachtung einschlagen, von dem wir glauben, daß er, indem in seinem Verlaufe diese Organe zur Darstellung kommen werden, zugleich auch deren Zusammenhang mit den entsprechenden Sinnen völlig verständlich erscheinen läßt. Da sei an erster Stelle auf eine Beziehung aufmerksam gemacht, die zwischen der Gruppe der oberen und derjenigen der unteren Sinne besteht. Durch die oberen Sinne nehmen wir, so wurde gesagt, die spezifisch menschlichen Wesensäußerungen wie Musik, Sprache, Gedankenmitteilung, Ichoffenbarung wahr. Wie verhält es sich denn aber mit der Entfaltung dieser Äußerungen? Sind wir ihrer unmittelbar von Natur, und das würde soviel heißen wie von Geburt, aus fähig? Durchaus nicht. Wir müssen uns die Fähigkeit zu diesen Äußerungen vielmehr erst erwerben. Und zwar tun wir dies in den allerersten Lebensjahren, indem wir uns dabei, wie wir im dritten Kapitel zeigten, der Erfahrungen der unteren Sinne bedienen, welche in dieser Lebenszeit allerdings noch anders geartet sind als später. Bezüglich der Fähigkeiten des Sprechens und des Denkens liegt dieser Zusammenhang mit jener ursprünglichen Wirkungsweise der unteren Sinne unmittelbar zutage. Denn wir schilderten ja in jenem Kapitel, wie wir die erstere mittels der Betätigung des Bewegungssinnes und die letztere mittels derjenigen des Lebenssinnes erwerben. Hinsichtlich der Musik und der Ichoffenbarung ist ein entsprechender Zusammenhang zunächst weniger offenbar. Die nachfolgende Darstellung wird jedoch zeigen – was vorläufig nur als Behauptung hingestellt werden kann –, daß in analoger Art die Musikalität gleichzeitig mit der durch den Gleichgewichtssinn bewirkten Aufrichtung und die Fähigkeit der Ichoffenbarung zugleich mit der aus dem ursprünglichen Tastsinn heraus erfolgenden Differenzierung der äußeren Sinnesorgane veranlagt wird. Wir können somit sagen: Wir haben als ein Ursprüngliches im Erdenmenschen die anfängliche Wirkungsweise seiner unteren Sinne. Wir haben sodann aus dieser Wirkung hervorgehend die Erwerbung der vier Fähigkeiten seiner Wesensäußerung. Und wir haben schließlich die Wahrnehmung dieser Äußerungen durch die oberen Sinne.

Nun ist aber ein Zweifaches zu bedenken:

Fürs erste waren wir uns klar darüber, daß die anfängliche Wirkung der unteren Sinne eine ganz andere ist als die spätere und endgültige. Wir sahen, daß in ihr vorgeburtliche geistig-kosmische Erlebnisse der menschlichen Individualität nachwirken. Das bedeutet einerseits, daß die Fähigkeiten der Aufrechtheit, Sprache usw., die aus ihr herausentwickelt werden, dem Menschen nicht aus Kräften der Natur, das heißt der Vererbung erwachsen, sondern aus denen seiner Individualität. Darum kann er durch sie dann auf Erden sein Menschentum, das heißt seine Zugehörigkeit zur Welt der schöpferisch-geistigen Wesen, offenbaren. Der Mensch kann nur selber als Ichheit sich zum Menschen bilden. Es bedeutet aber andererseits, daß die unteren Sinne anfänglich noch ein mehr übersinnliches Erleben vermitteln, das noch keine ausgebildeten leiblichen Organe besitzt. Und indem nun jene vier Fähigkeiten entwickelt werden, bilden sich damit erst die Organe (und zugleich die Gegenstände) für die spätere endgültige Funktion dieser Sinne aus. Sie werden jetzt rein innerlichleibliche, während sie früher innerlich-äußerliche, menschlich-kosmische Wahrnehmungsbezirke waren. Das heißt, es wird jetzt durch sie *im* Menschen das wahrgenommen, was durch ihre ursprüngliche Wirksamkeit zum Abbilde des anfänglich erlebten Kosmischen gestaltet wurde. Allerdings erfolgt diese Wahrnehmung jetzt im Unbewußten.

Auf der andern Seite: Diese so erworbenen Fähigkeiten beziehungsweise deren Leistungen werden jetzt, so sagten wir, durch die oberen Sinne wahrgenommen. Die letzteren bilden sich auch zugleich mit der wachsenden Betätigung dieser Fähigkeiten zu physischen Wahrnehmungsbezirken aus. Man könnte freilich auch behaupten: Aus einer anfänglichen, andersartigen Gestalt wandeln auch sie sich jetzt in eine spätere, endgültige um. Denn auch sie müssen in irgendeiner Form von Anfang an dagewesen sein. Denn das Sprechen zum Beispiel erlernt das Kind, vom seelischen Gesichtspunkt aus betrachtet, ja durch Nachahmung der an es heranklingenden Sprache der Erwachsenen. Es wäre hierzu aber nicht imstande, wenn nicht in irgendeiner Form der Sprachsinn schon in ihm wirkte. Es könnte sonst die Sprache überhaupt nicht *als* Sprache auffassen. Doch aber wirkt der Sprachsinn bei ihm noch nicht so wie beim Erwachsenen. Er ist physisch noch nicht im selben Maße erschlossen, dafür geistig freilich noch lebensvoller. Denn das Kind erlernt die Sprache ohne bewußte Anstrengung und gedächtnismäßige Übung. Eine genauere Untersuchung würde zeigen, daß der «Sprachsinn» bei ihm zusammenfällt mit dem, was wir für diese Lebenszeit als die ursprüngliche Wirksamkeit des Bewegungssinnes geschildert haben. Ein Entsprechendes könnte auch für den Denksinn im Verhältnis zum Lebenssinn aufgewiesen werden.

Was ist mit all dem aber eigentlich gesagt? Dieses: Der Mensch bildet am Anfang seines Lebens aus dem Zentrum seines Wesens eine Reihe von Fähigkeiten aus, die ihm sein Menschentum auf Erden zu bezeugen und zu offenbaren ermöglichen. Gleichzeitig damit wandelt er ein ursprüngliches, einheitliches, geistig-sinnliches Erleben, aus dem diese Ausbildung erfolgt ist, um in eine sich differenzierende zweifache Reihe von sinnlichen Wahrnehmungsbezirken, die sich beide auf diese Fähigkeiten beziehen, freilich auf eine polarisch entgegengesetzte Weise. Durch die eine Gruppe dieser Erfahrungsbereiche werden diese Fähigkeiten nun von innen her, nach ihren leiblichen Grundlagen, in ihrem physischen Aspekte wahrgenommen; durch die andere von außen her (insofern sie dem Erlebenden vom Mitmenschen her entgegentreten) nach ihren seelischen Leistungen, nach ihren geistigen Offenbarungen. Außerdem bleibt, wie früher gezeigt, das durch die erstere Sinnesgruppe Wahrgenommene als solches im Unterbewußtsein und läßt nur sein vom Menschen im Erkenntnisakt erzeugtes begriffliches Gegenstück in dessen Bewußtsein eintreten, während umgekehrt das durch die letztere Erfahrene nur als Wahrnehmung in dessen Bewußtsein lebt, dagegen seine Begriffsseite in einem «Überbewußtsein» verborgen bleibt.

Von diesen Betrachtungen her wird nun verständlich erscheinen können, was sich aus den Ausführungen Rudolf Steiners über die Organe der unteren und der oberen Sinne ergibt: daß es sich nämlich hierbei in gewisser Weise um ein und dieselbe Reihe von Eigenschaften und Tatsachen der menschlichen Leiblichkeit handelt, nur daß das Verhältnis des Menschen zu den letzteren im Wahrnehmen durch die unteren und durch die oberen Sinne ein polarisch gegensätzliches ist. Und ferner: daß es sich bei diesen Eigenschaften gerade um diejenigen Beschaffenheiten des menschlichen Leibes handelt, welche die körperliche Grundlage der verschiedenen Fähigkeiten seiner Wesensoffenbarung bilden. Als Organe der unteren Sinne kommen diese Tatbestände nach ihrer Innenseite, ihrer stofflichen Bildung, in ihren einzelnen Teilen und Gliedern in Betracht. Das Seelisch-Geistige des Menschen steckt im Wahrnehmen durch diese Sinne in bezug auf die betreffenden Eigenschaften im Leibe drinnen und ist an diese Eigenschaften als leibliche hingegeben. Es entfaltet daher im Wahrnehmen eine Willenstätigkeit, was darin zum Ausdruck kommt, daß immer irgendwelche Bewegungen dabei ausgeführt werden. Hiermit hängt es wieder zusammen, daß bei diesen Sinnen dem Menschen der Wahrnehmungsinhalt als solcher nicht zum Bewußtsein kommen kann, sondern nur der entsprechende, von ihm selbst tätig erzeugte Begriff. Als Organe der oberen Sinne dagegen kommen die genannten Tatsachen nach ihrer Außenseite, ihrer Formgestaltung, in ihrer Ganzheit in Frage. Das Seelisch-Geistige ist hier im Wahrnehmen außerhalb des Leibes und an ein wesenhaft Geistiges hingegeben. Es wirkt daher auf die betreffenden Eigenschaften des Leibes beruhigend, bewegungshemmend. Denn nur dadurch kann es sie zum Spiegel gestalten, an welchem es seine Erlebnisse reflektierend sich zum Bewußtsein zu bringen vermag. Es gelten hier dieselben Bedingungen wie in der äußeren Natur, wo zum Beispiel ein See die umliegende Landschaft oder die über ihn hinziehenden Wolken auch nur spiegeln kann, wenn seine Wasserfläche ruhig ist, nicht aber, wenn sie vom Wind zum Wellenschlage bewegt wird. Von der Beruhigung der Organe, durch welche diese dem Menschen seine außerleiblichen Erlebnisse in klaren Bildern spiegeln, rührt es wiederum her, daß bei den oberen Sinnen der Mensch zwar die Wahrnehmungsinhalte als solche im Bewußtsein hat, aber mit diesem Bewußtsein nicht zugleich die entsprechenden Begriffe zu erfassen beziehungsweise zu erschaffen vermag. Man könnte geradezu sagen, daß die Verhaltungsweisen des Menschen gegenüber den betreffenden Eigentümlichkeiten seines Leibes beim Wahrnehmen durch die unteren und durch die oberen Sinne im Verhältnis einer *Umstülpung* zueinander stehen.

Man kann sich diese «Umstülpung» der Verhaltensweise geistig veranschaulichen, wenn man sie sich in für das Wahrnehmen durch die beiden Sinnesgruppen charakteristischen Situationen vergegenwärtigt. Man stelle sich auf der einen Seite vor, wie der Mensch im Wandern, im Tanzen, in den verschiedenen Arten gymnastisch-sportlicher Betätigung (Turnen, Laufen, Reiten, Springen usw.) in der Entfaltung von Willensaktivität seinen Leib ergreift und in der mannigfaltigsten Weise bewegt, und wie er in diesen Leibesbewegungen Wahrnehmungen des Tastens, Körpergefühle, Bewegungsempfindungen, Gleichgewichtslagen usw. erlebt. Und man vergegenwärtige sich demgegenüber, wie etwa im Theater, im Konzertsaal, im Hörsaal eine vielhundertköpfige Menge von Menschen durch Stunden schweigend, regungslos, sich selbst vergessend, dasitzt, ganz hingegeben dem Bühnengeschehen, einer musikalischen Aufführung, einem Vortrag, das heißt aber Erlebnissen des Gehörs-, des Wort- und des Gedankensinnes. Man versteht dann auch, warum diese äußersten Extreme des Verhaltens in gewissen Zeitabständen immer wieder die Abwechslung mit entgegengesetztem Verhalten fordern, indem in die körperliche Bewegung Pausen der Ruhe und in das ruhige Aufnehmen sprachlicher oder musikalischer Darbietungen solche der Körperbewegung eingeschaltet zu werden verlangen.

Um nun ins einzelne zu gehen, so ist die Haut, insofern sie die unzähligen Tastnervenendigungen (Tastkörperchen) in sich enthält, das Organ unseres Tastsinnes. Sie ist es – in feinerer Weise – aber auch, insofern sie sich zum Organ der verschiedenen äußeren Sinne der Wärme, des Geschmacks, des Geruchs, des Gesichts in den betreffenden Sinnesorganisationen umgebildet hat. Denn in all diesen Sinneswahrnehmungen ist zugleich auch immer ein feines Tasten mitenthalten. Ob wir nun aber in dieser feinen, metamorphosierten Art durch die äußeren Sinne oder direkt durch den Tastsinn als solchen tasten, immer stecken wir da im Leibe drinnen und entfalten irgendeine Bewegungstätigkeit: sei es mit Füßen oder Händen, mit dem Kopfe, mit den Augen, mit der schnüffelnden Nase oder mit der Zunge. Ferner darf in Erinnerung gebracht werden – was an früherer Stelle auch schon dargelegt wurde –, daß die Wahrnehmungen der äußeren Sinne in unserem Innern erst unser Ichbewußtsein voll erwecken und auch aufrechterhalten. Man darf daher behaupten:

Wir verdanken dem Tastsinn der Haut in seiner eigentlichen und namentlich in seiner zu den äußeren Sinneswahrnehmungen differenzierten Wirksamkeit das Erwachen unseres Icherlebens und damit auch die Fähigkeit, dieses Ich nach außen zur Offenbarung zu bringen. Nach der anderen Seite ist unsere *Körperform,* die ja durch die Hautbegrenzung gebildet wird, nun aber nicht nach ihrer stofflichen Gestaltung und in ihren einzelnen Teilen, sondern eben als Form und in ihrer Ganzheit genommen, und von außen als Reflektor verwendet, das Organ, mittels dessen wir das Ich eines andern Menschen wahrnehmen. Wir bringen dabei das Erleben des fremden Ich, in welchem wir uns außerhalb unseres Leibes befinden, an unserer Körpergestalt zur Spiegelung und auf diese Weise uns zum Bewußtsein.

In Analogie hierzu ist zu sagen: die gesamten von unserer Haut umschlossenen Organe und Prozesse, insofern in ihnen die Lebendigkeit unseres Organismus zum Ausdrucke kommt, bilden das Organ des Lebenssinnes. Und zwar kann jedes einzelne dieser Organe Wahrnehmungen dieses Sinnes erregen. Die Gesamtverteilung und Ausbalancierung dieser verschiedenen Prozesse, wie sie sich im Laufe des Heranwachsens allmählich gestaltet, wird aber zugleich, wie wir sahen, die leibliche Grundlage unserer Denkfähigkeit. Gebrauchen wir nun wiederum diese *gesamte Lebendigkeit* des Organismus nicht in ihren einzelnen Teilen und von innen, sondern als ein Ganzes von Lebensprozessen und von außen als Reflektor, so bildet sie das Organ des Denksinnes, durch welches an uns herantönende Gedankenäußerungen anderer Menschen *als* Gedanken, das heißt nach ihrer gedanklichen Bedeutung in unser Bewußtsein gespiegelt werden.

Drittens bildet die gesamte Bewegungsorganisation des Menschen das Organ des Bewegungssinnes, wenn sie von innen und in ihren einzelnen Gliedern seelisch ergriffen wird. Aus ihr wird in den ersten Lebensjahren im speziellen die Sprachorganisation herausgebildet, welche alle ihre Möglichkeiten wie in einer Zusammenfassung in sich begreift, so daß, was durch sie in der Artikulation der verschiedenen Laute an Bewegungen auf den Atmungsstrom übertragen wird, ein – allerdings transformiertes – Abbild aller Bewegungsmöglichkeiten des ganzen Menschen darstellt. Wie die Sprache aus der gesamten Bewegungsorganisation des Menschen herausgeholt wird, zeigt die von Rudolf Steiner begründete (Laut-)Eurythmie, die, von ihm als «sichtbare Sprache» bezeichnet, in künstlerischer Gestaltung die den Lauten der Sprache entsprechenden Bewegungen der Gesamtbewegungsorganisation, auf diese sozusagen zurückübertragen, nun wirklich durch den ganzen Menschenkörper ausführen läßt. Wenn nun dieser gesamte *Bewegungsapparat,* der also den Mutterschoß der Sprache bildet, wieder zur Ruhe gebracht und als Ganzes von außen als Spiegel verwendet wird, dann wirkt er als das Organ des Sprachsinnes und bringt dem Menschen das Phänomen der an ihn herantönenden Sprache als solches zum bewußten Erleben.

Schließlich: Der Mensch in der Gestaltung, die sein Körper, namentlich auch sein Knochengerüst im Verhältnis zu den drei Raumesdimensionen durch seine Aufrichtung erfährt, ist das Organ des Gleichgewichtssinnes. Es kann nämlich das sogenannte statische Organ nicht abgesondert für sich allein, sondern nur in Verbindung mit der räumlichen Gesamtgestaltung des Menschenleibes als solches aufgefaßt werden. Deutet doch auf diesen Zusammenhang die Dreiheit der in den drei Raumesrichtungen verlaufenden Bogengänge ersichtlich hin. Es erscheint diese Dreiheit der Bogengänge wie eine monogrammartig abgekürzte Kennzeichnung der dreidimensional orientierten Menschenform. Nun wird aber mit dieser durch die Aufrichtung sich vollendenden räumlichen Gesamtkonfiguration des Menschenleibes und seines knöchernen Gerüstes zugleich das Musikalische im Menschen entbunden. Wie die Sprache aus dem ganzen Bewegungsorganismus entbunden wird, so quillt das Musikalische aus der *gesamten räumlichen Orientierung* des Menschen heraus. Das zeigt in primitiver Form der Umstand, daß beim kleinen Kinde das Musikalische zunächst im Zusammenhang mit tanz- und reigenartigen, das heißt auf den Raum bezüglichen Bewegungen auftritt. In deutlichster Gestalt jedoch wird es ersichtlich aus der von Rudolf Steiner geschaffenen (Ton-)Eurythmie, die als «sichtbarer Gesang» die den einzelnen Elementen des Musikalischen entsprechenden räumlichen Stellungen und Bewegungen des Menschen in künstlerischer Gestaltung durch den ganzen Menschenleib ausführen läßt, insbesondere durch Arme und Beine, welche ja durch die Aufrichtung am meisten eine spezifische, vom Tierischen unterschiedene, menschliche Gestaltung bekommen. Es wird also auch das Musikalische, nur in anderer Art als die Sprache, aus dem ganzen Menschen geboren und mit dem ganzen Menschen erlebt. Darin liegt das Geheimnis seines Wesens und seiner Bedeutung. Und es kann - ähnlich wie das statische - so auch das Gehörsorgan nicht abgesondert für sich, sondern nur in Verbindung mit dem ganzen räumlich gestalteten Menschen als solches verstanden werden. Haben wir doch auch in seiner Gestaltung einen deutlichen Hinweis auf eine Zusammengehörigkeit mit dem ganzen Raumesmenschen, durch die es sich in ähnlicher Art als eine zusammenfassende Abbildung des letzteren erweist: «Wenn Sie das menschliche Ohr in seiner innerlichen Formung ins Auge fassen, so treffen Sie zuerst, wenn Sie den äußeren Gehörgang durchmachen, auf das sogenannte Trommelfell, und hinter diesem sitzen winzig kleine Knöchelchen. Die äußere Wissenschaft spricht von Hammer, Amboß, Steigbügel, und man kommt dann hinter diesen Knöchelchen in das weitere innere Ohr hinein. Die Bezeichnungen, die diesen Knöchelchen die äußere Wissenschaft gibt, zeigen, daß eben diese Wissenschaft gar keine Ahnung von dem hat, was da eigentlich vorliegt. Wenn man mit anthroposophischer Geisteswissenschaft diese Sache zu durchleuchten versteht, dann nimmt sich - ich will jetzt in der Betrachtung von innen nach außen gehen - dasjenige, was zuerst mehr auf dem inneren Teil des inneren Ohres aufsitzt und was die Wissenschaft Steigbügel nennt, aus wie ein metamorphosierter menschlicher Oberschenkel mit seinem Ansatz an der Hüfte. Und dasjenige, was die Wissenschaft Amboß nennt, das nimmt sich aus wie eine umgewandelte Kniescheibe, und dasjenige, was von diesem Amboß dann zum Trommelfell hingeht, das nimmt sich aus wie ein umgewandelter Unterschenkel mit dem Fuß daran. Und der Fuß stützt sich in diesem Falle beim Ohr eben nicht auf den Erdboden, sondern auf das Trommelfell. Und Sie haben tatsächlich ein menschliches Glied im Innern des Ohres, das umgewandelte Gliedmaße ist. Ebenso wie Sie mit Ihren beiden Beinen den Erdboden berühren, so befühlen Sie mit dem Fuß des kleinen Gehörknöchelchens das Trommelfell. Nur ist Ihr Erdenfuß, mit dem Sie herumgehen, grob gebildet. Da fühlen Sie grob den Fußboden mit der Fußsohle, während Sie das feine Erzittern des Trommelfells fortwährend abtasten mit diesem Fuße, den Sie da drinnen im Ohre haben. Wenn Sie weiter nach innen gehen, finden Sie die sogenannte Ohrschnecke. Diese Ohrschnecke ist mit einer Flüssigkeit gefüllt. Das alles ist zum Hören notwendig. Es muß sich das, was der Fuß abtastet am Trommelfell, fortsetzen nach dieser im Innern der Ohrhöhlung liegenden Schnecke. Oberhalb unserer Oberschenkel liegt das Eingeweide. Diese Schnecke im Ohr ist nämlich ein sehr schön ausgebildetes, ein umgewandeltes Eingeweide, so daß Sie eigentlich sich vorstellen können, da drinnen im Ohre liegt in Wirklichkeit ein Mensch. Der Kopf dieses Menschen ist in das eigene Gehirn hineingesenkt» (Rudolf Steiner: Vortrag vom 9. Dezember 1922). Eine ähnliche abbildliche Zuordnung zur gesamten Raumesgestalt des Menschen könnte auch für das äußere Ohr (Ohrmuschel) aufgewiesen werden.*

Demgemäß kann es nun auch einleuchtend erscheinen, daß der gesamte Raumesmensch in Verbindung mit der Gehörorganisation, wenn er von außen als Reflektor benützt wird, das eigentliche Organ des musikalischen Hörens bildet. Auch hier einige Worte Rudolf Steiners: «Das musikalische Erlebnis hat zunächst nicht jene Beziehung zum Ohr, die man gewöhnlich annimmt. Das musikalische Erlebnis betrifft nämlich den ganzen Menschen, und das Ohr hat eine ganz andere Funktion im musikalischen Erlebnis, als man gewöhnlich annimmt. Nichts ist falscher als einfach zu sagen: ich höre den Ton, oder ich höre die Melodie mit dem Ohr. Das ist ganz falsch. Der Ton oder irgendeine Melodie oder Harmonie wird eigentlich mit dem ganzen Menschen erlebt. Und dieses Erlebnis, das kommt mit dem Ohr auf eine ganz eigentümliche Weise zum Bewußtsein. Nicht wahr, die Töne, mit denen wir rechnen, die haben ja zu ihrem Medium die Luft. Aber dasjenige, was wir im Ton erleben, hat gar nichts mehr zu tun mit der Luft. Und die Sache ist diese, daß das Ohr dasjenige Organ ist, welches erst vor einem Tonerlebnis das Luftartige vom Ton absondert, so daß wir den Ton, indem wir ihn erleben als solchen, eigentlich empfangen als Resonanz, als Reflexion. Das Ohr ist eigentlich dasjenige Organ, das uns den in der Luft lebenden Ton ins Innere unseres Menschen zurückwirft, aber so, daß das Luftelement

---

* Vgl. Dr. N. Glas: Das Antlitz offenbart den Menschen.

abgesondert ist und dann der Ton, indem wir ihn hören, im Ätherelement lebt. Also, das Ohr ist eigentlich dazu da, um, wenn ich mich so ausdrücken darf, das Tönen des Tones in der Luft zu überwinden und uns das reine Äthererlebnis des Tones ins Innere zurückzuwerfen. Es ist ein Reflexionsapparat für das Tonempfinden» («Das Tonerlebnis im Menschen»). Schließlich wird aus diesem Zusammenhang heraus auch zum erstenmal im tieferen Sinne verständlich, warum die Organe des Gleichgewichtssinnes und des Gehörssinnes in so eigentümlicher Weise miteinander verbunden sind, wie die Anatomie dies zeigt. Es ergreift eben der Mensch mit beiden, nur in entgegengesetzter Art des Wahrnehmens, ein und dieselbe Tatsachenwelt.

Alles, was im Vorausgehenden dargelegt wurde über die gegensätzliche Art, wie dieselbe Reihe von leiblichen Eigenschaften dem Menschen als Organ für die Wahrnehmungen der unteren und der oberen Sinne dient, gewinnt eine noch tiefere Begründung, wenn wir einen Begriff, den wir für diese Verschiedenheiten der Sinnesbetätigung gebraucht haben, auch auf die *Wahrnehmungswelten* selber anwenden, auf die sich jene beziehen: den Begriff der Umstülpung. Eine solche Anwendung ist nämlich durchaus möglich. Man muß nur den mit diesem Begriff gemeinten Prozeß in dem ganzen Umfang vollziehen können, der hierfür notwendig ist. Wenn wir einen Handschuh umstülpen, so kommt, was innen war, nach außen und umgekehrt. Wir verbleiben aber bei diesem Prozeß im Räumlichen. «Innen» und «außen» sind in räumlicher Beziehung verstanden. Man kann nun aber als das «Äußere» auch die räumliche Welt als solche auffassen und als das «Innere» die Welt des Seelisch-Geistigen und kann nun im Sinne dieser Deutung einen Umstülpungsprozeß vollziehen.

Man kann zum Beispiel fragen: Was kommt zum Vorschein, wenn in diesem Sinne die Dreidimensionalität der Raumeswelt umgestülpt wird? Es wird dasjenige erscheinen, was ihr in der Welt der Innerlichkeit: des Seelisch-Geistigen entspricht. Und man wird dann eben gerade auf das Musikalische kommen. Wie der Welt der Äußerlichkeit das Nebeneinander, so eignet derjenigen der Innerlichkeit das Nacheinander. Und wie jenes Nebeneinander in drei verschiedenen

Dimensionen sich gestaltet, so lebt sich auch dieses Nacheinander in drei «Dimensionen» aus: im Melodischen, Harmonischen und Taktmäßigen, von denen das erste durch die Unterschiede der Töne hinsichtlich ihrer Höhe, das zweite hinsichtlich des Charakters ihrer Intervalle (Consoanz, Disonanz), das dritte hinsichtlich der Ordnung ihrer Aufeinanderfolge charakterisiert ist.

Wie ferner die Dimensionen der «Außenwelt» nicht nur unserer Raumesumgebung, sondern auch unserer menschlichen Leiblichkeit selbst als formende Kräfte innewohnen und sogar in ihrer eigentlichen Wesenheit erst von der Offenbarung her verstanden werden können, die sie in der räumlichen Gestaltung des Menschenleibes erlangt haben, so gehören auch die Dimensionen der «Innenwelt» nicht nur der Musik als solcher an, sondern auch dem menschlichen Seelenleben selber und enthüllen ihre eigentliche Bedeutung auch erst von der Gestalt her, in der sie innerhalb des letzteren erscheinen. Diese Gestalt aber ist diejenige der Dreiheit von Vorstellen, Fühlen und Wollen. Man versteht daher das Musikalische in seiner dreifachen Ausgestaltung erst, wenn man empfinden kann, wie im Melodischen ein vorstellungsmäßiges, im Harmonischen ein gefühlsmäßiges und im Taktmäßigen ein willensartiges Element lebt. Hierdurch aber tritt hervor, wie das Musikalische nicht nur in leiblicher, sondern auch in seelischer Beziehung mit dem ganzen Menschen erlebt wird.

In analoger Weise wie ihre räumliche Gestaltung kann man sich nun auch alles das an der menschlichen Leiblichkeit ins Innerlich-Seelische umgestülpt denken, was irgendwie geartete Fähigkeit der Bewegung und der Gebärde ist. Und man wird auf diesem Wege zu der tönenden Menschensprache in der Mannigfaltigkeit ihrer Lautbildungen gelangen. Dies ist tatsächlich der Vorgang, durch den in der Kindheit das Sprechen erlernt wird. Es darf hier ferner auch an den – in einem früheren Kapitel gegebenen – Hinweis erinnert werden, wie eine Transformation von Äußerlich-Bewegungshaftem in Innerlich-Sprachliches nicht nur als objektives Geschehnis im Menschen in den ersten Jahren seines Erdenlebens gewissermaßen im Kleinen, Mikrokosmischen erfolgt, sondern auch als subjektives Erlebnis in der ersten Zeit nach dem Tode in bezug auf den Makrokosmos stattfindet, indem die Welt, welche der sinnlichen Anschauung von der Erde aus als diejenige der Sternbewegungen erschienen war, nun in dem Maße, als die leibbefreite Seele sich zu ihr und über sie hinaus erhebt, für die geistige Wahrnehmung von der Rückseite her sich als das in den Geistkosmos vokalisch-konsonantisch hinaustönende Weltenwort darbietet.

Wiederum besteht ein Verhältnis der Umstülpung in der angegebenen Art zwischen dem, was auf der einen Seite organbildende und organische Prozesse bewirkende Lebenskräfte, und dem, was auf der anderen Seite vorstellungsbildende und in Vorstellungstätigkeit lebende Seelenkräfte sind. In einem Fall werden räumliche Gebilde geschaffen, die ein äußeres Sein darstellen; im anderen werden im Zeitlichen webende Bilder gestaltet, die innere Bewußtseinserlebnisse repräsentieren. Dem organischen Leben mit Ausdehnung und Zusammenziehung – oder nach Goethes Bezeichnung: Diastole und Systole – steht das seelische Leben mit Hingabe an die Außenwelt und Rückwendung zu sich selbst gegenüber.

Schließlich ist wiederum dasselbe Verhältnis vorhanden zwischen unserer äußeren Leibesform – jetzt nicht nach ihrer räumlich orientierten Konfiguration, sondern nach ihrer durch die Haut gebildeten plastischen Oberflächengestaltung betrachtet – und dem Wesen unseres menschlichen Ichs als solchem. Das eine ist das Gegenbild des andern. Wie unser Menschentum innerlich auf unserm Ichcharakter beruht, so ist es äußerlich begründet in unserer Menschenform – eine Tatsache, welche der deszendenztheoretisch orientierten modernen Anthropologie entgangen ist. Denn mögen, was die Zahl und den Charakter der einzelnen Organe betrifft, noch so viele Übereinstimmungen zwischen dem Menschen und den höheren Tieren bestehen, das unterscheidende Merkmal liegt eben in der Verschiedenheit der Form, zu der diese Organe beim Menschen und beim Tier zusammengefaßt sind. Weil die Menschengestalt die äußerlich-räumliche Erscheinungsform des menschlichen Ichs ist, darum kann das letztere auch die Entwicklung, die es im Laufe des Erdenwerdens durchmachen soll, nur vollenden, wenn die erstere bis ans Ende derselben erhalten bleibt. Darum war es notwendig, daß diese Menschengestalt, die durch die Folgen des «Sündenfalls» bereits in der Mitte der Zeiten der Zerstörung entgegenging, durch die Christustat, das heißt durch das Auferstehungsereignis, den Kräften des Todes entrissen wurde. Und darum durften dem Gekreuzigten, der diese Erlösungstat vollbringen sollte, die «Gebeine nicht gebrochen», das heißt die Leibesform nicht zerstört werden, wie es den beiden Schächern zu seinen Seiten geschah. Auf solchen Tatsachen beruht es, daß unsere Leibesgestalt einmal, indem wir sie von innen im Tasten ergreifen, unser eigenes Ich zu erleben uns ermöglicht, andererseits das Organ bildet, dessen wir uns als eines Reflektors bedienen müssen, um uns das Erleben einer fremden Ichwesenheit zum Bewußtsein zu bringen.

Zum Abschluß seien nun noch einige Bemerkungen darüber gemacht, wie der *Wahrnehmungsvorgang* im Gebiete der oberen Sinne im genaueren sich abspielt. Wir haben im vierten Kapitel von den mittleren Sinnen gezeigt, wie ihren Wahrnehmungen zugrunde liegt eine Einwirkung auf den Organismus von außen und eine Gegenwirkung von innen. Dieser Tatbestand, der aller wie immer gearteten Sinneswahrnehmung wenigstens der Anlage nach zugrunde liegt, metamorphosiert sich nach den unteren und den oberen Sinnen hin zu entgegengesetzt gearteter Einseitigkeit. Bei den unteren Sinnen – wie sie im erwachsenen Menschen wirken – fehlt das Moment der äußeren Einwirkung ganz und ist nur das der inneren Gegenwirkung vorhanden. Denn wir erwähnten ja, wie das Wahrnehmen hier immer mit Willenstätigkeit verbunden ist, die in irgendwelcher Bewegungsentfaltung zum Ausdrucke kommt. Und wie wir ebendarum unmittelbar auch keinen – uns als ein Äußeres gegebenen – Wahrnehmungsinhalt erleben. Wollte man hier dasjenige finden, was als äußere Einwirkung die in jenen Bewegungen erfolgenden Gegenwirkungen ermöglicht beziehungsweise verursacht, so dürfte man nicht in der äußeren Sinneswelt suchen, sondern müßte – wie am Schlusse des dritten Kapitels schon angedeutet wurde – zu jenen leibgestaltenden, fähigkeitsbildenden Wirkungen zurückgehen, die in der ersten Kindheit aus vorgeburtlichen Erlebnissen in der kosmischen Geistwelt der menschlichen Organisation eingeprägt worden sind.

Umgekehrt verhält es sich nun bei den oberen Sinnen. Hier ist nur das Element der äußeren Einwirkung vorhanden, nicht aber dasjenige der inneren Gegenwirkung. Genauer muß allerdings gesagt werden: Es wird auch hier eine Gegenwirkung von innen heraus zunächst in Gang gebracht, aber sogleich, gewissermaßen in statu nascendi aufgehalten. Und eben hierauf beruht es, daß in diesem Erfahrungsgebiet schon die Wahrnehmung als solche (allerdings *nur* sie) in einer Bewußtheit erlebt wird, wie dies weder bei den mittleren noch etwa gar bei den unteren Sinnen der Fall ist. Wenn wir oben gesagt haben, daß wir im Wahrnehmen durch die oberen Sinne die entsprechenden Organisationen den äußeren Erlebnissen als Reflektoren entgegenstellen, so beruht dieser Akt eben darauf, daß diese Organisationen zunächst von innen ergriffen, zu Betätigungen innerviert, diese Betätigungen dann aber sogleich wieder gestaut beziehungsweise zur Ruhe gebracht werden.

Wenn wir ein Musikalisches vernehmen, schicken wir uns dazu an, dasselbe «ton-eurythmisch» durch unseren ganzen Raumesmenschen nachzubilden. Wir lassen diese Tendenz aber gerade nur bis zum inneren Ergreifen des Raumesmenschen kommen, halten das Eurythmisieren dann zurück, das heißt, führen es bloß im Ätherischen aus. Wir haben aber doch unsern Raumesmenschen gewissermaßen – wenn diese physikalischen Begriffe hier vergleichsweise erlaubt sind – mit seelischer Bewegungsenergie geladen; da diese jedoch durch die Unterdrückung der Bewegung sich als solche nicht ausleben kann, transformiert sie sich in Wahrnehmungsenergie, und so fangen wir mit unserem Raumesmenschen die an uns herandringende Musik auf und spiegeln sie in die Sphäre unseres Bewußtseins hinein. Allerdings gelingt uns das Ruhighalten unseres Raumesmenschen im Erleben des Musikalischen bekanntlich nicht immer. Namentlich bei Tanz- und Marschmusik zuckt es uns oft in den Gliedern, uns in entsprechender Art durch den Raum zu bewegen. Auch andere Musik löst bisweilen den Drang nach Bewegungen so stark in uns aus, daß wir die «Eurythmie» nicht im Ätherischen zurückhalten können, sondern sie in einzelnen Fragmenten auf den physischen Leib übergehen lassen. Wir leben dann das Musikalische zwar stärker mit, können es aber nicht mit gleich deutlicher und bewußter Wahrnehmung auffassen wie bei ruhigem körperlichen Verhalten.

Dringt dagegen ein Sprachliches von außen an uns heran, so werden wir zunächst veranlaßt, dieses «laut-eurythmisch» durch unseren ganzen Bewegungsmenschen nachzubilden. Aber auch hier wird die so intendierte Bewegung im Physischen sofort gestaut, das heißt im Ätherischen zurückgehalten, und dadurch dem Bewegungsmenschen die Reflexionsfähigkeit verliehen, die uns das Sprachliche als solches wahrnehmend erleben läßt. Hinzu kommt nun, daß wir in diesem Fall unseren Raumesmenschen nicht im selben Maße ergreifen, sondern vom Seelischen her mehr oder weniger loslassen. Das hat zur Folge, daß, indem wir diesen Spiegel nicht in Funktion bringen, dasjenige, was er auffängt: das rein Tonlich-Klangliche, im Erleben der Sprache gewissermaßen unreflektiert durch uns hindurchgeht, also nicht zum vollbewußten Erlebnis wird. In der Tat sinkt das rein Musikalisch-Tonliche, das ja in der Sprache auch enthalten ist, als solches im Erleben der Sprache bis zu einem gewissen Grad ins Unbewußte, Unbemerkte. Freilich nur bis zu einem gewissen Grade: denn wir können den Raumesmenschen und den Bewegungsmenschen in der Betätigung nicht streng voneinander trennen. Ist es doch weitgehend ein und dieselbe Organisation: nämlich in der Hauptsache die der Gliedmaßen. Der Unterschied ist nur der, daß wir im musikalischen Erleben diese Organisation mehr nach ihren auf die Räumlichkeit bezüglichen Bewegungsmöglichkeiten ergreifen, im sprachlichen Erleben dagegen mehr hinsichtlich ihrer Ausdrucksbewegungen und Gebärdengestaltungen. Entsprechend nehmen wir im Empfinden des Sprachlichen, wie dies insbesondere gegenüber der dichterisch gestalteten Sprache stattfindet, weniger das wahr, was Tonhöhe, Tonverhältnisse und Tonstärke sind, als dasjenige, was seelische Ausdruckskraft, plastische Gestaltung der Laute ist.

Gehen wir nun weiter zum Wahrnehmen von durch die Sprache uns übermittelten Gedanken eines andern Menschen, also zu Wahrnehmungen des Gedankensinnes, so lassen wir dabei innerlich auch unseren Bewegungsmenschen los und wenden uns mit unserem Seelisch-Geistigen der in unserem Leibe waltenden Lebendigkeit zu. Dies hat zunächst in negativer Beziehung zur Folge, daß nicht nur das Tonlich-Musikalische, sondern auch das spezifisch Sprachliche, weil sich ihm jetzt kein Reflektor entgegenstellt, mehr oder weniger durch uns hindurchfließt, das heißt unserer bewußten Auffassung entgeht, wie das tatsächlich fast immer im Gespräch oder auch beim

Anhören eines Vortrags geschieht. Denn abgesehen von den Fällen, wo das Sprachliche zum dichterischen Kunstwerk gestaltet ist, fungiert ja die Sprache heute stets nur als Vehikel der Gedankenmitteilung. Da verläuft sie aber unterhalb der Sphäre unserer eigentlichen Aufmerksamkeit. Mit vollem Bewußtsein nehmen wir nur den Gedankeninhalt auf, der gewissermaßen auf ihren Flügeln an uns herankommt. Dieses Gedankliche selbst aber nehmen wir dadurch wahr, daß wir es innerlich im Denken nachbilden. Wir dürfen diese Nachbildung allerdings nicht zu Ende kommen lassen, sonst ertappen wir uns sogleich dabei, daß wir nicht mehr ganz aufpassen, was unser Gesprächspartner oder ein Redner weiter sagt, und uns der Inhalt seiner weiteren Ausführungen entgeht. Wir müssen dieses Selbstdenken zwar immer anfangen, es aber dann sogleich unterdrücken, das heißt nur im Ätherischen ausführen, damit wir mit der Kraft, die durch dieses Unterdrücken frei wird, das von außen kommende Gedankliche auffassen können. Wir dürfen den Verlauf der Gedankenbildung nicht selbst bestimmen, sondern müssen ihn uns von außen her vorschreiben lassen. Wir müssen zwar dieselbe Kraft zur Betätigung aufrufen, die wir im eigenen Denken entfalten, aber durch Zurückhaltung des letzteren für das Wahrnehmen des fremden Gedankens frei bekommen. Die Entfaltung dieser Kraft stützt sich für unser gewöhnliches Bewußtsein auf die Lebendigkeit unseres Organismus. Und so wird diese auch im Wahrnehmen der Gedanken seelisch zwar ergriffen, aber durch das Unterdrücken des eigenen Denkens innerlich nicht weiter in Anspruch genommen, sondern nur als Auffassungsorgan den äußeren Gedanken entgegengehalten.

Fassen wir endlich den Ichsinn ins Auge, so kommen dessen Wahrnehmungen, zunächst von der seelischen Seite her gesehen, dadurch zustande, daß wir unsere Aufmerksamkeit von dem reinen Gedankeninhalte dessen, was uns ein Mensch im Gespräch oder in einer Rede sagt, ablenken und dem zuwenden, was als irgendwie geartete Willenstätigkeit in einer solchen Gedankenäußerung wirksam ist, liege sie nun in dem gedanklichen Aufbau eines Vortrags, in der mehr abstrakten oder mehr anschaulichen, in der logischen oder verworrenen, sachlich-nüchternen oder phantastischen Art, die Gedanken zu formen, oder aber in den Absichten und Tendenzen, die durch eine bestimmte Gedankenäußerung verfolgt werden. Wir lassen also, wie im vorhergehenden Fall das Sprachliche als solches, so jetzt das Gedankliche als solches um eine Stufe ins Unbewußte versinken und richten unsere Aufmerksamkeit auf das, was darin oder dahinter als Persönlichkeit willensmäßig schöpferisch, gestaltend, handelnd tätig ist. Wodurch nehmen wir nun aber dieses Ich des anderen Menschen wahr? Dadurch, daß wir ihm zunächst das Erleben, ja das Wollen unseres eigenen Ichs entgegenzustellen uns anschicken. Dieses Erleben geschieht im gewöhnlichen Bewußtsein dadurch, daß wir von innen her mit unserem Wesen unsern Leib bis an seine Hautbegrenzung hin ausfüllen, ja gerade diese Leibesform in ihrer individuell gestalteten Bildung und Physiognomie, die ja der äußere Ausdrucks unseres Ichs ist, erfühlen. Würden wir nun dieses Behaupten unseres eigenen Wesens im Physischen restlos ausleben, so würden wir geradezu als der, der wir im Physischen nun einmal sind, uns dem andern Menschen in irgendeiner Weise entgegenstellen. Das tun wir aber nicht, sondern halten auch dieses Erleben unserer selbst im Ätherischen zurück. Dadurch können wir wieder die Hingabe an den andern Menschen entwickeln, die nötig ist, um sein Wesen zu erleben, und zugleich das, was wir im Erleben desselben gewonnen haben, dann, wie ein Petschaft in den Siegellack, so in das einprägen, wozu wir unsere Leiblichkeit im innern Erleben unserer selbst gemacht haben. Es findet also in der Ichwahrnehmung ein Hin- und Hervibrieren zwischen Hingabe an den andern Menschen und Sichwehren gegen ihn statt – ein Vibrieren, in welchem mitschwingt ein inneres Erleben der eigenen Körperlichkeit als des Ausdruckes der eigenen Wesenheit und ein Auffangen der Wesenheit des andern Menschen mit dem Reflektor dieser Körperlichkeit.

Vervollständigend ist von der Gesamtheit der oberen Sinne, ganz besonders aber von den beiden zuletzt geschilderten, noch zu sagen, daß die Wahrnehmungsfähigkeit in ihren Gebieten natürlich ganz wesentlich abhängt von dem Maße von seelisch-geistiger Entwicklung, die ein Mensch durchgemacht hat. Auch hier gilt wie überall, daß Gleiches nur von Gleichem erkannt werden kann. Und da es sich bei den Gegenständen dieser Sinnesgruppe ja um die eigentlichsten Wesensäußerungen des Menschen, das heißt um Kulturleistungen handelt, so können diese, wie das ja die vorangehende Darstellung auch im einzelnen gezeigt hat, eben nur in dem Maße aufgefaßt werden, als der Wahrnehmende selbst sich zum vollen Menschen gebildet hat beziehungsweise nach den betreffenden Richtungen hin zu eigener Produktivität gelangt ist. Die entsprechende Reaktionsfähigkeit, die zum Wahrnehmen notwendig ist und mit der uns für die mittleren Sinne die Natur ausstattet, weil sie hier im Leiblichen gelegen ist, müssen wir uns für die oberen Sinne selbst verleihen, weil sie hier im Seelisch-Geistigen liegt. So wird man zum Beispiel die in einem philosophischen oder rechtswissenschaftlichen Vortrag geäußerten Gedanken nur dann mit dem Denksinn aufzufassen in der Lage sein, wenn man selbst in philosophischer oder rechtswissenschaftlicher Begriffsbildung einigermaßen geübt ist. Ebenso wird die Möglichkeit und die Zuverlässigkeit von Ichwahrnehmungen abhängen von dem Maße, in welchem der Wahrnehmende selbst sich zur ichhaften Persönlichkeit im Leben gebildet hat. Es ist also, obwohl es sich auch hier um physische Wahrnehmungen und, wie wir zeigten, auch um physisch-leibliche Organe handelt, die benützt werden, durch die Natur der Sache doch die seelisch-geistige Bildung des Erlebenden für die Wahrnehmung das Ausschlaggebende.

C. Die Entwicklung der oberen Sinne in der Menschheitsgeschichte

1. Vergangenheit

Der vorangehende Abschnitt hat gezeigt, in wie inniger Beziehung die Gruppen der *oberen* und der *unteren* Sinne zueinander stehen. Wir sahen, wie sie im Beginne des menschlichen Lebens noch ein einheitliches geistig-sinnliches Erleben darstellen, wie sie sich erst im Zusammenhang mit der Erwerbung der verschiedenen Fähigkeiten der menschlichen Wesensoffenbarung, die aus diesem Erleben fließt, in eine Zweiheit von Sinneswahrnehmungssphären differenzieren und wie diese nun die genannten Fähigkeiten sowohl zu ihren Organen wie Gegenständen haben, allerdings auf polarisch entgegengesetzte, ja geradezu im Verhältnis einer Umstülpung zueinander stehende Arten. Denn wir deuteten an, daß etwa die Fähigkeit der Sprache ebenso aus einer ursprünglichen Wirksamkeit des Sprachsinnes heraus erworben wird wie aus einer solchen des Bewegungssinnes. Es sind nur verschiedene Aspekte dieser Erwerbung, auf die wir im einen und im anderen Fall hinweisen. Im ersteren ist es der seelisch-geistige, im letzteren der leibliche. Wir werden daher, indem wir nun an die Betrachtung der geschichtlichen Entwicklung der oberen Sinne herantreten, vermuten dürfen, daß diese in analoger Art, wie dies die Verhältnisse des einzelnen Menschenlebens zeigen, sich verknüpft erweisen wird mit der menschheitlich-geschichtlichen Erwerbung jener vier Fähigkeiten und der entsprechenden Wandlung in der Wirksamkeit der unteren Sinne, die wir bereits im dritten Kapitel geschildert haben. Freilich stand da im Vordergrund die allmähliche Verdunkelung, welche diese Sinne im Laufe ihrer Entwicklung erlitten haben. Im folgenden wird uns nun die Aufgabe erwachsen, diese Erwerbungen nochmals zu beschreiben und dabei zu zeigen, wie sie, vom *seelischen* Aspekt aus gesehen, aus einer ursprünglichen Wirksamkeit der *oberen* Sinne hervorgehen und wie diese dabei eine allmähliche Umbildung beziehungsweise *Aufhellung* zu ihrer heutigen Wahrnehmungsweise erfahren.

Welcher Art nun diese Umbildung im genaueren ist, das werden die geschichtlichen Verhältnisse, weil sie sie im Großen zeigen, deutlicher als das einzelne Menschenleben erkennen lassen. Ein Licht kann zwar auf sie schon fallen von dem erwähnten Beispiel des Sprechenlernens im einzelnen Menschenleben aus. Wir müssen ja wohl annehmen, daß auch für diese Errungenschaft das biogenetische oder – wie wir es aufgewiesen haben – das kosmogenetische Grundgesetz seine Gültigkeit habe; jenes Gesetz, wonach die Entwicklungsvorgänge im einzelnen Menschenleben eine abbildende Wiederholung derjenigen darstellen, die in der ganzen Menschheit sich abgespielt haben. Das bedeutet, daß die ganze Menschheit auf eine analoge Art die Sprache erworben haben muß, wie sie immer wieder das einzelne Kind sich aneignet: durch Hören und Nachsprechen einer von außen an sie herandringenden Sprache. Nun kann aber das Wort, das in jener Zeit an die Menschheit herangeklungen ist, kein von Menschen gesprochenes gewesen sein; denn die Menschheit sollte das Sprechen ja erst erlernen. Ja, es kann überhaupt kein physisch ertönendes gewesen sein; denn außer dem Menschen ist ja kein Wesen in der physisch-sinnlichen Welt der Sprache fähig. Es kann also nur ein übersinnliches Wort gewesen sein, gesprochen von geistigen Wesenheiten. Von jenen Wesenheiten, die gewissermaßen die Erzeuger der Menschheit überhaupt innerhalb des Kosmos sind, wie die Eltern, die an das kleine Kind die sinnliche Sprache herantragen, die Erzeuger eines einzelnen physischen Menschenlebens sind. Und man muß sich nun vorstellen, daß die Menschheit, indem sie das also überphysisch an sie heranklingende Wort ihrer göttlichen Erzeuger nachbildete, es im Nachbilden zugleich ins Physische übertrug und dergestalt die physische Sprache entwickelte.* Nun erhebt sich aber die Frage: Durch welches Vermögen «hörte» sie die geistige Sprache der Götter, die das Urbild ihrer eigenen war? Und hierauf ist zu antworten: Durch das, was das menschheitliche Analogon bildete zu jener keimhaften Gestalt des Sprachsinnes, in der dieser im einzelnen Kinde beim Beginn seines Sprechenlernens vorhanden ist. Wir müssen also bei der ganzen Menschheit die Anfangsform des Sprachsinnes, wie sie als Vorbedingung für die Erwerbung der Sprache dasein mußte, uns als eine bestimmt geartete Fähigkeit übersinnlichen Erlebens vorstellen. Daraus ergibt sich, worin die allmähliche Entwicklung und Aufhellung der Wahrnehmungen des Sprachsinnes zu voller Klarheit bei der ganzen Menschheit bestanden hat. Sie bedeutete den Verlust einer ursprünglichen geistigen Erlebnisfähigkeit beziehungsweise die Umwandlung derselben in eine spätere sinnliche Wahrnehmungsart.

Durch die bisherigen Bemerkungen sind die verschiedenen Momente bezeichnet, die berücksichtigt werden müssen, wenn die geschichtliche Entwicklung der oberen Sinne in ihrem eigentlichen Wesen erfaßt werden soll. Das erste derselben liegt in dem *Zusammenhang,* in dem auch die Entwicklungsgeschichte dieser Sinne steht, mit der Erwerbung jener vier spezifisch menschlichen Fähigkeiten, mit der sich die Entwicklung der unteren Sinne verknüpft erwies. Das zweite liegt in dem Verhältnis der polarischen *Gegensätzlichkeit* zwischen den oberen und den unteren Sinnen, das, wie es ihre physio-

---

* Siehe hierzu H. E. Lauer «Weltenwort und Menschensprache».

logische und psychologische Betrachtung darzustellen hatte, nun auch ihre geschichtliche Schilderung aufweisen muß, indem sie zu zeigen hat, wie die Wahrnehmungen der ersteren im Laufe der Geschichte eine fortschreitende Aufhellung erfahren im Gegensatze zu der zunehmenden Verdunkelung, welche diejenigen der letzteren erleiden.

Das dritte endlich liegt in dem *Gemeinsamen,* das beiden Sinnesgruppen trotz oder gerade wegen ihrer polarischen Gegensätzlichkeit eigen ist – wie es ja das Wesen aller Gegenpole ausmacht, daß sie neben ihren Verschiedenheiten auch bestimmte Gemeinsamkeiten haben. Dieses Gemeinsame besteht darin, daß sie durch die Entwicklung, die sie in der Geschichte nehmen, beide eine allmähliche Verdunkelung bestimmter Gebiete der *geistigen Welt* bewirken. Die unteren Sinne verhüllen die in unser Erdenleben hereinkraftenden Erfahrungen unseres vorgeburtlichen Geistdaseins, indem die Wahrnehmungs- und Vorstellungsform ihrer Erkenntnisinhalte nach und nach ins «Unterbewußtsein» versinken und nur noch deren Begriffsgestalt in unser Bewußtsein eintritt. Die oberen Sinne verfinstern, was von unserem nachtodlichen Dasein her in unser Erdenleben hereinleuchtet, indem sie nur die Wahrnehmungsform ihrer Erkenntnisse in unser Bewußtsein hereinschicken, dagegen deren Vorstellungs- und Begriffsgestalt in einem «Überbewußtsein» zurückhalten.

Alle diese Momente im Auge behaltend, betrachten wir jetzt noch einmal die ganze vierstufige Entwicklung, in deren Verlauf die Menschheit die Fähigkeiten des aufrechten Ganges, der Sprache, des Denkens und der äußeren Sinneswahrnehmung erworben hat. Nur richten wir jetzt unseren Blick nicht auf die äußere, leiblich-organische Seite dieser Entwicklungsprozesse, sondern auf ihren inneren seelisch-geistigen Aspekt.

Beginnen wir also wieder mit der Erwerbung der ersten der irdischen Menschheitserrungenschaften: der Fähigkeit des *aufrechten Ganges* gegen das Ende der *lemurischen* Epoche hin. Wir schilderten an früherer Stelle, wie sie erfolgt sei aus sinnlich-übersinnlichen Erlebnissen des *Gleichgewichtssinnes* heraus, durch die damals in die menschliche Wahrnehmung und damit zugleich auch in die Leibesgestaltung hineinflossen die Wesenheit und die Formungskräfte des Raumes, der gerade in jener Epoche des Weltenwerdens seine seither gültige dreidimensionale, aber nach den drei Richtungen verschieden gestaltete Beschaffenheit erreicht hatte. So stellen sich die Tatsachen von der leiblichen Seite gesehen dar. Vom seelisch-geistigen Aspekt aus betrachtet muß das menschliche Erleben der damaligen Zeit so geschildert werden, daß es zum Inhalte hatte die Gesamtheit der göttlichgeistigen Wesen und ihrer Wirksamkeiten, insofern diese den Kosmos, wie er damals in Erscheinung trat, schöpferisch hervorgebracht und gestaltet hatte. Was die Götter selber innerlich während dieses Schaffens und jetzt auf dem Punkte seiner Vollendung empfanden, offenbarte sich diesem seelisch-geistigen Erleben. Seiner Form nach aber war dieses die erste, ursprünglichste Gestalt des *musikalischen* Erlebens der Menschheit. Denn als allerdings zunächst rein übersinnlich erklingende Weltenmusik stellte sich vor die menschliche Seele der Inhalt dieses Göttererlebens hin. In ihren Tönen offenbarte sich – wie Rudolf Steiner es schildert* – einerseits «der kosmische Jubelgesang der Götter wie der Ausdruck der Freude über ihr Weltschaffen, andererseits aber auch die ungeheure Klage der Götter über die Möglichkeit, daß die Menschen verfallen können in das, was dann in der biblischen Geschichte als der Sündenfall geschildert worden ist, als der Abfall von den guten göttlich-geistigen Mächten», und was sich ja dann gerade im Verlauf der lemurischen Zeit abgespielt hat. Dieses ursprünglich rein übersinnlich geartete musikalische Erleben begann aber (im Zusammenhang mit dem Ereignis der Verführung durch Luzifer) bereits mit dem Niedergang der lemurischen Zeit sich zu verlieren, und im selben Maße, als die Musik übersinnlich verstummte, suchte sie der Mensch im Sinnlichen nachzubilden und so in der Erinnerung festzuhalten. Auf diese Weise entstanden die allerersten Anfänge einer im Sinnlichen erklingenden musikalischen Tonschöpfung in Gestalt jenes zunächst noch wortlosen lemurischen *«Urgesangs»*, den wir im Zusammenhang mit der Entstehung der Sprache bereits erwähnten. Er bildete gewissermaßen die allererste Form der Kulturbetätigung des Menschen auf Erden, und in Verbindung mit ihm entwickelten sich auch die allerersten Formen menschlicher Gemeinschaft.

* Die Impulsierung des weltgeschichtlichen Geschehens durch geistige Mächte. Bibl. Nr. 222. 3. Vortrag.

Zugleich mit der Pflege dieses Urgesangs gestaltete sich der *Gehörssinn* zum Organ des im Sinnlichen sich abspielenden musikalischen Erlebens aus. In Wahrheit ist aber diese Ausbildung des Gehörssinnes eben die allmähliche Umwandlung eines ehemals übersinnlichen Hörens in ein sinnliches. Diese Umwandlung hat sich freilich über sehr lange Zeiträume erstreckt. Sie nahm in Lemurien nur ihren Anfang, setzte sich durch die atlantische und nachatlantische Epoche hindurch fort und ist erst in der neuesten Zeit zu einem gewissen Abschlusse gekommen. In *ihr* müssen die Ursachen für die Wandlungen gesehen werden, welche das Musikalische im Verlauf der Geschichte durchgemacht hat in bezug auf seine Stellung im geistigen Leben überhaupt, in bezug auf seinen künstlerischen Stil und namentlich auch in bezug auf die dem kompositorischen Schaffen zugrunde liegenden tonlichen Materialien und Systeme. Die Entwicklung der letzteren besteht ja letzten Endes in einer fortschreitenden Ausfüllung der Tonreihe und in einer wachsenden Verdichtung der Klänge. Sie kommt zum Ausdruck etwa in dem Fortschritt von der Fünftonleiter des Orients über die Siebentonleiter der Griechen bis zur modernen zwölfstufigen chromatischen Skala, oder in anderer Art in dem Übergang von der homophonen Musik älterer Epochen zu dem polyphon-harmonischen Stil der neueren Zeit. Sie ist aber nicht so zu erklären, wie es Helmholtz in seiner «Lehre von den Tonempfindungen» versucht hat. Er glaubte, daß man zuerst auf diejenigen Intervalle gekommen sei, die in bezug auf die Schwingungszahlenverhältnisse die nächsten Tonverwandtschaften darstellen, also die Oktave, dann die Quinte und Quarte, später erst auf die entferntere Verwandtschaften bedeutenden Intervalle der Terz und Sexte, und daß man durch die Verwendung des also sich stückweise ergebenden Tonmaterials die verschiedenen, historisch einander ablösenden Tonsysteme und Leiterbildungen konstruiert habe. Davon kann gar keine Rede sein. Diese Erklärung kommt – ebenso wie seine Hörtheorie – an das eigentlich Musikalische gar nicht heran. Vielmehr ist die allmähliche Ausfüllung der Tonreihe ein Phänomen wirklicher Inkarnation des musikalischen Erlebens. Diese Inkarnaiton offenbart sich darin, daß die Menschheit immer kleinere Intervalle im Sinnlichen zu unterscheiden und als solche zu erleben, anders ausgedrückt: daß sie das Tonmaterial in immer engeren Intervallen zu erfassen fähig wird. Denn wie die einzelnen Laute der Sprache: a, i, o usw. verschiedene Seelenerlebnisse zum Ausdrucke bringen, so spiegeln die einzelnen Intervalle als Phänomene des musikalischen Wesens bestimmte Bewußtseinsgestaltungen wider. Ein jedes von ihnen drückt eine bestimmte Art des Erlebens der Seele im Verhältnis zur geistigen beziehungsweise physischen Welt aus. Und zwar stellen die größeren Intervalle verschiedene Grade ihres Außersichseins und Hingegebenseins an die geistige Welt, die kleineren dagegen verschiedene Stufen ihres Insichselbstseins und Verbundenseins mit dem Leibe dar. Je nach dem Punkte nun, an dem die Seele auf dem Wege ihrer Inkarnation, und das heißt auch auf dem Wege der Umwandlung der geistigen in physische Erlebnisfähigkeiten in einem bestimmten Zeitalter sich befindet, durchschreitet sie gleichsam im musikalischen Erleben das eine oder das andere Intervall. In diesem Sinne hat Rudolf Steiner dargestellt, daß das musikalische Erleben im alten Lemurien durch die Empfindung der None, in der Atlantis durch diejenige der Septime, während der nachatlantischen Zeit bis in das Griechentum herein durch diejenige der Quinte und innerhalb der neueren Zeit bis in unsere Gegenwart durch die Empfindung der Terz bestimmt gewesen sei. Wenn also die orientalischen Völker ein Quintensystem der Töne hatten und aus diesem für den praktischen musikalischen Gebrauch fünf zusammenhängende Quinten in der Fünftonleiter auswählten, und wenn noch Pythagoras die griechische Siebentonleiter aus Quintenzusammenhängen heraus konstruierte, so hatte all dies seinen Grund nicht darin, daß vom Standpunkte der Schwingungszahlen im Quintenintervall eine sehr nahe Tonverwandtschaft zum Ausdrucke kommt, sondern darin, daß das musikalische Erleben der Menschheit entsprechend ihrer damaligen Inkarnationsstufe im Zeichen der Quintenempfindung stand. In ähnlicher Art kann die gesamte tonal-harmonische Musik der Neuzeit aus dem die Bewußtseinsstufe des modernen Menschen repräsentierenden Terzenerlebnis heraus verstanden werden.*

---

* In meinem Buche «Die Entwicklung der Musik im Wandel der Tonsysteme» habe ich eine eingehende Darstellung dieser Wandlungen des musi-

Hier muß nun gleich eine Bemerkung gemacht werden, die für alle oberen Sinne grundsätzliche Bedeutung hat: Zwar besteht die eigentliche Entwicklung der oberen Sinne gerade darin, daß je ein bestimmtes übersinnliches sich in ein entsprechendes sinnliches Erleben umwandelt. Diese Sinne hellen sich als physische Wahrnehmungsorgane eben dadurch auf, daß übersinnliche Wahrnehmungsfähigkeiten sich verdunkeln. Doch aber darf, wenn das Wesen dessen, was sie ihm als Sinne vermitteln, dem Menschen noch irgendwie erlebbar bleiben soll, das ursprüngliche geistige Erleben *nicht vollständig* erlöschen. Ein Rest desselben muß, wenn auch noch so getrübt und verfinstert, in dem sinnlichen Erleben erhalten bleiben. Auf diesem Rest beruht es geradezu, daß dem Menschen das, was diese Sinne ihm vermitteln, als ein spezifisches Weltenelement und Phänomengebiet empfindbar ist. Denn das Erleben durch die oberen Sinne ist und bleibt, wenn auch in noch so verschleierter Art, doch seinem Wesen nach ein *geistiges*. In dem Augenblicke, wo dieses geistige Erleben völlig erstirbt, hört darum das eigentliche Erleben dessen auf, was der Mensch durch diese Sinne erfährt. So ist auch das eigentlich *musikalische* Hören – nach einem Worte Rudolf Steiners – das Hören dessen, was «zwischen den Tönen» ist, oder dessen, was man «nicht sinnlich hören kann». Hieraus geht von neuem hervor – was von der physiologischen Seite schon im letzten Abschnitte dargelegt wurde –, daß das eigentlich musikalische Erleben ein geistiges ist, das jenseits des Akustischen liegt. In der neuesten Zeit nun, wo die Entwicklung des Gehörssinns als physischem Organ zu einem gewissen Abschluß kam und sich das *sinnliche* Erleben des Musikalischen immer reiner und vollständiger herausgebildet hat, ist für die Menschheit bereits weitgehend eine Situation entstanden, die zwar paradox, aber doch richtig so ausgesprochen werden muß: daß sie vor lauter Tönen und Klängen die «Musik» nicht mehr hört. Die sinnliche Erscheinung der Musik ist so dicht und lückenlos geworden, daß sie das im Übersinnlichen liegende Wesen derselben völlig verdeckt. Damit aber hört sie auf, «Musik» zu sein – was in unserer

kalischen Erlebens und der Tonsysteme auf Grund der erwähnten Hinweise Rudolf Steiners gegeben.

Zeit praktisch vielfach in der Weise zum Ausdruck kommt, daß sie sich in bloßes Lärmen, in ein bloßes Erzeugen von Geräuschen verwandelt.

Um nun zu dem lemurischen Urgesang zurückzukehren, so sei nur noch darauf aufmerksam gemacht, wie in der Gleichzeitigkeit, die zwischen seinem Auftreten und der Erwerbung des aufrechten Ganges besteht, sich von der historischen Seite her bestätigt, was im vorangehenden Abschnitt über den inneren Zusammenhang zwischen Gleichgewichts- und Gehörorgan beziehungsweise zwischen dem Wesen der Musik und dem des Raumes gesagt wurde. Es war in der Tat dasselbe, nur einmal von der leiblichen, das andere Mal von der geistigen Seite her erlebt, was der lemurische Mensch einerseits durch den Gleichgewichtssinn, andererseits durch den musikalischen Sinn wahrnahm. Und wenn wir an anderer Stelle sagten, daß dasjenige, was den Leib des Menschen mittels der Erfahrungen des statischen Sinnes aufrichtet, sein Ich selber ist, das in diesen seinen Einzug hält, so kann hier nun vervollständigend hinzugefügt werden, daß es eigentlich die damals noch unter den göttlich-geistigen Mächten wesende menschliche Ichheit war, die im Erleben und Nachbilden der Weltenmusik in das noch naturhaft geartete Seelische der Menschheit einzog. Auf den Flügeln der Musik zog das Ich selber in den Menschen ein. Diese Musik war gewissermaßen die Stellvertreterin des Ichs im Menschen. Sie wirkte seelisch «aufrichtend», das heißt haltgebend, läuternd, vermenschlichend auf die damalige Menschheit und bereitete damit die Wirksamkeit vor, die später das voll inkarnierte Ich im Menschen selber übernehmen sollte.

Gehen wir nun wieder zur *Atlantis* über und zu der während derselben sich vollziehenden Ausbildung der *Sprache*. Daß die letztere überhaupt einsetzen konnte, dazu mußte – von der subjektiven Seite gesehen – das ursprüngliche geistig-musikalische Erleben schon jenen ersten Grad der Abdämpfung erfahren haben, von dem wir sagten, daß er gegen das Ende der lemurischen Zeit eingetreten sei. Denn «in der Sprache liegt eine Art Vergewaltigung des Musikalischen vor» (R. Steiner: Eurythmie als sichtbarer Gesang). Diese Vergewaltigung erfolgt dadurch, daß wir in den Vokalen, wie wir sie in der Sprache gebrauchen, das musikalische Element, das auf ihrem Grunde waltet, sich nicht voll auswirken lassen. Diese Zurückdrängung läßt sich das Musikalische aber erst gefallen, wenn es nicht mehr in jener ursprünglichen Macht und Ausschließlichkeit die Seele erfüllt, wie dies in der lemurischen Zeit der Fall war. Auf diese Weise wird jetzt aus dem wortlosen «Urgesang» zunächst das vokalische Element der Sprache herausgebildet und zu diesem dann auf einer zweiten Etappe der Sprachentwicklung das dem Musikalischen noch ferner stehende, ja in gewisser Weise geradezu entgegengesetzte plastisch-konsonantische Element hinzuerworben. Was den objektiven Aspekt der Sprachentstehung betrifft, so haben wir im dritten Kapitel darauf hingewiesen, daß diese aus dem nachwirkenden Einfluß von innerhalb der *planetarischen* Welt empfangenen Erlebnissen erfolgt sei oder, was dasselbe bedeutet: aus ursprünglichen Offenbarungen des *Bewegungssinnes* heraus. Hiermit ist allerdings die Sprachentwicklung nur insoweit charakterisiert, als sie ein leiblicher Prozeß ist. Soll sie nun auch noch als geistig-seelischer Vorgang geschildert werden, so sei nochmals daran erinnert, daß die Welt der Wandelsterne, wenn sie nicht physisch-sinnlich, sondern geistig-übersinnlich erlebt wird, sich als die Sphäre des Sichoffenbarens der göttlich-geistigen Wesen durch das «Weltenwort», durch den göttlichen «Logos» enthüllt. Und aus der Nachbildung dieses damals das seelische Erleben des Menschen erfüllenden geistigen Weltenwortes ist, von der seelisch-geistigen Seite betrachtet, die Menschensprache entstanden. Die Fähigkeit aber, mittels welcher das Weltenwort vernommen wurde, war keine andere als die, welche sich dann gleichzeitig mit der Ausbildung der Menschensprache in den menschlichen *Sprachsinn* umgewandelt hat. Und hinzuzufügen ist hier wiederum: auch in bezug auf das Sprachelement der geistigen Welt machte sich das Bedürfnis nach menschlicher Nachbildung und damit nach erinnerungsmäßiger Bewahrung des im Übersinnlichen Erlebten aus dem Grunde geltend, weil die ihm entsprechende Fähigkeit des geistigen Wahrnehmens bereits in der Atlantis ebenso dahinzuschwinden begann, wie dies in Lemurien mit dem geistig-musikalischen Erleben der Fall gewesen war. Es ist also die menschliche Sprache nicht willkürlich erfunden oder durch konventionelle Festsetzungen vereinbart worden, aber auch nicht als eine weitergebildete Form des tierischen Schreies oder durch Naturnachahmung (Onomatopojie) im üblichen Sinne dieser Vorstellung entstanden. Sie entwikkelte sich auf eine durchaus analoge Weise zu der Art, wie sie noch heute immer wieder vom kleinen Kinde erworben wird: gewissermaßen als eine Echowirkung, als ein Ergebnis der Nachahmung im Umgang mit Wesen, die von außen die Sprache an es herantragen. Nur waren eben die Wesen, die an die Menschheit als ganze in deren «Kindheit» die Sprache heranklingen ließen, die göttlich-geistigen Hierarchien, und ihre Sprache war eine nur im Übersinnlichen ertönende. Trotzdem kann diese Sprache genau charakterisiert werden.

Im Beginne des Johannesevangeliums lesen wir, daß durch den Logos, das heißt das Weltenwort, alles geschaffen worden sei, was entstanden ist. Und diese Behauptung des Evangelisten stimmt aufs genaueste überein mit der Schilderung, welche die mosaische Genesis von der Weltschöpfung gibt; denn diese erzählt ja, wie Gott *sprechend* die Dinge erschaffen habe. *«Er sprach:* es werde Licht, und es ward Licht» usw. Es ist also dieses Weltenwort als jenes schöpferische Wirken aufzufassen, dem die Dinge der Natur ihr Dasein verdanken. Sie haben ihr Wesen und ihr Dasein dadurch, daß jedes von ihnen einen Teil dieses Weltenwortes, gewissermaßen ein Wort dieser Göttersprache in sich birgt. In dieser Art stellte sich der Tatbestand der Urmenschheit, als sie noch das Weltenwort zu vernehmen vermochte, auch durchaus dar. Dieses Weltenwort entströmte der Sternenwelt siebenfach vokalisch sich gliedernd, entsprechend den sieben planetarischen Sphären, die sich im Laufe der kosmischen Evolution herausbildeten, und zwölffach konsonantisch sich gestaltend, gemäß den zwölf Bildern des Tierkreises, welcher von den Planeten durchwandert wird. Indem der sich so ausgestaltende Kosmos immer wieder neue Kombinationen dieser 7 mal 12 Elemente entstehen läßt, flutet das Weltenwort in unendlich mannigfaltigen Gestaltungen in die Region der ätherischen Bildekräfte herunter und erzeugt so die Fülle der Urbilder irdischer Wesen und Dinge. Jedes derselben birgt als seine «Idee» *eine* bestimmte Gestaltung dieses Weltenwortes in seiner ätherischen Organisation, seinem Bildekräfteorganismus. Es ist tatsächlich so: wie wir mit unseren etlichen zwanzig Sprachlauten durch unendlich viel verschiedene Kombinationen derselben sämtliche Dinge der Welt *bezeichnen* können, so sind diese Dinge auch in der Realität durch verschiedene Kombinationen einer bestimmten Anzahl von Wirkungen *entstanden*. Und es ist das Verhältnis, in welchem unsere Menschensprache als ihre Benennerin zu den Dingen steht, ein wahrhaftes Abbild des Verhältnisses, welches zwischen den Dingen und der Göttersprache als ihrer Schöpferin besteht. Wir würden nicht durch unendlich viele Kombinationen einer bestimmten Anzahl von Lauten alle Dinge bezeichnen können, wenn diese Dinge nicht aus den betreffenden Kombinationen dieser *Laute als schöpferischer Kräfte* entstanden wären. Und es ist heute mit den Mitteln der geisteswissenschaftlichen Forschung durchaus wieder möglich, die Entsprechungen zwischen den einzelnen Lauten der Sprache und den einzelnen planetarischen und zodiakalen Wirkungen im Konkreten und Genauen anzugeben.* Dem Menschen am Beginne der atlantischen Zeit tönte im Erleben des der physischen Natur zugrunde liegenden ätherischen Bereiches noch das in dieses aus der astralischen Welt hereingeflossene Weltenwort entgegen. Er vernahm noch die wahren Namen der Dinge, welche in diese als deren Wesen von den göttlichen Schöpfermächten hineingelegt worden sind. Darum war er auch berechtigt und berufen, den Dingen in dem Sinne ihre «Namen zu geben», wie es die mosaische Genesis ebenfalls schildert. «Denn als Gott der Herr gemacht hatte von der Erde allerlei Tiere auf dem Felde und allerlei Vögel unter dem Himmel, brachte er sie zu dem Menschen, daß er sähe, wie er sie nennte; denn wie der Mensch allerlei lebendige Tiere nennen würde, so sollten sie heißen. Und der Mensch gab einem jeglichen Vieh und Vogel unter dem Himmel und Tier auf dem Felde seinen Namen» (1. Mose 2). Dieses Namengeben war in Wirklichkeit ein Offenbarmachen des den Dingen mit ihrer Schöpfung von der Gottheit selbst verliehenen Namens. Heißt es doch in 1. Moses 1: «Und Gott sprach: Es werde Licht. Und es ward Licht... Da schied Gott das Licht von der Finsternis und nannte das Licht

---

* Siehe Rudolf Steiner: Eurythmie als sichtbare Sprache.

Tag, die Finsternis Nacht... Und Gott nannte die Veste Himmel... Und Gott nannte das Trockene Erde, und die Sammlung der Wasser nannte er Meer.» Zu dem Offenbarmachen dieser Namen war also der Mensch deshalb gekommen, weil die Natur ihm damals die wahren Namen ihrer Wesen noch verriet. Sie sprach noch zu ihm, und er verstand noch ihre Sprache. Denn er lebte noch in der geistigen Wahrheit ihres Wesens. Einzelne Menschen vermochten sich noch in eine viel spätere Zeit hinein durch besondere Fähigkeiten dieses Verständnis der Natursprache zu bewahren oder es durch besondere Taten der Überwindung von neuem zu erringen. In diesen Zusammenhang gehört es hinein, wenn von Siegfried erzählt wird, daß er, nachdem er den Lindwurm besiegt und mit dessen Blut seine Zunge benetzt hatte, die Sprache der Vögel zu verstehen begann. Aus eben dem Grunde, weil die «Ursprache» der Atlantier noch das wahre Wesen der Dinge erfaßte, verschaffte sie den Menschen auch magische Gewalt über dieselben. Und es beruhte die atlantische Kultur, wie sie Rudolf Steiner in seiner Schrift «Unsere atlantischen Vorfahren» geschildert hat, durchaus auf solchen magischen Fähigkeiten. Dafür war aber auch die Handhabung des «Wortes» damals noch eine heilig-feierliche Angelegenheit.

Nun hat man sich aber das ursprüngliche «Sprechen» der Natur zum Menschen nicht sinnlich, sondern übersinnlich vorzustellen. Der Mensch vernahm durch eine Fähigkeit, die sich später in den physischen Sprachsinn umgewandelt hat, die geistigen Namen der Dinge. Und dieses übersinnliche Wahrnehmen geschah in der Weise, daß der Mensch in seiner eigenen Bildekräfteorganisation diese Namen durch entsprechende ätherische Bewegungs- beziehungsweise Gestaltungsimpulsierungen nachbildete. Das war ihm durchaus möglich: denn er selbst als der Mikrokosmos vereinigt ja die Elemente des gesamten Weltenwortes in sich, nicht nur – wie andere Wesen – einzelne Laute desselben und deren Kombinationen. «Wenn wir die Laute zusammenstellen, entstehen Worte. Wenn wir das zusammenstellen vom Anfang des Alphabets bis zum Schluß, entsteht ein sehr kompliziertes Wort. Aber dieses Wort enthält alle Wortmöglichkeiten. Dieses Wort enthält aber zu gleicher Zeit den Menschen in seiner ätherischen Wesenheit... Der ätherische Mensch ist das Wort, das das ganze Alphabet umfaßt... Es gibt daher nichts, was sich nicht durch den Menschen ausdrücken läßt. So wie der Mensch, wenn er das ganze Alphabet lautlich spricht, *sich* ausspricht und damit die ganze Welt, so spricht er in einzelnen Worten, die Fragmente des Gesamtwortes, des Alphabets sind, irgend etwas, was Teil der Welt ist, aus» (Rudolf Steiner: Eurythmie als sichtbare Sprache). Der Mensch hatte also die Möglichkeit, wenn er in der ursprünglichen, noch überphysischen Sprache das Wesen eines Dinges bezeichnen wollte, die entsprechenden Bewegungen aus der Fülle der in ihm selbst veranlagten Bewegungsformen herauszugestalten. Und dieses sein «Sprechen» konnte nun wiederum von andern Menschen übersinnlich wahrgenommen werden. Man bedurfte also noch keiner physischen Sprache. Im Verlaufe der atlantischen Entwicklung schwand jedoch dieses rein übersinnliche Spracherleben allmählich dahin, und so machte sich der Drang geltend, das, was übersinnlich immer weniger wahrgenommen werden konnte, im Physischen nachzubilden. Allerdings wurden nun die im Ätherorganismus verlaufenden Bewegungen in solche nicht des ganzen physischen Bewegungsapparates umgewandelt, sondern nur eines einzigen Gliedes desselben: des Kehlkopfes beziehungsweise der Sprachorgane und durch diese hindurch in Gestaltungen der Atemluft. So entstand die Fähigkeit des physischen Sprechens. Verloren ging die Möglichkeit, das übersinnliche Wort in der Natur zu vernehmen und es mit dem ganzen ätherischen Menschen nachzubilden. Errungen wurde die Fähigkeit, es mit einem Teile des physischen Menschen als sinnlich ertönendes hervorzubringen. Und der physische Bewegungsorganismus als ganzer vermittelte nun, gerade wenn er zur Ruhe gebracht wurde, die Wahrnehmung des physisch erklingenden Menschenwortes.

Doch hatte die physische Ursprache der Menschheit, wie sie in der Atlantis allmählich sich ausbildete, noch die Eigenschaft, daß in der Art, wie der Lautkörper eines Wortes durch Vokale und Konsonanten zusammengefügt war, unmittelbar das Wesen des Dinges, welches durch dieses Wort bezeichnet wurde, zum Ausdrucke kam. «Je tiefer wir in den Urwald der Worte eindringen», so schreibt *Arnold Wadler* in seinem bedeutsamen Werke «Der Turmbau von

Babel. Urgemeinschaft der Sprachen», in welchem von sprachwissenschaftlicher Seite zum erstenmal zur Ursprache der Menschheit wirklich vorgestoßen wird, «desto deutlicher stellt sich eine Tatsache uns vor die Seele: was heutige Sprachwissenschaft *Wurzeln* der Worte nennt, sind gar nicht ihre Urelemente, sondern spätere, erweiterte, komplizierte Lautgebilde, hervorgegangen aus viel einfacheren Konfigurationen. Wurzeln lassen sich auf viel ursprünglichere gemeinsame Elemente zurückführen, aus denen die Urmenschheit die Fülle der Wortformen durch Abwandlung, Erweiterung bestimmter Motive einst geschaffen hatte; alle Variationen solcher primitiveren Gebilde sind unter sich wieder urverwandt... Zwingend ergibt sich der Schluß, daß eigentliche Elemente und ursprüngliche Sinnträger in der Sprache die Einzellaute sind, daß in allen Sprachen die ‹Wurzeln› aus solchen gemeinsamen Ur-Motiven sich entwickelt haben» (S. 381ff.). Es wirkte eben der Sprachsinn damals noch in jugendlicher Frische und geistiger Ungetrübtheit. In seinem Wahrnehmen wirkte noch stark das frühere rein übersinnliche Erleben der Lautwesenheiten nach. Und weil aus diesem noch überwiegend geistigen Spracherleben heraus die Worte gestaltet wurden, darum hatte auch – wie es im 11. Kapitel Moses 1 heißt – damals noch «alle Welt einerlei Zunge und Sprache». Aus demselben geistigen Lauterleben gebaren sich überall dieselben Wortgestaltungen. Und diese konnten unmittelbar aus ihrem Lautgefüge heraus erlebend verstanden werden. Man brauchte ihren Sinn nicht erst zu erlernen und gedächtnismäßig zu behalten.

Nun haben wir aber schon bei der Besprechung der musikalischen Entwicklung darauf hingewiesen, daß das in den Wahrnehmungen der oberen Sinne ursprünglich enthaltene geistige Erleben sich im Laufe der Geschichte mehr und mehr verdunkelt. Dadurch verlieren die Laute allmählich ihre ursprüngliche geistige Durchsichtigkeit beziehungsweise «Durchhörigkeit». Die mythologische Erinnerung der Menschheit hat diesen Umschwung in dem Bilde von der babylonischen Sprachenverwirrung festgehalten. Diese Verwirrung, das heißt die Zerteilung der ehemals einheitlichen Ursprache in verschiedene Volkssprachen, trat eben dadurch ein, daß die Laute ihre geistige Durchhörigkeit für das menschliche Erleben einbüßten. Damit konnten die Worte nicht mehr wie früher aus einem sinnlich-übersinnlichen Spracherleben heraus immer wieder neu als Lautgebilde geschaffen, sondern nurmehr in bezug auf die Bedeutung, die sie einmal hatten, durch die Tradition überliefert werden. Und auf der anderen Seite konnte ihr Sinn nicht mehr unmittelbar aus ihrem Lautgefüge heraus erfaßt, sondern mußte durch entsprechende Mitteilung erfahren und gedächtnismäßig behalten werden. All das bewirkte, daß ihre Formen bei den verschiedenen Völkern im Laufe der Zeiten in verschiedener Weise sich veränderten. Und so trat anstelle ihrer sinnlich-geistigen Urbedeutung allmählich eine solche, die durch geschichtliche Tradition, Konvention, Mode usw. bedingt ist.

In den Überlieferungen des von dem Mysterienwesen gespeisten religiösen und philosophischen Lebens haben sich freilich noch in verhältnismäßig späte historische Zeiten hinein mehr oder weniger fragmentarische Kenntnisse von der geistigen Bedeutung und dem einstigen kosmischen Schöpfertum der Lautwesen erhalten. So berichtet Arnold Wadler in seinem genannten Buche (S. 201 ff.): «Den Indern waren die Laute noch die Samenkörner des Alls, Brahma, ihre höchste geistige Wesenheit, bedeutete ihnen das Weltenwort, wie Brihaspati den Walter des Wortes, des Segens, der Sprache. Brahma ist lautlich verwandt dem Namen Bragi, dem Odhinsohn, dem Gott des Wortes, der Dichtung in der germanischen Mythologie... In der Tschandogya-Upanischad werden die Vokale als Verkörperungen Indras bezeichnet, von den Konsonanten die Hauch- und Zischlaute als solche Pradschapatis, des Schöpfers, die tonlosen (Mutae) als jene Mrityus, des Todesgeistes... In der ägyptischen Mysterienhandlung sangen die Priester den Göttern Hymnen mit den sieben Vokalen; der liebliche Klang dieser Laute ersetzte, wie Demetrios von Phalera berichtet, das Spiel der Flöten und Zithern. In den Geheimschulen galten die sieben Vokale als das verborgene Wort, die Verknüpfung der Vokale mit den Konsonanten ward dem Bande zwischen Seele und Leib verglichen. Die Gnostiker noch wußten von der Beziehung der Vokale zu den Wesenheiten der Planeten, zu den Tönen und Farben... Pythagoras, Heraklit sahen in den Worten noch tönende Bilder der Dinge (agalmata phone-

enta), von den Göttern selbst gestaltet. In Platons ‹Kratylos› bemüht sich Sokrates, den Sinn der Laute, der Urnamen (prota onomata) zu erklären.»
Selbst bis in die heutigen Sprachen hinein haben sich gewisse Reste der ehemaligen einheitlichen Ursprache erhalten.* Um diese zu erkennen, müssen die Sprachen allerdings anders betrachtet werden, als dies gewöhnlich geschieht. Man betrachte einmal sämtliche Sprachen, die über die Erde hin gesprochen werden, als eine einzige, die nur eben die Eigentümlichkeit hat, für jedes Ding, jede Eigenschaft, jede Tätigkeit usw. so viele verschiedene Bezeichnungen zu haben, als es verschiedene Sprachen gibt. Untersucht man nun diese verschiedenen Bezeichnungen mit einem geistig wieder aufgehellten Sprachsinn, wie dies heute auf den Wegen der Geisteswissenschaft möglich wird, so zeigt sich, daß diese in Wahrheit gar nicht dieselbe Sache schlechthin meinen, sondern daß jede von ihnen eine andere Seite, einen andern Aspekt der betreffenden Sache wiedergibt. «Nehmen wir», so exemplifiziert dies Rudolf Steiner in seinem Kursus über «Sprachgestaltung und dramatische Kunst», «das deutsche Wort *Kopf*. Wenn man vom o ausgeht, so hat man zunächst das innere Seelenerlebnis der Rundung. Das o ist immer etwas, was in Sympathie eine Sache umfaßt. Ebensogut können wir an dem k, dem p und dem f zeigen, was eigentlich ‹Kopf› sagen will, Kopf drückt aus die runde Form, die das menschliche Haupt hat. Kopf ist das Bestreben der Seele, die plastische Gestaltung des Kopfes im Lautbilde nachzubilden. Nun ist es eben eine Eigentümlichkeit des Deutschen, daß er just die plastische Form, die Kugelform des Kopfes nachbildet... Würden die Italiener, die Franzosen dasselbe ausdrücken wollen am Menschenkopf, dann würden sie auch sagen: Kopf; dann kann man – wenn man dasselbe ausdrückt – kein anderes Wort gebrauchen als Kopf, wenn auch etwas verändert; im Laufe der Geschichte verschieben sich die Dinge... Aber der Italiener bezeichnet gar nicht die plastische Form, sondern er bezeichnet am menschlichen Haupte das Feststellen, also daß irgend etwas ausgesagt, festgestellt wird, wie

* Siehe Markus Adolf Schaffner: Auf den Spuren der Wortschöpfung. Nachweis der Lautbedeutungen im Hochdeutschen. Basel 1943.

man im Testament auch etwas feststellt. Er sagt ‹testa› und bezeichnet damit das Feststellen, dasjenige, was mit dem Bezeugen, mit dem Zeugnisablegen des menschlichen Hauptes zusammenhängt. Würde der Deutsche einen Sinn haben, dasselbe Faktische am menschlichen Haupte auszudrücken wie der Italiener, so würde er auch testa sagen und nicht Kopf. Für eines von demselben Gesichtspunkt aus gesehen, ist nur ein Wort möglich. Man könnte daher sagen: die Nationen unterscheiden sich nicht durch die Worte, sondern durch das, was sie an den Gegenständen empfinden. Der eine bezeichnet die Kugelform des Kopfes, der andere bezeichnet das, was aus dem Munde kommt. Und man könnte nun alle Sprachen zu einer zusammenfassen: da ist Kopf, testa usw., alles zusammen, und die einzelnen Nationen wählen sich dann je nach ihrer Empfindung diejenigen Worte aus dieser gesamten Universalsprache, die eben ihrem Charakter entsprechen.» Das ist die andere Seite der Zerteilung der einstigen Ursprache in die späteren speziellen Sprachen: während die erstere noch die Fähigkeit hatte, das ganze volle Wesen der Dinge zum Ausdrucke zu bringen, ist die Benennungskraft der letzteren schwächer und begrenzter geworden. Jede von ihnen erfaßt nurmehr *eine* Seite der Dinge. Welche Seite nun eine Sprache durch ihre Benennungen an den Dingen und Erscheinungen hervorhebt, das ist kennzeichnend für die Charakteranlage und Geistesrichtung des sie sprechenden Volkes. Hierdurch können gerade die Sprachen zu den intimsten Offenbarungen der verschiedenen Volkscharaktere und -temperamente werden.* Eben deshalb sind aber die einzelnen Sprachen in Wirklichkeit auch gar nicht ineinander übersetzbar. Durch die Art, wie unsere Wörterbücher heute die Worte der verschiedenen Sprachen ineinander zu übersetzen pflegen, werden Bedeutungen einander gleichgesetzt, die in Wahrheit ganz verschieden voneinander sind. Dadurch wird die Verdunkelung des eigentlichen Sinnes der Worte noch immer weitergetrieben. Die Wortbedeutung wird vom Wortkörper immer mehr losgelöst und ihm immer äußerlicher gemacht. Die verschiedenen Benennungen der verschiedenen Sprachen erscheinen dadurch nurmehr wie verschiedene, ganz will-

---

* Siehe hierzu Herbert Hahn: Vom Genius Europas. Stuttgart 1963.

kürliche, durch Übereinkommen und Herkommen festgesetzte Zeichen für ein und dieselbe Sache.

Dieser ganze Prozeß der Entgeistigung der Sprache war nun allerdings, so sehr man ihn von der einen Seite her bedauern kann, andererseits doch eine geschichtliche Notwendigkeit. Denn wie das geistige Erleben des Musikalischen bis zu einem gewissen Grade abgedämpft sein mußte, damit die Sprache entstehen konnte, so schuf auch erst die bis zu einem bestimmten Punkte fortgeschrittene Verfinsterung der Sprachgeistigkeit die Grundlage, auf der nun ein Drittes in der Menschheitsentwicklung sich entfalten konnte, nämlich die Ausbildung des Denk- oder *Gedankensinnes*.

Wie die Entwicklung des Sprachsinnes im Zusammenhang mit der Entstehung der Sprache betrachtet werden mußte, so muß auch diejenige der Gedankenwahrnehmung verfolgt werden in Verbindung mit der Ausbildung der *Denkfähigkeit*. Die letztere füllte ja, wie bereits geschildert wurde, etwa die *erste Hälfte der nachatlantischen Zeit* aus und kam während der griechisch-römischen Epoche zur Reife. Wir sahen, wie von der leiblichen Seite her die Fähigkeit, im physischen Bewußtsein Gedanken zu entwickeln, ermöglicht wurde durch eine Ausgleichung der aufbauenden und abbauenden Prozesse innerhalb der menschlichen Lebensfunktionen – eine Ausgleichung, die aus dem ursprünglichen Wirken des *Lebenssinnes* heraus erfolgte. Indem wir die Entwicklung der Denkfähigkeit von der geistig-seelischen Seite her betrachten, müssen wir wieder darauf hinweisen, wie mit ihr gleichzeitig der Verlust einer übersinnlichen Fähigkeit einhergeht.

Der Mensch der vorgriechischen Epochen (und selbst noch derjenige der urgriechischen Zeit) hatte zwar noch nicht die Gabe, selber Gedanken zu produzieren, dafür aber vermochte er noch durch eine instinktiv-naturhafte Imagination, das heißt geistige Anschauung, die Weltgedanken in bildhafter Form wahrzunehmen. Diese erklangen zwar nicht mehr worthaft tönend seinem geistigen Ohre – wie dem Menschen noch älterer Zeiten –, aber sie stellten sich vor sein geistiges Auge noch in leuchtend-farbigen Gestaltungen hin. Die reiche Mythenwelt der vorgriechischen Kulturen und auch noch der altgriechischen ist der Ausfluß dieses geistigen Wahrnehmens. Was Plato als die Welt der göttlichen «Ideen», das heißt «Anschauungsbilder» beschreibt, war im Aufgang der griechischen Entwicklung noch Wahrnehmungsinhalt. Diese Fähigkeit geistigen Schauens beruhte physiologisch auf dem Überwiegen der aufbauenden Leibesprozesse. Die Völker, die sie besaßen, standen noch in ihrer Jugend. Nun geht sie verloren; an ihre Stelle tritt durch die Verstärkung der abbauenden, der Todesprozesse im menschlichen Organismus, das heißt durch dessen stärkere Ausfüllung mit rein physischen Stoffen die Möglichkeit, eigene menschliche Gedanken zu erzeugen und damit auch zu äußern. Und gleichzeitig erwächst nach außen die Fähigkeit, diese vom Menschen erzeugten und geäußerten Gedanken als solche sinnlich wahrzunehmen. Die Welt, die Natur: sie beginnen jetzt *ihr* Gedankenwesen, das einer übersinnlichen Anschauung zugänglich war, zu verbergen; denn diese Anschauung verglimmt. Dafür wird der Mensch zum Hervorbringer und Offenbarer eigener Gedanken. Die Grundlage für dieses Aussprechen und Wahrnehmen menschlicher Gedanken sei, so sagten wir, von einer bestimmten Seite her durch das Undurchsichtigwerden der Sprache geschaffen worden. Durch jene Ablösung der Wortbedeutung von der Lautgestaltung, auf die wir hingewiesen haben. Denn solange die Sprache selbst noch durch den Lautkörper ihrer Wortgebilde hindurch Gedankliches offenbarte, offenbarte sie nicht Menschen-, sondern Göttergedanken. Diese Offenbarung mußte erst erlöschen, bevor die Sprache zum Mittler menschlicher Gedanken werden konnte. Durch das Erlöschen des den Wortgebilden selbst innewohnenden objektiven Gedankengehaltes ist es aber zugleich dahin gekommen, daß wir, indem wir heute sprechen oder den andern Menschen sprechen hören, dabei die Sprache als solche fast völlig vergessen und ganz in dem menschlichen Gedankenelemente produzierend oder wahrnehmend leben, das auf den Flügeln der Sprache von Mensch zu Mensch getragen wird. Nur dann kommt uns die Sprache als solche in ihrer Lautgestaltung zum Bewußtsein, wenn wir eine Sprache sprechen hören, die wir nicht verstehen. In diesem Falle, wo uns die durch Geschichte und Konvention mit ihren Worten verbundenen Bedeutungen nicht bekannt sind, können wir es aber zugleich auch besonders empfinden, wie geistig undurchsichtig für uns die Sprache geworden ist.

Dem *Denksinn* widerfährt nun aber seinerseits wieder dasselbe, was wir im Vorangehenden vom Sinn für das musikalische und für das sprachliche Erleben zu sagen hatten. Je reiner er sich als physisches Wahrnehmungsvermögen ausbildet, desto tiefer verdunkelt sich das Wesen, das heißt der Geisthintergrund dessen, was als Gedanke sich ihm offenbart. Er nimmt zwar den vom Mitmenschen geäußerten Gedanken als solchen wahr. Aber dieser Gedanke erscheint in wachsendem Maße als ein Unwirkliches, Willkürliches, rein Subjektives, dem keinerlei objektive Bedeutung zukommt. Es ergeht ihm jetzt, wie es zuerst dem Wort ergangen ist, seitdem es sich vom Weltenwort zum Menschenwort wandelte. Dieses erscheint nicht mehr als ein lautliches Bild des Dinges selbst, sondern als eine bloße, willkürlich gestaltete Bezeichnung, die der Mensch für seine menschlichen Zwecke dem Dinge gleich einer Etikette anheftet. Es verbindet den Menschen nicht mehr mit dem *Wesen* des Dinges. Es degeneriert zum «bloßen» Wort. Dasselbe Schicksal erleidet nun auch der Gedanke, seitdem er zum Menschengedanken geworden ist. Auch er wird nicht mehr als der Ausdruck des Wesens der Dinge empfunden, sondern als eine bloße Kennmarke für ein Ding, deren Inhalt vom Menschen ganz willkürlich ausgestaltet wird. Er ist zum «bloßen» Gedanken geworden. Und es ist nun außerordentlich charakteristisch, daß diejenige philosophische Strömung, die zuerst diese rein subjektiv-menschliche Bedeutung des Gedankens beziehungsweise sein Etikettenverhältnis gegenüber den Dingen betonte, dies dadurch zum Ausdrucke brachte, daß sie behauptete, die Gedanken seien «bloße Worte». Es war dies die «nominalistische» Richtung der mittelalterlichen Scholastik. Eine solche Kennzeichnung des Gedankenwesens im Sinne dieser Bedeutung konnte eben erst aufkommen, nachdem das «Wort» bereits seinen Geistgehalt verloren hatte. Es dokumentiert die so geartete und verstandene Kennzeichnung der Gedanken eine doppelte Entgeistung: zugleich die des Wortes und die des Gedankens.

Das Auftreten des Nominalismus, der sich zuerst im Mittelalter der eine ältere Seelenhaltung bewahrenden realistischen Gedankenauffassung entgegenstellte und, nachdem er diese verdrängt hatte, seither die alleinherrschende Lehre (wenn auch vielfach in moderneren Formulierungen) geblieben ist, es kann einerseits hergeleitet werden aus der allmählich sich entwickelnden Fähigkeit der Gedankenproduktion, durch die der Mensch eigene Gedanken zu bilden sich gewöhnte. Denn dadurch sah er sich gerade im Mittelalter zuerst in aller Entschiedenheit vor die Frage gestellt: Was haben diese Menschengedanken für eine Bedeutung? Kommt in ihnen etwas der Welt Angehöriges zum Ausdruck, oder haben sie nur für den Menschen selbst einen Wert? Man kann jedoch die philosophischen Auseinandersetzungen, die durch diese Frage hervorgerufen wurden und mit dem Siege des Nominalismus endeten, ebensogut von der anderen: der rezeptiven oder Wahrnehmungsseite her erklären. So gesehen, erwuchsen sie aus der allmählichen Aufhellung, welche das Gedankenwahrnehmen als *sinnliches* (auf Menschengedanken gerichtetes) Vermögen erfahren, und der gleichzeitigen Verdunkelung, welche es als *übersinnliches* (den Weltgedanken zugewendetes) Vermögen erlitten hat. Das bloß sinnliche Wahrnehmen vermochte eben hinter der Erscheinung der menschlichen Gedanken nichts weiter mehr zu erfassen als die Tätigkeit der menschlichen Seele, und so konnte es in ihnen bloß einen Ausfluß dieser Seele erblicken, der ihren Zwecken dient, darüber hinaus aber keinerlei Bedeutung beanspruchen kann. So wird heute der Gedanke – in naturwissenschaftlich gewendeter Auffassung – als ein Werkzeug oder eine Waffe betrachtet, die sich die Seele für den Kampf ums Dasein schmiedet. Von Wahrheit kann ihm gegenüber nicht gesprochen werden, höchstens von Zweckmäßigkeit. Sieht man von dieser ab, so haben die verschiedensten Gedanken, die man über eine Sache bildet, grundsätzlich die gleiche Berechtigung. Sie sind bloße «Fiktionen»; ihre Inhalte bedeuten lediglich ein «Als ob».

2. Gegenwart

So weitgehend nun auch das Gedankenleben in neuerer Zeit sich von objektivem Gehalt entleerte, so muß doch auch von diesem Prozeß geistiger Aushöhlung gesagt werden, daß er erst die Voraussetzung dafür schuf, daß der vierte und letzte der oberen Sinne voll zur Betätigung kommen konnte: der *Ich-Sinn*. Denn eben dadurch, daß der moderne Mensch in seinen Gedankenschöpfungen nicht mehr etwas Objektives wiedergibt, kann er sein *eigenes Selbst* in ihnen zum Ausdruck bringen. Und es ist auch das menschliche Denken seit etwa dem Beginn der neueren Zeit in diesem Sinne ganz persönlich-individuell geworden. An die Stelle der philosophischen Schulen (Scholastik) sind in den letzten Jahrhunderten immer mehr die Weltanschauungen einzelner Denker getreten. Die Philosophiegeschichte löste sich mehr und mehr auf in die Geschichte einzelner individueller Gedankensysteme. Und was sich in diesen als die Individualität des betreffenden Denkers immer machtvoller ausspricht, bildet nun den Gegenstand für die Wahrnehmung des Ich-Sinnes. Dieser Gegenstand: das *Ich-Bewußtsein*, das dem Seelenleben *nach innen hin* das Gepräge gibt, ist also die andere Haupterrungenschaft der neueren Zeit. Der moderne Mensch erlebt sich innerlich als «Ich», das heißt als seiner selbst bewußtes Wesen und nimmt dadurch mittels seines Ich-Sinnes auch den Mitmenschen als «Ich» wahr. Allerdings geschieht dies in einer Weise, daß das, was diesem Ich geistig zugrunde liegt, sich ebenfalls völlig verdunkelt hat. Diese Verdunkelung ihres geistigen Hintergrundes, welche die Wahrnehmungsinhalte aller oberen Sinne kennzeichnet, ist auch dadurch bedingt, daß diese als sinnliche Wahrnehmungsbereiche sich zwar völlig aufhellen, während die ihnen entsprechenden Begriffsinhalte sich in einem unbewußten «Überbewußtsein» verbergen. Das hat aber zur Folge, daß auch das wahrgenommene Ich des Mitmenschen – ähnlich wie der Gedanke und das Wort – immer weniger als eigene Wirklichkeit anerkannt wird, sondern nurmehr als Epiphänomen seiner Leiblichkeit, das mit dem Tode derselben erlischt. Und so kommt das Paradoxon zustande, das der neuern Zeit in dieser Sphäre des Lebens den Stempel aufdrückt: Im selben Maße, als innerlich das Ich-Erlebnis aufblüht, wird dem Ich eine selbständige geistige Realität abgesprochen.

Zunächst steht freilich das innere Ich-Erlebnis im Vordergrund. Hinzu kommt, daß ebenso, wie die dem Bereich der unteren Sinne entstammenden Begriffe sich den Wahrnehmungen der mittleren Sinne, das heißt der *Außenwelt* aufdrängen, die Beschränkung des Bewußtseins auf das bloße Wahrnehmen im Bereich der oberen Sinne sich auch auf das *innere Ich-Erleben* ausweitet. Dadurch nimmt auch dieses Erlebnis für das Bewußtsein reinen Wahrnehmungscharakter an. Das hat zur Folge, daß an die Stelle des Gedanken-Elementes hier dasjenige des *Willens* tritt. Dadurch wird durch dieses Ichbewußtsein der moderne Mensch zum Individualisten. Sein Individualismus lebt sich dar als Drang nach freier Selbstbestimmung. Die *Freiheit* wird zum höchsten aller Lebensideale. Sie entartet aber im Laufe der neueren Zeit immer mehr zur *Ichsucht,* zum Egoismus. Zur Glaubens- und Forschungsfreiheit, welche im Beginn dieser Zeit Reformationsbewegung und entstehende Naturwissenschaft geltend machten, gesellt sich im 17. und 18. Jahrhundert durch die englische Bill of Rights und die amerikanischen Erklärungen der Menschenrechte, die als Freiheitsrechte verstanden werden, die politische Freiheit (Demokratie) hinzu, im 19. Jahrhundert schließlich mit der Entwicklung des Industrialismus die Wirtschaft des freien Wettbewerbs und Freihandels. Schon der Vater der liberalistischen Nationalökonomie, *Adam Smith,* erklärte als den Antrieb aller wirtschaftlichen Betätigung den Eigennutz. Und der mörderische Konkurrenzkampf, zu dem die freie Wettbewerbswirtschaft bald entartete, bestätigte aufs eindrücklichste die Richtigkeit der Smithschen Behauptung. Dieser Kampf veranlaßte Darwin dazu, die Entwicklung des Tierreiches von einem auch in ihm waltenden allgemeinen «Kampf ums Dasein» herzuleiten. Die Ich-Philosophie des deutschen Idealismus versuchte, das Ich-Bewußtsein seinem Wesen nach denkerisch erkenntnismäßig zu durchdringen. Indem sie als die Quelle aller seiner Äußerungen, auch des Denkens, der Sprache, der Musik, die Geistwesenheit des Menschen aufwies, wirkte sie der Entartung des Freiheitsstrebens zur Selbstsucht entgegen. Die zweite Hälfte des 19. Jahrhunderts verfiel von neuem und um so mehr dem Egoismus. Die Antisozialität seiner Freiheitsparolen trat immer krasser in Erscheinung. Der «Wille zur Macht» wurde von Nietzsche als neues Evangelium verkündet. Parallel damit befestigte sich auf naturwissenschaftlichem Gebiet die Herrschaft des materialistischen Weltbildes.

Die unmenschliche Ausbeutung der arbeitenden durch die besitzende Klasse, die der Industrialismus mit sich brachte, später die nicht geringere der Rohstoff- durch die Industrieländer sowie die allmähliche Verschmelzung der bisherigen nationalen und kontinentalen

Gesellschaften zur einheitlichen Weltgesellschaft, innerhalb welcher alle ihre Teile in gegenseitige Abhängigkeit gerieten, ließ im letzten Drittel des Jahrhunderts dem egoistischen Individualismus in zunehmender Ausbreitung den kommunistischen Sozialismus sich entgegenstellen. Marx erklärte den Menschen seiner Natur nach für ein Gesellschaftswesen. Gleichzeitig begründete er allerdings die materialistische Geschichtsauffassung und Gesellschaftslehre, für welche die Wirtschaft die einzige Realität der Gesellschaft darstellt. Er ging damit Hand in Hand mit den naturwissenschaftlichen Materialisten, die seit jener Zeit das menschliche Ich zum bloßen Epiphänomen des Leibes degradierten. Es entstand die Psychophysik, aus der die «Psychologie ohne Seele» erwuchs. Die menschliche Persönlichkeit erschien seitdem als bloßes Produkt von Vererbung und Milieu. Im 20. Jahrhundert erklärte die Freudsche Psychoanalyse für den Grundtrieb des menschlichen Seelenlebens die sexuelle Libido, fügte später bezeichnenderweise aber als zweiten den Todes- oder Tötungstrieb hinzu. Der in den zwanziger Jahren in Mitteleuropa aufgekommene Nationalsozialismus ließ die menschliche Persönlichkeit ganz in den Blutskräften der Rasse aufgehen und errichtete demgemäß ein auf die Blutzugehörigkeit begründetes rassisches Diktaturregime. In den USA entstand zur selben Zeit die behavioristische Psychologie, die den Menschen als reines Naturwesen, das hieß aber ihrem mechanistischen Naturbild entsprechend, als bloßen Nervenmechanismus deutete, dessen Verhalten (behaviour) ausschließlich durch die Beziehung: Reiz – Reaktion bestimmt wird. Autonome Persönlichkeit und Freiheit werden von ihr grundsätzlich geleugnet, seelische Introspektion aus der psychologischen Forschung gänzlich eliminiert. Als Methode gilt lediglich sinnliche Beobachtung des äußeren Verhaltens, wie denn der Mensch überhaupt allein durch die Umwelt bestimmt erscheint. Anstelle einer sich als solche offen präsentierenden politischen Gewaltherrschaft wird hier eine Manipulation durch eine mehr oder weniger undurchsichtige Verhaltenstechnologie propagiert, wie sie denn auch durch mannigfache Drahtzieherorganisationen in den USA in jüngster Zeit praktiziert wurde.

Dieses materialistische Bild des Menschen, das ihn in nicht geringerem Maß als der egoistische Individualismus, nur in umgekehrter

Art, entmenschlicht, entstand nicht nur aus dem allgemeinen Materialismus unseres Jahrhunderts, sondern speziell auch aus der Entgeistigung des Ich, wie es durch den Ich-Sinn in unserer Zeit wahrgenommen wird. Da aber die oberen Sinne alle nur so lange als Organe des Wahrnehmens für die ihnen zugeordneten Gegenstände funktionieren, als vom geistigen Hintergrund derselben wenigstens noch ein Fünkchen in ihre Wahrnehmungen mit hereinblitzt, so bewirkte die völlige Verfinsterung desselben ihre «Erblindung» für das Wesen ihrer Objekte. Wie total diese Erblindung in neuester Zeit geworden ist, sei für die verschiedenen Bereiche derselben nur an wenigen Beispielen illustriert.

Bezüglich der *Musik* wurde bereits erwähnt, daß an ihre Stelle das Erzeugen von bloßem Geräusch und Lärm getreten ist. Dies hat sich in der elektronischen Musik, wie sie von den Avantgardisten heute betrieben wird, zu extremen Formen gesteigert. Von ihnen schreibt *Walter Abendroth* in seiner «Kurzen Geschichte der Musik» (1969, S. 163): «Ihr Arbeitsplatz ist nicht mehr die abgeschirmte Komponierstube, sondern das technische Studio, das elektronische Laboratorium. Zwei der unentwegtesten Vorarbeiter auf diesem einstweilen nur bedingt mit dem Begriffe ‹Kunst› zu identifizierenden Produktionsfeld, zugleich emsige Techniker und sozusagen anerkannte Chefideologen der elektronischen Klangkombinationen sind Herbert Eimert und Karlheinz Stockhausen. Letzterer, ein Fortschritts-Schrittmacher von rastlosem Erfindertrieb, blieb auch bei der Elektronik nicht stehen. Er wurde ein maßgebender Führer in das äußerste Abenteuer des am weitesten in Zukunftsspekulationen vorstoßenden Unternehmens des Avantgardismus: die Umfunktionierung des gesamten bisher im Dienste der abendländischen Musikkultur entwickelten instrumentalen Klangarsenals mittels gewaltsamer Verfremdung ihrer wesensgemäßen Anwendungstechnik zu einem Geräuschpotential, das, ergänzt durch die banalsten Geräuscherzeugungsmittel unserer alltäglichen Umwelt (beispielsweise: Straßenlärm, Telephonklingel, ja Klosettspülung), geeignet sein soll, mit den elektronisch erzeugten Klängen und Geräuschen zu verschmelzen. Selbstverständlich wird gleichzeitig das natürlich gewachsene, aus musikgeistigen Impulsen gewordene, kunstvolle abendländische Tonsystem gänzlich außer Kraft gesetzt und statt seiner zusätzlich etwa mit unorganischen Klangklumpen (clusters) oder mechanischen, maschinellen Klang- und Geräuschmontage-Effekten operiert.»

Hinsichtlich der *Sprache* dürfen als Beispiel für den völligen Verlust des Wortwesens, der die neueste Linguistik kennzeichnet, die folgenden Sätze aus dem 1969 erschienenen Werke «Semantik. Sprache im Denken und Handeln» des Amerikaners *I.H. Hayakawa* angeführt werden (S. 70): «Es wurde darauf hingewiesen, daß Menschen vereinbaren können, für alles etwas beliebig anderes einzusetzen. Nun sind die Menschen im Laufe von Jahrhunderten gegenseitiger Abhängigkeit übereingekommen, die verschiedenen Geräusche, die sie mit ihren Lungen, Kehlen, Zungen, Zähnen und Lippen hervorbringen können, systematisch für bestimmte Vorgänge in ihrem Nervensystem gelten zu lassen. Wir nennen dieses System der Übereinkünfte *Sprache*. Zum Beispiel wurden wir, wenn wir deutsch sprechen, gelehrt, daß, wenn unser Nervensystem die Anwesenheit einer bestimmten Tierart feststellt, wir das folgende Geräusch machen: ‹Das ist eine Katze.› Jeder, der uns hört, erwartet, wenn er in dieselbe Richtung blickt, daß er eine ähnliche Erfahrung in seinem Nervensystem machen wird – eine, die ihn veranlassen wird, ein fast identisches Geräusch zu machen. Weiterhin wurden wir gelehrt, das Geräusch ‹ich bin hungrig› zu machen, wenn wir Hunger haben. Wie wir bereits gesagt haben, besteht keine notwendige Verbindung zwischen dem Symbol und demjenigen, was symbolisiert wird. So kann die Tatsache, hungrig zu sein, durch tausend verschiedene Geräusche entsprechend der Kultur, in der wir leben, symbolisiert werden: ‹J'ai faim› oder ‹I am hungry› oder ‹Ho appetito› usw.»

Was das *Denken* betrifft, so können als Symptom für den heutigen Zustand aus den an früherer Stelle schon zitierten «Beiträgen zu einer Kritik der Sprache» von *Fritz Mauthner* noch die Sätze wiedergegeben werden, die sich darin über das Denken finden (Bd. III, S. 635): «Was man aber das Denken nennt, das ist nur eitel Sprache. Auch der Einsame, der selbst sein neues Denken in sich erzeugt hat, hat nur die Illusion einer neuen Weltanschauung und weiß es selbst nicht, daß er nur Worte anders verbindet, Worte ohne genauen Inhalt, und wenn er im Vertrauen auf die Sprache die Worte zur Mitteilung benützen will, so kann er nichts beweisen, nicht einmal überzeugen, höchstens überreden wie ein Schwätzer vor Gericht, wie ein Redner. Worte, in Worte gefaßt, das ist Anfang und Ende aller Philosophie.»

Bezüglich des «Erblindens» des *Ichsinnes* schließlich darf auf die von *Th. Lipps* begründete Theorie verwiesen werden, daß wir überhaupt nicht wissen können, ob irgendein anderer Mensch dasselbe in sich trägt, was wir innerlich als unser «Ich» erleben. Wenn wir ihm ein Ich zuschreiben, so tun wir dies auf dem Wege der «Einfühlung», wobei wir nach Analogie unseres Selbsterlebens ein Ich in ihn hineindeuten. Diese Unfähigkeit, das Ich des Mitmenschen wahrzunehmen, auf welche diese Theorie hinweist und von der sie selbst ein Beispiel ist, hat zu einer ihrer Ursachen auch die extreme *berufliche Spezialisierung,* welche die moderne Zivilisation mit sich gebracht hat. Sie hatte eine fortschreitende Verengung der Interessen und der Begriffswelt des einzelnen zur Folge. In seiner beruflichen Tätigkeit gilt und verhält sich der Mensch nurmehr als Fachmann, als Spezialist. Allgemein-menschliche Angelegenheiten und Sachverhalte interessieren ihn nicht mehr. Er ist ganz eins geworden mit der beruflichen und damit gesellschaftlichen «Rolle», die er spielt. Wir haben es dabei also nurmehr mit einem «Theater» zu tun, nicht mehr mit der Wirklichkeit des Menschen.

Dies führt uns schließlich zu einer letzten Ursache der «Erblindung» speziell des Ichsinnes. Sie liegt im Wesen unsres *Ichbewußtseins* begründet. Es wurde bereits verschiedentlich bemerkt, daß die unteren Sinne in dem Maße, als mit Hilfe ihrer ursprünglichen Wirkensart die Fähigkeiten des aufrechten Ganges, der Sprache, des Denkens und der äußern Wahrnehmung erlangt werden, sich in innere Sinne verwandeln, deren Wahrnehmungen ins Unterbewußte versinken. Sie vermitteln dem Menschen dann ein nur unbewußt-dumpfes Erleben seines Leibes. Gleichzeitig verliert der Mensch durch die Entwicklung der oberen Sinne, durch welche Musik, Sprache, Gedanken, Fremd-Ich als Außenwahrnehmungen vollbewußt erlebt werden, die Möglichkeit, die diesen Objekten zugehörigen Begriffe in sein Bewußtsein hereinzuholen; dies wird durch die in diesen

Wahrnehmungen stattfindende Art seiner Leibesbetätigung verhindert. Die betreffenden Begriffe verbleiben in einem unbewußten Überbewußtsein. So ist das Ichbewußtsein des heutigen Menschen eingezwängt zwischen zwei Sphären des *Unbewußten:* einer *unter-* und einer *überbewußten,* das heißt: zwischen Leib und Geist. Diese zweifache Wirkensart des Leibes macht ihn in solcher Art undurchsichtig, daß er zum *Spiegel* wird, in welchem als Bild ein bloß punktartiges Ichbewußtsein entsteht. Es gehört nun aber einmal zum Wesen des Menschen, daß er sich selbst nur in dem Maße verwirklichen kann, als er zum seiner selbst bewußten Wesen wird – was eben nur mittels des Leibes geschehen kann. Daß seinem Menschsein als Ichwesenheit dieser innere Spiegelungsprozeß zugrunde liegt, zeigt sich auch darin, daß er als einziges unter allen Erdenwesen die Fähigkeit und zugleich den Drang hat, diesen Prozeß auch nach außen zu stülpen, ihn gleichsam zu verdoppeln, indem er sich von äußeren metallischen oder gläsernen Spiegeln auch sein leibliches Bild zurückwerfen läßt, um dadurch in irgendeiner Beziehung sein Wissen von sich selbst noch zu steigern.

Da nun aber das Ich-Bewußtsein, als Ergebnis des inneren Spiegelungsprozesses, ein bloßes *Bild* erzeugt, das als solches keine Wirklichkeit ist, so entsteht unvermeidlich früher oder später die Empfindung oder Meinung, das «Ich» des Menschen sei überhaupt keine selbständige Wirklichkeit, sondern nur ein Erzeugnis leiblicher Prozesse. Diese sind gewiß an seiner Erzeugung mitbeteiligt – wie die neuere physiologisch-psychologische Forschung unwidersprechlich festgestellt hat –, aber eben nur in der Art eines Spiegels. Und wie auch bei sonstigen Spiegelungsprozessen ein Bild nicht zustande käme, wenn nicht ein Gegenstand sich in dem betreffenden Spiegel reflektierte, so käme auch das menschliche Ich-Bewußtsein nicht zustande, wenn nicht eine vom Leibe unabhängige geistige Wirklichkeit sich in ihm spiegelte.

Für den fundamentalen Widerspruch mit sich selbst, in den auf seiner gegenwärtigen Entwicklungsstufe der Mensch geriet, indem er sich in seinem Ich gleichzeitig als autonome Persönlichkeit und als bloßes Epiphänomen seines Leibes, als frei und als unfrei empfindet, und durch den das Wesen und die Würde seines Menschseins auch im äußeren gesellschaftlichen Leben immer mehr mit der Auslöschung bedroht wird, mußte früher oder später ein Erwachen erfolgen. In den dreißiger Jahren unseres Jahrhunderts wies *Alexis Carrel* in seinem weit verbreiteten Buche «Der Mensch – das unbekannte Wesen» die Untauglichkeit aller heute herrschenden wissenschaftlichen Methoden auf, den Menschen in seinem wahren Wesen zu erfassen. Schon Ende der zwanziger Jahre hatte der Philosoph *Max Scheler* sein Lebenswerk gipfeln lassen in der Grundlegung einer «Philosophischen Anthropologie» in seinem Buche «Die Stellung des Menschen im Kosmos». Wie dringlich ihm die Erarbeitung einer zureichenden Erkenntnis des Menschen erschienen war, erweisen die Eingangsworte seiner letzten Schrift «Mensch und Geschichte», die kurz nach seinem 1928 erfolgten Tode erschien: «Wenn es eine philosophische Aufgabe gibt, deren Lösung unser Zeitalter mit einzigartiger Dringlichkeit fordert, so ist es die einer *Grundwissenschaft vom Wesen und vom Wesensaufbau des Menschen;* von seinem Verhältnis zu den Reichen der Natur (Anorganisches, Pflanze, Tier) wie zum Grund aller Dinge; von seinem metaphysischen Wesensursprung wie seinem physischen, psychischen und geistigen Anfang in der Welt; von den Kräften und Mächten, die ihn bewegen und die er bewegt; von den Grundrichtungen und -gesetzen seiner biologischen, psychischen geistesgeschichtlichen und sozialen Entwicklung, sowohl ihrer essentiellen Möglichkeiten als ihrer Wirklichkeiten ... Eine solche (Lehre) allein vermöchte allen Wissenschaften, die mit dem Gegenstand ‹Mensch› zu tun haben, den naturwissenschaftlichen und medizinischen, den prähistorischen, ethnologischen, geschichtlichen und Sozialwissenschaften, der Normal- und Entwicklungspsychologie wie der Charakterologie ein letztes Fundament philosophischer Natur und zugleich auch bestimmte sichere Ziele ihrer Forschung zu geben.» Und so ist es denn auch bezeichnend, daß er auf Grund des von ihm errungenen Menschenbildes in seinem Werke «Die Sinngesetze des emotionalen Lebens» als erster – nach Rudolf Steiner – in einer bestimmten Art den *Ichsinn* als Organ der «Fremd-Ich-Wahrnehmung» entdeckte.

In anderer Weise geschah dies dann, wie auch schon erwähnt, durch *Martin Heidegger*. Wenn er auch in seinem Hauptwerke «Sein und Zeit» nicht eine philosophische Anthropologie, sondern eine «Fundamental-Ontologie» zu begründen beabsichtigte, so wurde diese durch die Art, wie er darin das menschliche «Dasein» in ihren Mittelpunkt stellte, doch gleichfalls zu einer Lehre vom Menschen. Und durch die Charakteristik, die er diesem Dasein als einem «In-der-Welt-Sein» und einem «Mit-Sein» mit anderen Menschen gab, erscheint die Beziehung zwischen Mensch und Mensch, wie sie durch Wort und Gedanke sich herstellt, hier durchaus als eine solche, die den Charakter eines wahrnehmenden Erlebens trägt. Freilich hat sie als eine solche in Heideggers Darstellung keine genauere Konkretisierung erfahren.

An dritter Stelle ist hier *Martin Bubers* zu gedenken. Er hat das Verhältnis «Ich-Du» in der eindringlichsten Weise als das Kernmoment des spezifisch Menschlichen beschrieben und geltend gemacht. Und daß es ihm hierbei wesentlich um die Erfassung des *Menschlichen* schlechthin ging, davon legt sein Buch «Das Problem des Menschen» beredtestes Zeugnis ab. Auch er zeigt darin, wie dieses Problem gerade in unserer Zeit eine nie dagewesene Aktualität erlangt hat durch das in ihr stattgehabte Erwachen des Menschen zum Ichbewußtsein. Dieses führte – nach seiner Darstellung – zunächst zu einer individualistischen Auffassung des menschlichen Wesens, die philosophisch im deutschen Idealismus gipfelte. Sie schlug in der zweiten Hälfte des vorigen Jahrhunderts vor allem durch Marx in eine kollektivistisch-sozialistische um. Beide sind Einseitigkeiten. «Wenn aber der Individualismus nur einen Teil des Menschen erfaßt, so erfaßt der Kollektivismus nur den Menschen als Teil: zur Ganzheit des Menschen, zum Menschen als Ganzes dringen beide nicht vor. Der Individualismus sieht den Menschen nur in der Bezogenheit auf sich selbst, aber der Kollektivismus sieht den *Menschen* überhaupt nicht, er sieht nur die ‹Gesellschaft›. Dort ist das Antlitz des Menschen verzerrt, hier ist es verdeckt... Die *Begegnung des Menschen mit sich selbst* wird sich nur als *Begegnung des Einzelnen mit dem Mitmenschen* vollziehen können und wird sich als sie vollziehen müssen. Erst wenn der Einzelne den Andern, in all seiner Andersheit, als sich, als den Menschen erkennt und von da aus zum Andern durchbricht, wird er, in einer strengen und verwandelnden Begegnung, seine

Einsamkeit durchbrochen haben ... Nur zwischen echten Personen gibt es echte Beziehung ... Ich rede hier von Taten des Lebens; aber wodurch sie allein erweckt werden können, ist eine vitale Erkenntnis. Ihr erster Schritt muß die Zerschlagung einer falschen Alternative sein, die das Denken unserer Epoche durchsetzt hat, der Alternative ‹Individualismus oder Kollektivismus›. Ihre erste Frage muß die nach dem echten Dritten sein; wobei unter einem «echten» Dritten eine Anschauung zu verstehen ist, die weder auf eine der beiden genannten zurückgeführt werden kann noch einen bloßen Ausgleich zwischen beiden darstellt ... Die fundamentale Tatsache der menschlichen Existenz ist weder der Einzelne als solcher noch die Gesamtheit als solche. Beide, für sich betrachtet, sind nur mächtige Abstraktionen ... Die fundamentale Tatsache der menschlichen Existenz ist der Mensch mit dem Menschen. Was die Menschenwelt eigentümlich kennzeichnet, ist vor allem andern dies, daß sich hier zwischen Wesen und Wesen etwas begibt, dessengleichen nirgends in der Natur zu finden ist. Die Sprache ist ihm nur Zeichen und Medium, alles geistige Werk ist durch es erweckt worden. Es macht den Menschen zum Menschen; aber auf dessen Wegen entfaltet es sich nicht bloß, es verkommt und verkümmert auch. Es wurzelt darin, daß ein Wesen ein anderes als anderes, als dieses bestimmte andere Wesen meint, um mit ihm in einer beiden gemeinsamen, aber über die Eigenbereiche beider hinausgreifenden Sphäre zu kommunizieren. Diese Sphäre, mit der Existenz des Menschen als Menschen gesetzt, aber begrifflich noch unerfaßt, nenne ich die Sphäre des Zwischen. Sie ist eine Urkategorie der menschlichen Wirklichkeit» (S. 159ff.).

Wenn auch, wie Buber sagt, «begrifflich noch unerfaßt», so ist durch seine Ausführungen das Erleben der Wahrnehmungen der oberen Sinne als ein solches doch eindeutig beschrieben. Es ist allerdings zugleich bezeichnend, daß es von ihm als «begrifflich noch unerfaßt» eingestanden wird. Er bestätigt damit, daß das heutige Bewußtsein hinsichtlich der Beziehung, welche durch die oberen Sinne hergestellt wird, beim bloßen Wahrnehmen verbleibt. Diese Tatsache – und es wurde ja bereits erwähnt, daß dieses Verbleiben sich auch auf die Beziehung des Menschen zu seinem eigenen «Ich» überträgt – wiesen wir allerdings auch als den Grund auf, warum die menschliche Persönlichkeit sowohl als «Ich-» wie als «Du-»Erfahrung der Gefahr ausgesetzt bleibt, als bloßes Epiphänomen ihrer Leiblichkeit zu gelten, das mit dem Tode derselben erlischt – mit allen Folgen, die sich aus dieser Auffassung für die Gestaltung des individuellen wie des gesellschaftlichen Lebens ergeben. Vor dieser Gefahr könnten das Ich und das Du nur bewahrt werden, wenn sie auch *begrifflich erfaßt* würden. Wie könnte dies geschehen?

3. Zukunftsperspektiven

In Beantwortung der gestellten Frage ist zunächst zu sagen, daß der Anfang damit nur mit der begrifflichen Erfassung des je *eigenen Ich* gemacht werden kann. Wo aber erleben wir dieses am unmittelbarsten? In unserer *Denktätigkeit*. Denn nur in dieser sind wir für unser heutiges Bewußtsein im eigentlichsten Sinn selbst, das heißt als Ich tätig. Darum formulierte schon Descartes den Satz «cogito ergo sum» (Ich denke, also bin ich) und bezeichnete den Inhalt desselben sogar als das einzige unmittelbar gewisse Wissen, das wir besitzen. Aber gerade deshalb, weil das Denken im eigentlichen Sinn unsere eigene Tätigkeit ist, bleibt das Erleben desselben in anderer Hinsicht doch zugleich ein dumpfes. Denn wir können zunächst nicht gleichzeitig tätig sein und diese Tätigkeit beobachten. Wir müssen zu diesem Zweck – wie im Einleitungskapitel dieses Buches in der Darstellung der Erkenntnistheorie Rudolf Steiners bereits ausgeführt wurde – einen «Ausnahmezustand» herstellen. Dies gelingt nur in dem Maße, als wir unsere Denktätigkeit entsprechend verstärken. Die hierdurch erlangbare innere Wahrnehmung derselben zeigt aber dann etwas Überraschendes: daß nämlich unser auf das Denken bezügliches Erkenntnisbedürfnis durch sie völlig befriedigt wird. Wir brauchen zu ihr nicht noch ein besonderes Denken über das Denken hinzuzufügen. Da es unsere eigene Tätigkeit darstellt, ist es nichts anderes als das, wozu wir es machen beziehungsweise als was wir es wahrnehmen: der Quell der Bildung von Begriffen. Diese erweisen sich aber in ihrer Gesamtheit als einen durch ihre Inhalte bestimmten Zusammenhang, der seinerseits wiederum die Denktätigkeit bestimmt. Kurz: es enthüllt sich unser Denken in Verbindung mit der in ihm webenden Begriffswelt als eine in und durch sich selbst begründete *Wirklichkeit*. Man könnte die Beziehung zwischen beiden auch so kennzeichnen, daß das Denken zugleich der Vater und die Mutter der Begriffswelt ist: der Vater, insofern es sie *erzeugt,* die Mutter, insofern es sie als ein durch sich selbst Bestimmtes *empfängt* und für unser Bewußtsein jeweils nur so weit zur Erscheinung bringt, als es durch irgendwelche Wahrnehmungen sich hierzu herausgefordert erlebt. Dieses Erzeugen beziehungsweise Gebären derselben erfolgt nicht durch das Gehirn; es lähmt sich vielmehr hierbei das Eigenleben des letzteren ab, um für dieses Geschehen Raum zu schaffen. Was diesen Raum tätig ausfüllt, ist das menschliche Ich in seiner denkenden Tätigkeit. Wenn es als *«Geist»* bezeichnet wird, so ergibt sich für diesen damit ein *bestimmter Begriff*. Was aber macht den Inhalt desselben aus?

Einerseits: Was als Einheit von Denken und Begriffswelt charakterisiert wurde, gilt für jeden Menschen als *Individualität* und zugleich als *Mensch* schlechthin. Er betätigt das Denken als die Individualität, die er ist, und zugleich als Mensch überhaupt. Das bedeutet aber, daß *innerhalb des Menschlichen der Einzelne und das Allgemeine identisch* sind – oder anders ausgedrückt: daß das wesenhaft Menschliche eine Einheit bildet, die zwei Pole aufweist. Der eine Pol ist die Individualität, als welche jeder einzelne Mensch das Allgemein-Menschliche darlebt; den anderen Pol bildet das Allgemein-Menschliche, das sich in Gestalt einzelner Individualitäten darlebt. Man könnte es auch so ausdrücken: das wesenhaft Menschliche ist jenes «Zwischen» von Mensch und Mensch, das zugleich jenes «Dritte» zwischen Individualität und Kollektiv bildet, von dem Buber sprach. Hierin liegt der Grund, warum Menschen in diesem Dritten oder Zwischen miteinander kommunizieren können.

Andererseits: das Allgemein-Menschliche, das sich so zunächst im *Denken* offenbart, ist nicht eine Gattung, die einer noch allgemeineren angehört – wie etwa das Säugetier der allgemeineren Gattung des Tieres schlechthin oder selbst das Tier, das der noch allgemeineren Gattung des Naturreiches angehört. Es ist vielmehr das *Universelle schlechthin*. Es umfaßt das Ganze der Welt. Durch diese seine Universalität ermöglicht es dem Menschen, grundsätzlich zu allem, was ihm im Bereich des Wahrnehmbaren entgegentritt, den ihm entsprechenden Begriff hinzuzufügen und es dadurch zu *erkennen*. Darum bezeichnete schon Aristoteles die menschliche Seele im Hinblick auf diese ihre Erkenntnisfähigkeit als identisch mit dem All. Und für Rudolf Steiner wurde, wie wir in der Einleitung dieses Buches schilderten, die Entdeckung dieser in sich gegründeten universellen Wirklichkeit des im Denken, das heißt in der Begriffsbildung tätigen Ichs zum Kernpunkt seiner Erkenntnislehre, die das Erkennen als das Sichverbinden des Menschen mit dem ideellen Teil der Weltwirklichkeit bestimmte. Zugleich wurde diese Entdeckung, wie wir des weiteren andeuteten, für ihn zum ersten Schritt auf dem Wege zu einer Erkenntnis des *Menschenwesens,* durch welche sich ihm noch tiefere Schichten desselben und zugleich höhere Formen des Weltwesens enthüllten. Wie schon durch den ersten Schritt aus dem Denken ein geistiges Schauen (Imagination) sich entband, so erwuchs durch eine analoge schulende Wandlung des *Fühlens* aus diesem ein geistiges Hören (Inspiration), welchem sich der ideelle Inhalt des Weltwesens als das Weltenwort schöpferischer Geistwesenheiten offenbarte, und durch eine entsprechende Schulung des *Willens* zur Intuition enthüllte sich die Wesensgleichheit des Menschengeistes mit dem weltschöpferischen Gottesgeist, welcher der gesamten menschlich-kosmischen Evolution zugrunde liegt. Damit vollendete sich die Wesenserkenntnis des Menschen als Individualität beziehungsweise *Ich*, als Menschheit beziehungsweise *Allgemein-Menschliches* und als den Makrokosmos in sich zusammenfassender *Mikrokosmos*.

Aus dem Inhalt derselben soll zu dem, was in den bisherigen Teilen dieses Buches schon zur Darstellung gelangte, abschließend noch einiges hinzugefügt werden, was speziell zum Wahrnehmungsbereich der oberen Sinne einen Bezug hat und den besonderen Zusammenhang desselben mit dem wesenhaft Menschlichen ersichtlich macht.

An erster Stelle darf erwähnt werden, daß sich aus ihr eine wahre Erkenntnis der *Freiheit* ergab (siehe Steiners «Philosophie der Freiheit»). Dadurch, daß der Mensch in gleichem Maße bestimmte Individualität und Mensch schlechthin ist, unterscheidet er sich vom

Tier. Dieses ist als Einzelwesen ganz durch seine Gattung bestimmt, ist bloßes Exemplar derselben. Was uns an ihm in erster Linie interessiert, ist darum die Gattung, der es angehört, das heißt, ob es sich in einem bestimmten Fall um eine Taube, eine Katze, eine Forelle handelt. Im Menschen lebt jeder Einzelne das Allgemeine, Gattungsmäßige auf eine *einmalige* Art dar, die durch *ihn* bestimmt wird. Darum interessiert uns hier in gleichem Maße der Einzelne wie die speziellere oder allgemeinere Gattung: Geschlecht, Stand, Volk, Rasse usw., der er zugehört.

Daraus erhellt sich auch schon, daß die Freiheit die *Mitte* zwischen zwei möglichen Vereinseitigungen darstellt: Verliert der Mensch auf irgendeine Weise das Allgemeine in sich, dann entartet die Freiheit zu Ichsucht, Willkür und Aggressivität gegen andere. Verliert er das Individuelle, dann entsteht Kollektivismus und Verfall an eine Gewaltherrschaft in irgendeiner Form. Wahrhaft freies Handeln bedeutet, je nach der betreffenden Situation aus dem *Allgemein-Menschlichen* heraus die Idee einer *individuell* gearteten Tat zu schöpfen und zu verwirklichen. Ein solches Tun ist weder egoistisch-individualistisch noch kollektivistisch. Zwischen wahrhaft frei Handelnden entsteht darum weder Streit noch Herrschaft und Untertänigkeit, sondern Übereinstimmung, ja Gemeinschaftlichkeit. Denn «die Ideenwelt, die in mir tätig ist, ist keine andere als die meiner Mitmenschen ... Der Unterschied zwischen mir und meinem Mitmenschen liegt durchaus nicht darin, daß wir in zwei ganz verschiedenen Geisteswelten leben, sondern darin, daß er aus der uns gemeinsamen Ideenwelt andere Intuitionen empfängt als ich. Er will seine Intuitionen ausleben, ich die meinigen. Wenn wir beide wirklich aus der Idee schöpfen und keinen äußeren Antrieben folgen, so können wir uns nur in dem gleichen Streben, in denselben Intentionen begegnen. Ein sittliches Mißverstehen, ein Aufeinanderprallen ist bei sittlich freien Menschen ausgeschlossen ... Läge nicht in der menschlichen Wesenheit der Urgrund zur Verträglichkeit, man würde sie ihr durch keine äußeren Gesetze einimpfen. Nur weil die menschlichen Individuen eines Geistes sind, können sie sich auch nebeneinander ausleben. Der Freie lebt in dem Vertrauen darauf, daß der andere Freie mit ihm *einer* geistigen Welt angehört und sich in seinen Intentionen mit ihm begegnen wird.

Der Freie verlangt von seinem Mitmenschen keine Übereinstimmung, aber er erwartet sie, weil sie in der menschlichen Natur liegt» (Philosophie der Freiheit).

Die Möglichkeit und damit die Gefahr, daß die Freiheit nach der einen oder anderen Richtung hin entartet oder verlorengeht, beweist, daß das Wesen des Menschlichen noch nicht fertig, sondern noch im *Werden* begriffen ist. Als Gattung trägt sein Dasein darum den Charakter der *Geschichte,* als Individualität den des *Lebenslaufs,* der Biographie. In beiden Fällen geht das Werden durch drei Hauptphasen hindurch: In der ersten überwiegt das *Allgemeine,* in der zweiten das *Individuelle,* die dritte bringt die *Synthese* beider. Diese drei Phasen sind in beiden Fällen identisch mit derjenigen der Inkarnation des Geistigen im Leiblichen, derjenigen seines vollen Inkarniertseins und derjenigen seiner Exkarnation. Sie wurden sowohl hinsichtlich der Geschichte wie des Einzellebens vom Gesichtspunkte der unteren Sinne im dritten Kapitel, vom Gesichtspunkte der oberen Sinne in diesem fünften geschildert. Hier folge noch eine kurze Zusammenfassung dieser Schilderungen:

Im *Einzelleben* werden im Verlaufe der Inkarnation der Leiblichkeit der Reihe nach die allgemein-menschlichen Merkmale verliehen: des aufrechten Ganges, der Bewegungsfähigkeit, eines bestimmten Verhältnisses zwischen auf- und abbauenden Lebensprozessen, schließlich des vielfältigen Wahrnehmens der sinnlichen Außenwelt. Damit werden zugleich die leiblichen Instrumentarien erbildet für die schöpferischen Äußerungen des menschlichen Geistes: die Musikalität, die Sprache, die Denkfähigkeit und die Betätigung des Ich innerhalb der Sinneswelt. Im mittleren Drittel des Lebens ist das Geistige am innigsten mit dem Leibe verbunden, in dem es sich inkarniert hat, und prägt dadurch am stärksten seinen Individualcharakter aus. Damit erreicht jetzt auch seine Auseinandersetzung mit seiner mitmenschlichen Umwelt die höchste Intensität. Im letzten Lebensdrittel erlangt der Mensch die Möglichkeit, über sein bloß Persönliches hinauszuwachsen und seine Individualität zum Repräsentanten des Allgemeinmenschlichen auszuweiten und zu erhöhen. Dadurch reift er zur Fähigkeit heran, menschlichen Gemeinschaften irgendwelcher Art als Leiter vorzustehen. Weil es sich bei all dem um Merkmale des Einzellebens handelt, darum erfahren die gekennzeichneten allgemeinen Verhältnisse hier die mannigfaltigsten individuellen Abwandlungen.

Dagegen werden die analogen drei Phasen der *geschichtlichen Menschheitsentwicklung* überwiegend durch ihre allgemeinen Merkmale bestimmt. Da ist zunächst festzustellen, daß in der ersten ihrer drei Phasen, derjenigen der Inkarnation, die menschliche Geistwesenheit sich noch überwiegend als ein Glied der allgemeinen göttlichen Weltgeistigkeit fühlt. Dies kommt in der dominierenden Stellung zum Ausdruck, welche in diesem Zeitalter die Religion im menschlichen Leben einnimmt. Der Mensch gilt da ganz als das noch unmündige Kind göttlich-geistiger Wesenheiten. Er erlangt aber in stufenweisem Erwerb die spezifisch menschlichen Fähigkeiten, leiblich gesehen: des aufrechten Ganges, der Bewegungsfähigkeit, einer bestimmten Gliederung seiner Körperlichkeit und der Auseinandersetzung mit seiner sinnlich-materiellen Umwelt – geistig gesehen: des Musizierens, des Sprechens, des Denkens und des Ichbewußtseins. Und zugleich mit beiden Arten von Fähigkeiten bilden sich die ihnen entsprechenden Gruppen von sinnlichen Wahrnehmungsorganen aus: die unteren und die oberen Sinne. In dem Maße, als dieser Inkarnationsprozeß sich vollendet, emanzipiert sich die Menschheit gegenüber dem Göttlichen und entwickelt sich zu einer diesem gegenüber eigenen Welt.

Innerhalb ihrer selbst aber wandelt sich parallel damit die ursprünglich überwiegend gattungsmäßig-kollektive Prägung des Lebens, die noch nicht das Freiheitsideal kennt, in eine ebenso überwiegend individuelle, für welche die Freiheit zum höchsten Lebensideal wird. Zugleich aber entartet, eben wegen dieses einseitigen Individualismus, die Freiheit immer mehr zur Ichsucht, zum Willen zur Macht, zur Aggressivität gegen die Mitmenschen. Dadurch gehen alle von alters her überkommenen Formen menschlicher Gemeinschaft ihrer Auflösung entgegen. In der unmittelbaren Gegenwart hat sich dieser Zustand zum höchsten Grad gesteigert. Damit «erblindet» gleichsam die heutige Menschheit geistig fast völlig in den Erfahrungsbereichen der oberen Sinne, durch welche sie die spezifisch menschlichen Wesensäußerungen der Mitmenschen wahrzunehmen fähig geworden war. Der einzelne Mensch vereinsamt dadurch innerlich immer mehr.

Zugleich findet ein Gegensätzliches statt. Gerade in der Zeit des extremsten Individualismus wachsen die verschiedenen Teile der Menschheit erstmals in der Geschichte zur einheitlichen Weltgesellschaft zusammen, was zu Träumen von einem Weltstaat und einer einheitlichen Weltregierung verlockt. Hinzu kommt des weiteren, daß die menschliche Leiblichkeit durch die volle Ausreifung aller ihrer spezifischen Wesensmerkmale zum perfekten Spiegel sich vollendet, in welchem sich die Geistwesenheit des Menschen zu spiegeln vermag. Das Ichbewußtsein, das durch diese Spiegelung jetzt seine höchste Intensität erreicht, ist aber nur das Bild, das der Leib dem Geiste zurückwirft. Dadurch entsteht die Empfindung, daß das menschliche «Ich» gar keine eigene Wirklichkeit, sondern nur ein Erzeugnis des Leibes darstelle. Und diese Empfindung verstärkt sich noch dadurch, daß die Menschheit sich durch dieselbe Entwicklung von der göttlich-geistigen Welt in solchem Maß emanzipiert hat, daß die Mehrzahl ihrer Repräsentanten heute die Realität dieser Welt leugnet. Denn diese ihre Emanzipation hat sich auch darin ausgewirkt, daß in dem Spiegelbilde, das dem Menschengeist seine Leiblichkeit reflektiert, nichts mehr sich findet, was auf seine Beziehungen zur Welt des Göttlich-Geistigen hinwiese. Und so bildete sich nun der krasse Widerspruch heraus, in dem der heutige Mensch zu sich selbst steht: Auf der einen Seite huldigt er einem überspitzten Individualismus, der sich als skrupel- und zügelloser Egoismus auslebt, auf der anderen Seite bedeutet ihm das menschliche Ich eine bloße Wirkung seiner leiblichen Prozesse, seien es nun die blutsmäßigen seiner Fortpflanzung und Vererbung, seien es die Reaktionen seines Nervensystems auf äußere Reize oder diejenigen, die durch die jeweiligen wirtschaftlichen Verhältnisse bedingt sind. Es ist der Widerspruch, der schließlich seine unser Jahrhundert bestimmende Repräsentanz gefunden hat in dem unlösbaren Gegensatz zwischen dem kapitalistischen Gesellschaftssystem des Westens und dem kommunistischen des Ostens. Beide sind, wenn auch in entgegengesetzter Art, der Entmenschlichung des Menschen verfallen. In beiden ist darum auch die Erfahrungswelt der oberen Sinne fast völlig erloschen:

im westlichen, weil es nur die je eigene Individualität des Einzelnen, aber nicht die der Mitmenschen kennt, im östlichen, weil es überhaupt keine Individualität, sondern nur die Gesellschaft kennt. Zwar wurde durch die Errungenschaften der Technik die Möglichkeit erlangt, die Objekte der oberen Sinne: Musik, Sprache (Dichtung), Gedankenäußerung und Persönlichkeit anderer Menschen in umfänglichst erweiterter Quantität und zugleich in exaktester Reproduktion durch technische Apparaturen (Radio, Television) zu übermitteln; aber, wie schon an früherer Stelle vermerkt, es wird durch diese Art der Übermittlung zugleich das Leben dieser Wesensäußerungen ertötet und dadurch auch von dieser Seite her zur «Erblindung» der betreffenden Organe beigetragen.

Die Menschheitsentwicklung ist durch alle diese Verhältnisse heute in ihre tiefste, in ihrem Wesen begründete *Krisis* eingetreten, die die Möglichkeit, ja die Gefahr eines Scheiterns in sich birgt. Zwar ist sie dazu veranlagt, von ihrer jetzigen zweiten zu einer dritten Phase fortzuschreiten, in der es zu einer Synthese des Individuellen und des Menschheitlichen kommen wird. Aber durch das volle Inkarniertsein des Menschlichen – anders gesagt: durch die volle Individualisierung, die es dadurch erlangt hat – ist heute jeder Einzelne dafür mitverantwortlich geworden, daß diese dritte Phase wird erreicht werden können. Dieser Verantwortung kann er nur dadurch gerecht werden, daß er die im vorangehenden charakterisierte Wandlung beziehungsweise Erweiterung des Bewußtseins in sich verwirklicht, wie sie durch Rudolf Steiner inauguriert wurde. Dies wird zunächst zur Synthese des Einzelnen und des Allgemeinen *innerhalb der eigenen Individualität* führen – und zwar in folgender Weise: Es wird erkannt werden, daß der Individualität eine eigene, gegenüber dem Leibe selbständige geistige Wirklichkeit zukommt und daß ihr Dasein nicht auf das gegenwärtige Leben zwischen Geburt und Tod beschränkt ist, sondern das Leben der gesamten Menschheit, das heißt die gesamte irdische Entwicklung derselben umfaßt. Es enthüllt sich nämlich, daß an dieser jede einzelne menschliche Individualität, durch *wiederholte Verkörperungen* hindurchgehend, vom Anfang bis zum Ende teilhat. Die Entwicklung der menschlichen Individualität als volle Verwirklichung des Menschlichen ist identisch mit der Entwicklung der

Menschheit zu ihrer vollen Selbstverwirklichung. Zu ihr reicht aber *ein* Leben der Individualität nicht aus, sondern nur der Durchgang durch viele Inkarnationen unter immer wieder anderen Bedingungen.

Aber auch noch in anderer Art synthetisieren sich das Einzelne und das Allgemeine innerhalb der menschlichen Individualität. Im Leben *zwischen Geburt und Tod,* während ihres Inkarniertseins in einem bestimmten Leibe überwiegt das Moment des *Einzelnen;* im Dasein *zwischen Tod und neuer Geburt* innerhalb der Geistwelt überwiegt dasjenige des *Allgemeinen.* Die Synthese zwischen beiden verwirklicht sich durch den regelmäßigen Wechsel der beiden Daseinsformen. Wie der Mensch in der physischen Welt als ein bestimmter Einzelner lebt, so wird er in der geistigen immer wieder eins mit der Gesamtmenschheit. Daß wir heute in einer Zeit des einseitigen Individualismus leben, ist gleichbedeutend damit, daß diese das Dasein des Einzelnen auf *ein* Leben zwischen Geburt und Tod beschränkt glaubt. Aus dem Erleben des Allgemein-Menschlichen, das in der Geistwelt zwischen Tod und neuer Geburt stattfindet, ist es möglich, daß dem neuen Leibe, in den sich die Individualität verkörpern wird, am Lebensbeginn die allgemeinen Merkmale des Menschlichen mittels der ursprünglichen Funktion der unteren Sinne verliehen werden. Und das Erfahren der durch die einzelnen Menschen erfolgenden Wesensäußerungen mittels der oberen Sinne ist es, wodurch die Individualität nach dem Tode in rechter Weise in das Erleben des Allgemein-Menschlichen hineinwachsen kann. Was für die Zukunft notwendig ist, um die heutige Unmenschlichkeit zu überwinden, läßt sich also auch so bezeichnen, daß als dem jeweiligen menschlichen Erdenleben hinzugehörig zusammengeschaut wird das *vorgeburtliche* und das *nachtodliche* Dasein – oder anders gesagt, daß die Erkenntnis der *Reinkarnation* in der Art errungen wird, wie dies durch die Anthroposophie möglich geworden ist. Ein bloßes Predigen von Menschenliebe und Humanität genügt nicht.

Was durch die Erkenntnis des vorgeburtlichen und des nachtodlichen Daseins erlangt wird, kann vom Aspekt der Sinnesorganisation auch so charakterisiert werden, daß erst dadurch im Bereich der unteren und der oberen Sinne für das Bewußtsein der *volle*

Erkenntnisprozeß errungen wird. Im Bereich der unteren Sinne werden zu den Begriffen die *Wahrnehmungen* hinzugewonnen, die heute im Unterbewußten liegen. Dadurch wird die Leiblichkeit in ihren spezifisch menschlichen Strukturen und Funktionen geistig durchsichtig werden. Und damit werden zugleich die Begriffe vom Wesen des Leiblich-Materiellen überhaupt, die heute durch ihre extreme Abstraktheit zum Erfassen desselben untauglich geworden sind, einen neuen, wirklichkeitsgemäßen Inhalt bekommen. Im Bereiche der oberen Sinne werden zu den Wahrnehmungen die *Begriffe* hinzugewonnen, die heute noch im Überbewußten schlummern. Damit wird zugleich für diese Sinne das Wahrnehmen selbst, das in unserer Zeit am Erlöschen ist, neu entzündet werden. Was dadurch an Erkenntnissen über die geistigen Wesensäußerungen des Menschen: Musik, Sprache, Denken, Ichbewußtsein, welche die Gegenstände dieses Wahrnehmens bilden, auf dem Weg der Anthroposophie errungen werden konnte, wurde in den verschiedenen Kapiteln dieses Buches darzustellen versucht, soweit dies in dem zur Verfügung stehenden Raum möglich erschien, und in Einzelheiten durch Zitate aus Vorträgen Rudolf Steiners konkretisiert.* Die zentrale und zugleich umfassendste Bedeutung kommt hierbei den auf das *Ichwesen* des Menschen bezüglichen Erkenntnissen zu. Sie bilden den Kernpunkt der anthroposophischen Menschen-Erkenntnis überhaupt. Hierin liegt es begründet, daß Rudolf Steiner den anthroposophischen Erkenntnisweg in seiner Ganzheit einmal geradezu bezeichnet und beschrieben hat als den Weg des «*Erwachens am Seelisch-Geistigen des anderen Menschen*» und damit als den Weg zur *Überwindung der Antisozialität*, die dem heutigen Bewußtsein eignet.

Damit ist zugleich auf ein Letztes hingedeutet, das hier noch hervorgehoben sei. Jenes «Zwischen» vom Ich und Du, jenes «Dritte» zwischen Individualismus und Kollektivismus, wie es von Martin

---

* Bezüglich der Musik siehe hierzu noch das von *Ernst Hagemann* veröffentlichte Werk «Vom Wesen des Musikalischen» (Verlag Die Kommenden), das eine Gesamtdarstellung der aus der Geistesforschung Steiners erwachsenen neuen Musikerkenntnis enthält. Hinsichtlich der Sprache sei auf das grundlegende Werk «Das Doppelantlitz der Sprache» von *Michael Aschenbrenner* verwiesen (Novalis Verlag).

Buber als das Menschliche schlechthin charakterisiert wurde, bedeutet in Wahrheit die Synthese von Einzelnem und Allgemeinem doch nur in der Sphäre der *Individualität*. Mit ihr allein läßt sich die *soziale Frage,* die gesellschaftliche Problematik von heute nicht lösen. Dazu ist nötig, daß diese *Synthese* auch in der Sphäre des *Allgemeinen, Menschheitlichen* errungen, das heißt, daß auch in dieser Sphäre das Einzelne aufgefunden wird. Im jeweiligen geschichtlichen Jetzt wird das Allgemeine durch die *Gesellschaft* repräsentiert. Es gilt also auch in ihr die gegensätzlichen Momente zu entdecken und zur Synthese zu bringen. Es wurde bereits erwähnt, daß heute, zur selben Zeit, da der Einzelne den höchsten Grad von *Individualismus* ausbildete, die Gesellschaft sich zur größten Weite, zur einheitlichen *Menschheitsgesellschaft* ausgedehnt hat. Dies geschah aber in erster Linie dadurch, daß der Industrialismus die ehemaligen Volkswirtschaften zur einheitlichen *Weltwirtschaft* verschmolzen hat, innerhalb welcher alle ihre Teile in totale gegenseitige Abhängigkeit geraten sind. Sie wird sich, um die ihr zukommende Funktion erfüllen zu können, nurmehr von globalen Ordnungsprinzipien her organisieren lassen: aus dem Impuls einer *menschheitlichen Solidarität*. Umgekehrt ist durch die Ausprägung, welche in der neueren Zeit die menschliche Individualität erfahren hat, alles *geistige Leben:* Wissenschaft, Kunst, Religion, Erziehung, Bildung, für seine Produktivität heute angewiesen auf die freie Entfaltung und Betätigung der schöpferischen Fähigkeiten der in ihm tätigen *Individualitäten*. Ebenso wie der materielle Egoismus der Einzelnen und Gruppen die heutige Weltwirtschaft in immer neue Krisen und Zusammenbrüche stürzt, so verurteilt seine Knechtung durch Staat und Wirtschaft das Geistesleben zu Sterilität und fortschreitendem Verfall. Nur die freie Betätigung der in ihm wirkenden Kräfte – frei allerdings im Sinne des im Vorangehenden entwickelten Freiheitsbegriffs – könnte zugleich Raum dafür schaffen, daß in der Wirtschaft menschheitlich-altruistische Antriebe zur Geltung kommen. Den Ausgleich herbeizuführen zwischen der *Freiheit,* die das *Geistesleben,* und der *Brüderlichkeit,* welche die *Wirtschaft* benötigt, müßte als die wahre Aufgabe erkannt werden, die dem *Staat* für die Zukunft gestellt ist. Diese wird er nicht erfüllen können, solange er als Einheits- oder Totalstaat sämtliche Gebiete der Gesellschaft ordnen, verwalten und beherrschen will. Das führt nur zu der völligen Chaotisierung derselben, wie sie im Laufe der neueren Zeit eingetreten ist. Er müßte seine Funktion vielmehr beschränken auf die Erstellung und Sicherung einer auf das Prinzip der *Rechtsgleichheit* begründeten Rechtsordnung. In diesem ganz neuen Sinne müßte der Begriff des Rechtsstaates verwirklicht werden.

Nur durch solche *Gliederung* der Gesellschaft in *drei* nach den genannten unterschiedlichen Prinzipien sich selbst verwaltende Funktionssysteme wird sich die soziale Frage lösen lassen. Denn nur dadurch wird die Sphäre des Allgemeinen zum Abbilde des wesenhaft Menschlichen und damit wahrhaft vermenschlicht. In ihr wird dann die Polarität des Einzelnen und des Allgemeinen und zugleich das «Dritte», das «Zwischen» verwirklicht. Von ihr her wird dann die Möglichkeit geschaffen sein, die spezifischen Wesensäußerungen des Menschen zu betätigen und als solche wahrnehmend zu erleben.

Literatur

*Verzeichnis der wichtigsten Ausführungen Rudolf Steiners
über die menschlichen Sinne*

Anthroposophie: 4 Vorträge (gehalten in Berlin 1909), erschienen in dem Band «Anthroposophie, Psychosophie, Pneumatosophie». Bibl. Nr. 115. 1.–3. Vortrag. (Darin werden die Sinne und die Wesensglieder des Menschen behandelt.)

Das Wesen der Künste: Vortrag (gehalten in Berlin 1909 im Anschluß an die Vorträge über «Anthroposophie»), enthalten in dem Band «Kunst und Kunsterkenntnis». Bibl. Nr. 271. (Die Sinne und die Künste.)

Anthroposophie: Ein Fragment aus dem Jahre 1910. Bibl. Nr. 45. (Die menschlichen Sinne und ihre gegenseitigen Beziehungen.)

Menschengeist und Tiergeist: Vortrag (Berlin, 17. November 1910), veröffentlicht in dem Bande «Antworten der Geisteswissenschaft auf die großen Fragen des Daseins». Bibl. Nr. 60. (Die oberen und die unteren Sinne im Verhältnis zu den Fähigkeiten der Aufrechtheit, der Sprache, des Denkens und des Ichbewußtseins.)

Welche Bedeutung hat die okkulte Entwickelung des Menschen für seine Hüllen und sein Selbst?: Vortragszyklus (Den Haag 1913). Bibl. Nr. 145. 3. Vortrag. (Die Sinne und die ätherischen Bildekräfte.)

Weltwesen und Ichheit: Vortragszyklus (Berlin 1916). Bibl. Nr. 169. 3. Vortrag. (Die Sinne und das menschliche Bewußtsein; die Sinne und das Leben zwischen Tod und neuer Geburt.)

Das Rätsel des Menschen: Vortragszyklus (Dornach 1916). Bibl. Nr. 170. 7., 8., 9. Vortrag. (Die zwölf Sinne und die sieben Lebensprozesse, ihre Entwicklung während der kosmischen Evolution, ihre Wirkung innerhalb der Künste.) 14. Vortrag. (Die Entwicklung der unteren und oberen Sinne im Zusammenhang mit den luziferischen und ahrimanischen Wirkungen.)

Von Seelenrätseln: Bibl. Nr. 21. Kapitel «Über die wirkliche Grundlage der intentionalen Beziehung». (Die Entstehung der Existentialurteile aus der Gesamtbeziehung des Menschen zur Wirklichkeit, wie sie durch die Zwölfheit seiner Sinne gegeben ist.)

Mysterienwahrheiten und Weihnachtsimpulse: Vortragszyklus (Dornach 1917). Bibl. Nr. 180. 4. Vortrag. (Der Verstand als umgebildetes Geruchsorgan.) 6. Vortrag. (Die Sinne und die geistige Welt.)

Die Wissenschaft vom Werden des Menschen: Vortragszyklus (Dornach 1918). Bibl. Nr. 183. 5. Vortrag. (Das polarisch gegensätzliche Verhältnis der sieben Tagessinne und der fünf Nachtsinne zur äußeren Welt.)

Allgemeine Menschenkunde als Grundlage der Pädagogik: Vortragszyklus (Stuttgart 1919). Bibl. Nr. 293. 3., 5., 7., 8. Vortrag. (Die Zwölfheit der Sinne; ihr Verhältnis zu den Seelenkräften des Denkens, Fühlens und Wollens und im besonderen zu den Erlebnissen der Sympathie und Antipathie.)

Die Sendung Michaels: Vortragszyklus (Dornach 1919). Bibl. Nr. 194. 6. Vortrag. (Die Beseeltheit unserer Sinnesempfindungen und der neue Yoga-Wille.)

Geisteswissenschaftliche Impulse zur Entwickelung der Physik. Erster naturwissenschaftlicher Kurs (Lichtlehre): 10 Vorträge (Stuttgart 1919/1920). Bibl. Nr. 320. (Über die Licht-, Ton-, Wärme-Empfindung und die Bedeutung der modernen naturwissenschaftlichen Begriffsbildungen.)

Geisteswissenschaftliche Impulse zur Entwickelung der Physik. Zweiter naturwissenschaftlicher Kurs (Wärmelehre): 14 Vorträge (Stuttgart 1920). Bibl. Nr. 321. (Über Wahrnehmung und Wesen der Wärme und deren Stellung im Ganzen der physisch-ätherischen Welt.)

Geistige und soziale Wandlungen in der Menschheitsentwickelung: Vortragszyklus (Dornach 1920). Bibl. Nr. 196. 13. Vortrag. (Die konkreten Beziehungen der höheren Seelenfähigkeiten des Menschen, Gedächtnis, Intelligenz, Sinnestätigkeit, zur geistigen Welt.)

Heilfaktoren für den sozialen Organismus: 17 Vorträge (Dornach und Bern 1920). Bibl. Nr. 198. 1. Vortrag. (Die Metamorphose des Seh-, Gehör- und Wärmesinnes.)

Geisteswissenschaft als Erkenntnis der Grundimpulse sozialer Gestaltung: 17 Vorträge (Dornach und Berlin 1920). Bibl. Nr. 199. 3. Vortrag. (Die zwölf Sinne in ihrer Beziehung zu Imagination, Inspiration und Intuition.) 10. Vortrag. (Die Weltbereiche, die sich hinter den Wahrnehmungsgebieten der äußeren und inneren Sinne verbergen.)

Geisteswissenschaft und Medizin: Vortragszyklus für Ärzte und Medizinstudierende (Dornach 1920). Bibl. Nr. 312. 8. Vortrag. (Über Geruch und Geschmack.)

Grenzen der Naturerkenntnis: Vortragszyklus (Dornach 1920). Bibl. Nr. 322. 3. Vortrag. (Die unteren Sinne und die mathematisch-geometrischen Erkenntnisse.) 7., 8. Vortrag. (Die Bedeutung der unteren und oberen Sinne für die Erkenntniswege des Orients und Okzidents.)

Menschenwerden, Weltenseele und Weltengeist. Zweiter Teil: Vortragszyklus (Dornach 1921). Bibl. Nr. 206. 14. Vortrag. (Die Dreigliederung der Sinne.) 15. Vortrag. (Die Wirksamkeit der oberen und der unteren Sinne in der östlichen und westlichen Kultur.)

Naturbeobachtung, Mathematik, wissenschaftliches Experiment und Erkenntnisergebnisse vom Gesichtspunkte der Anthroposophie: Vortragszyklus (Stuttgart 1921). Bibl. Nr. 324. 3. und 6. Vortrag. (Imagination als Quelle einer wahren Sinneserkenntnis.)

Geistige Zusammenhänge in der Gestaltung des menschlichen Organismus: 16 Vorträge (1922). Bibl. Nr. 218. 16. Vortrag. (Über den Gehörsinn.)

Das Tonerlebnis im Menschen: 2 Vorträge (Stuttgart 1922), enthalten in dem Bande «Das Wesen des Musikalischen und das Tonerlebnis im Menschen». Bibl. Nr. 283. (Über das musikalische Erleben.)

Das Verhältnis der Sternenwelt zum Menschen und des Menschen zur Sternenwelt: Vortragszyklus (Dornach 1922). Bibl. Nr. 219. 7. Vortrag. (Das Wesen der Sinneswahrnehmung im Zusammenhang mit dem Atmungsprozeß.)

Der Entstehungsmoment der Naturwissenschaft in der Weltgeschichte und ihre seitherige Entwickelung: Vortragszyklus (Dornach 1922/1923). Bibl. Nr. 326. 2. und 3. Vortrag. (Die Verobjektivierung der Wahrnehmungen der unteren Sinne und die Versubjektivierung derjenigen der mittleren Sinne in der modernen Naturwissenschaft.)

Das Initiatenbewußtsein: Vortragszyklus (Torquai 1924). Bibl. Nr. 243. 5. Vortrag. (Die Sinne und die elementarische Welt.)

Die angeführten Schriften und Vorträge Rudolf Steiners sind sämtlich im Rudolf Steiner Verlag in Dornach (Schweiz) im Rahmen der Gesamtausgabe erschienen. In Ergänzung derselben veröffentlichte Hendrik Knobel im Heft 34 (Sommer 1971) der «Beiträge zur Rudolf Steiner Gesamtausgabe» nachgelassene Aufzeichnungen Rudolf Steiners zur Sinneslehre.

80